KB071509

사회인지와
대상관계 척도
– 일반 평정법 (SCORS–G)

임상가 · 상담자 · 연구자를 위한 종합 지침서

Michelle B. Stein · Jenelle Slavin–Mulford 공저
이종환 · 임종민 · 장문선 공역

The Social Cognition
and Object Relations Scale
– Global Rating Method (SCORS–G)

학지사

역자 서문과 제언

　최근 심리 문제를 바라보는 패러다임이 범주적 접근에 차원적 접근을 도입하는 혼합 모델로 변화함에 따라, 차원적 평가를 위한 도구의 필요성이 부각되었다. 연구자들은 정신질환의 진단 및 통계 편람 5판(DSM-5; APA)의 개정 과정에서 성격장애를 평가하는 새로운 방법을 도입하였으며, 성격병리의 핵심 구성개념인 자기와 대인관계 기능을 평가하는 도구 가운데 사회인지와 대상관계 척도-일반 평정법(SCORS-G)을 강조했다. SCORS-G는 환자/내담자와의 면담 동안 자기(정체감 통합성, 자기개념의 통합성, 자기 방향성)와 대인관계(공감, 친밀, 타인 표상의 복합성과 통합성) 기능에 해당하는 대부분의 영역과 관련된 풍부한 정보를 차원적으로 파악할 수 있는 유용한 평가 도구로 나타났다. 또 국제질병 분류 11판(ICD-11; WHO)에서도 성격장애 진단 기준이 대폭 개정되었으며, 차원적으로 분류된 성격 특성의 평가를 통해 성격장애를 진단하도록 분류와 기준이 변화했다. 개정된 내용에 따르면 성격병리의 심각도를 결정하는 주요 요인에는 대인관계 역기능, 사회적 · 직업적 역할에 미치는 영향, 인지 · 정서 경험, 자신과 타인을 해할 위험성, 자기-병리(self-pathology)가 해당하며, SCORS-G는 이러한 요인의 상당수를 차원적으로 평가할 수 있다. 이외에도 정신역동 진단 편람 2판(PDM-2; Lingiardi & McWilliams)에서는 청소년과 성인의 다양한 정신 기능(정동, 정신화, 분화와 통합, 정체성, 관계 능력) 및 성격 기능을 평가할 수 있는 유용한 도구로 SCORS-G를 권장한다.

　SCORS-G는 주제통각검사(Thematic Apperception Test, TAT), 초기 기억(Early Memory, EM), 면담 자료, 상담 및 심리치료 내용 등의 이야기 자료를 활용하여 대상관계 이론과 사회인지 연구를 바탕으로 설정한 여덟 가지 변인(차원)에 따라 대인관계 기능에 영향을 미치는 다양한 인지 · 정서 처리 과정을 7점 Likert 척도상에서 평가하는 평정 체계다. 1985년에 SCORS 초판이 제작된 후 매뉴얼이 수차례 개정되었으며, 이 책의 저자를 비롯한 연구자들은 2004년에 SCORS-G를 발표하고 2011년에 SCORS-G의 네 번째 매뉴얼을 발간했다. 초판 발표 이래로 SCORS와 SCORS-G를 활용한 다양한 연구가 수행되었으며, 최근 차원적 평가의 중요성과 필요성에 따라 SCORS-G는 재차 각광받기 시작하여 현재까지 활발한 연구가 진행되고 있다. 국내에서는 역자들이 SCORS-G 매뉴얼 4판을 토대로 채점 기준을 번안하고 논의하여 다양한 연구와 상담 및 임상 장면에 활용해 왔다. SCORS-G 매뉴얼은 여덟 가지 차원별로 1, 3, 5, 7점에 해당하는 핵심 기준과 이를 보완하는 채점 기준 부록, SCORS-G 훈련법, TAT 및 EM 프로토콜과 모범 답안으로 구성된다. 그러나 매뉴얼 4판을 숙지한 후 이야기를 평정하다 보면 아무리 기준과 예시를 참조한다 하더라도 어떤 점수를 부여해야 하는지와 관련된 모호한 상황이 자주 나타났고, 이에 역자들은 Westen(1990, 1991, 1995)의 SCORS/SCORS-Q 매뉴얼 및 논문과 대상관계 이론의 공통 개념을 바탕으로 기준을 토의하고 보완하고 확장하여 활용했다. 그러던 중에 기존 매뉴얼의 단점과 문제점을 보완하면서도 상세한 정보가 수록된 SCORS-G 지침서가 발간된다는 소식을 듣게 되었고, 책의 번역을 희망하던 차에 다행히 기회를 얻게 되었다.

SCORS-G는 그 명칭에서도 나타나듯이 척도의 근간을 이루는 이론적 배경이 분명한 만큼 대상관계 및 정신역동 이론에 관한 이해가 선행된다면 척도를 훨씬 더 풍부하게 활용할 수 있다. 특히, 대상관계 이론에 관한 이해가 깊을수록 더욱 섬세한 채점과 심도 있는 결과 해석이 가능해진다. 연구 장면에서 SCORS-G를 활용한다면 기준에 입각한 정확한 평정이 중요하겠지만, 척도를 실무에 활용하는 경우에는 대상관계 이론 및 실제와 관련된 지식과 경험이 어느 정도 필요하다. Westen(1990)은 매뉴얼에 명시하길, 평정자가 심리적 마음가짐(psychological mindedness)을 갖추고 어느 정도의 임상/상담 경험이 있어야 SCORS를 효율적으로 활용할 수 있으므로, 대학원 이상의 교육을 받았거나 실무 경험이 있는 사람이 척도를 활용할 것을 권했다. 또 Westen은 척도의 차원을 설정할 때 Blatt, Fairbairn, Greenberg, Gunderson, Jacobson, Kernberg, Klein, Lerner, Masterson, Mitchell 등 저명한 정신역동/대상관계 이론가들의 개념뿐만 아니라, (사회)인지 심리학 분야에서 뛰어난 업적을 남긴 Damon, Fiske, Kohlberg, Piaget, Taylor 등의 연구도 함께 고려했다. 따라서 기초 심리학 지식의 습득과 더불어 정신분석/대상관계 발달이론에서 다루는 미분화에서 분화와 통합에 이르는 심리 과정과 자아, 초자아, 인지, 정동, 자기 등 정신역동 이론의 핵심 개념을 이해하는 것은 SCORS-G의 이해와 활용에 큰 도움이 된다. 정신분석, 정신역동, 대상관계 이론을 다루는 훌륭한 저서와 역서는 주변에서 쉽게 찾아볼 수 있고, 관련 교육이나 워크숍도 많이 진행되므로 SCORS-G의 이해와 활용에 관심이 있다면 함께 공부하길 권한다.

SCORS-G의 가장 큰 강점은 모든 형태의 대인관계 이야기 자료를 평정할 수 있다는 것이다. SCORS-G를 활용하여 접수면담 자료를 평정할 수도 있고, 상담 및 심리치료 내용을 평정할 수도 있으며, 경우에 따라서는 개인적인 이야기 또는 글로 쓴 형태의 반응도 채점할 수 있다. 그러나 근거기반 평가를 위해서는 TAT 도판 일곱 장(1, 2, 3BM, 4, 13MF, 12M, 14)을 정식 시행 지침에 따라 실시하길 추천한다. SCORS-G를 활용한 다양한 연구 결과를 살펴보면, 면담이나 상담 및 심리치료 내용을 평정하는 경우보다 구조화된 자극과 절차가 존재하는 TAT 도판을 활용했을 때 더 높은 수준의 평정자 간 신뢰도가 확보되는 경향이 있고, 상대적으로 객관성을 담보할 수 있으며, 기록을 근거로 제시하여 반복 검증하는 것이 용이하기 때문이다. 또 TAT를 활용한 SCORS-G의 타당화와 활용에 관한 많은 연구가 존재하므로 이를 참조하여 결과를 해석하고 활용하는 것이 가능하다.

　TAT 실시와 관련하여, 검사자는 수검자에게 도판을 보고 과거, 현재, 미래, 생각, 감정이 포함된 이야기를 구성해야 한다는 점을 강조해야 한다. 이를 가급적 상세히 이야기해 줄 것을 요청해야 하며, 빠진 내용이 있다면 반응 유도(prompting)를 통해 보다 많은 정보를 확보해야 한다. 만약 수검자가 높은 수준의 사회인지와 대상관계 기능을 지니고 있지만 낯선 검사 장면에서 비롯된 긴장이나 불안으로 인해 다소 방어적인 태도로 단순하게 반응하고 있는 상황이라면, 반응 유도를 실시할 경우 더욱 다양하고 풍부한 반응을 보이는 경향이 있다. 반대로 수검자의 사회인지와 대상관계 기능이 낮은 수준에 속한다면, 반응 유도를 실시하더라도 비슷한 표현을 반복하거나 얼버무리는 경우가 많다. SCORS-G는 화자가 언어로 표현한 내용만을 채점할 것을 강조하므로, 적절한 수준의 반응 유도는 매우 중요하다. 화자의 이야기에서 부족하거나 모호한 측면이 있다면 그냥 넘어가기보다 질문을 하는 것이 낫다.

　TAT와 더불어 SCORS-G를 효율적으로 활용하는 방법은 초기 기억(EM) 면담을 실시하고 그 내용을 평정하는 것이다. 이 책의 저자들이 EM 면담에서 질문하는 여덟 가지 범주(최초 기억, 두 번째 기억, 어머니, 아버지, 학교 첫날, 음식ㆍ섭식ㆍ급식, 따뜻함ㆍ포근함, 이행기 대상)를 동일하게 활용하는 것을 추천한다. 면담을 실시하는 방법은 간단하다. 예를 들어, "어머니와 관련해서 떠오르는 첫 기억은 무엇인가요?"로 질문을 시작한다. 정확한 시점이나 사실이 중요한 게 아니라 지금 이 순간 떠오르는 기억을 자세히 보고하도록 유도한다. 초기 기억을 질문할 경우 대부분의 화자는 사실 나열식의 단순한 이야기를 보고하는 경향이 있다. 그러므로 면담자는 TAT를 실시할 때와 유사하게 전후 사정, 생각, 감정 등을 질문함으로써 반응을 유도해야 한다. 그렇게 하면 SCORS-G를 평정하기에 충분한 정보를 파악할 수 있다. EM 면담과 관련된 예시와 질문 방식은 이 책 도처에서 찾아볼 수 있다. EM 면담에서 주의할 점으로, 이행기 대상을 질문할 땐 쉽게 풀어서 설명하는 것이 좋다. 우리나라에서는 이행기 대상에 애착 담요나 애착 인형 등과 같은 표현을 자주 사용하는데, 이런 예시를 들면서 어린 시절부터 지금까지 애착을 가지면서 특별하게 여긴 물건이나 대상과 관련된 첫 기억이 있는지를 질문하면 대체로 잘 이해하고 이야기하는 모습을 보인다.

　TAT와 EM 프로토콜을 모두 확보할 수 있다면 SCORS-G를 통해 화자의 대상관계 수준을 풍부하게 평가하고 이해할 수 있다. TAT나 EM 모두 개인 도식(personal schema)을 반영하지만, TAT 이야기는 보다 일반화된 대인관계 표상을 포착하고 EM 이야기에는 개인사(個人史)적인 경험이 드러난다. TAT와 EM 이야기에 따른 SCORS-G 평정 결과의 공통점과 차이점을 살펴보는 것은 환자/내담자의 대상 표상의 기원과 특징 그리고 발현 양상에 관한 대략적인 가설 설정을 가능케 한다. 경험적으로 TAT와 EM 실시에는 각각 25~30분가량이 소요되며, 여덟 가지 차원을 모두 평정하는 경우에는 각각 12~15분(숙련된 평정자 기준)가량이 소요된다. 따라서 TAT와 EM을 모두 실시하고 평정하는 데 대략 80분 정도의 시간이 필요하다.

　SCORS-G 차원의 평정 및 활용과 관련하여 역자들은 이 책의 저자가 제시하는 방법에 비해 보다 경제적이고 효율적인 활용법을 제안한다. 역자들은 비임상 표본을 대상으로 TAT를 활용한 SCORS-G의 타당화 연구를 수행하는 과정에서, 선행 연구를 개관하며 기존의 Westen(1990, 1995)이 제시한 다섯 가지 차원만으로도 어느 정도 충분한 정보를 파악할 수 있다는 점을 논의했다. 또 SCORS-G를 실제 장면에 경험적으로 활용하면서 발생한 채점상의 문제점과 제한점을 다루며, 보다 적은 수의 차원으로 구성된 SCORS를 타당화할 필요성을 제기하고 타당화 작업을 수행했다. 그 결과 다섯 가지 차원으로 구성된 모형이 여덟 가지 차원으로 구성된 모형에 비해 상대적으로 더욱 양호한 구성 타당도를 보인다는 점을 확인했다. 따라서 역자들은 다양한 연구 결과를 종합적으로 논의하며 SCORS-G를 임상 및 상담 장면에서 활용할 경우, 먼저 다섯 가지 주요 차원(COM, AFF, EIR, EIM, SC)을 중심으로 평가하되, 이 주요 차원에서 손상이 나타나거나 평정 과정에서 공격성, 자존감, 정체성과 관련된 두드러진 측면이 드러나는 경우에는 추가적으로 세 가지 차원(AGG, SE, ICS)을 고려하는 것이 가장 실용적 · 효율적 · 경제적인 방법일 것으로 제안했다(자세한 내용은 해당 논문을 참조). 역자들이 제안한 방법을 따르면, 앞서 언급한 총 소요 시간에서 평정 시간을 다소 줄일 수 있다. 그러나 분명하게 강조하건대, 역자들이 다섯 가지 주요 차원에 집중하고 해당 차원의 유용성을 강조한다고 해서 나머지 세 차원을 간과해도 괜찮다는 것을 의미하는 것은 결코 아니며, 해당 내용이 이야기에 뚜렷이 드러난다면 반드시 평정하고 해석해야 한다. 다만 세 가지 차원(AGG, SE, ICS)의 평정에서 기본 점수만을 부여하는 상황이거나 기본 점수에서 1점 차 범위 내에 속한 반응만 간혹 식별되는 경우, 이를 크게 고려하지 않고 다섯 가지 주요 차원에 집중함으로써 불필요한 노력을 줄일 수 있다.

　최근에는 상담 및 심리치료에 따른 내담자의 변화와 상담/치료 성과 평가에 SCORS-G를 활용한 다양한 연구가 수행되었다. 그 활용법을 살펴보면 초기, 중기, 후기 상담/심리치료 내용이나 축어록을 SCORS-G로 평정하거나, 상담/치료 전 TAT 프로토콜과 어느 정도 상담이나 심리치료를 진행하고 난 후의 TAT 프로토콜을 평정하여 차이를 살펴보기도 한다. 연구 결과에 따르면 상담이 진행될수록 내담자가 보고한 심리 증상의 변화와 SCORS-G의 변화 사이에 유의한 상관이 나타나며, 종결 후 대상관계의 질이 유의하게 증가하는 양상을 보인다. 상담 및 심리치료에 따른 변화와 성과를 측정하는 대부분의 방법이 자기보고식 척도를 활용한다는 점을 고려할 때, 수행기반 측정도구로써 SCORS-G를 활용하는 것은 기존 방법의 한계를 보완하는 좋은 대안이 될 수 있다.

SCORS-G는 이야기에서 복합성, 정동, 관계성, 도덕성, 논리성, 공격성, 자존감, 정체성 등 심리적으로 중요한 변인을 평가하고 포착하는 일종의 훈련법이다. 따라서 평정에 익숙해질수록 이야기를 듣는 와중에도 SCORS-G 차원의 수준을 쉽게 식별하고 평가할 수 있게 된다. 또 SCORS-G를 체화할수록 다양한 실무 영역에서 자동적이고 암묵적으로 SCORS-G의 개념과 기준을 활용하게 된다. 역자가 지난 수년간 연구, 상담, 선발 면접 장면 등에서 SCORS-G를 활용하며 느낀 유용성은 다음과 같다. 첫째, SCORS-G는 상담에서 내담자가 이야기하는 바를 명료화하고 반영하는 데 매우 유용하다. 둘째, SCORS-G의 기준점과 용어를 차용하면 어려운 대상관계 개념을 쉽게 풀어낼 수 있으므로 심리평가 보고서 및 소견서 작성에 큰 도움이 된다. 셋째, 접수면담이나 인성면접 장면과 같이 비교적 짧은 시간 동안 이루어지는 질의응답 과정에서도 분명한 기준을 바탕으로 주요 심리적 차원을 빠르고 효율적으로 평가할 수 있다. 넷째, 실무자들이 모두 SCORS-G를 숙지하고 있다면, 내담자/환자의 심리·성격·대인관계 양상의 특징과 수준을 반영하는 지표로써 척도의 약자를 간접적이면서도 경제적이고 효율적인 공통 언어로 활용할 수 있다.

다양한 강점 및 유용성과 더불어 SCORS-G에는 분명한 단점도 존재한다. 평정자가 제아무리 기준과 예시를 숙지하고 반복적으로 살펴본다 하더라도 평정하기가 어렵고 까다로운 경우가 간혹 존재하며, 이야기가 길고 복잡할수록 그러한 경향이 더욱 두드러진다. 이러한 문제는 SCORS-G뿐만 아니라 로르샤하 잉크반점검사와 같이 자유 반응을 평정하는 측정도구에서 공통적으로 나타나는 현상에 속한다. 이를 어느 정도 해소하기 위해서는 채점 동료를 두어 어려운 이야기의 채점을 함께 논의하는 방법이 큰 도움이 된다. 홀로 채점할 때 난관에 부딪힌다면, 채점하기 난해한 차원이 어떤 심리 기능을 평가하고자 고안된 변인인지를 다시 한번 되새겨야 한다. 그런 다음 핵심 기준에 입각하여 이야기 내용을 전체적으로 개괄하고 종합한 후, 적정한 가운데 수준을 판단해야 한다.

또 다른 문제점으로, SCORS-G는 화자의 반응 태세에 영향을 많이 받으며, 특히 방어적이거나 언어 감수성이 낮거나 대인관계 관심사가 좁은 화자의 이야기를 평정할 때면 화자의 실제 심리 기능과는 무관하게 채점 점수가 대부분 3~4점에 수렴하기 때문에 척도의 타당성에 의문을 지니게 되는 경우가 발생한다. 혹은 반대로 화자가 협조적인 태도로 풍성한 이야기를 보고하지만, 한 이야기 내에서 서로 다른 수준에 속하는 혼재된 반응을 보고함으로 인해 결과적으로 가운데 값인 3~4점에 해당하는 점수가 모든 이야기에 걸쳐 나타나는 경우도 존재한다. 역자는 SCORS-G를 활용한 다양한 연구를 수행하고 상담 장면에 활용하면서 어떤 때는 SCORS-G의 결과를 회의적인 시각으로 바라보기도 했고, 또 어떤 경우에는 SCORS-G가 고유하게 포착하는 병리적/적응적 측면에 감탄하기도 했다. 그러나 결과적으로 SCORS-G를 활용한 연구에서 척도의 평정치와 다양한 정신/성격병리, 심리 기능, 성격 특성과의 관련성을 살펴보면, 신기하리만큼 의미 있는 결과가 나타난다. SCORS-G를 활용하며 느낀 또 다른 점으로, 양적 평정치가 화자의 성격 기능을 정확히 반영하지 못하는 문제가 발생하더라도 질적 분석을 실시하면 화자의 고유한 대상관계 속성을 파악할 수 있다는 것이다. 앞서 예로 든 혼재된 반응을 보고한 내담자의 경우, TAT 도판에서 내용이 풍부하면서도 구체적인 이야기를 보고하여 SCORS-G의 인지 요인과 관련된 차원에서는 대체로 높은 점수를 받았다. 하지만 정서 요인과 관련된 차원(특히 AFF, EIR, ICS)에서는 한 이야기 내에서 1~6점에 이르는 매우 극단적인 점수에 해당하는 반응을 모두 보고하여 양적으로는 3~4점에 속하는 점수를 받았으나, 질적으로 살펴보면 극심한 감정 기복과 함께 정체성과 관련된 차원에서 상당한 불안정성을 보이는 것으로 나타났다. 참고로 해당 내담자는 정식으로 진단받은 것은 아니지만, 면담 내용과 심리평가 결과를 살펴보면 지적 기능이 우수하면서도 경계선 성격장애 특성을 반영하는 상당한 수준의 성격 및 정서 문제를 지닌 것으로 나타났다.

SCORS-G를 우리 실정에 맞게 적용하기 위해, 역자들은 SCORS-G를 활용한 다양한 연구를 수행했다. 특히 고등학생 및 대학생 표본을 대상으로 TAT를 활용한 SCORS-G 타당화 연구를 수행하고, 선행 연구에서 보고한 임상 표본 결과와 비교하고 대조하여 규준을 제시했다. 척도의 양적 평정치를 활용하여 내담자/환자의 상대적인 대상관계 수준을 평가하고자 한다면, 해당 논문을 참조하길 바란다. 이외에도 역자들은 TAT SCORS-G를 활용하여 반사회성 성격장애 특성 정도에 따른 사회인지와 대상관계 양상의 차이를 검증하기도 했다. 또 경계선 성격장애 성향이 강한 사람들에게 서로 다른 시기에 걸쳐 대인관계 스트레스 또는 중립 상황을 유발한 후, TAT SCORS-G를 실시하고 평정치의 차이를 살펴봄으로써 대상표상의 변화 양상을 살펴본 연구도 수행했다. 자세한 연구 내용과 결과를 살펴보고 싶다면, 역자들의 이름과 핵심어로 논문을 검색하면 쉽게 찾아볼 수 있다.

역자들이 수행한 연구 중 SCORS-G의 속성과 관련된 몇 가지 흥미로운 결과를 소개한다. 먼저, 대학생 215명을 대상으로 수행한 연구에서, TAT 도판을 활용한 SCORS-G의 전체 성분(G), 인지(C), 정서(E) 요인 점수는 한국판 사회인지 평가를 위한 영상(the Korean Version of the Movie for the Assessment of Social Cognition, K-MASC; Dziobeck 등, 2006; 이종환, 2016) 과제의 총점(G, C, E)과 유의한 정적 상관을 보이고, 과도한 마음이론 오류(G, E), 낮은 마음이론 오류(C), 마음이론 부재 오류(G, C, E)와 유의한 부적 상관을 보이는 것으로 나타났다. 즉, TAT를 활용한 SCORS-G의 평정 점수가 높을수록 실제 대인관계 상호작용 영상을 활용한 수행기반 사회인지/마음이론 과제에서 높은 수준의 수행을 보이며, 마음이론 오류를 적게 보이는 것으로 나타났다. 다음으로, 역자들은 연구를 수행하면서 측정한 다양한 심리·성격 변인이 SCORS-G를 예측하고 설명하는 상대적인 기여도를 살펴보기 위해, 준거변인을 SCORS-G의 전체 성분 점수로 두고 예측변인을 성격 특성, 역기능적 심리 문제, 마음이론 수준 등으로 설정하고 단계적 회귀분석을 실시했다. 그 결과 신경증 성격 특성($\beta=-.23$), 마음이론 수준($\beta=.21$), 정서 조절 곤란 정도($\beta=-.21$)가 SCORS-G로 측정한 대상관계 수준의 23%를 설명하며, 개별 영향을 통제하고서라도 유의한 설명량을 지니는 것으로 나타났다. 이러한 결과는 SCORS-G가 일반적인 사회인지 기능뿐만 아니라 적응/부적응과 관련된 성격 및 심리 변인을 함께 내포함을 시사한다.

이 책의 저자 및 역자를 포함하여 지금도 여러 나라에서 많은 연구자가 SCORS-G를 활용하여 수행한 최신 연구를 꾸준히 수행하고 있다. 이 책이 나오는 현시점에도 SCORS-G를 활용한 최신 연구가 저명 학회지에서 꾸준히 발표되는 중이다. SCORS-G 매뉴얼의 제작자이자 이 책의 저자인 Stein 박사는 자국인 미국을 비롯하여 우리나라, 프랑스, 이탈리아 등지에서 SCORS-G를 활용한 연구를 모두 조사하고 SCORS-G 웹사이트(scors-g.com)에 연구 목록과 함께 각국의 언어로 번역된 평정 기준을 소개하고 있다. SCORS-G의 공식 지침서인 이 책의 출판을 계기로, 우리나라에서도 SCORS-G를 활용한 많은 연구가 수행되길 기대한다. 연구 결과가 누적될수록 SCORS-G의 가치와 효용성은 더욱 높아질 것이다. SCORS-G를 활용한 연구에 관심이 있는 독자가 있다면, 역자들에게 주저 말고 문의해 주길 바란다.

이 책을 번역하는 과정은 어려움과 괴로움의 연속이었다. SCORS-G는 말 그대로 '이야기'를 대상으로 삼기 때문에 서로 다른 언어권에 따른 문화와 표현의 차이가 어느 정도 존재할 수밖에 없다. 역자들은 원문의 내용에 충실하면서도 우리말로 읽었을 때 어색하지 않고 바로 와닿는 이야기로 번역하기 위해 갖은 애를 써서 문장의 표현을 고민했다. 또 평정 기준과 세부 설명, 실무에서의 활용 예시, 보고서 작성과 관련된 모든 내용에서는 단어 하나 표현 하나를 고심하고 또 고심하여 번역했다. 그럼에도 오역한 부분이 분명 존재할 것이며, 책에서 발견되는 어떤 오류도 부족한 번역자의 책임임을 밝힌다. 해당 내용을 역자에게 알려준다면, 기회가 닿는 대로 수정하고 보완하기 위해 노력하겠다.

역자들은 책을 번역하면서 역주와 관련된 고민을 거듭했다. 그리고 고심 끝에, 가독성을 다소 저해한다 하더라도 평정에 조금이라도 도움이 된다고 여겨지면 역주를 달아 최대한 많은 정보를 제공하려 노력했다. 역주 내용은 SCORS-G 관련 정보, SCORS/SCORS-Q/SCORS-G 매뉴얼에 수록된 세부 평정 기준과 설명, 역자들이 수정하고 보완한 채점 요령, 전문 용어 해설 등으로 이루어져 있다. 부디 역자들의 노력이 SCORS-G를 활용하는 사람들에게 조금이라도 도움이 되길 바란다.

이 책이 나오기까지 도움을 주신 많은 분께 감사드린다. 먼저, 12년이 넘는 세월을 함께하며 가르쳐 주시고 보듬어 주시고 이끌어 주신 지도교수님 장문선 선생님께 마음 깊이 감사드린다. 그간 선생님 곁에서 배우고 본받고 깨달은 지식과 더불어 대상관계의 개념과 평가를 함께 고민하고 토의하고 고찰한 시간과 경험이 이 책을 이해하고 번역하는 데 모두 녹아들어 있다. 다음으로, SCORS-G를 발견하고 연구하기로 결심한 이래로 지금까지 모든 활동을 함께해 준 가장 친한 친구이자 동료인 임종민 소장에게 한없는 고마움을 전한다. 우리는 지금껏 수백 명이 보고한 수천 가지 이야기를 함께 평정하고 논의하고 연구하고 적용하며 우리 실정에 맞는 활용법을 궁리해 왔다. 두 분이 없었다면 이 책의 번역은 물론 우리가 지금껏 함께한 모든 연구도 수행할 엄두조차 내지 못했을 것이다. 이 책의 두 저자처럼 우리 관계도 틀림없이 EIR 7점에 해당한다. 아울러 2016년부터 지금까지 SCORS-G를 함께 숙지하고 활용하고 토론하며 더 나은 번역에 힘을 보태 준 경북대학교 심리학과 임상심리연구실 후배들에게 이 기회를 통해 다시 한번 감사의 뜻을 표한다. 그대들이 함께 고민해 준 흔적은 이 책 곳곳에 스며들어 있다. 또 학과 막내임에도 여러 일을 할 수 있도록 늘 이해해 주시고 배려해 주시는 육군사관학교 심리경영학과 교수님들께 감사 인사를 올린다. 끝으로, 번역서 계약 후 개인 신상의 변화가 잦아 제 앞가림하기에 급급하여 완역에 오랜 시간이 걸렸음에도 묵묵히 기다려 주시고 책의 출판을 허락해 주신 학지사 김진환 사장님과 역자만큼이나 이 책에 마음을 써 주신 유가현 과장님을 비롯한 편집부 여러분께 진심으로 감사드린다.

2021년 봄, 화랑대 연구실에서
역자 대표 이종환

들어가는 글

심리학 장면에서 양적이고 질적인 자료를 역동적으로 풍부하면서 의미 있는 방식으로 측정하기 위한 시도와 노력이 꾸준히 증가하는 실정이다. 특히 정신역동/정신분석 이론가들과 성격 평가 연구자들은 인간의 내면을 측정하는 방법을 고안하기 위해 많은 노력을 기울였다. 그중에서도 사회인지와 대상관계 척도-일반 평정법(Social Cognition and Object Relations Scale-Global Rating Method, SCORS-G)은 이론적 기반이 튼튼하면서 인간 내면의 심리적 구성개념을 정교하고 섬세하게 평가하고 포착할 수 있는 유용한 도구로, 많은 연구자가 실증 문헌[1]에서 활용해 왔다.

임상 연구와 관련하여, SCORS-G는 대상관계와 다양한 임상적 구성개념(정신병리 및 성격) 사이의 다면적인 상호작용을 이해할 수 있는 풍부한 정보를 제공한다. 더 나아가 SCORS-G는 대상관계 처리과정과 치료 과정(치료 동맹, 기법, 변화) 사이의 복합적인 관련성을 이해하는 데 효율적으로 활용할 수 있다. 또 실증 연구 결과를 적용하여 환자의 평가 및 치료와 관련된 정보를 손쉽게 파악할 수 있다. 예를 들어, 저자(Michelle B. Stein, Ph.D.)는 함께 치료 작업을 진행하는 환자들 중 심각한 아동기 외상을 경험한 몇몇 환자가 타인의 행동을 매우 기이하고 때로는 비논리적인 방식으로 바라보는 경향이 있음을 목격해 왔다. 그중 특히 한 환자는 자기개념의 일관성과 타인에 관한 이해가 붕괴된 상태였다. 이 환자로 인해 저자는 Slavin-Mulford 박사(이 책의 공저자)의 첫 연구(Slavin-Mulford et al., 2007)를 다시 살펴보게 되었다. 이 연구에서 연구자들은 아동기 성학대 경험과 초기 기억(early memory) 이야기를 활용한 SCORS-G 평정치의 관련성을 조사했고, 학대의 심각도와 사회적 인과성의 이해(Understanding of Social Causality, SC) 차원 사이에 부적인 연관성을 발견했다. 이러한 결과를 살펴본 뒤로, 저자는 환자의 붕괴된 SC가 환자 자신의 삶뿐만 아니라 저자를 비롯한 치료 기관 종사자들과의 상호작용에 어떤 방식으로 부정적인 영향을 미치는지를 탐색하기 시작했다. 저자는 환자의 SC 향상에 도움을 주기 위해 치료에서 심리교육적인 접근을 취하기 시작했다. 저자는 환자에게 사람들은 다양한 상황에서 여러 이유로 인해 각기 다른 방식으

---

1) 다양한 실증 문헌에서 제시한 연구 결과는 이 책 도처에서 설명한다.

로 행동할 수 있고, 때로는 사람들이 환자가 기대하는 바와 상반된 방식으로 행동할 수도 있다는 점을 설명했다. 동시에 이러한 대안적인 해석은 자신의 경험을 넘어서는 것이므로, 사람들의 의도, 행동, 활동을 해석하는 다른 방식이 어렵게 느껴질 수 있다는 점을 인정하고 헤아렸다. 즉, 환자가 사람들이 자신에게 상처를 준다고 여길 때 누군가는 자신에게 도움을 주기 위해 노력한다는 점을 인식하는 것이 어렵게 느껴질 수 있음을 전달했다. 치료 시간에 환자는 저자에게 지난 한 주 동안 자신이 경험한 여러 상호작용을 어떻게 해석할 수 있는지를 질문하기도 했다. 우리는 호기심 많은 태도로 이 문제를 함께 다루었고, 사람들이 그렇게 행동하는 다양한 이유에 관한 생산적인 대화를 나누기에 이르렀다. 그 결과, 함께 치료를 진행할수록 사람의 행동을 이해하는 환자의 역량(SC)이 더욱 증가했다. 저자는 이 환자의 사례를 다른 임상가와 함께 논의했는데, 사례 회의에서 한 임상가가 환자와 함께 무슨 작업을 진행했는지를 질문하였고, 이에 "환자에게 사람들의 행동과 사람들이 그렇게 행동하는 방식에 관한 다양한 이유를 가르쳤어요."라고 답했다. 이 사례와 관련하여 더 이상의 세부적인 내용은 다루지 않겠지만, 이 사례에서 저자는 연구 결과를 곧바로 임상 실무에 응용했다. 저자는 환자의 사례개념화, 치료 기법, 치료 자세를 설정하는 데 연구 결과를 유용하게 활용해 왔다.

앞선 예시를 통해 연구 결과를 임상 장면에 응용하는 방법을 설명한다고 하더라도, SCORS-G 평정 체계의 임상 적용과 관련된 문헌은 여전히 부족한 실정이다. SCORS-G의 여러 가치 있는 측면 중 하나로, SCORS-G는 대상관계를 이해하고 인식하고 평정하는 데 유용한 차원적인 틀을 제공할 뿐만 아니라 다양한 심리학 분야에 적용할 수 있다. 저자는 수년에 걸쳐 SCORS-G를 활용해 왔으며, SCORS-G가 연구 도구 이상의 가치를 지닌다는 점을 깨달았다. 지금까지 임상가들은 SCORS-G를 주로 연구 장면에서 활용했지만, 저자는 이를 이론적·치료적 지향점, 심리평가, 임상 실무에 응용해 왔다. 시간이 지날수록 지금껏 저자가 받아 온 심리학 교육과 훈련이 융화되면서, SCORS-G는 공통 개념으로 자리 잡았다. 즉, 직업 장면에서 상황에 따라 여러 가지 각기 다른 역할을 수행하더라도[입원 및 외래 환자 담당 임상심리학자, 심리평가 담당 임상심리학자, 다이어렉티컬 행동치료(DBT) 집단 프로그램 참가를 위한 접수면담 평가자, 심리학 연구자, 정신과 수련 담당 수련감독자 등] 개념적 틀을 설정하는 방법으로 SCORS-G를 활용하며, 이러한 개념화와 이해를 바탕으로 환자, 병원 직원, 수련생과 의사소통한다.

SCORS-G의 이점 중 하나로, 치료자는 SCORS-G를 활용하여 구조적이고 이론적인 내용을 바탕으로 기저의 성격 구조와 관련된 양상을 체계적인 방식으로 평가하고 이해할 수 있다. SCORS-G는 여덟 가지 차원(하위 척도, 변인)을 통해 기저의 성격 구조적인 측면을 포착한다. 여덟 가지 차원은 인간 표상의 복합성(Complexity of Representation of People, COM), 표상의 정동 특성(Affective Quality of Representations, AFF), 관계를 향한 정서 투자(Emotional Investment in Relationships, EIR), 가치와 도덕 기준을 향한 정서 투자(Emotional Investment in Values and Moral Standards, EIM), 사회적 인과성의 이해(SC), 공격 충동의 경험과 관리(Experience and Management of Aggressive Impulses, AGG), 자존감(Self-Esteem, SE), 자기 정체성과 일관성(Identity and Coherence of Self, ICS)으로 구성된다. 다양한 장면에 걸친 여러 정신건강 분야에 종사하는 사람들은 SCORS-G를 개념적 틀로 유용하게 활용할 수 있다. 임상가가 SCORS-G 평정 체계에 익숙하든 그렇지 않은 간에, SCORS-G를 구성하는 기저의 차원들은 각기 다른 이론을 지향하는 임상가들이 명시적으로든 암묵적으로든 다양한 정도로 중점을 두는 공통 요인을 포착하며, 여기에는 환자가 자신, 타인, 세상을 어떻게 바라보고 이러한 측면이 현재 나타나는 취약성과 어떤 방식으로 연관되는지를 이해하려 노력하는 것이 해당한다.

SCORS-G를 활용하여 획득할 수 있는 다양한 정보를 '사용자 친화적'으로 만들기 위한 방편으로, 저자들은 모든 SCORS-G 차원에 상응하는 일련의 질문을 궁리했다. 이 질문들은 SCORS-G의 개념을 내포하며, 임상가가 환자의 사례개념화를 시도하거나 치료 계획을 수립할 때 스스로 점검할 수 있는 내용으로 구상했다. 정신건강 분야에 종사하는 사람이라면 이러한 질문 대부분을 이미 실무에서 능숙하게 활용하고 있을 것이다. 그럼에도 이러한 질문을 독자에게 제시하는 목적은 SCORS-G 평정 체계를 활용하여 대상관계 구성개념을 구조적인 방식으로 식별하고 이해할 수 있다는 점을 보여 주기 위함이다. 전체 질문 목록은 15장에 별도로 제시했지만, '일반적인 여덟 가지' 질문을 여기에 먼저 소개한다. 각 질문은 SCORS-G의 여덟 가지 차원 중 하나에 상응하며, 각 차원이 평가하는 내용의 일반적인 개요를 반영한다. 질문을 미리 제시하는 이유는 이 책이 앞으로 다루게 될 내용을 독자들이 감지할 수 있도록 하기 위함이다.

'일반적인 여덟 가지' 질문

1. 인간 표상의 복합성(COM): 자신과 타인의 경험을 인식하고, 통합하고, 분화할 수 있는 역량이 어느 정도인가?
2. 표상의 정동 특성(AFF): 타인과 세상을 경험하는 정서와 지각의 양상이 어떠한가?
3. 관계를 향한 정서 투자(EIR): 관계에서 드러나는 깊이와 친밀의 범위가 어느 정도인가?

4. 가치와 도덕 기준을 향한 정서 투자(EIM): 삶의 양식에서 도덕성 및 연민과 관련된 측면이 어떻게 드러나는가?

5. 사회적 인과성의 이해(SC): 자신과 타인의 행동, 생각, 감정, 욕구 및 현실을 경험하는 일반적인 방식을 이해하고 묘사하는 역량이 어느 정도인가?

6. 공격 충동의 경험과 관리(AGG): 분노를 경험하고 표현하는 양상이 어떠한가?

7. 자존감(SE): 자존감의 범위(높낮이)가 어느 정도인가?

8. 자기 정체성과 일관성(ICS): 직업과 관계 장면에서 정체감을 분명하게 인식하고, 스트레스 상황에서 자기감을 유지하는 수준이 어느 정도인가?

다시 한번 강조하건대, 이러한 질문의 목적은 환자의 대인관계 양상을 평가하는 것과 더불어 이러한 측면이 실제 행동/기능으로 변환되는 방식을 파악하는 것이다. SCORS-G 평정 체계를 활용하는 것은 증상 수준을 넘어서 환자의 내면을 평가하는 보완적인 접근을 제공한다. 예를 들어, 정신의학계에는 우울증(SIGECAPS)2)이나 조증(DIGFAST)3)과 같이 특정 임상 증후군과 연관된 증상 목록의 회상에 도움이 되는 여러 기억술이 존재한다. 반면, 대상관계 평가는 보다 미묘하고 섬세한 방식으로 이루어지는데, SCORS-G 차원을 활용한다면 임상가는 여덟 가지 차원을 통해 보다 명확한 방식으로 한 사람의 대상관계 양상을 깊이 있게 탐색할 수 있다.

종합하면, SCORS-G는 보편 법칙적이고 개별 특수적/질적인 접근 모두를 활용하는 연구에서 평가하기 어려운 여러 문제에 정도와 깊이를 모두 고려한 결과를 제공한다. SCORS-G는 다양한 영역에 걸친 여러 유형의 이야기 자료에 유연하게 적용할 수 있으며, 연구자와 임상가에게 모두 유용하다. SCORS-G가 몇 안 되는 임상가 평정 척도 중 하나라는 점을 고려하면, 연구와 실무 사이의 간극을 메우는 데 이를 유용하게 활용할 수 있을 것이다. 이 책은 SCORS-G를 연구에 적용하고 임상 장면(접수면담, 심리치료, 심리평가) 및 수련 장면에 활용하는 방법을 강조한다. 더 나아가 다양한 장면(교육 기관, 시설 상담 및 심리치료소, 병원 등)에 걸친 여러 정신건강 분야에 종사하는 사람들(수련생부터 숙련된 상담 및 심리치료사, 임상가와 함께 일하는 연구자 등)을 위한 응용법을 다룬다.

---

2) 역자 주: 주요우울 삽화(major depressive episode)의 진단 기준에 속하는 핵심어의 영어 앞 글자를 따서 만든 단어로, 풀어서 설명하면 각각 수면 문제(Sleep), 흥미 저하(Interest), 죄책감(Guilt), 활력 상실(Energy), 집중력 감소(Concentration), 식욕 부진(Appetite), 정신운동 장애(Psychomotor activity), 자살 사고(Suicide ideation)에 해당한다.

3) 역자 주: 조증/경조증 삽화(manic/hypomanic episode)의 진단 기준에 속하는 핵심어의 영어 앞 글자를 따서 만든 단어로, 풀어서 설명하면 각각 주의 산만(Distractibility), 무분별한 행동(Indiscretion), 과대감(Grandiosity), 사고 비약(Flight of ideas), 활동 증가(Increased activity), 수면 감소(Sleep deficit), 다변증(Talkative)에 해당한다.

감사의 말

먼저, 이 책을 편찬하는 작업을 함께 해 준 Jenelle Slavin-Mulford 박사에게 감사의 말을 전한다. 2006년부터 우리는 함께 SCORS-G를 활용하여 이야기 자료를 평정했다. 그야말로 수천 가지 이야기를 나와 함께 평정해 준 것에 고마움을 전한다. 당신은 나의 가장 친한 친구이며, 우리 관계는 EIR 7점에 해당한다. 우리 둘 모두 채점에 익숙해지면서 서로를 보완하면서도 견제했고, 나는 이러한 점이 이 책에 녹아들었다고 믿는다. 당신이 없었다면 나는 이 책을 쓰지 못했을 것이다. 둘째로, 나는 믿기 힘들 정도로 좋은 스승을 둔 행운을 가졌다. 나는 내 삶의 '흔적들[the Marks, 역주: 이름(마크)과 단어 뜻(흔적)의 중의적 표현]'에게 감사한다[나이순으로, Mark Hilsenroth 박사와 Mark Blais 박사]. 두 분은 나를 전문적·개인적으로 도와주어 내가 가진 것을 성취할 수 있도록 해 준 매우 중요한 사람이다. 내게 다그침이 필요할 때 나를 부드럽게 독려해 주고, 동시에 내가 성장할 공간을 마련해 준 것에 깊은 감사를 표한다. 내 안의 잠재력을 보고 믿어 준 두 분께 거듭 진심으로 감사를 전한다. 감사를 전하고픈 세 번째 사람은 Caleb Siefert 박사다. 나는 당신이 청중의 다양한 수준을 고려하여 어려운 이론의 개념을 우리의 경험과 실생활에 밀접한 방식으로 설명하는 것을 바라보며 그 재능에 늘 경탄했다. 당신은 내가 논문을 구상하고, 이론을 이해하고, 통계를 계산하고 분석할 수 있도록 도와줬으며, 지속적으로 연구에 관심을 기울이고 열정적으로 함께 협력해 준 것에 감사를 전한다. 언제나 그래왔듯이, 당신은 나의 자문관이자 지지의 원천이다. Jenelle과 함께 당신은 내가 SCORS-G를 깊이 생각하고 이해할 수 있도록 도와주었다. 무엇보다도 이 기회를 통해 우리가 가까운 친구 사이가 된 것이 나에게는 큰 행운이었다. 이 책의 표지에 실을 사진을 찍어 준 Robert Jeff Slavin 박사에게도 감사를 전한다. 당신의 세심한 편집과 책 내용의 구조에 관한 참신한 생각 덕분에 좋은 책이 될 수 있었다. 마지막으로, 나의 할아버지 Benjamin 박사와 할머니 Pearl Bernstein에게 감사드린다. 두 분은 내가 졸업할 즈음 돌아가셔서 롱아일랜드에서부터 보스턴에 이르는 내 삶의 변화를 바라보지 못하셨지만, 나는 여전히 두 분의 따뜻함과 사랑 그리고 나를 향한 무조건적인 믿음을 느낀다.

17

차례

Part 1 | 역사와 실증 연구

Chapter 01 서론 ·· 25

Chapter 02 SCORS-G의 실증 연구 개관 ···················· 41

Part 2 │ 채점

Part 3 | 임상 활용

Chapter 14　치료와 수련감독 과정에서 SCORS-G 기준점의 활용 ······ 287

Chapter 15　접수면담과 심리평가 과정에서 SCORS-G의 활용 ·········· 305

Part 1

역사와 실증 연구

서론

목적

　사회인지와 대상관계 척도(Social Cognition and Object Relations Scale, SCORS) 평정 체계(Westen et al., 1985/1987/1989/1990; Westen et al., 1988/1990; Westen, 1993, 1995a, 1996a, 2002a)는 이야기 자료에서 대상관계 수준을 측정하기 위해 가장 흔히 사용하는 평가도구다. SCORS가 만들어진 이래로 세 가지 측정 방법(SCORS, SCORS-Q 분류법, SCORS-일반 평정법)이 존재하며, SCORS-일반 평정법(SCORS-Global Rating Method, SCORS-G)은 가장 최근에 개정된 방법이다.[1] SCORS와 SCORS-G는 실증 문헌에서 가장 많이 활용하는 두 가지 방법으로, SCORS와 SCORS-G의 차이는 다음과 같다. 첫째, SCORS는 네 가지 차원인 반면, SCORS-G는 여덟 가지 차원으로 구성된다. 둘째, SCORS는 5점 Likert 척도상에서 평정하는 반면, SCORS-G는 7점 척도로 평정한다. 마지막으로, SCORS는 이야기 자료 유형에 따른 두 가지 다른 판(version)이 존재하며, 하나는 주제통각검사(TAT) 이야기 자료(Murray, 1943)의 평정에 활용하고, 다른 하나는 면담(interview) 자료의 평정에 활용한다. 그러나 SCORS-G

---

1) 역자 주: 'SCORS'는 Westen, Silk, Lohr와 Kerber(1985)가 고안하고 수차례 개정한 SCORS의 초판이다. Westen 등(1985-1990)은 정보처리 과정과 행동 형성에 영향을 미치는 순간적으로 활성화된 표상인 작업 표상(working representations)을 평가하기 위해 임상 관찰, 대상관계 이론과 연구, 발달 사회인지 연구의 개념을 활용하여 내성(introspection)으로는 접근할 수 없는 인지 · 정동 구조를 반영하는 네 가지 구성개념(COM, AFF, EIR/EIM, SC)을 구상하고, 이야기 자료를 활용해 이를 5점 척도로 평정하는 척도를 제작했다. 'SCORS-Q'는 Westen(1995a)이 Q 분류법을 활용한 판으로, 다섯 가지 차원(COM, AFF, EIR, EIM, SC)을 활용하여 TAT 자료를 평정할 수 있으며, 일반적인 이야기 자료에는 AGG, SE, ICS, 사회 기술, 대인관계 행동의 차원까지 추가로 평정하는 방법을 다룬다. SCORS와 SCORS-Q를 토대로, Westen(2002a), Hilsenroth, Stein과 Pinsker-Aspen(2004)은 'SCORS-G(일반 평정법)'를 제안했고, Stein, Hilsenroth, Slavin-Mulford와 Pinsker-Aspen(2011)은 SCORS-G의 네 번째 매뉴얼을 발간했다. SCORS-G는 여덟 가지 차원(COM, AFF, EIR, EIM, SC, AFF, SE, ICS)을 바탕으로 TAT, 면담, 심리치료 내용 등 다양한 이야기 자료를 7점 척도로 채점하는 평정 체계다(SCORS와 SCORS-Q는 TAT 자료와 다른 출처의 이야기 자료를 평정하는 방법에서 다소 차이가 있지만, SCORS-G는 자료의 유형에 따른 평정 방법에 차이가 없기 때문에 '일반 평정법'이라는 용어를 사용했다).

는 어떠한 유형의 이야기 자료에도 동일하게 적용할 수 있다. SCORS-G는 본래의 SCORS 보다 더욱 포괄적인 방식으로 대상관계의 깊은 차원을 포착할 수 있다는 이점을 지닌다. 하지만 SCORS를 활용한 수많은 중요한 연구가 존재하고, 이러한 연구는 SCORS-G를 활용한 연구의 기틀을 마련했기 때문에, 제2장에서는 SCORS의 모든 평정 체계(SCORS, SCORS-Q, SCORS-G)를 개관한다.

지금까지 SCORS-G는 주로 임상 연구에서 사용되었다. Drew Westen과 동료들에 이어 Hilsenroth, Stein과 Pinsker-Aspen(2007)은 평정자 간 신뢰도를 확립하여 임상가와 연구자를 위한 평정 체계를 발간했다. 이후 지속적인 갱신을 거쳐 Stein 등(2011)은 가장 최신의 매뉴얼을 발표했다. 매뉴얼을 통해 임상가와 연구자들은 SCORS-G를 활용하는 기본적인 틀을 파악하고, 단계적인 방식으로 임상가와 연구자가 평정자 간 신뢰도를 확보하는 방법을 습득할 수 있지만, 매뉴얼의 범위가 제한적이라는 한계가 존재했다. 매뉴얼에는 평정된 다수의 이야기 기반 자료(초기 기억과 TAT 자료)가 수록되어 있지만, 평정의 근거가 누락되어 있으며, 1~7점에 이르는 모든 점수의 예시를 반영하지 못했다. 따라서 임상가와 연구자들이 종합적인 지침을 따르기보다 직관을 활용하여 점수를 평정하는 문제가 발생했다. 게다가 평정한 척도의 점수를 어떤 방식으로 실증 연구에 활용해 왔는지를 논의한 매뉴얼이 존재하지 않았다. 마지막으로, SCORS-G 평정치를 다양한 임상 연구(정신병리, 성격 측면, 치료 효과 등)에 활용하고 있지만, 상대적으로 임상 실제의 적용을 설명하는 문헌이나 정보가 부족한 실정이다. 따라서 임상가와 연구자를 위한 SCORS-G의 종합적인 교본을 제공하기 위한 목적으로 이 책을 저술했다. 이 책은 ① SCORS-G 체계의 신뢰도와 타당도를 다루고, ② 측정치의 다양한 활용 방법과 연구 결과를 개관하며, ③ 채점 방법을 제시하고, ④ 활용 장면과 훈련 방법에 따른 평정 체계의 임상적 유용성과 함의를 논의한다. 우리는 이 책을 통해 임상가와 연구자들이 척도를 보다 잘 이해하고, 화자의 개인적 차원을 잘 평정하게 되길 바란다. 우리는 또한 독자들이 심리치료와 슈퍼비전 과정(그리고 접수면담과 심리평가 장면)에서 내담자를 이해하는 개념적 틀로 SCORS-G의 평정 체계를 유용하게 활용할 수 있음을 깨닫길 바란다.

이 책의 서론에서는 이론적 배경과 SCORS 체계의 발달과정을 다룬다. 그런 다음 SCORS의 평정 방법과 심리측정적 속성을 설명하고, 척도의 강점과 비판점을 논의한다. 서론의 마지막 부분에서는 이 책의 각 장을 개관한다.

이론적 배경

이 책의 대부분의 내용은 SCORS 평정 체계의 연구와 임상 활용에 초점을 두기 때문에 우리는 SCORS의 이론적 틀을 신중하게 논의했으며, 이러한 경향은 SCORS의 개념화와 발달에서도 마찬가지로 이어진다. 이 절에서 우리는 Westen이 SCORS 평정 체계의 차원을 설정하기 위해 어떤 방식으로 대상관계 이론과 사회인지 이론의 원리를 통합했는지를 요약한다. 그러나 Westen과 동료들이 이미 이를 광범위하게 서술했기 때문에(각 이론적/실험적 틀에서의 공통점, 차이점, 강점, 약점; 두 이론의 통합; 관련된 이론가와 실험 연구자 등), 우리는 여기에서 이를 상세히 설명하지 않는다. 그 대신에 우리는 SCORS의 차원들이 각 이론적 접근에 어떤 방식으로 녹아드는지를 다룬다. 그런 다음 우리는 참고문헌의 목록을 제시한다. 우리는 이 책의 독자가 SCORS의 이론적 토대를 포괄적으로 개관한 자료에 쉽게 접근할 수 있도록 안내하고자 불완전한 목록이라도 소개한다.

개념적으로, Westen은 다차원적이고(대상관계는 다차원적인 구성개념), 기능의 변화에 민감하고(다양한 대상관계 처리과정은 정황에 따라 달라짐), 배열 자료로 적용 가능한(대상관계 처리과정은 다양한 상황/환경에 따라 각기 다른 정도로 나타남) 측정치를 설정하길 추구했다. Westen은 또한 개인의 의식에 적게 영향을 받는(자기보고식 평가와는 다른) 기저의 심리적 처리과정을 평가할 수 있는 측정치를 원했다(Westen, 1995a, p. 6).

일반적으로 SCORS 평정 체계는 "임상 기반 대상관계 이론"과 실험 기반 인지과학에서의 사회인지 이론을 통합한 것이다(Westen, 1995a, p. 4).

> 대상관계 이론가들은 자신과 타인에 관한 표상의 본성과 발달 그리고 이러한 표상에 영향을 미치는 정동의 처리과정을 임상적 관점에서 규명한다. 이들은 병리적인 대상관계(친밀한 관계에서의 대인관계 기능 기저에 존재하는 사고, 감정, 동기의 문제 양상), 특히 성격장애에 초점을 둔다. 사회인지 이론가들은 실험 방법을 활용하여 대체로 일반적인 사회 정보 처리과정의 기제를 탐구한다.
>
> (Westen, 1995a, p. 2)

이론적 토대에 관한 독자들의 구체적인 이해를 돕기 위해서 SCORS-G 차원의 간략한 요약을 제시한다.

COM

인간 표상의 복합성(Complexity of Representation of People, COM)에서, Westen(1995a)은 대부분의 대상관계 이론을 참조하여 COM의 발달과 관련된 세 가지 핵심 사항을 설명했다. 첫째, 자신과 타인에 관한 표상은 아동이 성숙할수록 점점 더 분화(differentiated)된다. 둘째, 시간이 지날수록 더욱 복합적(complex)이고 통합적(integrated)인 대상표상을 형성한다. 셋째, 통합성과 복합성의 일환으로 모호성과 갈등을 견뎌 내는 힘(내성, tolerance)으로 인해 분열(splitting)은 감소한다. 사회인지 발달 연구는 이러한 원리를 주로 지지한다.

AFF

표상의 정동[2] 특성(Affective Quality of Representation, AFF)에서, 정신분석 임상가들은 "대상 세계(objet world)를 향한 정동 채색(affective coloring)"으로 AFF를 개념화한다(Westen et al., 1985, p. 17). 이와 유사하게, 사회인지 연구자들은 AFF를 개인이 관계를 고통스럽고 위협적일 것으로 예상하거나 혹은 즐겁고 풍요로울 것으로 기대하는 정도를 반영하는 개념으로 설명한다.

EIR과 EIM

정신분석 임상가들은 관계를 향한 정서 투자[3](Emotional Investment in Relationships, EIR)와

---

2) 역자 주: 역자는 'feeling'을 '느낌 혹은 감정'으로, 'emotion'을 '정서'로, 'affect'를 '정동'으로 번역했다. Rangell(1995)에 따르면, 지금껏 수많은 학자가 느낌, 정서, 정동의 차이를 밝히려고 시도했으나, 이를 구분할 수 있는 일반적이고 적절한 공식은 없다고 지적했다. 느낌, 정서, 정동을 정확히 구분하기 어렵지만, 독자의 이해를 돕기 위해 다음 세 가지 개념에 관한 간략한 설명을 제시한다.
　－느낌(feeling): 즉각적이고 순간적인 느낌, 지각을 통한 감정의 수동적이고 주관적인 경험, 중추신경에서 주관적으로 경험하는 상태
　－정서(emotion): 개인이 상황을 지각하고 행동하는 방식에 영향을 미치는 체험적 · 경험적 · 생리적 반응 경향성의 종합체(Gross, 2002)
　－정동(affect): 동기, 신체, 표현, 소통, 느낌, 정서와 더불어 이러한 측면과 연관된 관념, 인지에 관한 구성개념을 포괄하는 심리 구조(Tyson & Tyson, 1990), 정서와 관련된 모든 현상과 무의식적인 정서를 포함하는 개념, 자극을 향한 무의식적 · 생리적 · 자동적 · 동기적 반응
　세 단어는 정의상 의미가 조금씩 다르긴 하지만, 영어권에서는 바꿔 말하기(paraphrasing)를 높이 사는 경향이 있으므로 한 문단 안에서는 세 단어가 모두 유사한 의미를 내포하기도 한다. 역자는 가급적 원문에서 활용한 어휘를 그대로 번역했으며, 간혹 문맥에 따라 우리말에 적합한 표현으로 바꾸기도 했다.
3) 역자 주: 정서 투자(emotional investment)란 목표, 욕구 상태, 또는 관계 양상에 관한 표상에 정동을 투여하는 것을 의미하며, 목표 상태와 현실 사이의 괴리를 인식하는 것은 부정적인 정동을 초래하고, 목표 상태와 현실의 합치를 인식하는 것은 긍정적인 정동을 유발한다(Westen et al, 1985).

가치와 도덕 기준을 향한 정서 투자(Emotional Investment in Values and Moral Standards, EIM)가 점차 성숙해 가는 과정을 논의한다. 특히 Westen 등(1985, 1995a)은 이 두 차원에서 발달과정을 거치면서 자신만의 고유한 특성을 바탕으로 도덕 기준 및 타인에게 투자하는 역량이 성장해 나가는 과정을 논의했다. 이러한 측면은 온전히 자신의 욕구에 기반을 둔 결정을 내리며, 자기만족을 위한 도구로 타인을 활용하는 생의 초기 발달과는 대조된다. 정신분석 용어로, 두 가지 차원은 초자아의 발달 수준을 포착한다. Westen 등(1985, 1995a)은 또한 사회인지 연구를 개관하고, 이러한 처리과정을 우정, 관습, 도덕 발달, 친사회적 행동, 권위, 정의와 같은 개념을 통해 검증할 수 있음을 설명했다.

SC

사회적 인과성의 이해(Understanding of Social Casuality, SC)와 관련하여, 사회인지 연구는 발달과정을 거치며 아동이 사회 장면에서의 인과성을 추론하는 데 많은 중요한 전환이 일어난다는 점을 보여 준다. 특히 아동은 자라면서 피상적인 수준의 관찰에만 의존하는 것이 아니라 사건을 이해하기 위해 자신 내부의 심리적 처리과정을 활용할 수 있게 되며, 이러한 향상된 복합성을 바탕으로 사회 장면을 이해한다. 이와 유사하게, 임상적 관점에서 심각한 성격장애를 호소하는 사람은 매우 기이하고 비논리적인 결론을 내리는 경향이 있으며, 대조적으로 보다 건강한 사람은 타인의 의도를 추론할 때 보다 정확하게 귀인한다(Westen, 1995a; Westen et al., 1985).

AGG

흥미롭게도 Westen은 공격 충동의 경험과 관리(Experience and Management Aggressive Impulse, AGG) 차원에 관해 논의하지 않았는데, 그 이유는 초기 SCORS 평정 체계에서 AGG를 포함하지 않았기 때문이다. 이론적으로 AGG와 관련된 측면은 AFF를 통해 평정할 수 있지만, 둘 사이에는 다소간의 차이점이 존재한다. AGG는 타인을 향한 분노를 관리하는 방법 및 이를 조절하고 표현하는 방식과 연관된다. 반면, AFF는 관계에서 나타나는 전반적인 정동의 균형(악의적/적대적에서 자애로운)과 타인을 지각하는 방식을 반영한다. AGG는 '타인'을 향한 AFF를 조절하고 드러내는 방식과, 이후 이러한 측면이 '자신'에게 미치는 영향에 초점을 둔다. 이러한 점을 차치하고서라도, 공격 충동의 조절과 적응적인 표현은 Sigmund Freud를 시작으로 수많은 정신분석 임상가와 이후의 대상관계 이론가들이 줄곧 강조해 왔다(Melanie Klein, Otto Kernberg 등). 이 차원을 포함하는 것과 관련하여, Kernberg
와 Caligor(2005)는 "정상 성격 구조는 건강하고, 주장적이고, 과도한 반응 없이 도발을 견디
고, 보호적으로 반응하고, 스스로를 공격하는 것을 피하는 방식으로 공격 충동을 표현할 수
있는 능력을 포함한다"는 점을 강조했다(p. 122). 또 "심각한 성격장애에서 우리는 매우 강렬
하고, 통합되지 못하고, 공격성의 조절이 열악한 것과 관련된 두드러진 양상을 볼 수 있으며
······ 이는 체질적·환경적 요소의 융합으로 나타난다"고 했다(pp. 129-130). 마찬가지로, 사
회인지 분야에서 분노는 다음과 같은 처리과정 양상을 통해 연구한다—적대적 귀인, 분노
반추, 주도적 및 반응적 공격성, 사회 정보 처리과정(공격성을 유발하는 인지, 정서 처리과정),
자기/정서 조절, 의도적 통제, 뜨거운 인지 등(Kunda, 1999).

SE와 ICS

마지막으로, 자존감(Self-Esteem, SE) 및 자기 정체성과 일관성(Identity and Coherence of
Self, ICS)와 관련하여 Westen(1992)은 정신분석, 사회인지 이론에서 모두 자기(self)를 정동적
이고, 다차원적이고, 대인관계적인 개념으로 상정한다는 점에 주목했다. 두 이론 모두 개인
이 자신을 바라보는 방식의 변동성 대 안정성의 정도(예, 자신에 관한 감각과 자신을 둘러싼 환
경에 어떻게 반응하는가)뿐만 아니라 자기개념의 통합 수준을 강조한다. SCORS-G 평정 체계
의 다른 차원들은 자신과 타인 사이의 상호작용에 초점을 두는 반면, Westen(1995a)은 SE와
ICS를 SCORS-G에 추가하면서 임상가들과 연구자들이 다른 차원과 비교하여 자기표상과
관련된 측면을 구체적으로 평가할 수 있도록 구성했다. 특히 SCORS는 자기에 관한 각기 다
른 측면의 처리과정, 기능, 차원을 고려함으로써 복잡한 자기개념을 평가할 수 있다. 즉, 환
자들은 자신이 애쓰는 문제가 자기구조의 영역에 속하는지, 아니면 다른 차원의 영역에 속
하는지를 드러낼 수 있다. 그러므로 SCORS는 전통적인 자기보고식 검사보다 자기의 측면에
관한 부가적인 측정치를 제공한다.

읽을거리

SCORS 평정 체계에 반영된 이론을 보다 잘 이해하려는 사람들을 위해 여기에 몇 가지
읽을거리를 소개한다. Westen은 여기에 제시한 참고문헌의 다수를 SCORS(Wetsen et al.,
1985/1987/1988/1989/1990; Westen et al., 1988/1990)와 SCORS-G(Westen, 1995a, 1996a, 2002a)

매뉴얼에서 개관했으며, 대상관계와 사회인지 이론을 바탕으로 SCORS 평정 체계를 폭넓고 세부적인 방식으로 개념화했다. 같은 시기에 Westen은 평정 체계의 이론적 토대를 강조하는 일련의 논문을 발표했다(Westen, 1991a, 1991b, 1992). 1991년도 논문에서 Westen은 초기 SCORS의 네 가지 차원을 논의했으며, 1992년도 논문에서 인지적 자기(self)와 정신분석적 자기(self)를 언급했다. 흥미롭게도 그 당시 Westen은 SE와 ICS를 평정 체계의 일환으로 여기지 않았으나, Westen의 논의는 SCORS-G에 두 가지 차원을 추가하는 이론적 틀을 제공했다. Kernberg와 Caligor(2005)는 정상에서 병리적 성격 구조에 적용할 수 있는 정신분석 및 대상관계 이론을 요약하여 책의 한 장(章)으로 작성했다. Kenberg와 Caligor는 성격 발달에서 AGG의 중요성을 논의하고 유용한 참고자료를 제시했다. 이 책에서 소개하는 논문과 책을 읽어 보길 권장한다.

제시한 참고자료를 읽은 다음에도 더 공부하길 원한다면, 다음의 논문들은 평정 체계에 반영된 이론을 이해하는 데 도움을 줄 것이다. 특히 평정 체계의 세부 사항이 아닌 성격 구조의 개념화와 평가에 관심이 있는 독자라면 Westen의 논문(1995b, 1996b)을 읽어 보길 권장한다. 이와 유사하게, Westen(1990)은 SCORS 평가 체계의 용어를 활용하여 자기애(narcissism)의 심리적 기반을 분석했다. 이 논문에서 Westen은 기저의 처리과정에 관한 개별 현상뿐만 아니라 다양한 처리과정의 상호작용을 논의했다. Westen(1989)은 대상관계 이론의 발달과 심각한 성격병리와 관련된 실증 연구들이 어떤 방식으로 수렴하고 변별되는지를 논의했다. 마지막으로, Kunda(1999)는 사회인지 처리과정의 이해를 돕는 데 유용한 교과서를 편찬했다.

SCORS의 구조

Westen 등(1985)은 SCORS의 초판을 네 가지 차원으로 구성했으며[표상의 복합성(COM), 관계의 정동 분위기(AFF), 관계와 도덕 기준을 향한 정서 투자(EIR + Moral Standards), 사회적 인과성의 이해(SC)], 평정에 활용하는 이야기 자료의 유형에 따라 두 가지 판을 구분하여 제작했다(예, TAT 대 면담 자료, 초기 기억, 심리치료 내용). SCORS는 자료를 5점 Likert 척도로 평정하며, 낮은 점수는 대상관계의 원초적인 측면을, 높은 점수는 대상관계의 성숙한 측면을 반영한다. 주의할 점으로, COM은 TAT 자료에서는 5점 척도로 평정하지만 면담 자료에서는 7점 척도로 평정했다(면담으로 더욱 다양한 정보 수집이 가능하기 때문). AFF는 발달 단계에 영향을 받지 않는 유일한 차원으로 나타났다. SCORS 초판의 구성을 보다 자세히 알길 원한다면

Westen의 초기 매뉴얼을 참조하길 바란다.

1990년대에 Westen은 환자의 대상관계와 대인관계 기능을 보다 포괄적으로 포착하기 위해 SCORS를 개정했다. 이는 SCORS-Q 분류법으로 발전했다(SCORS-Q; Westen, 1993, 1995a, 1996a, 2002a). Q 분류법[예, 경험에 입각하여 대상관계적인 내용을 묘사하는 여러 기준(카드)을 설정하고, 이를 특정한 특성의 정도에 따라 연속적인 범위를 지니는 일곱 가지 무더기(pile)에 분류하는 방법]을 활용하여, 임상가들은 환자의 인지, 정동, 대인관계와 관련된 다양한 주제를 평가할 수 있게 되었다. Westen 등(1995a)은 최대 아흔다섯 가지 차원을 평가할 수 있다고 설명했다(이는 초기 SCORS의 네 가지 차원과 대조된다). SCORS의 초판에 따르면, 이야기 유형에 따른 두 가지 판의 척도가 존재한다. 하나는 임상 면담을 위한 것이고, 다른 하나는 TAT와 같은 암묵적/수행 기반 과제를 위한 것이다.

SCORS-Q의 개발에서 기존과 달라진 부분은 다음과 같다. 먼저, SCORS-Q에서는 관계와 도덕 기준을 향한 정서 투자(EIR + Moral Standards)를 두 차원(EIR, EIM)으로 나누었다. 기존의 표상의 복합성은 표상의 인지 구조로, 기존의 관계의 정동 분위기는 관계 도식의 정동 분위기로 변경했는데, 이 두 차원은 기존의 SCORS와 유사하다. Likert 척도 방식과 Q 분류 방식의 대조를 제외하고, SCORS와 SCORS-Q 사이의 두 번째로 큰 차이는 주요 대인관계 관심사(Dominant Interpersonal Concerns)를 파악하는 척도를 개발했다는 점이다. 주목할 점으로, 차원을 개발할 때 임상 면담에서 SCORS-Q 분류법을 활용하여 AGG, SE, ICS뿐만 아니라 사회 기술과 대인관계 행동까지 평가할 수 있도록 구성했으나 이를 투사 이야기에는 활용하지 않았는데, 그 이유는 평정하기가 까다로웠기 때문이다(세부적인 사항은 Westen, 1993, 1995a, 1996a, 2002a 참조). 1993년에 SCORS-Q를 발표한 이래로, Q 분류법을 한 차례 개정했다(차원을 COM, AFF, EIR, EIM, SC로 나누고, 두 가지 Q 분류법을 활용하여 주요 대인관계 내용을 평가할 수 있도록 하며, 항목과 무더기의 수를 줄임. 자세한 내용은 Westen, 1995a 참조).

Westen은 SCORS-Q를 발표할 시점에 SCORS-G를 고안했다. 그 이유는 정신건강 전문가들에게 많은 양의 임상 정보를 모으기 위해서는 시간 소모가 크지 않으면서 환자의 성격 기능과 관련된 정보를 제공하는 척도가 필요했기 때문이다. SCORS-Q를 활용할 경우에는 환자의 대인관계와 성격 기능에 관한 막대한 양의 임상 정보를 파악할 수 있었지만, 시간이 많이 소모된다는 단점이 존재했다. 따라서 Westen은 SCORS-Q와 함께 활용할 수 있는 SCORS-G를 제작했다. 그러나 시간이 지날수록 임상가와 연구자들은 실증 연구와 문헌에서 SCORS 초판과 SCORS-G를 주로 활용했다(SCORS-G의 발달사와 관련된 정보는 Stein et al., 2011 참조).

SCORS-G는 다양한 형태의 이야기 자료에 활용 가능한 임상가 평정 체계다[예, TAT, 임상 면담, 관계 일화 접근(Relationship Anecdote Paradigm, RAP)[4] 면담, 초기 기억, 심리치료, 꿈 이야기 등]. SCORS 및 SCORS-Q와는 달리, SCORS-G는 한 가지 판만 존재하며, 이야기 자료의 유형에 따라 평정이 달라지지 않는다. SCORS-G는 여덟 가지 차원을 7점 Likert 척도상에서 점수를 부여한다. 성격 구조는 부적응적/원초적에서 적응적/성숙적까지의 연속선상에 위치한다는 관점에 따라(Kernberg, 1984), 점수가 낮을수록 대상 표상의 병리적인 측면을 반영하고, 점수가 높을수록 보다 성숙하고 적응적인 기능을 시사한다.

이야기 프로토콜

앞서 언급했듯이, SCORS-G는 다양한 유형의 이야기 자료를 해석하는 데 활용할 수 있다. Westen은 SCORS-G의 대다수의 차원에 상응하는 인지, 정서, 대인관계 처리과정을 파악할 수 있는 임상 진단 면담(Clinical Diagnostic Interview, CDI)을 개발했다(Westen, 2002b). 또 SCORS-G는 TAT와 초기 기억(Early Memory, EM) 자료에 활용할 수 있다. SCORS-G를 관계 일화 접근(RAP) 면담 자료에 적용하는 흥미로운 연구도 수행되었다(Luborsky & Crits-Christoph, 1998). TAT와 EM 자료를 활용할 때, 적어도 네 가지 이상의 프로토콜을 평정하길 권장한다. 저자가 속한 병원은 외래 환자에게 일곱 가지 도판(1, 2, 3BM, 4, 13MF, 12M, 14)을 활용한 TAT 검사로 평가를 진행하며, 입원 환자에게는 네 가지 도판(1, 2, 3BM, 14)을 사용한다. EM 프로토콜 수집에는 Mayman(1968)이 제시한 개념을 Fowler, Hilsenroth와 Handler(1995)가 확장하고 보완한 초기 기억 면담지를 활용한다. 면담지는 최초 기억, 두 번째 기억, 부모, 학교 첫날, 음식·섭식·급식, 따뜻함이나 포근함, 이행기 대상(transitional object)에 관한 초기 기억을 질문하는 것으로 구성된다. 그러나 여기에 고정된 양식이 존재하는 것은 아니며, 실증 문헌을 살펴보면 목적이나 상황에 따라 다양한 TAT 이야기와 초기 기억 프로토콜을 활용하기도 한다. 이때 주의해야 할 사항으로 평정자는 자신이 분석하기로 선택한 프로토콜의 속성을 항상 염두에 두어야 한다. 특히 프로토콜 속성의 차이로 인해 이 책에 제시된 많은 내용과 부합하지 않는 방식으로 결과가 나타날 수 있다는 점을 유념해야 한다. 아울러 임상 면담이나 개인 심리치료 내용을 평정한다면, SCORS-G의 개별 차원을 평가하기에 충분한 정도의 임상 정보를 확보해야 한다. 다시 말해, 만약 한 회의 면담이나 상담에서 환자가 다양한 대인관계 상황에 관해 충분히 묘사하지 않았다면, SCORS-G의

---

4) 매사추세츠주 스톡브리지의 오스틴 리그스 센터(Austen Riggs Center)에 속한 임상가들은 SCORS-G에 RAP 면담 자료를 적용하는 전문적인 회의를 통해 수많은 관련 저술을 작성했다.

차원을 평정하기 전에 몇 번 더 대인관계 상호작용을 논의할 때까지 기다리길 권장한다. 이는 아마도 여러 회의 상담/심리치료 내용을 필요로 할 것이다(Westen의 초기 매뉴얼에서 훈련법과 관련된 정보를 참조하라).

SCORS-G 차원의 활용

SCORS-G는 다양한 방법으로 활용할 수 있다. 가장 흔하게는 개별적인 차원 각각을 평정하고 해석한다. 임상가는 여덟 가지 차원을 모두 평정하거나, 관심사에 따라 몇 가지 차원을 선택할 수 있다. 다른 활용법으로는 모든 차원을 평정한 다음, SCORS-G의 종합 지수인 전체 평균 점수(대상관계 기능 혹은 성격병리/기능의 종합 점수)를 산출하는 방법이 있다. SCORS를 활용한 다수의 초기 연구는 병리적 반응 평정(예, 1점 수준)의 비율을 보고했다(Freedenfeld, Ornduff, & Kelsey, 1995; Nigg et al., 1992; Ornduff et al., 1994; Ornduff & Kelsey, 1996; Ornduff, 1997, 2003; Porcerelli et al., 2001; Westen et al., 1990b; Westen et al., 1990c). 흥미롭게도, SCORS-G 관련 문헌에서는 병리적인 반응을 좀처럼 찾아보기가 힘들다. 따라서 후속 연구를 통해 이를 조사해 볼 필요가 있다.

SCORS-G를 분석하는 또 다른 방법은 여러 차원을 몇 가지 요인으로 결합하는 것이다. 특히 실증 연구들은 SCORS-G의 차원을 두 가지 또는 세 가지 성분으로 나눌 수 있음을 밝혔다(Bram, 2014; Lewis et al., 2016; Peters et al., 2006; Richardson et al., 2018; Siefert et al., 2017; Stein et al., 2012). 2성분법에서 COM과 SC는 인지 요소(cognitive component)를 반영하며, 나머지 차원(AFF, EIR, EIM, AGG, SE, ICS)은 정동 요소(affective component)를 반영한다(Bram, 2014; Richardson et al., 2018). 3성분법에서 COM과 SC는 인지 요소를, AFF, EIR, EIM, AGG는 정동-관계 요소(affective-relational component)를, SE와 ICS는 자기 요소(self component)를 반영한다. AFF는 또한 자기 요소로도 묶을 수 있다(Stein et al., 2012). 주의할 점은 연구에서 2성분법과 3성분법 모두에서 EIR이 인지 요소로도 묶이는 경향이 나타났다는 것이다(Bram, 2014; Lewis et al., 2016; Richardson et al., 2018; Stein et al., 2012). Siefert 등(2017)은 주성분분석과 주축분해법을 통해 요인 구조를 검증한 선행 연구를 참조하여, 확인적 요인분석을 바탕으로 SCORS-G의 요인 구조를 검증한 연구를 수행했다. 임상 집단과 비임상 집단이 혼합된 대표본의 TAT 자료를 활용하여 분석한 결과, 2요인 모형 또는 3요인 모형 모두 타당한 것으로 나타났다. 그러나 2요인 모형이 종합적인 지표에서 보다 이상적인 것으로 고려된다. Siefert 등은 COM과 SC를 결합하여 내적 표상의 인지-구조 측면(cognitive-structural aspects)으로, AFF, EIR, EIM, AGG, SE, ICS를 결합하여 정동-관계 요소(affective-relational composite)로 활용할 것을 권장했다.

　주의할 점은 이야기 자료의 유형이 SCORS-G의 요인 구조에 영향을 미칠 수 있다는 것이다. 예를 들어, 심리치료 자료의 SCORS-G 결과를 활용하여 탐색적 요인분석을 실시한 연구에서는 SCORS-G가 단일 요인으로 묶이는 것을 발견했다(Peters et al., 2006). 다른 연구들에서 초기 기억(EM) 자료는 2요인으로 나타났으며(Richardson et al., 2018), TAT 자료는 연구에 따라 2성분과 3성분이 모두 산출되었다(이는 TAT 프로토콜에 활용된 도판의 차이 때문일 가능성도 있다; Bram, 2014; Lewis et al., 2016; Siefert et al., 2017; Stein et al., 2012). 따라서 SCORS-G의 요인 구조와 이야기 자료의 유형의 관계를 검증하는 연구가 필요하다. 실증 문헌에서 나타나는 SCORS-G의 개별 차원, 성분, 구성요소의 다양한 활용법에 관한 세부 사항은 제2장에서 다룬다.

신뢰도

　SCORS-G의 평정자 간 신뢰도는 여러 실증 연구에서 입증되었다. 앞서 언급했듯이, 평정자 간 신뢰도를 높이기 위한 12~15주 계획에 초점을 둔 훈련 매뉴얼이 존재한다(Stein et al., 2011). 이 매뉴얼은 SCORS-G를 평정하는 방법을 배울 수 있는 훌륭하고 널리 활용된 기준이긴 하지만, 분명한 제한점도 존재한다. 이 책의 목적은 앞선 매뉴얼의 부족한 점을 보충하여 평정자들이 보다 쉽게 평정자 간 신뢰도를 높일 수 있는 방법을 제공하는 것이다. 우리는 이 책이 훈련 매뉴얼의 입문서가 되길 바란다. 다시 말해, 이 책은 개인 신뢰도와 평정자 간 신뢰도를 높이는 데 도움을 줄 수 있다. 더욱이 이 책은 평정자 간 평정의 차이를 해소하는 데 도움이 되는 추가 프로토콜을 제공한다.

　여덟 가지 차원에서 모두 좋은 신뢰도(Shrout & Fleiss, 1979)가 나타났다(Stein et al., 2011). 우리는 몇몇 차원이 다른 차원에 비해 신뢰도를 확보하기가 쉽거나 어려울 수 있다는 점을 발견했다. 여기에는 여러 이유가 존재한다. 이야기의 일관성, 이야기의 유형 때문이기도 하며, 몇몇 차원은 쉽게 식별하기가 용이하기도 하다(AFF 대 ICS). 까다로운 이야기와 관련된 내용은 제11장에서 논의한다.

타당도

　SCORS-G의 타당도는 정신병리와 성격 측면의 평가뿐만 아니라 SCORS-G를 활용하여 다양한 심리치료 과정을 평가함으로써 입증되었다.[5] 임상가들은 다면 평가(Multi-Method Assessment, MMA)의 일환으로 SCORS-G를 흔히 활용한다(MMA 및 평가와 치료 장면에서의 임상적 활용과 관련된 자세한 정보는 Blais & Hopwood, 2010; Hopwood & Bornstein, 2014 참조). 교차 평가(예, 인구통계/생활사 변인, 자기보고식 측정치, 임상가 평정 측정치, 수행 기반 과제 사이의 관련성 조사)를 고려할 때, 양호한 범위에서 통계적으로 유의한 상관이 나타났으며, 몇몇 사례에서는 높은 범위의 상관이 나타났다. 타당도가 낮은 결과를 제외하기 위해 우리는 $p<.05$와 $d>.20$(Cohen, 1988)에 해당하는 결과만을 보고할 것을 제안한다. 이와 같은 기준에 따른다면 적어도 작거나 양호한 수준의 효과를 나타낼 것이다. 그러나 연구에 따라 기준을 융통성 있게 활용할 수 있다.

강점

　SCORS-G의 활용에는 몇 가지 뚜렷한 강점이 존재하며, 그중 몇 가지는 이미 앞서 강조했다. 여기에서는 앞서 언급한 강점을 요약한다. 먼저, SCORS-G는 이론에 기반을 둔다. 또 다른 강점으로 한두 가지 대상관계 구성개념만을 측정하는 경향이 있는 여타의 평가 방법과는 다르게, SCORS-G는 여덟 가지 차원을 평가하며, 이로 인해 환자의 내면세계를 보다 포괄적으로 이해할 수 있다.

　아울러 SCORS-G는 어디서(장면), 어떻게 활용할 것인가와 관해 유연함을 지니고 있다. 임상, 평가, 연구 등 다양한 장면에서 SCORS-G를 활용할 수 있으며, 다양한 형태의 이야기 자료를 평정할 수 있다. 또 평정자는 관심사에 따라 여덟 가지 차원을 전부 혹은 일부 선택하여 평정할 수 있다. 마지막으로, SCORS-G는 이야기 자료를 통해 성격 기능의 근원적 측면을 평가하는 연구에서 가장 빈번하게 활용하는 임상가 평정 방법이다. 정신분석·정신역동 분야에 속한 사람들은 SCORS-G를 향해 지속적인 관심을 표하고 이를 활용해 왔다. SCORS-G는 다른 이론적 관점을 지향하는 분야에서도, 특히 기저의 개인내적/대인관계적인 처리과정을 연구하기 위해 이야기 자료를 활용하고자 하는 어느 누구라도 유연하게 적용

---

5) 제2장에서 타당도와 관련된 일반적인 쟁점을 강조할 것이며, 제3~10장에서는 개별 차원에 관한 타당도를 논의할 것이다. 모든 참고문헌은 책의 말미에 수록한다.

하여 활용할 수 있다.

비판점

SCORS-G가 임상적으로 유용하다는 것이 입증되었더라도, 여러 제한점이 존재한다. 우리는 신중한 방식으로 제한점을 간략히 강조하며, 언급한 취약점을 줄일 수 있는 방법 또한 제시한다. 대부분의 제한점은 앞서 간접적으로 언급했다. 먼저, 수많은 다양한 유형의 이야기에 SCORS-G를 적용할 수 있다는 장점이 있음에도 몇몇 차원은 다른 차원에 비해 평정하기가 용이하다. 또 특정한 형식의 이야기 자료는 SCORS-G의 차원을 보다 쉽게 유도하기도 한다. 각기 다른 유형의 이야기 자료를 활용하여 평정한다면 이를 직접적으로 비교하는 것이 어려울 수 있다(그러나 불가능한 것은 아니다).

또 다른 제한점으로, SCORS-G는 이야기의 길이나 대상관계와 관련된 내용의 유무에 상관없이 모든 이야기를 평정한다. 다시 말해, 여덟 가지 차원 중 여섯 가지는 이야기에 관련된 내용이 나타나지 않을 경우 2점(EIR), 4점(AFF, EIM, AGG, SE), 5점(ICS)의 기본 점수로 평정한다. 이는 프로토콜의 '단조로움(blandness)'과 상관없이 모든 이야기의 평정을 가능케 하지만, 동시에 직접적인 비교를 더욱 어렵게 만든다. 따라서 우리는 '단조로운' 이야기의 식별에 도움이 되는 측정치를 고안하기 위해 로르샤하 종합 체계(Exner, 2003)에서 람다(Lambda)를 활용하는 방법과 유사한 방식을 고려하고 있다.

[역자 추가 내용: Stein 등(2020)[6]은 정신과 외래 환자의 TAT(도판 1, 2, 3BM, 14)를 활용한 SCORS-G 평정에서 나타나는 '단조로움'[7]을 검토하고, 이야기의 '단조로움' 유무·빈도와 다양한 심리검사 결과에서 비롯된 지능, 정신병리, 성격 특성의 차이·관련성을 파악하는 연구를 수행했다. 연구의 주요 결과는 다음과 같다. 첫째, TAT에서 단조로운 이야기를 보고하는 환자들은 그렇지 않은 환자들에 비해 더 높은 수준의 신체화/건강 문제, 약물 문제, 우울증의 인지적 증상을 보이는 것으로 나타났다. 단조로운 프로토콜을 보고하는 사람들은 자신의 건강, 자기효능감, 우울과 관련된 문제를 상

6) Stein, M. B., Calderon, S., Ruchensky, J., Massey, C., Slavin-Mulford, J., Chung, W. J., Richardson, L. A., & Blais, M. A. (2020). When's a Story a Story? Determining Interpretability of SCORS-G ratings on Thematic Apperception Test Narratives. *Clinical Psychology & Psychotherapy, 27*(4), 567-580.
7) 역자 주: Stein 등(2020)은 해당 논문에서 두 가지 연구를 수행했다. '단조로움'의 유무에 따른 심리 변인의 차이를 살펴본 연구 1(n=276)에서는 COM(2.5-3.5), AFF(3-5), EIR[2(도판에 한 인물만 존재), 3(도판에 여러 인물이 존재)], EIM(4), SC(2.5-3.5), AGG(4), SE(4), ICS(4.5-5)에 해당하는 경우를 단조로운 이야기로 판단했으며, '단조로움'의 비율과 심리 변인의 관련성 및 준거점 설정에 따른 관련성 변화를 살펴본 연구 2(n=99)에서는 전체 평정치에서 EIM, AGG, SE, ICS의 기본 점수가 나타나는 비율을 산출하여 '단조로움'의 정도로 활용했다.

대적으로 더욱 반추하고 이에 집착하는 경향을 보였다. 이러한 환자들은 자신의 내면 상태를 들여다보는 것을 회피하기 위해 약물을 사용하고, 정서를 차단하며, 관계나 정서가 부재하는 단순한 이야기를 보고하는 경향이 시사된다. 둘째, SCORS-G의 평정치에서 기본 점수(EIM, AGG, SE, ICS)가 차지하는 비율은 해당 네 가지 차원과 지능, 정신병리, 성격 특성 사이의 상관 견고성(robustness of correlation)에 영향을 미친다. 절단점이 증가할수록(>25%, >28.12%), EIM, AGG, SE, ICS의 해석 가능성이 낮아진다. 셋째, 외현화 문제를 지닌 환자일수록 TAT 프로토콜에서 더 낮은 비율의 단조로움(≤25%, ≤28.12%)을 보이는 경향이 나타났다. 연구 결과를 바탕으로, 연구자들은 다음과 같은 해석 요령을 제안했다. 기본 점수의 비율 ≤25% = 해석 가능성 높음, >25% = 네 가지 차원(EIM, AGG, SE, ICS)의 해석에 주의할 것, >28.12% = 기본 점수가 과도하게 나타나는 여러 차원의 해석을 신뢰하기 어려움. 그러나 기본 점수의 비율이 25% 이하로 나타난다 하더라도, 여덟 가지 차원 중 특정 두 가지 차원에만 국한된 기본 점수로 인해 해당 결과가 나타날 가능성을 염두에 두고 해석을 진행해야 한다. 참고로, COM, AFF, EIR, SC는 기본 점수 평정에 크게 영향을 받지 않으므로 이야기가 단조로운 경우에도 해석이 가능하다.]

마지막으로, 비임상 표본을 대상으로 다양한 유형의 이야기 자료를 활용한 몇몇 연구가 수행되었지만(제2장 참조), SCORS-G를 위한 공식적이고 규범적인 자료가 존재하지 않는 실정이다.[8] 우리는 이러한 사정을 적극적으로 고려하는 중이며, 독자들도 함께 동참해 주길 바란다. 이상적으로, 규준은 이야기의 유형(예, TAT, EM, 심리치료 내용 등)에 따라 다르게 설정해야 한다. 비임상 표본을 대상으로 검증을 진행한 몇 안 되는 연구가 존재하긴 하지만(SCORS가 임상 장면에서 활용하기 위해 개발되었다는 점을 고려하면 이해가 되는 부분이다), 연구자들은 SCORS-G를 다양한 임상 표본에 걸쳐 활용해 왔으며, 이러한 측면은 제2장과 부록 B에서 다시 한번 강조한다. 또 제15장에서는 SCORS-G를 활용해 평정한 개별 환자의 자료를 실증 문헌에서 입증된 다른 임상 자료와 비교하여 해석하는 방법을 논의한다.

---

8) 역자 주: 역자는 국내에서 주제통각검사(TAT)를 활용한 SCORS-G 타당화 연구를 수행했으며, 다양한 표본에 따른 해석 규준과 SCORS-G의 활용 지침을 다음 두 논문에 제시했다.
   - 이종환, 임종민, 장문선(2018). 주제통각검사를 활용한 사회인지와 대상관계 척도 타당화 연구. Korean Journal of Clinical Psychology, 37(4), 540-557. doi.org/10.15842/kjcp.2018.37.4.007
   - 이종환, 임종민, 장문선(2020). 청소년 대상 사회인지와 대상관계 척도 타당화 연구. 상담학연구, 21(5), 117-144. doi. org/10.15703/kjc.21.5.202010.117

개관

이 책은 크게 세 부분으로 나뉜다. 첫 번째 부분은 도입과 제2장을 포함하며, 주로 실증 문헌을 개관한다. 특히 제2장에서는 SCORS 평정 체계를 활용하여 자료를 분석한 연구를 요약하며, 후속 연구를 위한 제언을 다룬다. 또한 부록 B에는 SCORS-G 연구를 요약한 표가 수록되어 있다. 이는 임상가들이 개인의 관심사에 따라 쉽게 관련 논문을 찾을 수 있도록 빠른 참조가 가능한 표를 제공하기 위함이다.

두 번째 부분(제3~12장)은 이야기를 부호화하는 방법에 초점을 맞춘 '채점(Scoring)'이 주를 이룬다. 제3~10장은 SCORS-G의 여덟 가지 변인/차원(COM, AFF, EIR, EIM, SC, AGG, SE, ICS)을 강조한다. 각 장은 여덟 가지 변인 중 하나를 다루며, 다음과 같은 형식을 따른다. 먼저, 해당 변인을 세부적으로 설명한다. 둘째로, 변인의 각 기준점(1, 2, 3, 4, 5, 6, 7)에 해당하는 채점 예시와 채점의 근거를 제시한다. 셋째로, 특정 SCORS-G 변인이 1~7점까지 진행되는 양상을 제시하기 위해 조금씩 변화하는 이야기를 다룬다. 넷째로, 특정 변인의 평정을 위한 열 가지 연습 과제를 제시하고 점수를 부여한 이유를 설명한다. 마지막으로, 특정 SCORS-G 변인에 관한 실증 연구 결과를 제시한다. 여기서는 SCORS 평정 체계의 모든 판을 포함하는 실증 연구를 다룬 장이 있다는 점을 고려하여 SCORS-G의 개별 차원에 국한된 연구 결과만을 개관한다. 제11장은 채점 시 유용한 실용적인 정보와 까다로운 이야기를 다루는 방법에 초점을 두고 모든 변인을 전반적으로 다룬다. 이 부분의 마지막 장(제12장)에서는 세 가지 유형의 이야기 자료(TAT, EM, RAP 면담)를 포함한 두 가지 연습 프로토콜을 제시한다. 개별 변인에 초점을 두는 제3~10장과는 별개로, 이 장에서 독자들은 여러 프로토콜에 걸쳐 여덟 가지 변인을 모두 채점하며 연습할 수 있다. 정답은 제12장의 끝에 수록되어 있다. 이 부분의 중요한 목표는 임상가와 연구자가 더욱 쉽고 정확하게 SCORS-G를 학습할 수 있도록 돕는 것이다.

이 책의 마지막 부분인 '임상 활용'은 심리평가 과정과 심리치료, 수련감독 장면에서 임상적으로 SCORS-G를 적용하는 방법을 강조한다. 용이한 활용을 위해, 이 부분은 세 장에 걸쳐 구성되어 있다(제13~15장). 제13장에서 독자들은 SCORS-G의 각 차원을 통해 임상 개입과 치료 자세에 관한 정보를 파악하는 방법을 배울 수 있다. 여기서는 예시를 통해 SCORS-G의 차원의 양상에 따라 심리치료의 내용과 임상 개입이 어떻게 나타나는지를 제시한다. 특히 이 장은 SCORS-G를 활용하여 환자의 역동을 파악하고, 이러한 역동이 현재 어느 정도로 나타나는지(정상과 병리의 연속선상에서 환자가 어디에 위치하는지)를 알아내고, 이를 바탕으로 임상 개입을 활용하는 방법을 다룬다.

제14장에서는 환자-치료자 만남과 더불어 수련감독 과정에서 SCORS-G의 기준 점수를 활용할 수 있는 다양한 방법을 논의한다. 이 장에서는 임상 실무에 SCORS-G의 측정치를 활용할 수 있는 창의적인 방법을 주로 다룬다. 제13장과 제14장의 내용은 다양한 임상 장면에 적용할 수 있다.

제15장은 임상 활용의 마지막 장으로, 접수면담과 심리평가 과정에서 SCORS-G를 활용하는 방법에 초점을 둔다. 접수면담 과정과 관련하여 환자의 대상관계 수준을 개념화하고 체계적으로 평가하는 방법으로 SCORS-G의 차원을 활용하는 방법을 논의한다. 이는 특히 대상관계 이론이나 정신역동 이론을 숙달하지 못한 초심자들에게 환자가 보고한 이야기의 내용을 종합하고 조직화할 수 있는 유용한 방법을 제공한다. 이 장은 공식적인 심리평가 과정에서 SCORS-G의 다양한 측면을 활용할 수 있는 방법에 주안점을 둔다. 서로 다른 형태의 이야기 자료를 활용하여 개별 특수적(idiographic)이고 보편 법칙적(nomothetic)인 접근을 탐색하고 논의할 것이다.

요약

앞서 언급했듯이, 이 책의 목적은 SCORS-G의 이론적 · 실증/연구적 · 임상적 토대에 관한 종합적인 내용을 제공하는 것이다. 우리는 이를 가능한 한 실용적인 방식으로 제시하고자 노력했다. 우리의 목표는 SCORS-G의 차원을 삶 속으로 끌어오는 것이다. 우리는 실생활에 근접한 말과 이야기를 활용하여 이 책의 내용을 작성했다. 이를 통해 독자들은 SCORS-G의 차원이 임상/연구 장면에 얼마나 널리 퍼져 있는가를 이해할 수 있을 것이며, 이는 환자와 함께하는 사람이든 연구/평가 목적으로 이야기를 평정하는 사람이든 마찬가지일 것이다. 결과적으로, 우리는 이 책을 통해 독자들이 SCORS-G를 실생활에 적용하고 활용할 수 있길 바란다.

Chapter 02

SCORS-G의 실증 연구 개관

　이 장은 사회인지와 대상관계 척도(SCORS) 평정 체계를 활용하여 수행한 연구의 개요를 제공한다. 제3~10장은 사회인지와 대상관계 척도-일반 평정법(SCORS-G)의 차원별 세부 사항을 다룬다. 우리는 이 장에서 각 연구의 자세한 세부 사항까지 살펴보지 않는 대신, SCORS-G를 연구에 활용한 방법을 개관한다. SCORS-G에 초점을 두더라도, SCORS-G 연구의 토대가 되는 초기 판(SCORS와 SCORS-Q)을 활용한 실증 연구 결과가 많이 존재하기 때문에, 이 장에서 우리는 모든 판의 SCORS 평정 체계를 활용하여 수행한 연구[1])를 제시한다.

　대부분의 연구는 성격평가뿐만 아니라 심리치료 과정과 결과에 관한 문헌이다. 내용의 일관성을 유지하기 위해, 우리는 이 장을 심리측정적 속성, 정신병리와 성격, 심리치료 과정과 결과의 세 가지 영역으로 나누었다. 이 장의 마지막 부분에는 비임상 표본을 대상으로 수행한 연구를 개관한다. 이 책의 끝에 수록된 부록 B에서는 SCORS-G의 연구 결과를 요약한 표를 제시한다. 이 표는 저자, 발간일, 이야기 자료의 유형, 연구 주제, 고려 사항, 집단 연령, 참가자 수, 활용된 SCORS의 차원을 포함한다. SCORS-G의 초판에 관한 연구는 표에 제시하지 않았다.

---

1) 우리(저자)는 SCORS를 활용한 모든 학술 논문(학위 논문과 책은 제외)을 수록하기 위해 노력했으며, 가능한 한 영어 외의 언어권에서 SCORS 평정 체계를 활용한 학술 연구까지 포함하고자 논문의 저자들에게 연락을 취했다. 혹시라도 부주의하게 누락한 연구가 있다면 사과를 전한다.

심리측정적 속성

발달 연속성

비임상 표본을 대상으로 발달 단계에 따라 SCORS/SCORS-Q의 차원을 활용한 다양한 연구가 수행되었다. 연령이 다른 아동과 청소년을 대상으로 SCORS(Fantini et al., 2013; Westen et al., 1991b)와 SCORS-Q(Niec & Russ, 2002)를 활용한 세 가지 연구가 존재한다. 주제통각검사(TAT)와 면담 자료를 활용한 연구에서, 표상의 정동 특성(AFF)은 발달 경로를 따르지 않는 유일한 차원으로 나타났다. Mittino와 Maggiolini(2013)는 12~19세의 청소년을 대상으로 심리평가 시 포함했던 TAT 이야기 자료를 SCORS로 분석하여 청소년의 발달 특성을 조사했다. 그 결과 SCORS 차원에서의 반응이 큰 변산성을 보이며, 이 시기의 발달 수준을 예측하는 것으로 나타났다. 지금까지 SCORS-G를 활용하여 발달 특성을 파악한 연구는 수행되지 않았으며, 특히 새롭게 추가된 차원인 공격성(AGG), 자존감(SE), 자기 정제성과 일관성(ICS)에 관한 정보가 부족한 실정이다.[2] 한편, 성인을 대상으로 수행된 연구에서는 SCORS-Q가 시간 안정성을 지니는 것으로 나타났다.

내적 일관성

다양한 연구에서 SCORS의 내적 일관성을 검증했으며(Hibbard, Mitchell, & Porcerelli, 2001; Huprich & Greenberg, 2003; Siefert et al., 2016 참조), SCORS-Q의 알파 계수를 산출한 아홉 가지의 연구가 존재한다(Bram, 2014; Conway, Lyon, & McCarthy, 2014; Haggerty et al., 2015; Richardson et al., 2018; Siefert et al., 2016; Stein et al., 2009; Stein et al., 2012; Stein et al., 2013, 2015). 이 연구들 중 일곱 가지 연구에서 모든 차원의 알파 계수가 매우 좋은 수준으로 나타났다. 인간 표상의 복합성(COM)과 사회적 인과성의 이해(SC)의 알파 계수는 일관적으로 매우 좋은 수준(.75~.90)에 속했다. 그러나 나머지 차원에서는 다양한 결과가 나타났다. 관계를 향한 정서 투자(EIR)는 좋은 또는 매우 좋은 수준에 속했으며(.60~.88), 표상의 정동 특성(AFF, .59~.92), 가치와 도덕 기준을 향한 정서 투자(EIM, .42~.89), 자존감(SE, .53~.85), 자

---

2) 역자 주: 이종환, 임종민, 장문선(2018, 2020)이 국내 청소년 및 성인을 대상으로 SCORS-G를 타당화한 연구에 따르면, 고등학생에서 대학생에 이르는 발달 수준에 따라 SE와 ICS가 증가하는 것으로 나타났다. 구체적으로 SE, ICS의 평균 점수에서 고등학교 1, 2학년에 비해 3학년이, 청소년에 비해 대학생이 유의하게 더 높은 점수를 보였다. 여러 연구 결과를 종합적으로 고려할 때, 초기 SCORS에서부터 제시된 대상관계의 주요 차원(COM, EIR, EIM, SC)은 청소년기까지 꾸준히 발달하며, 청소년기에 이르면 자기개념과 관련된 차원(SE, ICS)이 성인기까지 발달하는 것으로 추정된다.

기 정체성과 일관성(ICS, .56~.86)은 나쁘지 않은 수준에서 매우 좋은 수준까지 나타났고, 공격 충동의 경험과 관리(AGG)는 나쁜 수준에서 매우 좋은 수준까지(.39~.90) 나타났다. 이렇듯 큰 변산성에 기여하는 몇몇 요소는 자극 속성, 활용한 도판의 수와 프로토콜의 평정 범위(5점 또는 7점), 사례 수, 해당 차원이 부재하는 경우(예, AGG) 기본 점수를 가지는 변인 등이다. 따라서 해당 차원에서 나타나는 큰 변상성을 포괄적으로 이해하기 위해 후속 연구가 필요하다.

요인 구조

SCORS와 SCORS-G의 요인 구조를 검증한 다수의 연구가 존재한다. 초기 연구들은 인지-구조(cognitive-structural) 차원(COM, SC)과 정동-관계(affective-relational) 차원(AFF, EIR/EIM)으로 나누어 자료를 분석했으며, 여기에는 Hibbard 등(1995) 및 Porcerelli, Cogan과 Hibbard(1998)의 연구가 포함된다. 이러한 연구를 바탕으로 SCORS-G의 요인 구조를 공식적으로 평가한 다수의 연구가 존재한다(Bram, 2014; Lewis et al., 2016; Peters et al., 2006; Richardson et al., 2018; Siefert et al., 2017; Stein et al., 2012)(SCORS-G의 요인 구조에 관한 보다 자세한 세부 사항은 서론 참조).

단어 수와 언어 생산성(verbal productivity)

단어 수(word count)와 SCORS 평정 체계의 관련성을 검증한 다양한 연구가 수행되었으며(Eudell-Simmons et al., 2005; Fowler, Hilsenroth, & Handler, 1996; Freedenfeld, Ornduff, & Kelsey, 1995; Inslegers et al., 2012a, 2012b; Leigh et al., 1992; Niec & Russ, 2002; Ornduff et al., 1994; Ornduff & Kelsey, 1996; Pinsker-Aspen, Stein, & Hilsenroth, 2007; Stein, Pinsker-Aspen, & Hilsenroth, 2007; Stein et al., 2013; Westen et al., 1990b), 몇몇 연구는 특정 차원과의 유의한 정적 상관을 발견했다(전적으로는 아니지만, 특히 COM과 SC). 앞서 언급한 많은 연구 또한 COM과 SC 및 언어성 IQ 간의 정적 관련성을 보고했다. 몇몇 연구에서는 편상관(partial correlations)을 산출하여 이러한 관련성을 통제했다.

자료 수집 방법과 수렴성

TAT(Westen et al., 1985)와 면담 자료(면담, 심리치료 회기, 초기 기억; Westen & Barends,

1988)에 SCORS를 활용할 때 평정의 일관성을 조사한 연구는 상이한 결과를 보고했다. 두 연구(Barends et al., 1990; Leigh et al., 1992)에서 비임상 표본을 대상으로 TAT와 면담 자료를 SCORS로 평정한 결과, COM과 AFF 평정 결과가 일관성 있는 것으로 나타났다. 또 자기보고식 측정과 TAT 면담 자료 간 수많은 연관성이 나타났으나, 두 이야기 유형에 따라 다소 다른 결과가 나타났다. 반면, Westen 등(1991b)은 청소년 비임상 표본을 대상으로 TAT와 면담 자료를 평정했으며 COM과 SC에서 이야기 유형에 따른 차이가 나타남을 발견했다. 마찬가지로 Inslegers 등(2012b)은 정신과 표본을 대상으로 TAT와 면담 자료를 SCORS로 평정한 결과가 수렴하는지를 조사했으며, 두 가지 방법이 서로 수렴하지 않음을 발견했다. 흥미롭게도 성격장애가 존재하는 경우, TAT와 대인관계적 이야기를 평정하면 COM과 SC가 서로 수렴하는 결과가 나타났다. SCORS-Q나 SCORS-G를 활용하여 서로 다른 유형의 이야기 자료를 평정한 결과의 수렴성(convergence)/변별성(divergence)을 검증한 연구는 부족한 실정이다. 후속 연구를 통해 정신병리 또는 그 외 다른 요인이 이야기 자료 유형에 따른 평정 결과의 수렴성을 매개하는지를 밝혀낸다면 더 나은 이해가 가능할 것이다.

자료 수집 유형이 SCORS 평정 결과에 어떻게 영향을 미치는지를 검증한 연구가 존재한다. Fowler 등(1996)은 비임상 및 임상 표본을 대상으로 면대면 또는 기록을 통해 수집한 초기 기억(EM) 자료의 평정 결과의 차이를 분석했다. 예상할 수 있듯이, 임상 집단과 비임상 집단 간에 현저한 차이가 나타났으며, 연구자들은 자료 수집 유형에 따른 평정 결과의 차이 또한 발견했다.

SCORS 평정 체계는 TAT, EM, 심리치료 내용, 임상 면담에 가장 흔히 적용된다. 두 연구에서는 SCORS를 웩슬러 지능검사(Wechsler Adult Intelligence Scale-Revised, WAIS-R; Wechsler, 1981)의 차례맞추기 소검사에 적용하여 분석했고, 한 연구는 꿈 이야기에 SCORS를 적용했다. 먼저, Segal 등(1992, 1993)은 SCORS를 WAIS-R의 차례맞추기 소검사에 적용했으며, 진단된 병에 따른 결과의 차이뿐만 아니라 TAT 평정 결과와 차이가 나타남을 보고했다. 둘째, Eudell-Simmons 등(2005)은 비임상 표본을 대상으로 9·11 테러 이후 1~3개월에 걸친 꿈 이야기를 분석했고, 그 결과 정동, 꿈 왜곡(distortion), SCORS 평정 결과 간의 독특한 관련성을 발견했다.

구성, 수렴, 준거 타당도: 수행 기반, 임상가 기반 및 자기보고식 측정치의 관계

SCORS 평정 체계와 수많은 수행 기반, 임상가 기반 및 자기보고식 측정치 간의 의미 있는 연관성이 나타났다. TAT를 활용한 SCORS/SCORS-G 평정 결과와 로르샤하 상호자율성

(Mutuality of Autonomy, MOA) 척도(Urist, 1977) 평정 결과의 관련성을 검증한 세 가지 연구가 존재한다(Ackerman et al., 2001; Bombel, Mihura, & Meyer, 2009; Porcerelli et al., 2006). 그러나 연구 간에 상이한 결과를 보고했다. 세 연구에서 보고한 TAT 이야기 자료를 활용하여 SCORS/SCORS-G와 MOA로 평정한 결과 간의 서로 다른 차이는 도판의 프로토콜, 임상 표본, 이야기 자료 등이 매개할 수 있다. 세 연구 모두 TAT를 활용했다는 점을 고려하면, EM이나 심리치료 자료와 같은 다른 방법을 활용하여 MOA를 평정할 경우 높은 일관성이 나타날 수 있다.

심리치료 자료를 SCORS-G로 평정한 결과와 셸더-웨스튼 평가 절차(Shelder-Westen Assessment Procedure, SWAP) Q 분류법(SWAP; Shelder & Westen, 1998; 제3, 6, 7, 8장 참조) 간의 독특한 관련성 또한 증명되었다. 특히 SCORS-G와 SWAP의 우울성 성격(dysphoric personality)/Q 요인(Diener & Hilsenroth, 2004), 그리고 심리적 통찰 척도(Lehmann & Hilsenroth, 2011) 간의 연관성이 나타났다. 아울러 Porcerelli, Cogan과 Bambery(2011)는 SCORS-G와 청소년을 위한 SWAP 프로파일(Westen, Dutra, & Shelder, 2005)이 정신역동 진단 편람(Psychodynamic Diagnostic Manual, PDM; PDM Task Force, 2006)의 아동 및 청소년의 정신 기능 축(Mental Functioning for Children and Adolescents Axis, MCA) 공식화에 활용할 수 있는지를 조사하기 위해 청소년 사례 연구를 활용했다. 연구자들은 또한 치료 변화를 평가했다.

심리치료 내용(Peters et al., 2006), 초기 기억(Stein et al., 2009), TAT 자료(Fowler et al. 2004)를 활용하여 SCORS-G(개별 및 성분 활용)와 정신질환의 진단 및 통계 편람 4판(Diagnostic Statistical Manual of Mental Disorders, fourth edition, DSM-IV; APA, 2000)의 전체 기능 평가(Global Assessment of Functioning, GAF), 관계 기능 평가(Global Assessment of Relational Functioning, GARF), 사회 직업 기능 평가 척도(Social and Occupational Functioning Assessment Scales, SOFAS) 간의 관련성을 조사한 다양한 연구가 존재한다. 특정 SCORS-G 차원과 GAF, GARF, SOFAS 평정 간의 유의한 관련성이 다수 나타났다(제3, 4, 7, 8장 참조).

아울러 SCORS/SCORS-G와 방어기제 매뉴얼(defensive mechanism manual; Cramer, 1991)과 방어 기능 척도(APA, 2000) 간의 관련성을 검증한 연구가 존재한다(Handelzalts et al., 2016; Porcerelli et al., 2006, 2011). Porcerelli 등(2006)은 SCORS를 활용하여 동일시, 투사, 부인과 같은 방어기제와의 독특성 관련성을 발견했다. Handelzalts 등(2016)은 특정 SCORS-G 차원과 동일시 기제의 사용 간의 정적 관련성을 발견했다. Porcerelli 등(2011)은 면담 자료를 SCORS-G로 평정하여 활용했으며, SCORS-G의 요소와 높은 적응 수준, 부정(disavowal), 주요 이미지 왜곡, 행동화 방어 간의 정적·부적 관련성을 발견했다.

또 다른 연구들은 SCORS와 정신병리에 관한 자기보고식 측정치 간의 관련성을 조사했다. 혼합된 표본을 대상으로 Hibbard 등(1995)은 TAT를 활용한 SCORS 평정 결과와 다면적 인성검사(Minnesota Multiphasic Personality Inventory, MMPI; Hathaway & McKinley, 1983), 밀론 다축 임상성격검사(Millon Clinical Multiaxial Inventory, MCMI; Millon, 1983), 대상관계의 인지-구조 측면을 평가하는 수행 기반 측정치 간의 관련성을 검증했다. 연구자들은 성격장애의 심각도와 SCORS의 정동 차원이 부적 상관을 보이고, COM과 SC가 언어성 IQ와 관련되어 있음을 보고했다. 이를 고려하여 Porcerelli 등(1998)은 선행 연구를 확장하고, 외래 환자를 대상으로 MCMI-II를 활용하여 SCORS의 인지-구조 차원과 정동 차원을 검증했다. Hibbard 등(1995)의 연구와 마찬가지로, 정동 차원은 다양한 성격장애 진단과 관련된 것으로 나타났다. 마지막으로, Eurelings-Bontekoe, Luyten과 Snellen(2009)은 네덜란드 MMPI 단축형(Luteijin & Kok, 1985)의 이론 바탕 프로파일 해석에 기반을 둔 성격 구조 측정치의 준거 타당도를 SCORS를 활용하여 검증했다. 네덜란드 MMPI 단축형의 성격 구조 측면과 SCORS 차원 간의 의미 있는 연관성이 나타났다.

다음으로, SCORS-G와 성격평가 질문지(Personality Assessment Invertory, PAI; Morey, 1991) 간의 상관을 검증한 다수의 연구가 존재한다. Sinclair 등(2013)은 높은 정신병리적 심각도 수준과 관련된 다양한 PAI 주요 및 하위 척도와 TAT를 활용한 SCORS-G 평청지 간의 부적 관련성을 발견했다(제4, 6, 7, 8, 10장 참조). Stein 등(2012)은 또한 SCORS-G를 성분으로 구분하여 구성 타당도를 검증했다. 연구에 활용한 세 가지 성분(관계 요소, 자기정동 요소, 인지 요소)은 지능, 집행 기능, 정신병리(PAI), 정상 성격(NEO-FFI; Costa & McCrae, 1989)과 관련된 것으로 나타났다. 각 성분은 심리, 성격, 인지 기능의 각기 다른 측면과 독특한 관련을 맺고 있음을 발견했다.

마지막으로, SCORS-G는 TAT의 자극 속성에 관한 개념을 포괄적으로 이해하기 위해 활용되었다. 특히 임상(Stein et al., 2013) 및 비임상(Siefert et al., 2016) 표본에서 나타나는 TAT의 자극 속성의 효과를 밝힌 SCORS-G 활용 연구가 존재한다. 두 연구는 SCORS-G의 개별 차원과 구성요소를 모두 활용했다. 연구에 활용한 도판 구성이 다소 다름에도 불구하고, 표본에 걸친 유사한 결과가 나타났다(제3~10장 참조).

정신병리와 성격

애착, 상실, 대인관계 기능

SCORS-G의 차원과 부모-자녀 관계, 애착 유형, 대인관계 기능 사이의 관련성을 검증한 다양한 연구가 수행되었다. Westen 등(1990b)은 TAT를 활용한 SCORS 평정치와 정신과 여자 청소년 입원 환자의 발달력 변인을 조사했다. 연구자들은 부모의 병리, 아동기 경험(외상과 거부 등), 사회생활력 관련 변인과 SCORS 차원들 사이의 유의한 관련성을 발견했다. SCORS의 모든 차원과 발달적 자료가 다소 관련되어 있지만, 그중에서도 AFF는 가장 강한 연관성이 나타났다. 비임상 표본을 대상으로 Bram 등(1999)은 양육 사건과 TAT 이야기를 SCORS-Q로 평정한 성인의 대상관계 수준과의 관련성을 검증한 종단 연구를 실시했다. 연구자들은 모(母)의 엄격함 및 체벌, 부(父)의 따뜻함뿐만 아니라 부모와의 분리 경험의 수준이 SCORS-Q의 차원들과 유의하게 연관됨을 발견했다. Drodge(1997)는 TAT 이야기를 평정한 SCORS를 활용하여 후기 청소년의 부모 표상, 자기상, 대인관계 기능을 평가했다. 연구자들은 부(父)를 자애로운 사람으로, 모(母)를 야심찬 사람으로 묘사하는 것과 AFF가 정적인 관련을 맺고 있음을 발견했다. Pinto 등(2011)은 애착과 아동 애착의 질을 알아보는 경쟁 과제에서의 이야기를 SCORS-Q로 평정한 결과와 애착이 상호작용함을 검증했다. 연구자들은 AFF와 애착의 질 간의 수많은 정적 상관을 보고했다.

성인의 대인관계 이야기(Calabrese, Farber, & Westen, 2005), TAT(Handelzalts, Fisher, & Naot, 2014; Maher, Sumathi, & Winston, 2014), 심리치료 내용(Stein et al., 2011)에서 나타난 대상관계(SCORS-G) 수준과 애착 유형 사이의 관계를 검증한 다양한 연구가 존재한다. 연구 결과, SCORS-G의 구성요소 및 개별 차원들(ICS 제외)과 애착 유형이 연관된 것으로 나타났다(제3~9장 참조). 아울러 Abbate, Laghi와 Pace(2012)는 TAT 이야기를 SCORS로 평정하여 일반/별거/이혼 부부의 차이를 조사했다. 그 결과, 일반 부부의 이야기는 SCORS의 네 가지 차원 모두에서 상대적으로 높은 점수로 평정되었다. 또 별거/이혼 중인 여성은 남성에 비해 AFF, EIR/EIM 점수가 더욱 높은 것으로 나타났다.

마지막으로, TAT 이야기를 활용하여 아동기 양육자의 상실이 아동에게 미치는 영향(SCORS-G; Conway, Oster, & McCarthy, 2010; 제5, 9장 참조)과 배우자의 사별이 성인에게 미치는 영향(SCORS; Field et al., 2001)을 검증한 두 가지 연구가 존재한다. Field 등(2001)은 사별 후 나타나는 SCORS의 평정치를 조사했다. 연구자들은 특정 SCORS 차원과 애도, 우울 증상 간의 유의한 관련성을 발견했으며, SCORS의 점수가 높을수록 우울증의 빠른 관해를 예측하는 것으로 나타났다.

외상

SCORS 평정 체계는 외상에 직면한 후 기저의 인지 및 정동 처리과정을 이해하기 위해 자주 활용된다. TAT 이야기를 SCORS로 평정하여 성적·신체적 학대가 아동 및 청소년의 대상관계 기능에 미치는 영향에 초점을 둔 일련의 연구가 수행되었으며, 학대의 유형, 심각도, 연령과 성별에 따른 차이가 나타났다(Freedenfeld et al., 1995; Ornduff et al., 1994; Ornduff & Kelsey, 1996; Ornduff, 1997, 2003). 전반적으로, 외상 경험이 존재하는 아동 및 청소년의 이야기는 SCORS에서 더욱 미숙한 수준으로 평정되었다.

또 다른 연구는 성인 표본의 심리치료, EM, 관계 일화 접근(RAP), TAT 이야기를 SCORS로 평정하여 외상 경험과 대상관계 사이의 관련성을 조사했다. 한 연구는 SCORS를 활용하여 정신과 입원 여성 환자의 아동기 성학대(Childhood Sexual Abuse, CSA) 경험 유무와 대상관계의 관련성을 검증했다(Kernhof, Kaufold, & Grabhorn, 2008). 아동기 성학대 집단은 비임상 집단에 비해 SCORS의 네 가지 차원 모두에서 평정 점수가 낮게 나타났으며, 임상 집단 간에도 평정 점수의 차이가 나타났다. 학대의 심각도, 기간 및 학대를 받은 나이는 특정 SCORS 차원과 관련된 것으로 나타났다. 마지막으로, 대학교 정신과 외래 진료소의 심리치료에 참가 중인 환자를 대상으로 SCORS-G를 활용한 두 연구에서 아동기 성학대는 대상관계 기능에 영향을 미치는 것으로 나타났다(제6, 8장 참조).

대상관계와 동반자(partner) 폭행의 상호작용에 초점을 둔 두 가지 연구가 수행되었다. Cogan과 Porcerelli(1996)는 심리치료를 받고 있는 외래 환자를 대상으로 RAP 면담을 활용하여 학대적 동반자 관계를 맺고 있는 환자의 대상관계를 조사했다. 연구자들은 학대적 동반자 관계에 속하는 남녀 모두 SCORS의 모든 차원에서 낮은 점수가 나타남을 발견했다. 이를 확장하여, Cogan, Porcerelli와 Dromgoole(2001)은 동반자 폭행 대 이방인 폭행을 저지르며 관계를 형성하는 남자 대학생의 대상관계 수준에 차이가 있는지 조사했다. 그 결과, 두 집단 간에 유의한 차이는 나타나지 않았다.

경계선 성격장애와 경계선 성격병리

외상과 더불어 경계선 성격장애(Borderline Personality Disorder, BPD)의 평가는 SCORS를 자주 활용하는 연구 분야다. TAT와 EM 이야기에 관한 SCORS 평정을 활용하여, Westen

과 동료들은 다른 정신과적 진단을 받은 집단에 비해 BPD로 진단받은 정신과 여자 청소년 및 성인의 대상관계가 어떤 양상으로 나타나는지를 파악하기 위해 일련의 연구를 수행했다 (Nigg et al., 1991; Nigg et al., 1992; Segal et al., 1992; Westen et al., 1990a; Westen et al., 1990c). 전반적으로, BPD 환자들은 비임상 통제군에 비해 낮은 SCORS 점수가 나타났다. 또 외상이 나 주요우울장애(Major Depressive Disorder, MDD)와 같은 동반질환을 호소하는 BPD 환자들 은 더욱 미숙한 수준의 대상관계 수준을 지닌 것으로 평가되었다(Nigg et al., 1991, 1992). 마 지막으로, Segel 등(1992)은 WAIS-R의 차례맞추기 소검사의 부호화에 SCORS 평정 체계를 적용했으며, 특정 SCORS 차원의 평정치에서 BPD, MDD, 정상 통제 집단 간에 유의한 차이 가 나타났다.

앞서 개관한 연구는 SCORS를 활용하여 BPD의 측면을 탐색한 연구의 토대가 되었으며, 이를 바탕으로 후속 연구가 수행되었다. 예를 들어, Tramantono, Javier와 Colon(2003)은 대 인관계 유형에 따라 BPD를 세 가지 하위 집단으로 나누었으며, EM 이야기를 SCORS로 평 정한 점수에서 집단 간 차이가 나타남을 발견했다. Gagnon 등(2006)은 보통에서 심각한 뇌 손상을 입은 BPD 특성을 지닌 환자들의 대상관계와 억제(inhibition) 수준을 평가했다. 연 구자들은 뇌손상을 입기 전의 BPD 특성이 AFF와 관련됨을 발견했다. 또 외상성 뇌손상 (Traumatic Brain Injury, TBI) 집단과 통제 집단 모두에서 COM은 신경심리학적 측정치와 유 의하게 관련된 것으로 나타났다. 또 다른 연구에서 Gagnon과 Daelman(2011)은 비임상 표 본을 대상으로 대상관계(TAT를 활용한 SCORS 평정)와 경계선적 충동성 간의 관련성을 검증했 다. 정동 차원들은 충동적인 자기파괴 행동의 빈도 및 강도와 부적으로 연관됨을 발견했다. EIR/EIM은 또한 충동적 성격 특성과도 부적인 관련성을 보였다.

Stein 등(2007)은 경계선 성격병리(Borderline Pathology, BP)의 유무와 PAI로 평가한 BPD 특성이 높은/낮은 외래 환자들의 EM 이야기를 평가했다. 연구자들은 COM과 BPD 특성 간 에 유의한 부적 상관을 발견했다(제3장 참조). Whipple과 Fowler(2011)는 자살 의도가 없는 자해(Non-Suicidal Self-Injury, NSSI)의 유무에 따라 BPD로 진단받은 거주 치료소 환자들을 나누고, 이들의 TAT 이야기를 SCORS의 개별 차원과 성분을 모두 활용하여 평정했다. 그 결 과, BPD/NSSI 집단에서 정동 및 인지 성분의 점수가 상대적으로 낮게 나타났다. 이 외에도 연구자들은 다양한 측면을 발견했다(제3~5, 7~9장 참조). 마지막으로, Lewis 등(2016)은 거 주 치료소에 있는 BPD 환자들이 보이는 만성 자살 행동의 정도와 TAT를 활용한 SCORS-G 평정치의 관련성을 조사했다. 2성분법을 활용하여, 연구자들은 BPD의 여부와 더불어 인지 요소(cognitive component)의 낮은 점수는 과거 자살 시도의 빈도를 예측함을 발견했다. 다시 말해, TAT 이야기를 SCORS로 평정할 때 인지 요소가 미숙할수록 BPD 환자의 자살 시도가 뚜렷하게 나타난다.

성격 특성/장애

다양한 성격병리에 따른 SCORS-G 차원의 양상을 밝힌 연구가 수행되었다. Ackerman 등(1999)은 TAT를 활용한 SCORS-G의 개별 차원과 DSM-IV(APA, 1994)의 B·C군 성격장애(제3~10장 참조), MMPI-2 성격장애 척도(제9, 10장 참조) 사이의 유의한 관련성을 발견했다. Weise와 Tuber(2004)는 아동의 자기애적 성격 특성과 TAT를 활용한 SCORS-G 평정치 간의 유의한 관련성을 입증했다(제5, 6, 8, 9장 참조).

아울러 성폭력을 행사하는 반사회성/정신병질적 성격 특성이 높은 청소년 및 성인을 대상으로 수행된 SCORS와 SCORS-Q를 활용한 두 가지 연구가 존재한다. Porcerelli 등(2001)은 정신병질적 연쇄 성범죄 살인마의 TAT 이야기를 평정하여 SCORS의 차원에 따른 극단적 병리를 발견했다. Gamache 등(2012)은 또한 청소년 성범죄자 표본의 TAT 이야기를 SCORS-Q로 평정하여 조사했다. 연구자들은 성범죄자를 여섯 가지 하위 유형으로 나누었으며, 이러한 하위 유형에 따라 EIM에서 유의한 차이가 나타남을 발견했다. Gamache 등(2014)은 TAT를 활용한 SCORS-Q(EIM과 SC만) 평정치 및 다른 측정치를 바탕으로 성격 조직을 평가했으며, 이러한 결과가 남자 청소년 성범죄자 표본의 공격적 특성과 관련되는지를 연구했다. SCORS 평정치와 남자 대학생의 폭행 유형 간의 유의한 차이를 발견하지 못한 Cogan 등(2001)의 연구와 마찬가지로, Gamache 등(2014)은 유의한 결과를 도출하지 못했다.

SCORS-G를 활용하여 성격 조직/병리를 보다 포괄적으로 조사한 두 가지 연구가 존재한다. DeFife, Goldberg와 Westen(2013)은 지속적 성격병리를 지닌 청소년 표본의 임상 면담 자료를 SCORS-G로 평정하여 조사했다. 그 결과, SCORS-G의 개별 및 구성요소 평정치와 축Ⅱ에 해당하는 장애(제3~10장 참조) 그리고 적응 기능 사이에 의미 있는 관련성이 나타났다. 마지막으로, Stein 등(2016)은 성인 외래 환자 표본의 TAT 이야기 자료를 SCORS-G 구성요소를 활용해 평정하여 세 가지 성격 조직 수준을 설정했다. 그 결과, 세 가지 수준 간에 성격병리, 성격, 관찰 가능한 생활사건의 측면에서 유의한 차이가 나타났다.

비임상 및 임상 집단에 따른 평정치의 차이

앞서 언급했듯이, Westen과 동료들은 BPD를 중심으로 다양한 진단 집단에 걸쳐 나타나는 SCORS 평정 체계의 차이를 조사한 일련의 연구를 수행했다. BPD에 국한되지 않는 비임상 및 임상 집단을 대상으로 SCORS와 SCORS−G 평정치의 차이를 평가한 연구가 존재한다. 먼저, Westen 등(1991b)은 자연과학 전공 대학생들에 비해 임상심리 전공 대학원생들의 인지−구조 차원(COM, SC) 점수가 유의하게 높은 것을 발견했다. 둘째, Fowler, Hilsenroth와 Handler(1995)는 임상 집단에 비해 비임상 집단의 EM 이야기에 관한 SCORS 평정치가 더 높게 나타남을 증명했다. 셋째, TAT 이야기를 활용하여 Bram(2014)은 SCORS−G의 개별 차원과 돌봄 수준(levels of care)의 관련성을 조사했으며, 비임상, 외래 환자, 입원 환자 집단에 따른 SCORS−G 평정치의 유의한 차이를 발견했다. 마지막으로, Whipple과 Fowler(2011)는 SCORS−G를 활용하여 거주 치료소의 임상 및 비임상 집단에서 BPD 진단을 받고 NSSI를 동반하는 환자들을 구분했다.

조현병과 자폐증

조현병을 진단받은 환자들의 이해를 돕기 위해 TAT 이야기를 SCORS로 평정하여 활용한 두 연구가 존재한다(Lysaker et al., 2010; Vaz, Béjar, & Casado, 2002). 두 연구는 일련의 신경인지, 임상가 평정 기반, 수행 기반 과제를 활용하여 조현병과 관련된 증상, 병식, 사회인지를 평가했다. EIR/EIM과 SC의 결함이 가장 두드러지게 나타났다. 흥미롭게도, 이 두 가지는 다양한 정신과적 진단을 받은 환자들 가운데 자폐 스펙트럼 장애를 진단받은 환자들을 구분해 주는 차원이다(Eurelings−Bontekoe et al., 2011).

신체화와 신체 건강

SCORS/SCORS−G 차원과 신체화 및 신체 건강의 관련성을 평가한 다양한 연구가 존재한다. TAT 이야기의 SCORS 평정을 활용하여, Koelen 등(2014)은 다른 장애에 비해 신체형 장애를 호소하는 환자들의 다양한 대상관계적 및 성격 구조적 차이를 발견했다. Richardson 등(2018)은 간이 EM 프로토콜을 활용한 SCORS−G의 개별 차원 및 성분과 신체 건강의 관련성을 조사했다. 그 결과, 정동 요소는 전반적 건강의 평가 기준 및 신체화 관련 측정치와 가장 강한 연관성을 나타냈다(제4~6장, 제8~10장 참조). 마지막으로, Bram(2014)은 비임상 표본을 대상으로 SCORS−G 인지 및 정동 요소의 평정치와 신체 건강, 전반적 안녕감(well-being), 대인관계 기능 측정치의 관련성을 조사했다. 전반적 안녕감, 외로움, 신체 증상과 SCORS−G 요소의 다양한 연관성이 발견되었으며, 이 중 몇 가지 연관성은 성별이 매개하는 것으로 나타났다.

자살 의도가 없는 자해

자살 의도가 없는 자해(NSSI) 경험이 있는 사람의 기저의 대상관계 수준을 조사한 다양한 연구가 수행되었다(Conway et al., 2014; Gregory & Mustata, 2012; Haggerty et al., 2015; Stein et al., 2015; Whipple & Fowler, 2011). 대부분의 연구는 하나의 연구에서 여러 가지 구성개념을 조사했고, 연구 결과는 이 장의 도처에 요약되어 있다. 두 가지 연구가 NSSI에 초점을 두고 수행되었다. 먼저, Gregory와 Mustata(2012)는 베기(cutting) 자해 행동과 관련된 웹사이트에서 발췌한 청소년의 개인적 이야기를 조사했으며, 마술적 사고, 학대 경험, 자살 경향성, SCORS-G의 개별 및 구성요소 평정치 간의 부적 관련성을 발견했다(제3, 4, 7, 9장 참조). 다음으로, Conway, Lyon과 McCarthy(2014)는 NSSI 경험이 있거나 없는 정신과 입원 청소년들의 대상관계 수준을 조사했다(제3장 참조).

섭식장애

섭식장애(Eating Disorders, ED) 관련 행동을 호소하는 환자들의 SCORS/SCORS-G 평정치를 조사한 네 가지 연구가 존재한다(Kernhof et al., 2008[3]); Rothschild-Yaker et al., 2010; Rothschild-Yaker et al., 2011; Thompson-Brenner, Boisseau, & Satir, 2010). TAT를 활용하여, Rothschild-Yaker 등(2010)은 비환자 집단에 비해 폭식/제거형 신경성 식욕부진증을 진단받은 여성 입원 환자들의 SCORS 인지 요소에서 상대적으로 낮은 점수가 나타남을 발견했다. 연구자들은 또한 섭식장애 증상을 예측하는 부모관계의 질과 인지 요소 사이의 상호작용을 발견했다. 이와 유사하게, Rothschild-Yaker 등(2011)은 비임상 통제군과 비교하여 폭식/제거 스펙트럼 섭식장애를 진단받은 입원 환자들의 AFF와 SC에서 상대적으로 낮은 점수가 나타남을 발견했다. ED 증상 정도는 낮은 SC 평정치를 매개하는 것으로 나타났다. 마지막으로, Thompson-Brenner 등(2010)은 정신과 외래 장면에서 ED 스펙트럼을 진단받은 청소년들의 치료 결과를 조사했다. 적응적인 치료 전 전반적 기능, 낮은 강박성 성격 특성, 임상 면담에서의 높은 SCORS-G 점수, 신경성 식욕부진증 진단의 조합은 높은 치료 중 전반적 기능과 치료 시간의 길이를 모두 예측하는 변인으로 나타났다.

---

3) 섭식장애 환자들의 결과는 임상 대조 집단의 결과로 활용했다.

임상적 구성개념, 생활사건, 정신병리

이 절에서 우리는 실증 문헌에서 활용한 SCORS 평정 체계의 추가 활용법을 논의한다. 예를 들어, Niec과 Russ(2002)는 비임상 아동 표본에서 TAT를 활용한 SCORS-Q 평정치와 공감, 도움 정도, 놀이의 질, 언어적 성취도가 관련됨을 보고했다. 마찬가지로, Bieliauskaité와 Kuraité(2011)는 행동 억제 문제가 있는 남아들이 행동 문제가 없는 남아들에 비해 아동용 주제통각검사(Children Apperception Test, CAT; Bellak & Bellak, 1959)를 활용한 SCORS의 네 가지 차원에서 모두 낮은 점수를 나타냄을 발견했다.

SCORS/SCORS-G와 기분장애의 관계를 탐색한 두 가지 연구가 존재한다. Huprich 등 (2007)은 대상관계(문화 감수성을 반영한 자극 도판을 활용한 SCORS-G 평정)와 1차 의료기관의 우울성 성격장애 및 기분부전증 사이의 많은 관련성을 발견했다(제3~10장 참조). 이와 유사하게, Inslegers 등(2012b)은 TAT에 관한 SCORS의 COM 평정치와 자기보고식 감정표현 불능증(alexithymia) 증상이 서로 연관됨을 보고했다.

청소년 정신과 입원 환자 표본을 대상으로, Haggerty 등(2014, 2015)은 임상 자료를 활용한 SCORS-G의 개별 및 구성요소 평정치와 다양한 임상적·치료적 구성개념 사이의 의미 있는 관계를 발견했다(제3~9장 참조). 마찬가지로, Stein 등(2015)은 TAT 이야기를 활용한 SCORS-G의 개별 및 구성요소 평정치와 정신과 외래 및 입원 환자의 생활사건 사이의 다양한 관련성을 발견했다(제3~10장 참조).

심리치료 과정과 결과

심리치료, TAT, 면담 자료를 SCORS로 평정하여 치료 변화를 감지하고 파악할 수 있음을 증명한 수많은 연구가 존재한다(제3~10장 참조). 요약하면, 다음과 같은 표본의 치료에서 특정 SCORS/SCORS-G 차원의 변화가 나타났다. 대학교 진료소에 찾아온 성인이 된 아동 성학대 피해자(SCORS-G; Price et al., 2004), 거주 치료소 프로그램에 참가한 치료 저항적(refractory) 환자(SCORS-G; Fowler et al., 2004; SCORS; Porcerelli et al., 2006), 정신분석치료를 받은 분열성(schizoid) 여성 환자와 회피성(avoidant) 남성 환자(SCORS-G; Josephs et al., 2004; Porcerelli et al., 2007), 외래 진료소의 공황장애 환자(SCORS-G; Ablon, Levy, & Katzenstein, 2006), 적대적 반항장애를 진단받은 청소년(SCORS-G; Bambery & Porcerelli, 2006), 대학교 진료소의 외래 환자(SCORS-G; Mullin et al., 2016a,b), 위기 환자(SCORS-Q; Alberti, 2004; Amadei et al., 2005; Beltz et al., 2005), 만성 외상후 스트레스 장애(PTSD)를 호소하는 외래

환자(SCORS; Ford, Fisher, & Larson, 1997), 신경성 식욕부진증을 지닌 외래 환자(SCORS-G; Thompson-Brenner et al., 2010) 등.

보다 최근에는 비교 심리치료 과정 척도(Comparative Psychotherapy Process Scale, CPPS; Blagys & Hilsenroth, 2000, 2002)를 활용하여 SCORS-G 평정치와 치료 기법 간의 관계를 검증한 연구가 수행되었다. Mullin과 Hilsenroth(2012)는 심리치료 내용을 활용하여 평정한 치료 전 대상관계 수준과 치료 기법 간의 관련성을 조사했다. 연구자들은 SCORS-G의 개별 차원 및 구성요소가 정신역동 및 인지행동 기법과 다양한 방식으로 연관됨을 발견했다. 이 연구를 확장하여, Mullin 등(2016a, 2016b)은 대학교 진료소의 외래 환자 표본을 대상으로 치료적 변화와 변화를 유발하는 특정한 정신역동 및 인지행동 기법의 역할을 평가하기 위해 심리치료 내용을 SCORS-G를 활용해 평정했다. SCORS-G의 개별 차원 및 구성요소의 변화는 정신역동 기법의 특정한 활용과 참여한 심리치료 횟수와 정적인 관련성을 보였다(제3~10장 참조). Levy, Hilsenroth와 Owen(2015)은 치료 초기 심리치료사의 해석과 전반적인 대상관계 수준의 연관성을 파악하기 위해 대학교 진료소를 찾는 외래 환자들의 심리치료 내용을 SCORS-G를 활용해 평정했다. 이와 관련된 유의한 연관성은 나타나지 않았지만, 연구자들은 성격병리가 심할수록 전반적인 대상관계 수준이 열악함을 발견했다.

치료 과정과 결과를 평가한 또 다른 다양한 연구가 존재한다. 대학교 진료소의 외래 환자(Ackerman et al., 2000)와 거주 치료소의 치료에 저항하는 환자(Fowler & DeFife, 2012)를 대상으로 SCORS-G와 심리치료 참석률, 서비스 활용률의 관계를 조사한 연구가 수행되었다(제3, 4, 6장 참조). 한 연구는 정신과 치료에서 쉽게 그만두는 데 기여하는 사회인구학적·관계적 요인을 (TAT 이야기의 SCORS 평정치를 활용하여) 조사했다(Bouvet & Cleach, 2011). EM(Pinsker-Aspen et al., 2007)과 심리치료 내용(Kuutmann & Hilsenroth, 2012)을 활용한 SCORS-G 평정치와 치료 관계의 유의한 연관성을 발견한 연구가 존재한다. 두 연구에는 대학교 진료소의 일반적인 외래 환자들이 참여했다(제3, 5, 9, 10장 참조). 마지막으로, Shahar 등(2010)은 고위험 임신 환자들의 TAT에서의 낮은 COM 평정치는 임신 기간과 출산 후의 환자-의료인 관계의 악화를 예측함을 발견했다.

비임상 표본을 활용한 실증 연구

　SCORS 평정 체계의 제한점은 공식적인 규준 자료가 존재하지 않는다는 것이다.[4] 이런 이유로, 이 장에서 우리는 비임상 표본을 활용한 연구의 강조에 신중을 기했다. 비임상 표본의 목록을 작성하는 것은 SCORS−G를 활용한 결과를 비교하여 특정 표본의 특성을 알아보고자 하는 사람들에게 도움이 될 것으로 사료된다. 또 우리는 가까운 시일 내에 비임상 표본을 대상으로 한 많은 연구가 수행되길 바란다. 그렇게 된다면 SCORS−G 평정 체계의 유용성과 강점은 보다 증가할 것이다.

---

4) 역자 주: 주제통각검사(TAT)를 활용한 SCORS-G의 국내 일반 청소년 및 성인 표본에 따른 규준은 앞서 제시한 논문(이종환 외, 2018, 2020)에서 살펴볼 수 있다.

표 2-1 비임상 표본의 인구통계학적 정보 요약

판(version)	저자	이야기 유형	연령	성별	인종	참가자 유형	참가자 모집 지역
SCORS-G	Bram(2014)	TAT(1, 5, 3BM, 10, 14, 15, 13MF, 18GF, 12M)	17~24 중앙값=19	혼성	주로 백인	대학생	미국 중서부
SCORS-G	Calabrese 등(2005)	대인관계 이야기	18~50 중앙값=28	혼성	주로 백인	대학생과 대학원생	미국 보스턴, 뉴욕, 샌프란시스코
SCORS	Drodge(1997)	TAT(3BM, 3, 13MF, 15, 18GF)	18	혼성	백인	대입 준비 고등학생	캐나다 온타리오
SCORS-G	Eudell-Simmons 등(2015)	꿈 이야기	평균=18	여성 우세	주로 백인	대학생	미국 뉴욕 롱아일랜드 내 학교
SCORS-G	Handelzalts 등(2014)	TAT(1, 2, 3BM, 4, 5, 6GF, 7GF, 13MF)	평균=33	여성	이스라엘인	높은 교육 수준 (평균 15.7년)	이스라엘 텔아비브 근방 이웃 도시
SCORS-G	Handelzalts 등(2016)	TAT(1, 2, 3, 12F)	평균=30	여성	이스라엘인	임신한 여성	홀론 의료 센터, 이스라엘
SCORS-G	Maher 등(2014)	TAT(1, 2, 4, 13, 14)	평균=20	혼성	인도인	대학생과 대학원생	인도의 일곱 가지 기관
SCORS-G	Siefert 등(2016)	TAT(1, 2, 3BM, 4, 14, 13B)	평균=21	여성 우세	주로 백인	대학생	미국 중서부
SCORS-Q	Niec과 Russ(2002)	TAT(1, 2, 3BM, 4, 13MF, 15, 17B, 18GF)	8~10	혼성	주로 백인	3~4학년 초등학생	미국 교외 학교 지구

판(version)	저자	이야기 유형	연령	성별	인종	참가자 유형	참가자 모집 지역
SCORS-Q	Bram 등(1999) 자료 1	자료 2와 3은 SCORS-Q를 활용하여 평정했고, 자료 1과의 관계를 분석함	모(母)의 평균 연령=34	유치원 아동(5세 경)의 생물학적 모(母)	주로 백인	1951-1952	미국 노스이스턴 인근 중산층 또는 노동자 계층, 여럽 곳의 공립학교에 요청
	자료 2	그림 도판은 Murray 연구관 연구실에서 비임상 표본에게 활용하기 위해 개발함	자녀의 평균 연령=31	혼성	주로 백인	1977-1978 교육 수준=15년	미국 노스이스턴의 연구 기관 인근에 거주하는 사람들에게 연락함
	자료 3	자료 2 참조	자녀의 평균 연령=41	혼성	주로 백인	1987-1988	미국 노스이스턴의 연구 기관 인근에 거주하는 사람들에게 연락함
SCORS	Barends 등(1990); Leigh 등(1992)	TAT(1, 3BM, 4, 13MF)	17~29	여성 우세	백인 우세	대학생	미국 중서부
SCORS★	Cogan과 Porcerelli(1996)	면담 자료, RAP 면담	31	혼성	백인 우세	폭행 이력이 없는 결혼한 대학생 부부 평균 교육 수준=12.7년	미국
SCORS	Cogan 등(2001)	TAT(1, 2, 3BM, 4, 8BM, 13MF, 14, 15, 18BM, 20)	18~22	남성	백인	심리학 전공 대학생	미국
SCORS	Fowler 등(1995)	EM 프로토콜	평균=21	혼성	백인 우세	대학생	미국 남동부

판(version)	저자	이야기 유형	연령	성별	인종	참가자 유형	참가자 모집 지역
SCORS★	Fowler 등(1996)	EM 프로토콜	평균 = 21	혼성	백인 우세	정신과 진료나 심리치료를 받은 경험이 없고 심리학 수업을 수강하는 대학생	미국 남동부
SCORS★	Gagnon 등(2006)	TAT(1, 2, 3BM, 4, 13MF, 15, 18GF)	평균 = 36	혼성	—	병원 직원과 직원의 친구/가족에게 연락함 평균 교육 수준 = 15년	캐나다 몬트리올, 퀘벡
SCORS	Gagnon과 Daelman(2011)	TAT(1, 2, 3BM, 4, 13MF, 15, 18GF)	평균 = 22	혼성	—	지역사회 기반 표집 병원 직원과 직원의 친 구/가족에게 연락	캐나다 몬트리올, 퀘벡
SCORS	Hibbard 등(2001)	TAT	—	—	—	테네시 대학교 학생, 켈리포니아 대학교 학생, 디트로이트 정신의학 연구소 직원	미국 테네시, 켈리포니아, 디트로이트, 미시간
SCORS★	Kernhof 등(2008)	그림 도판	평균 = 30	여성	독일인	아동기 성학대와 심리 치료 경험이 없고, 임상 표본과 연령과 교육 수 준이 유사한 사람	독일
SCORS★	Nigg 등(1991)	EM 프로토콜	평균 = 37	혼성	백인	심리치료 경험이 없고 심리치료 만족스러운 삶을 보고 하는 지원자를 광고로 모집	미국 중서부

판(version)	저자	이야기 유형	연령	성별	인종	참가자 유형	참가자 모집 지역
SCORS★	Nigg 등(1992)	EM 프로토콜	평균 = 32	혼성	백인	심리치료 경험이 없고 만족스러운 삶을 보고 하는 지원자를 광고로 모집	미국 중서부
SCORS-Q	Pinto 등(2001)	문장완성검사	평균 = 6	혼성	포르투갈인	사설 유치원에 다니는 아동	포르투갈 리스본
SCORS★	Rothschild–Yaker 등(2010)	TAT(1, 2, 4, 6GF, 7GF, 9GF, 18GF)	평균 = 23	여성	이스라엘인	하이파 대학교 학생	이스라엘 하이파
SCORS★	Westen 등(1990c)	TAT(1, 2, 3, 4, 13MF, 15)	평균 = 15/16	여성	—	학교 제도를 활용해 모집, 중하위층에서 중산층	미국 중서부
SCORS	Westen 등(1991b)	TAT(1, 17BM)	초등학교 2학년 평균 = 8 초등학교 5학년 평균 = 11	혼성	백인	초등학교 2학년과 5학년, 중산층에서 상류층	미국 중서부
		TAT(1, 3BM, 4, 13MF, 15, 2) 및 두 가지 대인 관계 일화 서술	중학교 3학년 평균 = 14/15 고등학교 3학년 평균 = 17/18	여성 우세	백인	중학교 3학년과 고등학교 3학년, 중하위층에서 중산층	미국 중서부

판(version)	저자	이야기 유형	연령	성별	인종	참가자 유형	참가자 모집 지역
SCORS	Westen 등(1991a)	TAT(5, 12M)	심리학 대학 원생 평균 = 27 자연과학부 생 평균 = 23	혼성	—	임상심리학 전공 대학 원생과 자연과학 전공 대학생	미국 중서부
SCORS★	Westen 등(1990a)	TAT(1, 2, 3BM, 4, 13MF, 15, 18GF)	평균 = 32	혼성	—	신문과 라디오를 활용 하여 모집	미국 중서부

★ 비임상 비교 집단을 의미함.

Part 2

채점

인간 표상의 복합성(COM)

> 인간 표상의 복합성(COM): 1 = 자아중심적, 간혹 나타나는 생각과 감정의 혼란, 자신과 타인의 특성을 혼동; 3 = 사람의 성격과 내적 상태를 정교하지 못한 비교적 단순한 방식으로 묘사하는 경향, 선과 악으로 나뉘는 분열된 표상; 5 = 전형적이고 관습적인 자신과 타인에 관한 표상, 자신과 타인의 좋은 특성과 나쁜 특성을 통합하는 능력, 타인에게 미치는 영향을 인식; 7 = 심리적 마음가짐, 자신과 타인을 향한 통찰, 상당한 복합성을 묘사하며 이를 분화함.

개요

COM[1]은 발달 연속성을 지닌다. COM에서 낮은 점수는 자신과 타인을 병리적/제한적으로 이해함을 시사하고, 높은 점수는 자신과 타인을 성숙하고 복합적으로 이해함을 반영한다. 이 차원이 병리적인 반응에서 적응적인 반응으로 나아갈수록, 사람의 성격을 통찰하는 역량이 증가한다. 자신과 타인에 관한 심리적 마음가짐(psychological mindedness)은 두 가지 구성요소에 초점을 맞춘다. 첫 번째 구성요소는 내적 상태의 존재(presence), 정도(degree), 분화(differentiation)다. COM은 자신과 타인의 감정을 이해하고 구별하는 능력을 포함하지만, 생각과 욕구가 주를 이루는 경향이 있다.[2] COM 평가의 두 번째 구성요소는 대인관계의 경계(relational boundaries)다. 이는 인간을 얽혀있고 혼동된 것으로 묘사하는 정도 대(對) 분

---

1) 역자 주: COM은 자신과 타인의 관점을 분명하게 구별(분화)하고, 자신과 타인을 안정적이고, 지속적이고, 다차원적이며, 복합적 동기와 주관적 경험을 지닌 심리적 존재로 바라보는 정도를 평가한다(Westen et al., 1985). 대상표상의 풍성함과 더불어 자신과 타인에 관한 긍정적인 면과 부정적인 면을 통합할 수 있는 능력과 대인관계의 경계를 평가한다(Stein et al., 2012).
2) 다음 장에서 논의하겠지만, 표상의 정동 특성(AFF)은 정서가와 감정의 명명에 명확한 중점을 둔다.

화되고 미묘하고 복합적인 것으로 묘사하는 정도로 정의할 수 있다. 다음과 같은 질문은 채점에 도움이 된다. "① 자신과 ② 타인에 관한 이해를 묘사하는 정도뿐만 아니라 ③ 자신과 타인에 관한 이해를 통합하고 분화하는 정도는 어떠한가?" 이 세 가지에 많이 해당할수록 점수는 높아진다. 채점을 더 자세히 설명하기 위해 1점부터 7점까지의 평정 기준을 살펴보자.

1점으로 채점할 수 있는 세 가지 조건이 있다. 간단히 말하면, 1점은 극단적인 차단(exclusion), 융합(fusion) 그리고/또는 혼란(confusion)으로 인해 'usion'으로 표기할 수 있는 사례를 들 수 있다. 첫 번째는 차단이다. 반응이 완전한 문장이 아니고 어떠한 내적 상태도 포함하고 있지 않다면 1점으로 채점한다(즉, 생각/감정과 더불어 다른 모든 정보의 차단). 차단은 또한 타인의 지각, 신념, 가치관을 극단적으로 배척하는 형태로 나타날 수 있다. 구체적으로, 지나치게 자아중심적이고 자기초점적인 사람은 자신의 관점과 상반되는 강력한 증거가 있더라도 다른 사람이 상황을 달리 볼 수 있다는 점을 받아들이지 못할 수 있다. 아울러 생각과 감정, 자신과 타인에 관한 상당한 혼란과 융합이 나타나면 1점으로 채점한다. 이는 자신과 타인을 분화하는 능력뿐만 아니라 타인과 타인을 분화하는 능력과도 연관된다.

- 자신과 타인을 분화하기: 심리치료 또는 초기 기억(EM) 이야기에서 특정 사건이 자신에게 일어난 일인지, 아니면 타인에게 일어난 일인지를 정확히 기억해 내지 못한다면 자신과 타인의 분화가 결여되어 있음을 알 수 있다. 수검자가 주제통각검사(TAT) 이야기의 등장인물과 자신을 분리하는 데 어려움을 겪을 때도 자신과 타인의 분화가 결여되어 있음을 볼 수 있다. 예를 들어, 도판 1에서 수검자는 "소년은 바이올린을 연주하지 않아서 야단맞을까 봐 무서워하고 있는데 저랑 똑같네요. 저도 혼날까 봐 무서웠어요."라고 말한다.[3] 미분화의 다른 예로, 대명사 전환이 해당된다. 즉, TAT에서 수검자가 이야기를 만들 때 종종 '남자/소년(he)'을 '여자/소녀(she)' 혹은 '나(me)'로 바꿀 수 있다. 이는 주로 자신과 타인을 혼동하는 수검자의 모습을 반영하지만, 때로는 이야기의 와해를 암시하기도 한다. 후자의 경우, 대명사 전환은 COM보다 사회적 인과성의 이해(SC)에 더 적절할 것이다.
- 타인과 타인을 분화하기: 융합과 혼란은 타인을 분화하는 데 어려움이 있음을 반영한다. 예를 들어, 이 책의 주 저자는 일란성 쌍둥이다. 조카 중 한 명은 3세가 되기 전에 '이모'와 '엄마'를 구별하는 것을 어려워했다. 또 조카는 다른 사람의 생일이 '엄마'의 생일과 같은 날짜라는 것을 받아들이지 못했다. 이러한 모습은 발달적으로 적절할지라도

---

3) 로르샤하 잉크반점검사(Rorschach inkblot test)의 Exner 종합체계에 익숙한 독자라면 이러한 언어 반응은 PER(개인화) 또는 DR(개인의 경험에서 벗어나는) 중 하나로 채점할 것이다. 74쪽의 연습 예제 두 번째 이야기를 참조하라.

1점으로 채점해야 한다. 성인의 경우라면, 이는 타인을 개별 존재로 표상하지 못함을 시사한다. 그러므로 융합은 자신과 타인뿐만 아니라 타인과 타인 사이에서도 일어날 수 있다.

2점으로 채점하기 위해서는 최소한의 내적 상태를 언급해야 한다. 완전한 문장을 말해야만 2점을 받을 수 있는 SC와 달리, COM에서는 불완전한 문장이라도 내적 상태가 있다면 2점을 받을 수 있다. 예를 들어, '화가 난 소년'의 경우 SC는 1점에 해당하지만 COM은 2점으로 채점한다. 일반적으로 다음의 세 가지 경우에 2점을 채점한다. 첫 번째, 이야기가 지나치게 경직되어 있다면 2점으로 채점한다.[4] 두 번째, 어떠한 내적 상태도 존재하지 않는다면 2점으로 채점한다.[5] 마지막으로, 1점의 상승으로 2점이 될 수도 있다. 이 경우 사고와 감정의 혼란이 1점에서 설명한 것보다 덜 극단적이다.

3점은 내적 상태가 있지만 짧고 단순하다. 화자는 자신이나 타인의 생각을 묘사하지만, 이를 통합하지 못한다. 아울러 모두 좋거나 모두 나쁜 것과 같이 양극화된 방식으로 사람을 바라본다. "남자는 XXX를 생각하고 있고, 여자는 YYYY를 생각하고 있어요."가 반응의 예다. 3점의 반응에는 복합성이 존재하지 않는다. 양극화된 사고의 예는 "나는 엄마를 사랑했지만 아빠는 미워했어요." 또는 "나는 아빠에게 모든 걸 이야기할 수 있지만 엄마에게는 아무것도 말할 수가 없어요."와 같은 진술을 포함한다.

중간 점수인 4점은 내적 상태에 관한 묘사가 너무 단순하지 않은 이야기를 반영한다. 그렇다고 해서 묘사한 내적 상태가 자신과 타인에 관한 깊은 수준의 복합성을 반영하는 것은 아니다. 3점과 5점의 타협점으로 4점을 고려하는 방법이 있다. 즉, 사람의 성격을 어느 정도 묘사하지만 자신과 타인의 긍정적이고 부정적인 특성을 적절하게 통합하지 못한다. 즉, 통합하더라도 다소 피상적인 수준에 그친다. 요약하면, 4점에서는 여전히 타인에게 미치는 영향을 인식하지 못한다.

반면에 5점은 자신과 타인 모두에 관한 묘사를 반영하며, 다양한 관점을 아우르는 통합과 복합성이 존재한다.[6] 화자는 자신이 타인에게 영향을 미칠 수 있다는 점을 인정하며, 이

---

4) 역자 주: 도판의 내용 정보만을 활용하여 매우 단순한 생각과 감정을 보고한다면 2점으로 채점한다.

5) 역자 주: 인물의 행동이나 사건 위주로 단순한 이야기를 구성하고 어떠한 생각, 감정, 의도, 특성도 보고하지 않는 경우가 이에 해당한다.

6) 역자 주: 하나의 현상에서 유사한 여러 측면을 보고하는 것(4점)과, 한 가지 현상 속에 좋은 점과 나쁜 점이 함께 공존함을 아는 것(5점 이상)을 구별해야 한다. 상호 모순된 감정을 동시에 인정하며 견디는 능력과 상반된 측면을 의미 있는 방식으로 통합하는 정도는 대상항상성(object constancy), 온전한 대상관계(whole object relations), 혹은 보다 일반적인 표현으로는 심리적 성숙의 지표에 해당한다.

러한 인식은 6점과 7점에서 더 정교화된다. 즉, 6점과 7점에서는 심리적 마음가짐이 분명하게 나타나고, 사람의 성격에 관한 상당한 수준의 통찰을 드러내며, 인물이 분명하게 분화되어 있고, 이를 복잡하고 미묘하게 묘사한다. 이러한 측면이 이야기에서 묘사한 인물 중 적어도 하나 이상에서 현저히 나타나면 6점으로 채점하며, 모든 주요 인물에게 뚜렷이 나타나면 7점으로 채점한다.

SCORS-G 평정: 1∼7점까지의 COM 예시

1점 (⋯⋯ '생각과 감정의 혼란, 자신과 타인의 특성 혼동')

초기 기억 이야기   엄마랑 여동생이랑 놀이터에 갔던 게 기억나네요. 제가 대여섯 살 즈음이었어요. 정확한 나이는 모르겠어요. 우리는 할아버지 집 근처에서 그네를 타면서 놀고 있었는데 누군가 벌에 쏘였어요. 저인지 여동생인지 기억이 안 나요. 우리 둘 다 울었던 것만 기억나요. 제가 쏘인 것 같지만 확실하진 않아요. 분명히 누군가 벌에 쏘였는데, 둘 다 그랬던 것 같아요. 어쨌든 그때 엄청 무서웠고, 지금도 벌이 무서워요. 내가 벌에 쏘인 건지, 여동생이 쏘인 건지가 기억나면 좋겠어요.

해설   이 예시는 세 사람이 등장하는 이야기지만, 자매의 경험이 융합되어 있다. 즉, 화자는 벌에 쏘인 경험이 자신에게 일어났는지 또는 여동생에게 일어났는지 구별하지 못한다. 사람들 사이의 복합성이나 분화가 거의 없다. 자매의 경험과 감정이 뒤섞인다. 따라서 이 이야기는 1점으로 채점한다.

1점 (자아중심적 세계관)

초기 기억 이야기   저는 날씬해지는 게 예뻐지는 방법이라고 늘 생각해요. 남자 친구는 제가 66 사이즈를 입더라도 예뻐질 수 있다고 늘 말하는데, 그걸로 남자 친구랑 말다툼을 했어요. 그래서 싸움을 끝내려고 저는 사전에서 '예쁘다'라는 단어를 찾아봤어요. 좀 놀랐던 게, 사전에는 말라야 예쁘다는 언급이 하나도 없었어요. 이걸 보고 남자 친구는 자기 말이 맞다고 했지만, 저는 제가 옳다고 생각해서 남자 친구를 도서관으로 끌고 가서 사전을 열 개나 뒤졌어요. 아직까지도 그 말을 믿지 않아요. 저는 사전이 틀렸다고 생각해요.

해설　　이 예시에서 화자는 많은 증거가 있는데도 다른 관점을 이해하지 못한다. 화자는 아름다움의 의미에 관한 자기만의 생각에 빠져 있다. 따라서 이 이야기는 1점으로 채점한다.

1점 (내적 상태가 없는 불완전한 문장)

TAT 이야기　　가슴, 노출, 나체

해설　　이 예시는 완전한 문장이 아니며 내적 상태가 없다. 따라서 이 이야기는 1점으로 채점한다.

2점 (내적 상태를 포함하는 불완전한 문장)

TAT 이야기　　절망, 체념, 초조

해설　　내적 상태(감정)가 존재하는 예시지만 완전한 문장이 아니다. 이러한 경우 COM은 2점으로 채점하며, (뒷장에서 설명할) SC는 1점으로 채점한다.

2점

TAT 이야기　　집에 전기가 나갔어요. 남자는 방을 밝히고 환기를 하러 창문을 열었어요. 남자는 전기가 다시 들어오길 기다려요. (생각은?) 전기가 다시 들어오려면 얼마나 걸릴까? (감정은?) 그냥 전기가 들어오길 기다리고 있어요. (결말은?) 전기가 다시 들어와요.

해설　　이 예시는 지나치게 경직된 이야기에 속한다. 구두로 반응을 유도함에도 내적 상태를 언급하지 않는다. 남자의 성격에 관한 묘사도 없다. 따라서 이 이야기는 2점으로 채점한다.

3점

TAT 이야기　　"남자는 방금 침대에서 일어났어요. 남자는 아내를 죽였고, 그래서 기분이 나빠요. 아내가 바람을 펴서 목을 졸랐고, 지금은 경찰이 알기 전에 스스로 목숨을 끊으려고 해요. 그러기 전에 경찰이 남자를 잡고, 남자는 평생을 감옥에서 보내요. (생각은?) 어떻게 내가 이런 짓을 저질렀지?

해설　이 예시에는 내적 상태가 언급되지만 짧고 단순하다. "남자는 기분이 나빠요." "스스로 목숨을 끊으려 해요."를 내적 상태로 포함한다.

　이야기에는 자신과 타인에 관한 남자의 생각이나 이해보다 행동에 관한 묘사가 더 많다. 즉, 부인이 바람을 폈기 때문에 남자는 자제력을 잃고 부인을 죽였다. 두 등장인물에 관한 복합성이 거의 없다. 따라서 이 이야기는 3점으로 채점한다.

4점

TAT 이야기　어떤 남자가 여자 친구랑 앉아 있고, 여자는 남자에게 자신을 사랑하는지 묻고 있어요. 남자는 여자를 사랑하지 않아서 여자의 얼굴을 볼 수 없기 때문에 고개를 돌려요. 남자는 다른 사람을 사랑하고 있고, 그 사람과 함께하고 싶어서 결국 여자와 헤어져요. 이 일이 일어나자 여자는 제정신을 잃고 스스로 목숨을 끊으려고 해요. 남자는 죄책감을 느껴요. 남자는 여자가 느끼는 감정을 자신은 전혀 느끼질 못해서 기분이 안 좋아요. 남자는 여자가 자신을 사랑하는 만큼 여자를 사랑하지 않았고, 결국 다른 여자를 만나요. 그리고 남자는 그 여자와 사랑에 빠져요.

해설　이 이야기에 존재하는 다양한 수준의 복합성은 채점을 어렵게 만든다. 남자는 어느 정도의 복합성을 보인다. 남자는 여자와 같은 방식으로 느끼지 않고 다른 여자를 사랑하기 때문에 죄책감과 불편함을 느낀다. 남자는 자신이 여자에게 미치는 영향을 인식한다. 남자의 COM은 5점이다. 그러나 여자는 상호관계에 관한 단순한 이해를 보인다. 여자는 낮은 수준의 복합성을 보인다. 여자는 감정에 사로잡히고(아무 생각도 언급하지 않음), 자살을 시도하는 등 감정에 따라 행동한다. 여자의 COM은 낮은 점수(2점 또는 3점)에 해당한다. 따라서 전체 COM은 4점으로 채점한다.

5점

TAT 이야기　이 사람들이 진짜같이 보이지 않아서 이야기를 만들기가 힘드네요. Duane은 Miriam을 좋아하지만 여자에게 관심을 보이는 건 남자답지 않다고 생각해요. 남자는 여자의 포옹을 뿌리쳐요. 여자는 이 남자가 계속 자신의 관심을 받고 싶어 한다고 생각했는데,

이제 여자는 관심을 주지 않아요. (남자의 생각은?) 분명히 여자가 자기한테 엄청 매달릴 거라 생각했는데, 지금은 여자가 뭘 어떻게 할지를 궁금해해요. (감정은?) 그림 속 순간에선 짜증이 났어요. (여자의 생각은?) 남자가 자기를 밀어내서 살짝 짜증나지만 아쉬움이 더 커요. 여자는 상대방에게 관심이 없다는 걸 보여 주고 있어요. (생각은?) 네가 나에게 관심이 없으면, 나도 너에게 관심이 없어. 실은 여자는 거절당해서 살짝 기분이 상했는데 여기서 어떻게 대처해야 할지 잘 알아요. 여자는 밀당하는 게 아니에요. (결말은?) 여자는 남자가 자기를 간본 거라고 결론을 내려요. 여자는 자기랑 함께 있는 걸 좋아하는 남자와 시간을 보내는 게 더 낫다고 생각해요. 남자는 한 사람한테 쉽게 정착하지 못해서 어떤 여자랑도 이어지지 못해요. 남자는 늘 다른 여자를 찾아 다녀요.

해설 이 이야기에는 사람의 성격에 관한 묘사와 내적 상태가 나타난다. 어느 정도의 복합성과 이해의 깊이가 있다. 즉, 남자는 상황적 맥락 아래 자신이 이해한 바를 묘사한다. 마찬가지로, 여자는 상대방의 태세를 고려하여 자신이 이해한 바를 묘사할 수 있다. 두 등장인물 모두 서로의 관점을 이해하려고 노력하나 다소 미흡하다. 수검자가 각 등장인물을 더욱 미묘하고 섬세하게 이해한다면 6점이나 7점으로 채점한다. 구체적으로 말하자면, 등장인물 중 한 명이 다른 등장인물을 더욱 풍부하게 이해한다면 6점으로 채점하고, 등장인물 둘 다가 그렇다면 7점으로 채점한다.

6점

TAT 이야기 이건 좀 소름 끼치네요. 한 소년, 10대 청소년이 자고 있고, 이 남자는 부모님의 친구인데 소년을 성추행하기 직전이에요. 전에도 이 아저씨는 약간 스킨십을 좋아했고 감정 표현이 적나라했지만 지금까지 어떤 성적인 행동을 대놓고 취하지는 않았어요. 이 소년은 열네 살이에요. 소년은 바로 잠에서 깨서 아저씨를 밀치며 말해요. "뭐하는 거예요?" 소년은 아저씨가 뭘 하는지 알고 있어요. 소년은…… 소년은 이 몹쓸 짓을 당하지 않을 자신이 있었고 그래서 재빠르게 이 장면에서 주도권을 잡아요. 사실 소년은 이 아저씨를 불쌍하게 생각해요. 소년은 아저씨에게 도움이 필요한 것 같다고 말하고 떠나요. 주변에 아무도 없어서 소년은 부모님이나 경찰에게 이 사실을 말해야 할지 말지 혼자 생각해요. 왜냐하면 소년은…… 자신이 그 아저씨를 밀쳤을 때 아저씨가 위협적이기보다는 처량해 보였기 때문이에요. 소년은 열네 살인데도 충분히 성숙해요. 그 아저씨가 부모님의 친구라서, 누군가에게 말해야 할지 그냥 넘겨야 할지 딜레마인 거죠. (결말은?) 소년은 더 이상 혼자 무서워하지 않아요. 소년은 아저씨가 무서워서가 아니라 다른 사람에게도 성추행을 했거나 하려고 할지도 모른다는 생각에 부모님에게 사실을 말해요. 소년은 부모님에게 그 아저씨가 곤경에 처하길 원치는 않고, 도움을 받으면 좋겠다고 말해요. 부모님이 어떻게 할지는 잘 모르겠네요.

해설 이 예시에서 14세 소년은 상호작용의 묘사에서 상당한 복합성을 보여 준다. 소년은 분화된 방식으로 성추행에 관한 자신의 생각, 감정, 욕구를 묘사한다. 즉, 소년은 자신에 관한 생각과 감정을 가해자로부터 분리할 수 있다. 소년은 이 사건이 자신에게 어떤 영향을 미치는지를 생각할 뿐만 아니라 가해자의 과거 및 미래의 행동과 잠재적 피해자를 고려한다. 소년은 가해자가 부모의 친구라는 점과 그것이 지니는 부가적인 걱정거리와 관련된 생각으로 고민을 거듭한다. 가해자가 어떻게 상호작용을 경험하는지 그리고/또는 부모가 어떻게 그 상황을 이해하는지에 관한 이야기를 하지 않았기 때문에 7점이 아닌 6점으로 채점한다.

7점

초기 기억 이야기 저는 해안가에서 태어났는데, 여름이 되면 주말마다 아빠가 아침에 우리를 해변으로 데려다줬고, 우리가 돌아올 때 즈음이면 엄마가 뭔가 요리를 하곤 했어요. 그러고는 점심을 먹고 산책을 나갔어요. 저는 엄마와 아빠가 싸웠고 엄마가 울었다는 것을 기억하지만, 음…… 뭔가 잘못됐다고만 생각했어요. 부모님이 싸우는 소리를 처음 들었기 때문에 무서웠어요. 제가 나이를 먹으면서, 아빠가 선장이 되고 나서부터 부모님은 정기적으로 싸웠어요. 아빠는 늘 그렇듯이 엄마와 싸우기 시작했어요. 제 생각엔 그게 아빠가 화를 푸는 유일한 방법이었을 거예요. 엄마는 아빠가 화내는 데 어떻게 대처해야 할지 잘 모르는 거 같았어요. 엄마는 아빠를 피하고 무시하려 했지만, 그건 아빠의 화를 더 키우기만 했어요. 저는 크면서 이걸 점점 깨닫기 시작했지만 그땐 너무 힘들었어요. 특히 제가 고등학교를 다닐 때는 아빠가 집에 오실 때마다 아빠의 기분이 어떨지 모르니깐 눈치만 보고 고민했어요. 저는 싸움을 막고 무탈하게 지내려고 애썼지만 살얼음판을 걷는 기분이었어요. 저는 부모님이 누가 뭘 잘못했네, 누가 청소하기로 약속해 놓고 안 했네, 이런 문제로 소리치기보다는 서로 대화를 나눌 필요가 있다고 생각했어요. 기억하기론, 제가 좀 더 나이가 들었을 때 부모님에게 "이래 봤자 아무것도 해결 안 돼요."라고 말하려고 애썼어요. 부모님은 같은 일을 계속 반복하고 있어요. 정말 짜증나는 건 부모님이 서로를 어떻게 생각하고 느끼는지, 그리고 이 싸움이 몇 년 동안 저한테 어떤 영향을 미쳤는지 아직 못 깨달은 것 같다는 거예요. 분명히 그럴 걸요. 저는 사람들은 각자 상황에 다르게 반응하고 서로 다른 방식으로 영향을 주고받는다는 것을 알지만, 그 상황에 처하면 여전히 엿 같아요. 이런 걸 다 이해하지만, 그래도 저는 뭔가 바뀌길 바라고, 부모님도 이 상황을 좀 받아들이면 좋겠어요. 지금도 저는 다른 사람의 기분에 많이 민감해요. 이게 제가 치료를 받으러 여기 온 이유인 거 같아요.

해설　이 이야기에는 세 명의 인물이 묘사된다. 그러나 화자가 사건을 이해하는 방식에 중점을 두어야 한다. 즉, 화자가 전경에 있고, 부모는 배경에 있다. 이 예시에서는 오로지 화자의 COM과 화자가 모든 인물(자신, 엄마, 아빠)을 이해하는 방식에 집중하는 것이 필요하다. 화자는 자신을 잘 이해할 뿐만 아니라 부모의 싸움이 자신에게 어떤 영향을 미쳤는지를 이해한다(자기 및 타인과의 관계 이해). 화자는 또한 부모, 부모의 대인관계 역동, 그리고 이 역동이 의사소통 방식에 미치는 영향에 관한 통찰을 보여 준다. 동시에 화자는 부모가 그들의 상호작용 방식을 깨닫지 못한 것처럼 보인다는 점을 인식한다. 게다가 화자는 현재 부모가 그들의 부적응적인 패턴을 바꾸기 위해 적응적인 방식으로 노력한다고 여기지 않는다(분화되고 통합된 묘사와 더불어 타인에 관한 이해). 따라서 이 이야기는 7점으로 채점한다.

1~7점까지 COM 구조화하기

심리치료 이야기

■ 1점 (경계선 융합)
저는 주말에 부모님을 뵈러 집에 갔어요. 우리는 저녁을 먹었고 저는 친구 Jane에게 있었던 일을 엄마에게 말했어요. 그러니까 걔의 이별에 대해서요. Jane은 언성이 높아지고 화난 것처럼 보였어요. 또 저 때문에 자기가 얼마나 버림받았다고 느꼈는지 아냐고 말했어요. 저는 걔가 진정하도록 달랬어요.

■ 1점 (자아중심성)
저는 주말에 부모님을 뵈러 집에 갔어요. 우리는 저녁을 먹었고 저는 친구 Jane에게 있었던 일과, 걔의 이별이 저랑 친구들에게 어떤 영향을 미쳤는지 엄마에게 말했어요. 요즘 그 둘이 제 주변에 있을 때 너무 어색해요. 무슨 말을 해야 할지, 누구랑 더 있어야 할지 모르겠어요. 걔는 그 남자랑 사귀지 말았어야 했어요. 저는 그게 우리 중 나머지 애들한테 영향을 줄 거란 걸 알았거든요. 걔는 한 번씩 너무 이기적이에요. 둘이 헤어지기 전까진 우리는 다 잘 어울리면서 재밌게 놀았어요. 다 같이 놀러 다닐 때마다 이 사건으로 스트레스 받고 싶진 않아요. 스트레스 받는 건 일만으로도 충분하거든요.

■ 2점

저는 주말에 부모님을 뵈러 집에 갔어요. 우리는 저녁을 먹었고 저는 친구 Jane에게 있었던 일을 엄마에게 말했어요. 그러니까 걔의 이별에 대해서요. 그러고 나서 우리는 아이스크림을 먹으러 나갔어요.

■ 3점

저는 주말에 부모님을 뵈러 집에 갔어요. 우리는 저녁을 먹었고 저는 친구 Jane에게 있었던 일을 엄마에게 말했어요. 그러니까 걔의 이별에 대해서요. 그런 일을 벌여서 우리는 전부 Jane한테 열받았어요.

■ 4점

저는 주말에 부모님을 뵈러 집에 갔어요. 우리는 저녁을 먹었고 저는 친구 Jane에게 있었던 일을 엄마에게 말했어요. 그러니까 걔의 이별에 대해서요. Jane이 어떻게 헤어졌고 그걸로 얼마나 힘들어하는지를 생각하니 엄마랑 저는 기분이 안 좋았어요. 한편으로 저는 모든 이야기에는 양면이 있다고 생각해요.

■ 5점

저는 주말에 부모님을 뵈러 집에 갔어요. 우리는 저녁을 먹었고 저는 친구 Jane에게 있었던 일을 엄마에게 말했어요. 그러니까 걔의 이별에 대해서요. Jane과 Tom은 대학 시절 내내 사귀었고, 둘은 다른 도시에서 일하고 있어요. Jane은 함께 지내고 싶어 했지만, Tom은 거리가 먼 걸 너무 힘들어했어요. 둘이 어떻게 헤어졌고 그걸로 Jane이 얼마나 힘들어하는지를 생각하니 엄마랑 저는 기분이 안 좋았어요. 한편으로 우리는 늘 Tom이 얼마나 자기 이력을 챙기는 사람인지 알고 있었어요.

■ 6점

저는 주말에 부모님을 뵈러 집에 갔어요. 우리는 저녁을 먹었고, 저는 친구 Jane에게 있었던 일을 엄마에게 말했어요. 그러니까 걔의 이별에 대해서요. Jane과 Tom은 대학 시절 내내 사귀었고, 둘은 다른 도시에서 일하고 있어요. Jane은 함께 지내고 싶어 했지만, Tom은 거리가 먼 걸 너무 힘들어했어요. 둘이 어떻게 헤어졌고 그걸로 Jane이 얼마나 힘들어하는지를 생각하니 엄마랑 저는 기분이 안 좋았어요. 한편으로 우리는 늘 Tom이 얼마나 자기 이력을 챙기는 사람인지 알고 있었어요. Tom은 성공을 엄청 중요하게 여기는 집안에서 자랐고, 그래서 관계보다 성공을 우선시할 거예요. Tom은 Jane을 정말 아꼈지만, 걔의 정체성과 자존감에는 직업이 큰 영향을 미치기 때문에 걔한테는 늘 일이 먼저였어요.

■ 7점

저는 주말에 부모님을 뵈러 집에 갔어요. 우리는 저녁을 먹었고, 저는 친구 Jane에게 있었던 일을 엄마에게 말했어요. 그러니까 걔의 이별에 대해서요. Jane과 Tom은 대학 시절 내내 사귀었고, 둘은 다른 도시에서 일하고 있어요. Jane은 함께 지내고 싶어 했지만, Tom은 거리가 먼 걸 너무 힘들어했어요. 둘이 어떻게 헤어졌고 그걸로 Jane이 얼마나 힘들어하는지를 생각하니 엄마랑 저는 기분이 안 좋았어요. Jane은 부모님이 고등학교 시절에 사랑에 빠져서 고향을 떠나지 않고 일찍 결혼한 가정에서 자랐어요. 걔한테는 늘 가족과 관계가 제일 중요했어요. Jane은 4남매 중 첫째고, 걔의 부모님은 늘 일보다 가족을 먼저 챙겼어요. 한편으로 우리는 늘 Tom이 얼마나 자기 이력을 챙기는 사람인지 알고 있었어요. Tom은 성공을 매우 중요하게 여기는 집안에서 자랐고, 그래서 관계보다 성공을 우선시할 거예요. Tom은 Jane을 정말 아꼈지만, 걔의 정체성과 자존감에는 직업이 큰 영향을 미치기 때문에 걔한테는 늘 일이 먼저였어요. 그 상황 전부가 완전 별로였는데, 이 사건으로 저는 제 남자 친구 Bob과의 관계가 앞으로 더 깊어지면 나는 어떻게 할 것 같은지 돌아보게 됐어요.

예제 이야기 연습하기

이 절에서는 COM의 유무와 COM이 강조되는 정도를 판단하는 데 도움이 되는 열 가지 예제 이야기를 제시한다. 그리고 절의 끝에 정답과 해설을 수록한다.

예제 1

이 여자는 연예인, 아마 가수나 여배우 같은 사람일 거예요. 배경에 이 여자의 포스터인지, 아무튼 여자가 있는 뭔가가 있어요. 여자는 떠오르는 스타고, 이번이 첫 휴가예요. 이 남자는 여자와 같은 고향 출신의 오래된 애인이고, 여자의 첫날 밤 공연을 응원해 주려고 여자가 있는 도시에 왔어요. 남자는 도시와 시골이 어떻게 다른지와 도시의 생활 방식은 시골과 매우 다르다는 것을 깨닫기 시작해요. 남자가 도시를 불편해하는 거랑은 반대로, 여자는 엄청 신나서 남자도 자기처럼 들뜨길 바라지만, 남자가 고향을 그리워하고 있어서 도시로 이사하는 게 남자에게는 큰 희생이란 걸 이해해요. 제 생각에 이 두 사람은 다…… 두 사람 다 다시 한번 서로를 이해하게 된 게 매우 큰 변화고, 그래서 둘 다 엄청 감정적이에요. 여자는 멋지게 공연을 하고, 남자는 여자 덕에 엄청 행복해해요. 그 후에 이 둘은 이것저것 이야기를 하고, 포옹하고, 남자는 자기가 앞으로 뭘 할지도 잘 모르는 상태에서 여자랑 함께 도시로 이사를 가요. 여자는 서로 사랑하는 걸 알지만 이게 남자에게 얼마나 어려운 일인지를 알고 고마워해요. 이야기의 나머지 부분을 말하면, 이 둘이 도시에서 성공하려고 적응하는 데 애를 먹지만 결국 잘 해낼 거예요.

예제 2

이런 게 몇 개나 있나요? 이거 무섭네요. 오 이런, 무서워요. 처음에는 해가 떴고, 농부들이 농장으로 나왔는데, 엄마…… 이걸 별로 보고 싶지 않아요. 무서워요. 너무 무서워요. …… 그러고는 해가 떴고, 어머니는 지켜보러 나왔고, 딸은 학교에 갔어요. 이건 불길한 사진이에요. (왜 불길한가요?) 그냥 흑백에다 이상하게 생겼어요. 비율도 다 다르고요. 사진도 아니고, 너무 사실적이고, 그림 같기도 하고, 이건 너무 실물 같네요. …… 다 됐나요? (결말은?) 결국 해가 지고 이 사람들은 전부 집에 돌아가서 잠을 자요. …… 오, 지금 너무 무서워요. (뭐 때문에?) 그냥 제 과거처럼 기회를 잃어버린 거 같아서요. 저는 거기에 집착하지 말아야 한다는 걸 알지만, 혼자가 되는 건 너무 무서워요. 결국 저는 혼자가 되고 말 거예요.

예제 3

소년…… 소년은 바이올린을 연주하려 하고 있어요. 얘는 이걸 어떻게 연주하는지 몰라서 애를 먹고 있어요. 누가 바이올린 연주하는 걸 가르쳐 줄 수 있는지 생각하고 있어요. 생각하고 또 생각한 뒤에 "아! 아버지라면 할 수 있을 거야. 아버지는 바이올린을 연주할 수 있으니까, 가서 물어봐야겠다."라고 말해요. 그래서 얘는 아버지한테 물었어요. 아버지는 "잠시만 기다려 줄래?"라고 말했어요. 얘는 꾹 참고 기다렸고, 아버지는 아들에게 바이올린을 연주하는 법을 설명해 줬어요. 얘는 연주할 수 있게 됐고, 정말 행복해해요. 그리고 연주를 계속해요.

예제 4

Allen은 크면서 어머니의 상태를 살피는 데 익숙해졌어요. 어머니는 자주 술이나 태우던 담배 같은 걸 손에 든 채로 쓰러지곤 했어요. Allen은 더 나이가 들면 자신을 힘들게만 하는 어머니에게 신경을 안 쓰고 살 수 있길 항상 바랐어요. 하지만 성인이 되어서도 자신이 그럴 수 없다는 것을 깨달아요. Allen은 보통 일주일에 한 번씩 어머니의 상태를 확인했어요. 어머니가 살고 있는 그 쓰레기장 같은 곳에 더 자주 가고 싶지는 않았어요. 거기 근처에 있는 다른 사람들을 마주치지 않길 바라면서 그곳에 들어가곤 했어요. 어쩌다 한 번씩 그런 일이 있었어요. Allen은 마약중독자들과 어울리는 어머니 밑에서 자기가 어떻게 컸는지를 자주 생각했어요. 어머니를 돌봐야 한다고 여기는 게 아니라 왜 자기가 어머니를 돌봐야 하는지 항상 고민했어요. 외롭고 절망스러웠어요. 어머니를 사랑하는 걸 이젠 전부 그만두고 싶었어요. 방으로 걸어갔을 때, 어머니가 아직 침대에 있다는 걸 알았어요. 어머니가 또 쓰러졌다고 생각해서 화난 채로 어머니를 깨우기 시작했어요. 그러자마자 악취가 풍겼고, 어머니의 시체를 놓쳐 버렸어요. Allen은 눈물을 머금은 채로 뒤돌아서서는 자신이 슬픔 대신 안도감을 느끼고 있다는 사실을 알아채요. 이제 어머니가 자신의 삶에 방해가 되지 않기 때문에 Allen은 이제 늘 바라던 방식대로 삶을 살 수 있을 것 같아요.

예제 5

여자는 집 안에 있고, 창가에 앉아 있어요. 잠들지 못해서 이러고 있는 거예요. (생각은?) 여자는 잘 수 있으면 좋겠다고 생각하고 있어요. (이후에는?) 여자는 두 시간 후에 자러 갈 거예요. (감정은?) 그냥 그래요. (이전에는?) 여자는 저녁을 많이 먹었고 그래서 잠이 깼어요.

예제 6

Georgette는 열다섯 살 된 시골 소녀인데, 이제 막 글쓰기와 수학 수업을 마쳤어요. 1756년에는 글쓰기와 수학만이 소녀나 여자가 알아야 하는 전부였어요. 교실에서 집으로 걸어오는 길에, Georgette는 언니랑 형부를 보러 종종 언니에게 들렀어요. 언니 Elaine은 지금 첫아이를 임신하고 있어요. Elaine은 남편 John을 자주 돕는데, 함께 농장에서 땀 흘리며 일해요. 하지만 John은 배 속 아이를 위해 아내가 더 쉬어야 한다고 말해요. 이번에 Georgette가 언니를 보러 갔을 땐 형부가 언니랑 같이 말과 쟁기를 끌고 가는 걸 지켜봤어요. Georgette는 결혼해서 아이를 가지며 행복해하는 언니를 질투해요. 언니는 연애결혼을 했지만, 최근에 Georgette에게는 아버지가 중매결혼을 언급했어요. Elaine은 남편이 자신과 아이를 잘 보살핀다는 걸 알고는 만족하고 행복해해요. 또 남편이 가족을 위하는 것을 보며 웃어요. John은 아이를 생각하며 들떠 있지만, 아내가 일을 돕지 못해서 이번 겨울을 어렵고 힘들게 보낼까 봐 걱정해요. John은 Elaine을 사랑하기 때문에 결국 일을 잘 해낼 거예요. 얼마 있다가 Georgette는 언니의 행복에 대해 생각하며 집으로 걸어가기 시작해요.

예제 7

작은 마을에 난폭하고 다혈질에 인정머리 없다고 알려진 남자가 있었어요. 이 남자는 잘생겼고, 풍족하게 살았어요. 한 사람을 빼고 마을 사람들은 전부 남자를 별로 좋아하지 않았어요. 이 여자는 마을에서 가장 사랑스러운 여자예요. 사람들은 그녀가 언젠가 마을을 떠나 영화배우가 될 거라고 생각했어요. 하지만 여자는 이 남자의 매력과 험악한 성격에 끌렸어요. 여자는 이 남자가 자신을 사랑하고 지켜 줄 거고, 자신이 남자의 삶에 기쁨과 균형을 가져다줄 거라 여겨요. 둘은 결혼해서 아이를 몇 명 키우고, 시간이 흐르고 서로 사랑하면서 이 남자는 마을에서 사랑받고 존경받는 사람이 돼요.

예제 8

핑크 플로이드 앨범 재킷 같아요. 자기 안에 갇혀 있는 사람 같아요. 방은 온통 검은색이에요. 그게 남자가 느끼는 바고, 남자는 출구, 빛, 창문을 보고, 그 옆에 앉아서 자신이 밖으로 걸어 나가기만 한다면 더 나아질 거라는 생각을 하지만, 자신이 갇힌 듯한 느낌을 받아요. 남자는 희망을 조금 느껴요. 결국에 남자는 밖에 나가는 게 너무 힘들어서 방에 머물지만 자주 창문 밖을 내다봐요.

예제 9

이 신사는 탑에 서서 바다를 바라보며 바깥세상을 동경해요. 그래요. (감정은?) 남자는 어떤 느낌일까요, 음…… 아마도 자신이 보고 있는 장면에 평화로움을 느낄 거고 나중에는 원래 하던 걸 계속해서 할 것 같아요. (생각은?) 별다른 생각은 없어요.

예제 10

음, 이건 지하철역에서 자고 있는 어떤 여자예요. 그리고 이 남자는 아무 이유 없이 여자를 만지려고 해요. …… 왜냐하면 남자는 아무도 모르지만 맹인이고, 그러니까 여자가 어떻게 생겼는지 알아보려고 여자의 얼굴을 느끼고 싶어 해요. 이 여자는 특이하게 맹인 남자한테 끌리는데, 이건 아무도 맹인 남자에게 끌리진 않으니까 좀 이상하지만, 그러고 나서 여자는 맹인의 개가 돼요. 남자와 사랑에 빠져요. 여자는 양손과 무릎을 꿇고 개처럼 끈으로 매여요. (이후에는?) 여자가 남자의 안내견처럼 약간 개 흉내를 내서 둘은 후배위로 성관계를 해요.

정답

예제 1: 7점

이 이야기에는 두 명의 등장인물이 존재한다. 도시는 여자가 많은 기회를 얻을 수 있는 곳이기 때문에, 자신의 커리어를 고려하여 도시에 있길 원하는 여자의 생각을 확인할 수 있다. 여자는 또한 생활 방식의 변화에 적응하기 힘들어하면서도 도시로 이사한 남자 친구의 희생을 인식한다. 마찬가지로, 여자 친구를 응원하고 싶어 하지만 이사하길 망설이는 남자의 내적 갈등을 확인할 수 있다. 자신과 타인에 관한 두 인물의 복합성이 상당하다. 따라서 이 이야기는 7점으로 채점한다.

예제 2: 1점

이 예시는 수검자가 자극(이 사례에서는 TAT 도판)에 융합된 이야기다. 수검자는 TAT 도판과 거리를 두지 못한다. 대신에 수검자는 도판에서 자신의 실제 경험(고립감)을 고통스러울 정도로 생생한 방식으로 묘사한다. 따라서 이 이야기는 1점으로 채점한다.

예제 3: 3점

이 예시는 내적 상태가 존재하지만 단순하게 묘사된 이야기다. 소년은 누가 자신을 가르칠 수 있는지 생각하고, 아버지에게 요청할 수 있다는 것을 깨닫는다. 소년은 끈기 있게 기다리고 행복해진다. 소년의 사고 과정은 그다지 복합적이지 않다. 아버지의 사고 과정뿐만 아니라 서로의 성격에 관한 해석도 없다. 따라서 이 이야기는 3점으로 채점한다.

예제 4: 6점

이 예시에서 아들의 갈등 관계와 아들이 어머니를 바라보는 관점에는 상당한 복합성이 존재한다. 고로 이 예시는 6~7점 범위에서 시작한다. 그러나 어머니의 관점에 관한 조망 수용이나 상호작용에서 아들이 어떤 역할을 취하고 있는지는 나타나지 않는다. 따라서 이 예시는 7점이 아닌 6점으로 채점한다.

예제 5: 2점

이 예시는 경직된 이야기에 속한다. 최소한의 내적 상태만 존재한다("잘 수 있으면 좋겠다."). 이는 순전히 행동 지향적이다. 여자의 성격에 관한 어떠한 묘사도 존재하지 않는다. 따라서 이 이야기는 2점으로 채점한다.

예제 6: 6점

이 이야기는 상당한 복합성을 지닌다. 하지만 복합성은 Elaine과 John 사이에서 나타난다. John은 Elaine이 임신을 했으니 농장 일에 힘을 쓰지 말고 건강과 행복을 챙기길 바라며 걱정한다. Elaine이 몸을 사리며 곧 태어날 아기를 보살펴야 하기 때문에 John은 수확물과 생존을 걱정하고 있다. 마찬가지로, Elaine은 만족감을 느끼고 John이 자신을 보살피고 있다는 사실을 알고 있으며, John을 돕는 데도 익숙하다. Georgette와 관련해서는, Georgette가 언니에게 질투심을 느끼고, 어떤 면에서는 누군가와의 연애결혼을 바란다는 점을 알 수 있지만 그 이상으로 이야기가 전개되지는 않는다. 요약하면, 이 이야기에서는 등장인물의 성격, 타인에게 미치는 영향에 관한 인식, 그리고 사고와 감정의 통합을 볼 수 있다. 조망 수용은 부부에 국한해서 나타나며, Georgette에게는 나타나지 않는다. Georgette는 타인을 복합적으로 바라보지만, 자신을 복합적으로 바라보길 어려워한다. 따라서 이 이야기는 7점이 아닌 6점으로 채점한다.

예제 7: 5점

이 예시에는 남자의 여자의 성격에 관한 묘사가 존재한다. 여자는 남자가 지닌 거친 성격의 긍정적인 점과 더불어 이러한 성격이 관계의 맥락에서 자신에게 어떻게 이로울지를 고려하며 남자를 보다 복합적인 방식으로 바라본다. 또 이야기를 살펴보면, 다른 사람들이 이 둘을 어떻게 바라보는지를 파악할 수 있다. 하지만 자기에 관한 미묘한 관점과 복합성은 부족하다. 즉, 여자가 스스로를 어떻게 바라보는지와 남자가 여자를 어떻게 경험하는지를 이해할 수 없다. 따라서 '자신과 타인의 좋고 나쁜 특성을 통합'하고 다른 사람에게 어떻게 보이는지와 관련된 내용(5)은 나타나는 반면, 상당한 통찰력과 심리적 마음가짐이 존재한다는 징후(7)는 적다. 따라서 이 이야기는 5점으로 채점한다. 만약 등장인물 사이에 더 많은 분화가 존재하고, 다른 사람들이 어떻게 여기는지에 집중하기보다는 자기와 타인에 관한 생각과 감정이 어떻게 서로 영향을 주는지를 인식하고 이해하는 점이 더욱 많이 묘사된다면, 더 높은 점수로 채점할 수 있다.

예제 8: 4점

이 예시에는 내적 갈등에 관한 논의가 존재한다. 내적 상태가 단순하진 않더라도, 갈등의 속성이 모호하다. 즉, 남자는 어둠 속(익숙한 것)에 머물지, 아니면 어떤 면에서는 괜찮아질 수 있을 거라 여기며 다른 것을 시도해 볼지에 관한 양가성을 느낀다. 하지만 이 예시가 성숙(5)하지는 않다. 동시에 내적 갈등과 관련된 남자의 내적 상태가 단순(3)한 것만은 아니다. 따라서 이 이야기는 3점과 5점 사이의 4점으로 채점한다.

예제 9: 3점

이 예시는 경직된 이야기에 속하는 다른 경우다. 언급된 내적 상태는 '동경해요'와 평화롭다는 것이다. 이 외에는 남자의 내적 경험에 관한 세부적인 내용을 찾아볼 수 없다. 따라서 이 이야기는 3점으로 채점한다.

예제 10: 1점

이 예시는 '자신과 타인의 생각, 감정, 또는 특성의 혼동'이 나타나는 이야기다. 특히 여자는 맹인인 남자와 상호작용을 하고 나서는 남자와 융합되고 남자의 성적 파트너가 될 뿐만 아니라 안내견처럼 행동하기 시작한다. 자신과 타인을 분화하지 못한다. 여자의 동기는 말 그대로 남자에게 봉사하는 것이다. 내적 상태를 언급하긴 하지만 경계선 융합이 이를 능가한다. 따라서 이 이야기는 1점으로 채점한다.

COM의 실증 연구 결과

COM: 정신병리와 성격

COM과 정신병리 및 성격 양상 사이의 관련성을 조사한 다양한 연구가 존재한다. 몇몇 연구는 발달상으로 COM이 애착과 어떻게 연관되는지를 조사했다. Calabrese, Farber와 Westen(2005)은 대학생들의 보고를 토대로 COM 점수가 높은 사람들은 고통을 경험할 때 애착 대상에게 보다 쉽고 편하게 다가간다는 점을 발견했다. 아울러 헌신적인 관계를 맺는 사람들은 상대적으로 높은 COM 점수를 보였다. Maher, Sumathi와 Winston(2014)은 고등교육을 받은 인도 청년들의 심리사회적 기능을 조사했으며, 안정 애착을 형성한 집단에 비해 불안정 애착을 형성한 집단의 COM 점수가 더 낮게 나타남을 발견했다.

COM, 청소년 성격장애, 실생활 행동은 서로 연관된다. DeFife, Goldberg와 Westen(2013)은 공식적인 성격장애 진단을 받지 않은 정신과 청소년 집단에 비해 성격장애로 진단된 청소년 집단에서 심리치료 내용을 바탕으로 평정한 COM 수준이 더 낮다는 것을 발견했다. 아울러 높은 COM 점수는 전체 기능 평가(GAF) 점수의 증가와 연관된 것으로 나타났다. 구체적으로, COM이 높을수록 학업 기능이 증가하고, 외현화 행동(체포 기록, 폭력 범죄, 절도, 거짓말, 무단결석, 물질남용)과 정신과 병력(자살 시도와 입원 이력)이 감소했다. Haggerty 등(2015)은 청소년 입원 환자들의 SCORS-G 점수를 조사했고, 그 결과 COM이 높을수록 개인치료와 집단치료 참여도, 입원 시 GAF 점수, 성격 기능 및 학업 기능이 좋은 것으로 나타났다.

다른 연구에서도 COM과 성인의 성격장애 간의 관계를 조사했다. Ackerman 등(1999)은 DSM-IV의 성격장애 진단과 TAT 이야기의 SCORS-G 점수를 조사했다. 연구자들은 경계선 성격장애(BPD) 집단과 반사회성 성격장애 집단의 COM 점수가 자기애성 성격장애 집단의 COM 점수보다 훨씬 더 낮다는 점을 발견했다.

이후로 BPD 및 주로 BPD와 연관된 행동에 중점을 둔 후속 연구들이 진행되었다. 예를 들어, Stein, Pinsker-Aspen과 Hilsenroth(2007)는 경계선 성격병리(BP)로 진단된 외래 환자와 진단되지 않은 외래 환자, 그리고 PAI에서 높은 BPD 특성을 보이는 외래 환자의 초기 기억 이야기를 평정했다. 그 결과, 연구자들은 COM과 PAI-BPD 총점 간의 부적 관련성뿐만 아니라 COM과 BPD 하위척도인 정서 불안정성 간의 부적 관련성을 발견했다. 그 밖에도 자살 의도가 없는 자해(NSSI)를 연구한 세 가지 연구가 존재한다. Whipple과 Fowler(2011)는 거주 치료소에 있는 BPD 환자 중 NSSI를 하거나 하지 않는 환자들의 TAT 이야기를 검토했으며, NSSI BPD 환자들은 비NSSI BPD 환자들에 비해 더 병리적인 COM을 보인다는 점을 발견했다. NSSI BPD 환자들은 또한 정상 대조군뿐만 아니라 외래 환자 진료소의 환자들보다 더 낮은 COM 점수를 보였다. Conway, Lyon과 McCarthy(2014)는 NSSI 관련으로 주립병원에 입원한 청소년들의 대상관계 수준을 조사했다. 그 결과, NSSI 집단은 NSSI 기록이 없는 입원 환자들에 비해 TAT에서 COM 점수가 더욱 낮게 평정되었다. 마지막으로, Gregory와 Mustata(2012)는 (개인적 이야기에서 명시된) 살을 베는 행동을 하는 사람들의 마술적 사고가 COM과 부적으로 연관됨을 발견했다.

COM과 결합하여 축 Ⅱ(DSM-Ⅳ)와 관련된 문제들을 검토하는 것 외에도, 몇몇 연구는 기분부전증과 같은 우울 상태 및 다양한 생활사건과 같은 기타 임상적 현상과 COM과의 관계를 파악했다. 구체적으로, Huprich 등(2007)은 COM 점수가 낮을수록 자기보고에서 기분부전증이 더 많이 나타남을 발견했다. 아울러 기분부전증은 유일하게 COM을 부적으로 예측하는 것으로 나타났다. Stein 등(2015)은 외래 및 입원 환자 표본 전체에 걸쳐 TAT 이야기의 SCORS-G 평정치와 생활사건 자료 간의 관련성을 조사했다. 연구자들은 COM이 알코올 남용, 정신과 입원 횟수, 아동기 성학대 경험과 유의한 부적 상관을 보이고, 외래 환자 표본의 교육 수준과 유의한 정적 상관을 보인다는 점을 발견했다. 또 입원 환자 표본에서 COM과 타살 사고(homicide ideation) 수준 사이에 유의한 정적 상관이 나타났다. Handelzalts 등(2016)은 출산을 위해 병원에 입원한 산모를 대상으로 TAT 이야기의 SCORS-G 평정치와 방어기제 사이의 관련성을 조사했다. 연구자들은 동일시 방어기제와 COM 간의 정적인 관련성을 발견했다.

인지적 측면과 COM의 관계를 입증한 연구도 존재한다. Lehmann과 Hilsenroth(2011)는 임상 표본을 대상으로 심리적 통찰 수준을 평가했고, SWAP(Shedler-Westen Assessment Procedure) 통찰 척도와 심리치료 내용을 바탕으로 평정한 COM 간의 정적인 관련성을 발견했다. 자세히 살펴보면, 통찰과 관련된 SWAP 문항(75-R, 82, 89, 111, 148-R, 183)은 COM과 유의하게 연관된 것으로 나타났다. Stein 등(2013)은 TAT 도판 1, 2, 3BM, 4, 13MF, 12M, 14에서의 언어 생산성을 조사했으며, 모든 도판에서 COM과의 정적 관련성을 발견했다. 단어 수(word count)와 COM 간의 정적 관련성을 밝혀낸 다른 연구로, Eudell-Simmons 등(2005)은 꿈 이야기를 조사했으며, Pinsker-Aspen, Stein과 Hilsenroth(2007), Stein 등(2007)은 초기 기억 이야기를 활용했다.

마지막으로, 환자의 치료 수준과 COM 간의 관련성이 존재한다. Bram(2014)은 비임상 집단과 임상 집단의 평균을 비교했으며, 외래 환자 집단과 서로 다른 두 가지 입원 환자 집단에 비해 비임상 집단의 COM 점수가 더 높게 나타난다는 점을 발견했다. 이 연구에서 Bram은 SCORS-G 차원, 대인관계 기능, 심리적 건강, 성별 간의 관련성을 조사했으며, 심리적 건강 수준(Fazio, 1977)이 높은 남성들이 더 낮은 COM 점수를 보인다는 것을 발견했다.

COM과 심리치료 과정 및 결과

COM과 심리치료 과정 및 결과 사이의 관계를 밝힌 두 편의 연구가 존재한다. 먼저, COM은 치료 동맹과 연관된다. Pinsker-Aspen 등(2007)은 외래 환자 표본에서 치료 동맹에 관한 환자의 평가와 초기 기억 이야기 묘사의 SCORS-G 평정 간의 관련성을 검증했다. 연구자들은 COM이 치료 동맹의 총점(Combined Alliance Short From-Patient Version; CASF-P; Hatcher & Barends, 1996)과 정적으로 연관된다는 것을 확인했다. COM은 또한 신뢰협동(confident collaboration), 목표(goal), 과제(task)와 같은 하위 척도와 정적인 관련성을 보였다. 둘째, COM은 치료 변화에 민감하다. Fowler 등(2004)은 거주 치료소에서 정신역동치료를 받고 있는 치료에 저항하는 환자들을 대상으로 두 번의 시점에서 평가를 진행하여 성격과 증상의 변화를 검증했다. 우선, 환자들의 TAT COM 점수가 치료 과정 전반에 걸쳐서 상승했다. 다음으로, 두 번째 시점에서 TAT COM 점수는 관계 기능 평가(GARF) 및 전체 기능 평가(GAF) 점수와 정적으로 연관된 것으로 나타났다. Josephs 등(2004)은 60대 분열성 여성 환자의 정신분석에서의 임상적 호전(clinical improvement)을 평가했다. 그 결과, 4년의 치료 과정 동안 COM에서 유의한 긍정적 변화가 나타났다. 마찬가지로, Porcerelli 등(2007)은 회피성 남성 환자의 정신분석에서의 임상적 호전을 평가했다. 그 결과, 3년째에 COM의 긍정적인 변화가 유의하게 나타났고, 이러한 변화는 4년째까지 지속적으로 증가했으며, 5년째에도 꾸준하게 유지되었다. 또 변화 양상은 1년의 추적 관찰 기간까지 이어졌다. Mullin 등(2016b)은 대학 진료소를 방문한 외래 환자를 대상으로 정신역동 심리치료의 효과성을 분석했고, 치료에 걸쳐 COM이 유의하게 증가함을 발견했다. 또 전반적인 정신병리와 관련된 자기보고 증상(Derogatis & Lazarus, 1994)과 COM 사이의 유의한 변화가 입증되었다. 연구자들은 또한 치료 초기에 SCORS-G의 차원과 치료자의 정신역동 기법의 활용 정도(Comparative Psychotherapy Progress Scale, CPPS)의 관련성을 조사했고, CPPS로 평정한 열 가지 정신역동 심리치료 기법 중 여섯 가지 기법과 COM의 변화가 유의하게 연관됨을 확인했다.

추가 연구가 필요한 COM 관련 구성개념

추가 연구가 필요한 한 영역은 바로 꿈 이야기와 SCORS-G의 관련성이다. 꿈 이야기와 관련하여, Eudell-Simmons 등(2005)은 9 · 11 테러 사건에서 1~3개월 이후에 꿈 왜곡의 정도가 높을수록 COM이 낮게 나타남을 발견했다. 단어 수를 통제하더라도 결과가 마찬가지로 유의하게 나타났다. 또 COM이 높을수록 3개월 후의 꿈 내용에서 긍정적인 정동의 비율이 높아지는 것으로 나타났으며, 9·11 테러가 발생한 지 한 달 그리고 세 달 후의 꿈 내용에서 부정적인 정동의 비율이 낮아지는 것으로 나타났다. Siefert 등(2016)은 비임상 표본을 대상으로 TAT의 자극 속성(도판 1, 2, 3BM, 4, 14, 13B)이 SCORS-G의 평정에 미치는 영향을 조사했으며, 이 중에서 도판 1과 도판 2가 다른 도판에 비해 더 높은 수준의 COM을 이끌어 낸다는 점을 발견했다. 도판 14에서는 상대적으로 더 낮은 수준의 COM이 나타났다.

Chapter 04

표상의 정동 특성(AFF)

> **표상의 정동 특성(AFF)**: (관계에서 무엇을 기대하는가, 중요한 사람과 의미 있는 관계를 어떻게 경험하고 묘사하는가): 1 = 악의적, 가학적, 빈정거림; 3 = 대체로 부정적이고 불편하지만, 가학적이지 않음; 5 = 혼합된 정동, 긍정적이지도 부정적이지도 않음(다소 긍정적인 것은 5점으로 채점); 7 = 관계를 향한 전반적인 긍정적 기대(극단적 낙천주의는 아님), 관계에 관한 회의적이고 긍정적인 관점.
>
> * 주의: 정동 특성이 부재하거나, 단조롭거나, 제한된 경우 4점으로 채점

개요

사회인지와 대상관계 척도-일반 평정법(SCORS-G)에서 AFF[1]는 발달 연속성을 따르지 않는 차원이다. 이 차원은 세상을 바라보는 정서적인 시각(emotional lens)을 포착한다. 개인의 정서 경험은 정동(이야기의 분위기)과 인지(타인을 바라보는 관점)를 모두 포함한다. 구체적으로, AFF는 이야기에서 분명하게 묘사한 정서와 더불어 화자가 타인과 관계를 경험하는 양상을 평가하여 채점하는데, 주로 유발된 정서나 대인관계 사건에 관한 반응을 고려한다. 낮은 점수는 악의적이고 위험하며 폭력적인 관점으로 자신을 둘러싼 환경을 바라본다는 점을 반영한다. 정서적 고통은 곧 부적응 행동으로 이어질 정도로 고통스럽고 견디기 힘들다. 높은 점수는 타인과의 경험을 긍정적으로 묘사하고 세상을 어느 정도 따뜻하고 친절하며 호혜적인 관점으로 바라본다는 점을 시사한다. 감정을 묘사하는 단어는 곧바로 점수로 변환할

---

1) 역자 주: AFF는 사람과 관계에 관한 표상에서 정동의 질적인 측면을 평가한다(Westen et al., 1985). 현재 관계나 과거 중요한 관계의 묘사에서 타인에게 정서적으로 기대하는 바를 평가한다(Stein et al., 2012).

수 있다. 만약 긍정적인 정서와 고통스러운 정서를 모두 묘사한다면, 둘 모두 고려해야 한다. 화자가 긍정적인 또는 고통스러운 정서 중 어느 쪽에 좀 더 초점을 두는지에 따라 점수의 높낮이(손상 정도)를 결정한다. 때때로 화자가 느끼는 감정 상태를 명확하게 보고하도록 유도하는 것은 2점과 3점 또는 6점과 7점을 변별하는 데 도움이 된다.

1점은 이야기에서 보고하는 인물이 신체적으로 해(害)를 당함/가함을 반영한다. 살인, 성(性)적 외상, 신체 공격, 자살(자해)과 같은 사건이 여기에 해당한다.[2] 인물은 가학적이고 위험하다. 2점으로 채점하기 위해서는 인물이 여전히 위험한 존재로 여겨져야 하지만, (이야기를 묘사하는) 그 순간에는 악의와 신체 학대가 두드러지지는 않는다. 언어/정서 학대, 방임과 더불어 대인관계 갈등이 존재한다. 예를 들어, 한 여자가 밤에 자신의 차로 걸어가고 있는데 남성 무리가 여자를 희롱할 때, 여자는 무슨 일을 당할까 봐 무서워하지만 어떠한 신체 폭행도 나타나지 않는다면, 이는 2점으로 채점한다.

경험이 가학적인 수준에 가까운지 또는 불쾌한 수준에 그치는지를 파악하는 것은 2점과 3점의 변별에 중요하다. 2점에서는 인물이 피해를 당했다고 느끼지만, 3점에서는 인물이 타인을 불신하고 조심스러워하며 경계한다. 예를 들어, 어떤 사람과 불륜을 저지르고 있는 인물이 불편함을 느끼거나, 이야기에서 인물들이 서로를 믿지 못하고 대체로 부정적으로 바라보지만 특별히 가학적이진 않은 경우가 있다. 이는 일반적으로 3점으로 채점한다. 하지만 불륜을 둘러싼 악의적인 의도(여자가 불륜을 알아차리고 고통받길 바람)가 존재한다면 더 낮은 점수로 채점한다. 3점 반응이 2점으로 하락하는 또 다른 상황은 고통스러운 상호작용이 매우 자세하게 묘사되고 고통스러운 정서가 지배적인 경우다. 예를 들어, 인물이 자신의 배우자나 애인을 지속적으로 고통스럽게 하는 방식으로 불륜을 저지르는 것을 묘사한다면, 이는 3점이 아닌 2점으로 채점한다. 요약하면, 2점은 3점의 하락일 수도 있고 1점의 상승일 수도 있다.

3점은 가장 다양한 반응을 포함한다. 가학적이진 않지만 고통스러운 감정을 묘사하는 어떤 단어라도 보고한다면 3점에 해당한다. 3점은 또한 부정적인 방식으로 경험하는 상호작용을 포함한다. 거절, 유기, 상실, 이해받지 못하는 느낌, 무시당하는 느낌 등 불쾌하고 불편함을 느끼는 모든 상호작용이 여기에 해당한다. 앞서 언급했듯이, 인물이 상호작용에서 경험하는 불쾌함의 정도는 이 차원에서 점수가 얼마나 낮을지를 결정한다. 때때로 이야기에서 단 한 명의 인물만 등장하고 어떠한 관계도 묘사되지 않을 수 있지만, 그렇더라도 이야기에 정서는 존재한다. 이런 경우에는 오로지 정동의 분위기에만 집중하는 것으로도 충분하다. 일반적으로 이 차원을 채점할 때는 먼저 정서적인 분위기를 파악한 다음, 이야기에서 보고

---

2) 역자 주: 악의적(학대적) 반응을 이끌어 내는 TAT 도판(13MF)에서 통상적인 악의적(학대적) 반응을 하는 경우는 3점으로 채점한다.

하는 인물이 경험하는 양상을 두루 살펴야 한다. 정서 분위기가 이 차원에서 더 높은 비중을 차지한다. AFF에서 정서 분위기를 더 강조하는 이유 중 하나는 이 차원과 '관계를 향한 정서 투자(Emotional Investment in Relationships, EIR)'를 구분하기 위함이다.

'정동 특성이 부재하거나 단조롭거나 제한된 경우'는 기본 점수 4점에 해당한다. 이야기에 어떠한 정서도 나타나지 않고 인물 간의 상호작용이 제한되어 있다면 4점으로 채점한다. 평정은 반드시 이야기에 구체적으로 표현된 내용에 근거해야 한다는 점은 이 차원뿐만 아니라 다른 차원에서도 중요하다. 우리는 임상가로서 개인이 어떻게 느끼는지 혹은 타인을 어떻게 경험하고 있는지에 관한 가설을 세울 수 있다. 이러한 추론이 임상적으로 매우 유용하다 할지라도, 채점이 목적이라면 반드시 이야기에서 직접적으로 제공하는 정보만 채점해야 한다. 이는 특히 평정자 간 신뢰도와 연관된다는 점에서 중요하다.

긍정적인 정서를 통합하기 시작한다면 5점으로 채점한다. 이야기에서 보고하는 인물을 따뜻하고 친절한 방식으로 바라보기 시작한다. 하지만 부정적 정동과 타인을 부정적으로 경험하는 양상은 여전히 존재한다. 다른 차원과 마찬가지로, 이는 대상관계의 적응적인 측면이 나타나는 지점이다. 5점으로 채점하는 두 가지 경우가 있다. ① 부정적인 사건을 묘사하지만 결과가 긍정적인 경우, 긍정적인 결과가 고통스러운 경험 및 정동보다 더 많은 비중을 차지하는 방식으로 이야기를 묘사한다. ② 불쾌한 경험과 즐거운 경험이 꽤나 동일한 경우, 혼합 반응은 다양한 상황에서 일어날 수 있다. 특히 주제통각검사(TAT)에서는 혼합 반응이 자극 영향력(stimulus pull)[3]과 관련하여 나타날 수 있다. 즉, 특정 도판은 고통스러운 정서적 상호작용을 이끌어 낸다(Stein et al., 2013; Siefert et al., 2016). 비임상 표본에 해당하는 사람들은 해당 도판에서 고통스러운 사건이 일어나고 있음을 알아차리지만 합리적이고 현실적인 방식을 통해 결말이 긍정적으로 마무리되는 이야기를 만들기도 한다(Aronow, Weiss, & Reznikoff, 2001). 이런 이유로, 정서를 유발하는 도판에서도 AFF를 5점으로 채점하거나 어떤 경우에는 6점으로 채점하기도 한다. 이와는 반대로, 고통스러운 감정과 타인을 부정적으로 경험하는 양상이 겉으로 표현된 긍정적인 정서보다 더 큰 비중을 차지할 수도 있다. 이 같은 경우에는 손상의 정도에 따라 5점에서 3점으로 점수가 하락하기도 하며, 심지어 어떤 경우에는 더 낮은 점수로 하락할 수 있다. 임상 경험에 비추어 보면, TAT 도판 4에서 한 인물(여성)이 남성에게 긍정적인 정서를 묘사하지만 이 남성은 불쾌한 정서로 가득 차 있고 여성에

---

3) 역자 주: 자극 영향력은 수검자가 특정 방식으로 지각하거나 정서적으로 반응하도록 유발하는 자극의 특성을 의미한다 (Peterson & Schilling, 1983). TAT를 예로 들면, 각 도판에 묘사된 장면에 따라 자주 언급되는 이야기 주제와 정서 분위기가 달라진다. 도판 1에서는 주로 포부, 부모의 압력, 성취 등의 주제가 나타나고, 이야기의 전반적인 정서 분위기는 다소 슬프거나 중립적이지만 대부분 행복한 결말로 끝난다(Stein et al., 2013).

게 무례한 방식으로 대하는 이야기가 자주 보고되는데, 이러한 경우가 대표적인 점수 하락의 사례다. 보통(항상 그런 것은 아니지만) 남성의 경험이 여성의 경험보다 두드러진다. 이런 경우에는 3점으로 채점한다.

긍정적인 정동 분위기와 타인을 긍정적으로 경험하는 양상이 나타난다면 6, 7점으로 채점한다. 보통 부정적인 정서는 잘 나타나지 않으며, 긍정적인 정서를 묘사하는 인물이나 단어가 강조된다. 긍정적인 정서와 타인을 긍정적으로 경험하는 양상의 정도가 6점과 7점을 구별한다. AFF를 매우 자세하게 묘사하면 7점에 이른다. 그러나 AFF를 긍정적이지만 단순하게 묘사한다면("좋았어요." "즐거웠어요." "재밌는 시간을 보냈어요.") 6점으로 채점한다. 마지막으로, 화자는 간혹 동화처럼 과도하고 비현실적인 방식으로 긍정적인 AFF를 묘사하는 이야기를 보고하기도 한다. 만약 화자가 '극단적으로 낙천적인' 이야기를 묘사한다면 6점 이상으로 채점하지 않는다. 이러한 경우는 오히려 보통의 수준(정도에 따라 4점 또는 5점)으로 채점한다.[4] 예를 들어, "Bob과 Susie는 첫 데이트로 영화관에 가서 사랑에 빠졌어요. 둘은 서로를 항상 친절하게 대하고 평생 행복하게 살아요."와 같은 이야기를 보고한다면 4점으로 채점한다. 이 이야기에서 '동화적' 속성이 비교적 적게 드러난다면(현실적인 요소가 조금 더 많고 영화나 '로맨틱 코미디' 같은 요소가 더 적었다면) 5점으로 채점할 수 있다.

AFF와 EIR(제5장에서 설명) 모두 대인관계 기능에 초점을 둔다. AFF는 타인을 경험하는 양상과 이야기의 실제 분위기를 평가하는 반면, EIR은 오로지 타인을 향한 투자에만 초점을 둔다. 이야기의 분위기는 고통스러울 수 있지만 타인과 관계를 향한 투자는 높을 수 있다. 예를 들어, 화자는 누군가가 죽어서 남은 사람들이 슬프고, 외로움을 느끼며, 고통을 이기지 못하는 이야기를 보고하면서도(AFF = 3), 죽은 사람을 향한 사랑, 친밀감, 애정을 묘사하기도 한다(5~7점에 해당하는 EIR).

SCORS-G 평정: 1~7점까지의 AFF 예시

1점

초기 기억 이야기　저는 배추머리 인형을 가지고 있었어요. 그 인형에 새로 이름을 붙여 주었죠. 그 인형이 제 아이라고 생각했어요. 제가 기억하기로 그 인형의 머리카락을 잡아당

---

4) 역자 주: 정동 특성이 방어적인 경우(예, 이야기에 행복한 결말을 덧붙이는 경우)는 대체로 4점으로 채점한다.

겼고 인형을 패대기쳤더니 아버지가 뭐하는 거냐고 물어봤고 제가 대답을 했더니 아버지가 저에게 똑같이 했어요. …… 제 머리카락을 잡아당기고 저를 던졌어요. 크면서 제가 뭘 잘못할 때마다 그렇게 많이 했어요. 가끔씩 저는 멍이 들었어요. 한번은 다쳐서 꿰매기도 했어요.

해설　앞서 언급했듯이, AFF는 감정, 행동, 타인을 경험하는 양상의 묘사와 같은 다양한 구성요소를 포함한다. 이 예시에서는 감정이 묘사되지 않았다. 그러나 관계에서의 상호작용이 악의적이다. 화자는 자신의 이행기 대상(이 사례에서는 배추머리 인형)을 폭력적으로 대한다. 타인을 향한 공격성은 공격 충동의 경험과 관리(AGG)를 통해 평정하며, 이는 제8장에서 다룰 것이다. 이 예시에서 다른 인물 또한 폭력적으로 묘사된다(배추머리 인형 사건 그리고 과거 신체 학대 전력에 관하여 아버지가 자신과 비슷하게 행동한다고 표현함). 따라서 이 이야기는 1점으로 채점한다. AFF 채점 시 유의 사항은 관계에서의 상호작용을 채점할 때 중요한 대상을 모두 고려해야 한다는 것이다. 대상이 반드시 사람일 필요는 없다. 예를 들어, 대상은 반려동물이나 이행기 대상일 수도 있다.

2점

TAT 이야기　이 아버지는 딸 하나가 있는데 딸이 마약 중독자여서 울고 있고, 딸을 집으로 다시 데려왔어요. 그래서 딸은 침대에서 쉬는데, 아버지는 울면서 차마 딸을 쳐다볼 수 없어서 딸이 그냥 아프게 있도록 내버려 둬요. 아버지는 도와주려고 했지만 딸이 엉망진창이에요. 딸은 자기가 원하는 게 뭔지도 모르고 아버지는 딸을 어떻게 도와줘야 할지를 몰라요. 아버지는 딸을 돌보며 밤낮을 지새워요. …… 결국 딸은 괜찮아지기 시작했지만, 아버지의 돈을 훔쳐서 또 마약을 사려고 집에서 몰래 나가다가 아버지한테 걸려요. 아버지는 "오, 맙소사……."라고 말하며 딸에게 마음대로 하라고 말해요. 끝이에요.

해설　이 이야기의 분위기는 부정적이다. 아버지는 딸을 도와주려 노력하지만 소용이 없다고 느낀다. 딸은 자기 자신조차 잘 추스르지 못한다. 따라서 점수는 3점에서 시작한다. 하지만 이야기가 진행되면서 딸이 아버지의 돈을 훔치고 있음을 알게 된다. 이는 악의적 의도를 암시하므로 점수는 2점으로 하락한다.

3점

초기 기억 이야기   1학년 때 무슨 일이 있었는지 잘 기억나지 않네요. 저는 교실에서 이야기하고 있었는데, Mary Catherine 수녀님이 제 공책에 '좀 더 열심히' 도장을 찍어 주셨어요. 정확히 기억은 안 나지만 제가 울었던 건 확실한데, 어떤 여덟 살짜리 여자애가 집에 가서 엄마보고 좀 더 열심히 하라는 도장에 사인해 달라고 하고 싶겠어요? 수녀님들은 항상 엄격했어요. '좀 더 열심히' 도장은 제 공책에 찍힌 빨간 잉크의 고무도장이었어요. 제가 어떻게 느꼈는지는 잘 기억나지 않지만, 애들 앞에서 <u>부끄럽고 창피하고 당황하고 망신당한</u> 데다 엄마한테 보여 주기가 <u>무서웠다</u>는 건 확실해요.

해설   이 경험을 이야기하는 화자는 과거에 무언가를 잘 해내지 못했고, 이러한 사실을 부모에게 알려야 한다는 점 때문에 괴로워했다. 감정은 전반적으로 부정적이다. 주요 어구에는 '부끄럽고, 창피하고, 당황하고, 망신당하고, 무서웠다'가 포함된다. 화자는 수치심을 느끼지만 폭력적이진 않은 방식으로 타인(수녀)을 경험한다. 따라서 이 이야기는 3점으로 채점한다. 만약 수녀가 분명하게 화자의 수치심을 유발하거나 화자를 조롱하는 내용이 나타난다면 점수는 2점으로 채점한다. 현재의 이야기에서는 화자가 자신의 수행을 부정적으로 느낀다. 이는 자존감과 바로 연결되고, 반응이 다소 극단적이라는 점에서 제9장에서 다루게 될 자존감(SE) 차원은 낮은 점수(2점)로 채점한다.

3점 (전형적인 반응)

TAT 이야기   Avery의 삶 전체는 처음부터 음악과 관련이 있었어요. 부모님은 둘 다 음악을 하는 직업을 가지는 걸 꿈으로 여겼어요. 어머니는 피아니스트였고 아버지는 하프 연주자였어요. 부모님은 아들한테 레슨을 시키고 <u>강요하면서</u> 하루에 몇 시간씩 연습하게 했어요. Avery는 앉아서 바이올린을 바라보며 괴로워하고 있고, 여느 다른 애들처럼 밖에서 놀려고 도망칠 방법을 생각하고 있어요. 하지만 절대 그렇게 하진 못할 거고, 그냥 레슨을 계속 받고, <u>그만두고 싶은 마음을 숨기면서</u> 바이올린을 아름답게 연주해요.

해설   이 이야기는 불편한 정서 경험으로 인해 3점으로 채점하는 전형적인 반응이다. 소년은 바이올린 연주를 '강요'당한다고 느끼지만, 소년이 의무적으로 연주하는 것과 관련된 나쁜 의도가 언급되지는 않는다. 따라서 이 이야기는 3점으로 채점한다.

4점 (정동 특성이 단조롭거나 제한된 경우)

TAT 이야기　이 사람은 학교 2층 교실에서 수업을 하고 있는 교사인데, 창틀에 앉아 수업하는 걸 보니 엄청 담력이 센 사람이에요. 언제라도 창문 밖으로 떨어져 죽을 수 있기 때문에, 교사의 이런 모습은 모두의 관심을 끌고 있어. (생각은?) 교사는 그냥 수업만 생각하고 있고 2층 창문 밖으로 몸을 내밀고 있는 건 별로 개의치 않아요. 가르치는 데 푹 빠져 있어요. (감정은?) 별로 없어요. 그냥 자기가 해야 하는 걸 계속 하고 있어요. (결말은?) 음, 교사는 창틀에서 일어나 칠판이나 책상으로 돌아가서 수업을 마쳐요.

해설　이 이야기에서 교사는 자신의 생각에만 몰두하며 말이나 행동으로 별다른 감정을 표현하지는 않는다. 이야기에 다른 인물이 존재하지만, 이들이 어떤 경험을 하는지와 관련된 명확한 묘사가 없다. 정동 분위기와 인물이 관계에서 기대하는 바는 제한적이다. 따라서 이 이야기는 4점으로 채점한다.

5점 (혼합된 감정이 존재하는 경우)

초기 기억 이야기　저는 어렸을 때 큰 수술을 받았어요. 병원에서 의사랑 간호사들이랑 같이 겪었던 온갖 일을 전부 기억하는데 그게 좋았어요. 그 병원에 있는 게 좋았어요. ······ 저를 담당한 의사 선생님은 덴젤 워싱턴처럼 생겼고 저는 마치 의사 선생님과 사랑에 빠진 것 같았어요. 그 의사 선생님은 지금 최고의 아동 성형외과 의사가 됐어요. 여러 번 진찰을 받았던 게 기억나고, 의사 선생님 신발이 기억나요. 수술 후 깨어났던 게 기억나는데 정말 너무 아팠어요. 진통제에 완전 절어 있었는데, 집에 돌아오니 너무 아파서 토를 했어요. 엄마가 저를 돌봐 주고 아빠도 저를 돌봐 줬어요. 그리고 다 같이 〈인어공주〉를 봤던 게 기억나요. 보통은 둘 중 한 명이 저를 돌봐 줬는데, 그런 일은 잘 없었어요. (감정은?) 정말 생생해요. 감정은 섞여 있는데, 수술을 받는 건 꽤 신나는 일이었어요. 저는 관심을 엄청 받았고, 사람들이 저를 둘러싸고 있었어요. 깨고 나서는 엄청나게 무서웠어요. 제 의료 기록에 잘 적혀 있을 텐데, 저는 마취가 풀리는 걸 잘 감당하질 못해요. 다른 수술을 할 때도 그랬어요. 제가 깨어나면 의사들은 항상 저를 진정시켜야 했어요. 막 발작하면서 미쳐 버리거든요. 약에 엄청 민감해요. 그때 느꼈던 무서움이랑 부모님과 함께 보냈던 편안한 시간이 전부 기억나요.

해설　이 예시에서 묘사되는 감정의 범위는 흥미에서 두려움에 이른다. 화자는 다른 인물을 전반적으로 긍정적인 방식으로 경험한다. 중요한 관계에서 동반되는 긍정적인 정서가 부정적인 정서에 비해 더 강조된다는 점을 고려하여 5점으로 채점한다.

5점 (적응적인 AFF와 부적응적인 AFF를 모두 묘사하는 경우)

TAT 이야기　이 그림에서 남자는 형사고 이제 막 범죄 현장에 왔어요. 형사는 이런 걸 수도 없이 많이 봤겠지만, 여전히 현장에서 엄청 고통스러워해요. 이 형사는 조금 특별해요. 형사는 자기 직업 때문에 냉담해지거나 지치지 않았어요. 그래서 살해당한 피해자를 잘 몰라도 많이 신경 썼어요. 몇 주 후 수사가 끝나 갈 무렵에 형사는 피해자에 대해 많은 걸 알게 됐어요. 결국 형사는 증거 덕분에 살인자를 잡고, 살인자는 재판을 받아 유죄를 선고받아요. 이 형사는 우리가 우리 주변에 있는 사람들을 공감해야 한다는 걸 일깨워 줘요.

해설　이 예시에서 수검자는 악의(살인)와 더불어 호의(사명감과 피해자를 향한 형사의 헌신)를 묘사한다. 이야기에서 묘사되는 악의가 중심 주제가 아닌 배경으로 나타난다는 점은 독특하다. 수검자는 이야기에서 수사 업무와 형사의 호의를 강조한다. 따라서 3점보다 높은 점수로 채점한다. 수검자가 피해자를 향한 형사의 정서 경험을 묘사하는 양상을 고려하여, 이 이야기는 5점으로 채점한다. 수검자가 상대적으로 방어적이지 않고 병리적이지 않은 방식으로 정서 경험을 묘사한다는 점에 주목할 필요가 있다. 앞서 언급했듯이, 이 이야기는 부정적인 내용을 유발하는 도판에서 적응적인 반응을 구성할 수 있음을 보여 주는 예시에 해당한다.

6점

초기 기억 이야기　저는 엄마와 누워 있었을 거예요. 아마도 우리는…… 저는 엄마랑 침대에 누워 있었던 거 같아요. 모르겠어요. 저는 엄마랑 침대에 누워 있는 걸 좋아했어요. (감정은?) 좋아요. 아마도 제가 엄청 어렸을 거예요. 엄마는 침대나 소파에 누워 있었어요. 엄마는 책을 읽었고 저는 그냥 엄마 옆에 누워 있었어요.

해설　이 이야기의 정서 분위기는 긍정적이므로, 점수가 6~7점 범위에 해당한다. 화자가 감정을 보다 자세히 묘사하지 않았기 때문에 7점이 아닌 6점으로 채점한다. 또 엄마의 감정은 나타나지 않는다. 만약 화자가 긍정적인 감정을 충분히 논의하거나 엄마의 정동을 묘사한다면 7점으로 채점한다.

7점

초기 기억 이야기　아빠가 막 집에 왔는데 제복을 입고 있었어요. 아빠는 저를 들어 올리고는 발을 털어 줬어요. 아빠는 엄청 자랑스러워했고 행복해했는데 저도 정말 행복했어요. 저는 아빠를 사랑했어요. 아빠가 저를 얼마나 많이 보고 싶어 하고 사랑하는지 말해 준 게 기억나요. 그러고 나서 우리는 같이 놀았어요.

해설　앞선 예시와 유사하게 이 예시는 의심할 여지 없이 긍정적이다. 화자는 아빠와 아이의 감정을 모두 다룬다. 긍정 정서가 단순히 "좋아요."라고 묘사된 앞선 예시와는 다르게 정동이 분화되어 있다. '행복한, 자랑스러운, 사랑하다, 보고 싶다'와 같은 단어는 정동 분위기를 담아낸다. 두 인물의 경험은 모두 긍정적이다. 따라서 이 이야기는 7점으로 채점한다.

1~7점까지 AFF 구조화하기

초기 기억 이야기

■ 1점

저는 대여섯 살 정도였고 엄마는 외출 준비를 하고 있었어요. 저는 동생이랑 놀고 있었어요. 엄마가 서두르다가 소파 근처에 있던 유리잔을 실수로 떨어뜨려서 잔이 깨졌어요. 엄마는 약간 짜증을 냈고 동생과 저에게 그 근처로 걸어 다니지 말라고 말하면서 계속해서 외출 준비를 했어요. 동생과 저는 그 주위를 뛰어다녔고, 저는 잘못해서 유리잔을 밟아 유리가 발에 박혔어요. 저는 엄마한테 말하기가 너무 무서워서 제 방으로 뛰어가서 바닥에서 울고 있었어요. 엄마가 와서 무슨 일인지 물었어요. 저는 대답했어요. 엄마는 저를 때리면서 하지 말라고 한 짓을 한 대가라고 말했어요. 엄마는 저 때문에 약속 시간에 늦었다고 말하면서 뛰어나갔어요.

■ 2점

저는 대여섯 살 정도였고 엄마는 외출 준비를 하고 있었어요. 저는 동생이랑 놀고 있었어요. 엄마가 서두르다가 소파 근처에 있던 유리잔을 실수로 떨어뜨려서 잔이 깨졌어요. 엄마는 약간 짜증을 냈고 동생과 저에게 그 근처로 걸어 다니지 말라고 말하면서 계속해서 외출 준비를 했어요. 동생과 저는 그 주위를 뛰어다녔고, 저는 잘못해서 유리잔을 밟아 유리가 발에 박혔어요. 저는 엄마한테 말하기가 너무 무서워서 제 방으로 뛰어가서 바닥에서 울고 있었어요. 엄마가 와서 무슨 일인지 물었어요. 저는 대답했어요. 엄마는 저에게 그쪽으로 가지 말라고 이미 말했지 않냐고 소리쳤어요. 엄마는 저 때문에 약속 시간에 늦었다고 말하면서 뛰어나갔어요.

■ 3점

저는 대여섯 살 정도였고 엄마는 외출 준비를 하고 있었어요. 저는 동생이랑 놀고 있었어요. 엄마가 서두르다가 소파 근처에 있던 유리잔을 실수로 떨어뜨려서 잔이 깨졌어요. 엄마는 약간 짜증을 냈고 동생과 저에게 그 근처로 걸어 다니지 말라고 말하면서 계속해서 외출 준비를 했어요. 동생과 저는 그 주위를 뛰어다녔고, 저는 잘못해서 유리잔을 밟아 유리가 발에 박혔어요. 저는 제 방으로 뛰어갔고 바닥에서 울었어요.

■ 4점 (정동 특성이 단조로운 경우)

저는 대여섯 살 정도였고 엄마는 외출 준비를 하고 있었어요. 저는 동생이랑 놀고 있었어요. 엄마가 서두르다가 소파 근처에 있던 유리잔을 실수로 떨어뜨려서 잔이 깨졌어요. 엄마는 동생과 저에게 그 근처로 걸어 다니지 말라고 말하면서 계속해서 외출 준비를 했어요. 동생과 저는 다른 방으로 가서 텔레비전을 봤어요.

■ 5점

저는 대여섯 살 정도였고 엄마는 외출 준비를 하고 있었어요. 저는 동생이랑 놀고 있었어요. 엄마가 서두르다가 소파 근처에 있던 유리잔을 실수로 떨어뜨려서 잔이 깨졌어요. 엄마는 동생과 저에게 그 근처로 걸어 다니지 말라고 말하면서 계속해서 외출 준비를 했어요. 동생과 저는 그 주위를 뛰어다녔고, 저는 잘못해서 유리잔을 밟아 유리가 발에 박혔어요. 정말 아팠어요. 엄마가 와서 무슨 일인지 물었어요. 저는 대답했어요. 엄마는 저를 안아서 유리를 빼 주고는 괜찮아질 거라고 말했어요. 엄마가 저를 잘 돌봐 준다고 느꼈어요.

■ 6점

저는 대여섯 살 정도였고 엄마는 외출 준비를 하고 있었어요. 저는 동생이랑 놀고 있었어요. 엄마가 서두르다가 소파 근처에 있던 유리잔을 실수로 떨어뜨려서 잔이 깨졌어요. 엄마는 동생과 제가 다치지 않았는지 확인하고 떨어진 유리잔을 치우러 갔어요. 동생과 저는 엄마가 외출 준비하는 걸 돕기로 했어요. 정말 재밌었어요. 즐거운 시간을 보냈어요. 엄마는 우리한테 신고 나갈 신발을 골라 달라고 했어요.

■ 7점

저는 대여섯 살 정도였고 엄마는 외출 준비를 하고 있었어요. 저는 동생이랑 놀고 있었어요. 엄마가 서두르다가 소파 근처에 있던 유리잔을 실수로 떨어뜨려서 잔이 깨졌어요. 엄마는 동생과 제가 다치지 않았는지 확인하고 떨어진 유리잔을 치우러 갔어요. 동생과 저는 엄마가 외출 준비하는 걸 돕기로 했어요. 정말 재밌었어요. 즐거운 시간을 보냈어요. 엄마는 우리한테 신고 나갈 신발을 골라 달라고 했어요. 우리는 전부 똑같은 립스틱을 발랐어요. 우리는 엄마가 얼마나 예쁜지 말해 줬고, 엄마는 우리가 딸이라서 얼마나 좋은지 말했어요. 저는 분장 놀이에 대한 좋은 기억을 가지고 있어요.

예제 이야기 연습하기

이 절에서는 AFF의 유무와 AFF가 강조되는 정도를 판단하는 데 도움이 되는 열 가지 예제 이야기를 제시한다. 그리고 절의 끝에 정답과 해설을 수록한다.

예제 1

저는 할머니 집에 있었어요. 할머니는 부드러운 스크램블 에그와 옥수수 시리얼을 만들었어요. 그래서 저는 행복하고 기분이 좋았어요. 그건 정말 맛있어요! 할머니는 요리를 정말 잘했는데, 냄새가 좋았어요. 그 후에 우리는 할머니가 요리한 음식을 먹었어요.

예제 2

분명히 1950년대나 1960년대인데, 이건 험프리 보가트와 갈색 머리의 마릴린 먼로를 생각나게 하네요. (여기서 무슨 일이 일어나고 있나요?) 이 사람들은 분명 휴가를 갔는데, 먼로는 보가트가 내연녀도 함께 데려온 것을 몰랐어요. 배경을 보니 자극적으로 보이네요. 보가트는 내연녀를 만나기 위해 아내한테서 벗어나려고 노력해요. 먼로는 남편이 떠나고 싶어 하는 걸 느꼈기 때문에 남편을 보내 주려 하지 않을 거예요. (여자의 기분은?) 혼란스러워요. 먼로는 남편과 둘이서 많은 시간을 보낼 거라 생각했는데, 휴가 중이든 아니든 상관없이 남편은 분명히 아내를 신경 쓰지도 않고 아내에게 끌리지도 않아요. 여자는 상처받았어요. 여자는 내연녀의 존재를 알아차렸고, 어딘가 낯이 익었는데 누군지 생각이 나질 않았어요. (남자의 기분은?) 남자는 결혼했고 외도는 잘못된 것이지만, 어쩔 도리가 없어요. 남자는 둘 다를 원해요. (결말은?) 남자의 아내는 죽어 가고, 내연녀는 남자를 떠나게 돼요.

예제 3

남자는 여자를 죽였는데, 자기가 저지른 짓으로 혼란에 빠져 있어요. 그리고 엄청난 죄책감에 시달리고 있고, 자신이 저지른 짓을 믿을 수가 없어요. 여자를 엄청나게 폭력적인 방식으로 죽인 건 아니지만, 애초에 여자가 죽을 이유도 없었어요. 그리고 이 둘은 원래 아는 사이였는데, 관계가 나빠져서 싸우다가 이렇게 됐어요. 남자는 결국 경찰에 붙잡히고 모든 걸 자백해요.

예제 4

이건, 음, 아마도 농부 같은 부지런한 남자의 이야기인데, 밖에 비가 와서 농사일을 할 수 없어서 남자는 걱정하면서 스트레스를 받고 있어요. 아내는 남편을 위로하면서 "당신이 농장에 있어야 할 시간에 집에 있는 게 정말 좋아요. 그러니 나랑 같이 하루를 보내요."라고 말해요. 남자는 그저 성실히 일하는 사람이기 때문에 남자를 탓할 수 없어요. 남자한테는 긴장을 풀고 자신이 뭘 하고 싶은지 생각해 보는 게 어려운 일이에요. 특히 일에 마감 시간이 있는 경우에는 더욱 그렇죠. 그렇다고 여자를 탓할 수도 없는데, 여자는 그냥 남편과 같이 편하게 쉬고 싶기 때문이에요. 이건 농사일만큼이나 중요해요. (결말은?) 남자는 이걸 곧바로 받아들이지 않겠지만 한 시간 반이 지나면 결국 받아들일 거예요. 그 후에 두 사람은 함께 앉아 편히 쉴 거예요. 두 사람은 같이 즐거운 시간을 보낼 거예요.

예제 5

이 남자는 발명가고 하늘을 날 방법을 개발하고 있어요. 그래서 발명품의 도안을 그리려고 하는데, 결국에는 이 창문을 쓸 수 있기를 바라요. …… 자기 발명품에.

예제 6

여자는 남자가 자기를 원하지 않을 때만 남자를 원해요. 그리고 남자가 자기를 원하면 여자는 바로 남자를 밀어내요. 여자는 어쩌면 속으로는 남자를 잃고 싶지 않을 거예요. 여자는 외로워질까 봐 두려워해요. 그래서 자기가 정말로 매력을 느끼거나 좋아하는 그 어떤 사람과도 어울리지 않아요. 이 여자는 예뻐요. 원하기만 하면 그 어떤 남자든 다 가질 수 있어요. 여자는 남자의 관심을 끌려고 해요. 남자는 여자한테 지쳤고, 너무 실망했어요.

예제 7

아빠가 저를 베개 위에 올려놓고 위아래로 튕겨 주던 것과 저한테 노래 불러 주던 게 기억나요. 저는 정말 어렸고, 킥킥거리면서 웃었죠. 그게 정말 좋았어요. 아빠는 미소 짓고 웃었어요. 엄마가 방에 들어오던 것도 기억해요. 그러곤 노래를 불렀죠. 이게 제가 기억하는 거예요.

예제 8

이 사람은 꼭…… 이거 총이에요? 이 사람은 우울하고, 희망도 없고, 다 그만두고, 자살하려고 해요. (이전에는?) 모르겠어요. 총처럼 보이는데, 모르겠네요. 무기 같아요. (생각은?) 잘 모르겠어요. 저는 이 여자가 우울해 보이고, 자살할 것처럼 보이고, 또 인생에 지칠 대로 지친 거처럼 보여요.

예제 9

이 사람은 낮잠을 자고 있는 아들을 깨우려고 하는 아버진데, 아들한테 이제 일어나서 일하러 갈 시간이라고 말하려고 해요. 이 사람은 가능한 한 다정하게 아들을 깨우고 있어요. 그래서 아들은 잠이 깼고, 다시 일하러 가요. (생각이나 감정은?) 이 사람은 행복하고 편안해요. 아들이랑 같이 있는 걸 좋아해요.

예제 10

이 여자는 방금 막 병원에서 나쁜 소식을 들었고, 갑자기 쓰러져서 열쇠를 떨어뜨렸어요. 그리고 벤치에 머리를 기대서 쉬고 있어요. 멍하게 정신을 잃었어요. 누군가가 와서 여자한테 무슨 일인지 알려 줄 때까지 여자는 그대로 있을 거예요. (무슨 일?) 여자랑 가까운 누군가가 죽었어요. 전혀 생각도 못했어요. 사고로 죽었거든요.

정답

예제 1: 6점

이 이야기에서 할머니는 손주를 위해 음식을 만들며, 손주와 긍정적으로 상호작용한다. 따라서 6점에서부터 채점을 시작한다. '행복' 그리고 '기분 좋은'과 같은 단어는 긍정적인 AFF에 해당한다. 할머니의 감정을 언급하지 않았기 때문에 6점으로 채점한다. 만일 AFF를 더 자세히 묘사한다면 더 높은 점수로 채점할 수 있다.

예제 2: 2점

이 이야기에서 한 부부가 휴가를 떠났으며, 남자는 내연녀를 데리고 왔다. (아내로 보이는) 여자는 남자가 다른 데 마음이 팔려서 떠나고 싶어 하는 것은 아닌지 의심한다. 여자는 부적절감을 느낀다(AFF 단어: '신경쓰지도 않음' '아내에게 끌리지 않음' '상처받음'). 결말에서 남자는 혼자가 된다. 이 이야기에서는 부정적인 정서가 주를 이루기 때문에 3점 이하로 채점을 시작한다. 이야기에서 남자는 아내와 함께 떠난 휴가지에 내연녀를 적극적으로 데려온 데다 내연녀는 아내와 아주 가까운 거리에 있는 것으로 묘사되기 때문에 3점이 아닌 2점으로 채점한다. 이는 모욕적이고 빈정거리는 행동이다. 이야기에서 악의나 가학성이 분명하고 뚜렷하게 드러나지는 않으므로 1점으로 채점하지 않는다.

예제 3: 1점

이 예시에서 남자는 여자를 살해한다. 이 이야기를 요약하면 인물(특히 남성)이 실제로 그럴 의도가 아니었다 할지라도 통제력을 잃고 다른 사람에게 심각한 상해를 입힌다. 이는 가학적이고 폭력적이다. 따라서 이 이야기는 1점으로 채점한다.

예제 4: 5점

부정적인 AFF('걱정하는, 스트레스를 받는' 및 '긴장 풀기 어려운')가 묘사되며 이야기가 시작된다. 그런 다음 아내가 남편을 위로하고, 남편이 일보다는 관계를 생각하도록 격려한다. 아내는 남편과 함께 시간을 보내기를 원한다. 남편은 처음에는 거부하지만, '함께 즐거운 시간'을 보낸다. 이 예시에서는 부정적인 정서와 긍정적인 정서가 혼합되어 있기 때문에 5점으로 채점한다.

예제 5: 4점

이 이야기에는 인물이 세상과 관계를 어떻게 바라보는지에 관한 정보가 없다. 또 정동 분위기를 반영하는 어떠한 단어도 언급되지 않는다. '정동 특성이 부재하거나 단조롭거나 제한됨'을 고려하면, 이 이야기는 기본 점수 4점으로 채점한다.

예제 6: 3점

이 예시에서 관계의 상호작용은 부정적인 양상으로 나타난다. 두 인물이 서로를 느끼는 방식은 매우 다르다. 일반적인 말로, 타이밍이 맞지 않는다. 정동 분위기를 반영하는 특정한 단어를 살펴보면, 혼자가 되는 '두려움'과 '실망'이 분명하게 표현된다. 따라서 이 이야기는 3점으로 채점하며, 3점의 전형적인 예시에 해당한다.

예제 7: 7점

이 이야기에서 화자는 아버지, 아이, 어머니를 긍정적인 방식으로 묘사한다. '킥킥거리는' 것과 '웃었고'와 같은 긍정적인 행동을 언급한다. 또 '노래를 부르고' '위아래로 튕겨주던 것'과 같은 긍정적인 상호작용을 보고한다. 세 명의 가족 구성원 모두가 이 경험을 '좋아하고, 즐기고' 있다. 따라서 이 이야기는 7점으로 채점한다.

예제 8: 1점

이 이야기에는 단 한 명의 사람만 묘사된다. 이야기에는 타인을 경험하는 양상이나 타인을 향한 기대가 나타나지 않으므로 정동 분위기로만 AFF를 채점해야 한다. '우울한' '절망적인' '지칠 대로 지친' '자살 충동'과 같이 정서적인 분위기를 묘사하는 단어가 나타난다. 인물과 타인과의 관계는 묘사되지 않으며, 여자는 매우 부정적인 방식으로 세상을 바라본다. 인물은 결국 자살하는 지경에 이른다. 이는 자신을 향한 악의적이고 혹독하며 가학적인 행동이다. 따라서 이 이야기는 1점으로 채점한다.

예제 9: 6점

이 이야기에서 '가능한 한 다정하게 깨우는 것'은 AFF를 반영하는 행동이다. '행복' '편안' '좋아함' 등 긍정적인 정서를 묘사하는 단어가 나타난다. 이야기에서 아들의 감정이 표현되지 않았으므로 7점이 아닌 6점으로 채점한다.

예제 10: 3점

예제 8과 유사하게 이야기에서 직접적으로 묘사한 인물은 단 한 명이다. 그러나 예제 8과 달리 이 이야기에서는 타인의 존재를 넌지시 언급한다. '멍하게 정신을 잃은 것'으로 감정을 나타냈다. '갑자기 쓰러지고' '벤치에 머리를 기대서 쉬는 것'은 고통스러운 정서를 나타내는 행동이다. 결말에서는 여자와 가까운 인물이 사망한 것으로 밝혀진다. 요약하면, 이 인물은 고통스러운 경험, 특히 '상실'로 인한 고통으로 가득 차 있다. 이는 인물에게 '대체로 부정적이고 불편한' 정서에 해당하므로 3점으로 채점한다. 이 예시에서 가까운 사람을 상실한 후 여자가 나타내는 반응에는 높은 EIR 점수를 부여할 수 있다. 이는 다음 장에서 자세히 다룬다.

AFF의 실증 연구 결과

AFF: 정신병리와 성격

AFF와 정신병리 및 성격 양상 사이의 관련성을 조사한 다양한 연구가 존재한다. 몇몇 연구는 임상 및 비임상 표본을 대상으로 분리/개별화(Ackerman et al., 2001) 및 애착(Calabrese, Farber, & Westen, 2005; Ortigo et al., 2013; Stein et al., 2011)과 같은 구성개념을 조사했다. 분리/개별화 대 경계 혼란/혼합과 관련하여, Ackerman 등(2001)은 로르샤하 상호자율성 (Mutuality of Autonomy, MOA; Urist, 1977) 척도로 평가한 대상 표상이 더욱 성숙한 외래 환자일수록 TAT AFF에서 더욱 건강한 반응이 나타남을 발견했다. 즉, AFF는 MOA 1(분화의 수준을 반영하는 가장 건강한 반응) 개수와 유의한 정적 상관을 보였다. 개인의 반응에서 평정된 MOA 점수 중 가장 낮은 점수(가장 덜 혼란스러운 정도 또는 가장 적응적인 정도)는 AFF와 유의한 부적 상관을 보였다.[5] 마지막으로, MOA 7(혼합과 융합을 시사하는 병리적 점수) 개수는

---

5) 역자 주: 로르샤하 잉크반점검사의 반응에서 상호자율성 척도로 평정한 대상관계 수준 중 가장 낮은 수준이 적응적이고 긍정적일수록 높은 수준의 AFF 반응이 나타남을 의미한다.

AFF와 유의한 부적 상관을 보였다.

앞서 언급했듯이, AFF는 애착 유형과도 연관된다. Calabrese 등(2005)은 관계에 헌신하는 사람들이 묘사한 대인관계 이야기에서 AFF 점수가 더 높게 채점되는 경향이 나타나고, 부모가 이혼한 사람들에 비해 부모가 결혼 생활을 유지하는 사람들이 묘사한 대인관계 이야기의 AFF에서 더 높은 점수가 나타남을 발견했다. 이와 유사하게 Stein 등(2011)의 연구에 따르면, 안정 애착(Bartholomew & Horowitz, 1991)을 형성한 외래 환자의 심리치료 내용에서는 AFF 점수가 높게 평정되는 경향이 나타났으나, 불안 애착(Fraley, Waller, & Brennan, 2000)에 속하는 환자는 치료 초기에 평정한 AFF 점수가 유의하게 낮았다. Handelzalts, Fisher와 Naot(2014)는 친밀한 관계를 형성한 여성과 그렇지 못한 여성 간 대상관계 수준의 차이를 조사했다. 그 결과, AFF 차원에서 두 집단 간의 유의한 차이를 발견하진 못했지만, TAT AFF 점수와 벨 대상관계 및 현실검증력 질문지(Bell Object Relations and Reality Testing Inventory, BORRTI; Bell, 1995) 점수 간의 부적 관련성을 발견했다. 즉, AFF에서 부적응적으로 평정될수록 BORRTI에서 더 많은 사회적 불편감과 불안정 애착이 보고되었다. 애착 유형(Westen & Nakash, 2005; Westen et al., 2006) 및 외상과 대상관계 간의 관계 또한 검증되었다. 예를 들어, Ortigo 등(2013)은 (임상 면담 내용을 바탕으로 평정한) AFF가 안정 애착과 정적인 관련성을 보이며, 무시형, 몰두형 및 혼란 애착과 부적인 관련성을 보인다는 점을 발견했다. 또 낮은 AFF는 자기보고식으로 측정한 아동기 외상, 외상 사건, 외상후 스트레스 장애(PTSD) 증상과 높은 상관을 보였다. 마지막으로, AFF, 안정 애착(정적), 무시형 애착(부적), PTSD 증상 간에 독특한 관련성이 나타났다.

AFF, 청소년 성격장애, 실생활 행동 간에 관련성이 존재한다. 예를 들어, DeFife, Goldberg와 Westen(2013)은 임상 장면에서의 다양한 자료를 토대로 SCORS-G를 평정하고 비교했으며, 성격장애로 진단된 청소년의 AFF 점수가 공식적인 성격장애 진단을 받은 것은 아니지만 치료를 받고 있는 청소년의 AFF 점수에 비해 더 낮다는 점을 발견했다. 연구자들은 또한 AFF가 높을수록 전체 기능(GAF)과 학업 기능이 향상되는 반면, AFF 점수가 낮을수록 외현화 행동(체포 기록, 폭력 범죄, 절도, 거짓말, 무단결석, 물질남용)이 증가함을 발견했다.

AFF와 우울 관련 증상 및 외부 생활사건 간의 연관성이 밝혀졌다. Huprich 등(2007)은 (문화 감수성을 반영한 자극 도판을 활용하여 평정한) AFF가 낮을수록 자기보고식으로 평정한 우울성 성격장애와 기분부전증 점수가 높다는 점을 발견했다. 아울러 이 연구에서 기분부전증은 낮은 AFF 수준을 예측하는 것으로 나타났다. Stein 등(2015)은 외래 및 입원 환자 표본에서 TAT 이야기의 SCORS-G 평정치와 생활사건 자료 간의 관련성을 조사했다. 연구자들은 두 표본 모두에서 AFF는 자살 사고 수준과 유의한 부적 상관을 보이고, 입원 환자 표본에서

AFF는 자살 시도 횟수와 유의한 부적 상관을 보임을 발견했다.

AFF와 신체 건강 간의 관계가 입증되었다. Richardson 등(2018)은 간단한 초기 기억 프로토콜을 수집했고, AFF 수준이 낮을수록 신체화 비율이 높음을 발견했다.

연구자들은 또한 AFF와 성격, 특히 B군 성격장애 간의 관련성을 조사했다. Ackerman 등(1991)은 B군 성격장애 환자의 TAT 이야기를 평정했고, 경계선 성격장애(BPD) 환자가 자기애성 성격장애 및 C군 성격장애 환자에 비해 TAT AFF 점수가 더 낮게 나타남을 발견했다. 또 AFF는 DSM-IV의 반사회성 성격장애(정적 관계)와 BPD(부적 관계) 진단 기준을 충족하는 정도를 예측하는 것으로 나타났다.

여러 연구에서 AFF와 NSSI의 관계를 조사했다. Whipple과 Fowler(2011)는 NSSI를 동반한/동반하지 않는 BPD 환자의 TAT AFF 점수를 조사했고, 거주 치료소의 NSSI BPD 환자는 BPD 통제군에 비해 AFF 점수가 더 낮게 나타났다. 즉, 더 병리적인 TAT AFF 점수로 평정되었다. 거주 치료소의 NSSI BPD 환자와 BPD 외래 환자 및 비임상 표본의 비교에서도 유사한 결과가 나타났다.

대상관계 측면과 치료 수준 사이의 관련성을 조사한 연구가 존재한다. Sinclair 등(2013)은 성격평가 질문지(PAI)를 활용한 치료적 돌봄 수준 지표(Level of Care Index, LOCI)[6]를 개발했다. 연구자들은 TAT AFF 점수가 낮을수록 치료적 돌봄 수준 지표가 상승한다는 점을 발견했다. 달리 말하면, 다양한 PAI 척도를 포함하는 치료 수준과 관련된 지표에서 높은 점수를 보일수록 TAT 이야기에서 악의적인 정동을 묘사할 가능성이 높아진다. Bram(2014)은 비임상 표본과 임상 표본의 SCORS-G 점수를 비교했으며, TAT AFF에서 외래 환자 집단 및 입원 환자 집단의 점수에 비해 비임상 집단의 점수가 유의하게 높게 나타남을 발견했다.

AFF와 심리치료 과정 및 결과

심리치료 과정 및 결과에 관한 문헌에서 AFF를 평정한 다양한 연구가 존재한다. 몇몇 연구는 대상관계와 심리치료 참여도 간의 관련성(Ackerman et al., 2000; Fowler & DeFife, 2012)과 더불어 임상가의 행동 평정치와 SCORS-G 차원의 상관을 조사했다. 그 결과, TAT AFF는 심리치료 참여도와 유의한 부적 상관을 보였다. 더욱이 심리치료 내용의 AFF 평정치는 전체 기능 평가(GAF) 및 관계 기능 평가(GARF) 척도의 점수를 정적으로 예측하는 것으로 나타났다(Peters et al., 2006). 이러한 결과는 AFF 점수가 높을수록 전반적인 기능과 관계적인

---

6) 역자 주: 입원치료와 외래치료가 필요한 환자를 감별하거나 필요한 치료 장면을 결정하기 위해 개발한 지표로, 이 점수가 높으면 입원치료를 받을 필요가 있거나 입원 장면에서 제공하는 정도의 돌봄과 관리가 필요함을 시사하는 것으로 해석할 수 있다.

기능 수준이 향상됨을 시사한다.

AFF는 치료 변화와 연관된다. Fowler 등(2004)은 거주 치료소에서 정신역동치료를 받은 치료 저항적 환자의 성격과 증상을 두 시점에서 평가했고, 이를 바탕으로 성격과 증상의 변화를 조사했다. 그 결과, 환자의 AFF 점수는 치료 과정에 걸쳐 향상되었다. 다음으로, 두 번째 측정에서 TAT AFF 점수는 전체 기능 평가(GAF), 관계 기능 평가(GARF), 사회 직업 기능 평가 척도(SOFAS) 점수와 유의한 정적 상관을 보였다. 즉, 치료 16개월 후에 환자들은 이야기의 정서적인 분위기를 보다 긍정적으로 묘사할 뿐만 아니라 임상가가 평정하는 전반적인 관계 기능과 사회 및 직업 기능에서 더 높은 점수를 받았다. Josephs 등(2004)은 60대 여성 조현병 환자의 정신분석치료에서 임상적 호전을 평가했다. 그 결과, 4년의 치료 과정에 걸쳐 AFF의 유의한 긍정적 변화가 나타났다. 이와 유사하게, Porcerelli 등(2007)은 남성 회피성 환자의 정신분석치료에서 임상적 호전을 평가했다. 그 결과, 3년차에 AFF에서 유의한 긍정적 변화가 나타났고, 이러한 변화는 5년차와 1년 후 추후 상담에도 꾸준히 이어졌다. Mullin 등(2016b)은 대학 진료소를 방문한 외래 환자를 대상으로 정신역동 심리치료의 효과를 연구했으며, AFF가 치료 과정에 걸쳐 유의하게 상승함을 발견했다. 또 자기보고식으로 측정한 전반적인 정신병리 증상과 AFF 사이에서도 유의한 변화가 나타났다. 또 다른 연구에서는 성인이 된 아동기 성학대 피해자를 대상으로 단기 정신역동 심리치료의 효과성을 조사했고, (심리치료 내용을 바탕으로 평정한) 피해자의 AFF 수준은 치료 과정 동안 유의하게 향상했다 (Price et al., 2004).

AFF는 또한 치료 기법과도 연관된다. Mulilin과 Hilsenroth(2012)는 단기 정신역동 심리치료에서 AFF가 낮을수록 비교 심리치료 과정 척도(Comparative Psychotherapy Process Scale, CPPS)에서 평가하는 정신역동 대인관계 개입의 빈도가 증가함을 발견했다. 또 AFF가 낮을수록 치료자들이 치료에서 환자의 회피와 기분 변화를 다루는 빈도가 잦았다. Mullin 등(2016b)은 또한 SCORS-G 차원과 치료 초기에 치료자가 정신역동 기법을 활용하는 정도 사이의 관련성을 조사했으며, CPPS로 평정한 열 가지 정신역동 심리치료 기법 중 일곱 가지 기법과 AFF의 변화가 유의하게 연관됨을 확인했다.

추가 연구가 필요한 AFF 관련 구성개념

SCORS-G로 연구하기 시작한 두 가지 분야는 AFF와 꿈 이야기의 관계, AFF와 자극 영향력의 관계다. 꿈 이야기와 관련하여, Eudell-Simmons 등(2005)은 9·11 테러 사건에서 한 달 후에 꿈 왜곡의 정도가 높을수록 AFF 점수가 낮게 나타남을 발견했다. 또 9·11 테러 한 달과 세 달 후에 참가자가 평정한 긍정적인 정동은 AFF와 유의한 정적 상관을 보였다. 마찬 가지로, 참가자가 평정한 부정적인 정동은 AFF와 유의한 부적 상관을 보였다.

마지막으로, AFF는 이야기 자료의 자극의 영향력을 민감하게 탐지하는 것으로 나타났는데, 이 중에서도 TAT 도판 1, 2, 3BM, 4, 13MF, 12M, 14에 특히 민감하다. 구체적으로 살펴보면, Stein 등(2013)은 다른 도판에 비해 도판 2와 14가 더 높은 수준의 AFF를 이끌어 내는반면, 3BM과 13MF는 더 낮은 수준의 AFF를 이끌어 냄을 입증했다. 반복 연구의 일환으로, Siefert 등(2016)은 비임상 표본을 대상으로 TAT 자극의 영향력(도판 1, 2, 3BM, 4, 14, 13B)을 조사했다. 그 결과, 다른 도판에 비해 도판 3BM에서 상대적으로 낮은 수준의 AFF가 나타났고, 도판 2와 14에서는 상대적으로 높고 적응적인 수준의 AFF가 나타났다.

관계를 향한 정서 투자(EIR)

관계를 향한 정서 투자(EIR): 1 = 관계에서 주로 자신의 욕구에 중점을 두는 경향, 격양된 관계를 맺거나, 관계를 거의 맺지 않음; 3 = 다소 피상적인 관계, 타인을 넌지시 언급함; 5 = 우정, 보살핌, 사랑, 공감에 관한 관습적인 정서를 표현; 7 = 상호 공유, 정서적 친밀, 상호 의존, 존중을 바탕으로 헌신적인 깊은 관계를 맺는 경향.

* 주의: 한 명의 인물만 언급하고 어떠한 관계도 묘사하지 않는다면 2점으로 채점

개요

EIR[1]은 친밀한 관계를 형성하며 정서를 공유하는 능력을 평가한다. 이 구성개념은 사람 사이의 상호작용과 더불어 관계의 질을 모두 다룬다. 낮은 점수는 대상관계가 병리적이고 발달적으로 미성숙함을 반영하는 반면, 높은 점수는 관계를 향한 정서 투자가 성숙하고 적응적임을 시사한다.

신생아의 발달 상태를 고려하면 1점에 해당하는 EIR을 쉽게 이해할 수 있다. 삶의 시작 단계에서 신생아는 오직 자신의 욕구 충족에만 몰두하며, 양육자가 자신의 욕구를 끊임없이 충족해 주길 바란다. 여기에는 상호 호혜가 존재하지 않는다. 물론 이는 발달적으로 자연스러운 현상이다. 그러나 만약 누군가가 자신의 욕구 충족만을 위해 계속해서 비(非)상호 호혜적인 태도로 행동한다면, 이는 삶에서 문제를 일으킬 것이다. 어느 환경에서든 욕구 충족에

---

[1] 역자 주: EIR은 자기 욕구를 충족하기보다 타인을 향한 관심과 배려를 보이는 정도와 관계에 의미를 부여하고 노력을 쏟는 정도를 평가한다(Westen, et al., 1985). 관계에서 정서를 함께 나누고 타인과 친해지기 위한 노력의 수준을 평가한다(Stein et al., 2012).

만 몰두하는 특성이 존재한다면 1점으로 채점한다.[2] 자기 잇속만 차리는 행동과 욕구 충족 행동에 더하여, 1점은 싸움, 학대, 가학증과 같은 갈등적이고 치명적이고 혼란스러운 상호작용을 포착한다. 요약하면, 1점은 한 사람이 (항상 그런 건 아니더라도) 주로 타인을 이용하여 자신의 욕구와 의도를 달래고 조절하고 만족하는 양상을 담아낸다. 이때 타인의 바람, 욕구, 욕망 등을 전혀 고려하지 않는다.

2점은 두 가지 상황으로 구분된다. 하나는 타인과의 유대 또는 관계가 부재하는 경우다. 즉, 이야기에서 단지 한 사람만을 언급하면 2점을 채점한다.[3] 다음으로 1점과 3점 사이에 해당하는 EIR을 묘사하는 경우 2점으로 채점한다. 이는 뒤의 '예제 이야기 연습하기'(예제 8)에서 더 자세히 논의할 것이다.

3점은 피상적인 관계를 반영한다. 사람들은 서로에게 별로 관여하지 않으며, 각자 자기 할 일을 한다. 예시로 병행놀이[4]가 있다. 여기에는 관계의 피상적인 측면이 존재한다. 다른 예시로 어떤 사람이 가게에서 물건을 사면서 점원에게 "안녕하세요." "고맙습니다." "안녕히 계세요."라고 말하는 경우, 혹은 어떤 사람이 승강기를 누군가와 함께 타게 되어 날씨에 관한 일상적인 대화를 나누는 경우를 들 수 있다. 여기에는 관계를 향한 정서 애착이나 투자가 존재하지 않는다. 3점은 또한 두 사람 사이의 유대를 묘사하지 않으면서 타인을 단지 넌지시 언급하는 경우를 포함한다. 예시로 딸이 행사에 참석한 아버지를 언급하지만 아버지와의 상호작용을 상세히 말하지 않는다면 3점에 해당한다.

중간 점수인 4점 또는 5점은 정서 투자의 성숙하고 적응적인 측면이 나타나기 시작함을 반영하며, 사람들과 실제로 관계하고, 유대하고, 우정을 맺는 모습의 묘사를 포함한다. 이야기는 '나'에서 '우리'로 바뀐다. 이를 강조하는 정도는 EIR에서의 상대적으로 높은 점수를 결정한다. 4점의 경우, 두 사람 사이의 유대 혹은 상호작용의 흔적이 나타난다. 하지만 4점에서는 단지 한 명의 인물의 생각과 감정을 통해 정서 애착을 표현하는 경우가 잦다. 5점에서는 우정, 돌봄, 사랑, 공감과 같은 관습적인 정서가 존재하며, 정서적 상호 호혜가 나타난다.[5]

EIR이 높은 수준(6점과 7점)에 해당하는 이야기에서는 정서 투자가 강조되며 지배적인 주

---

2) 참고로 SCORS-G 평정 경험에 따르면, 이야기에서 아기가 언급되는 경우에는 다른 사람(흔히 양육자)이 함께 존재한다. 아기와 달리 양육자가 보이는 정서 투자 수준은 다양하게 나타나며, 이를 고려하여 EIR을 1점 이상으로 채점할 수 있다.

3) 역자 주: 한 명의 인물을 주로 묘사하지만 '타인'의 존재를 암시하는 어떠한 언급이라도 보고한다면 2점으로 채점하지 않는다(예외: 타인을 언급하거나 피상적인 관계를 묘사하나, 인물이 자기 욕구에만 충실할 경우에는 두 명 이상을 언급할지라도 2점 이하로 채점).

4) 역자 주: 병행놀이(parallel play)란 아동이 옆에 있는 친구와 비슷한 놀이를 하지만 서로 대화하거나 상호작용하지 않고 혼자 하는 놀이를 일컫는다.

5) 역자 주: 일반적인 감정이 표현된 관계, 관습적 관계와 이를 향한 감정 표현이 존재한다(예, 아내가 죽고 슬퍼함, 아내를 향한 애정 묘사, "사랑하는 사이예요.", 우리말에서는 수식어로 표현하는 경우가 많다).

제로 나타나는 경향이 있다. 친밀과 유대의 수준 또한 깊어진다. 친밀감, 상호 의존, 존중, 긍정적 유대감이 분명하게 나타난다. 예를 들어, 친구와 함께 커피를 마시러 가서 생각과 감정을 공유한다면 5점으로 채점한다. 만약 이들의 상호작용이 깊어지고 친분에 집중하면서 서로가 서로에게 고마움을 느끼고 서로의 존재로 인해 성숙해 나간다면 6점 또는 7점으로 채점한다. 만약 애정 관계 또는 부모-자녀 관계가 깊이 논의되고 전반적으로 긍정적이라면 높은 점수로 채점한다.

SCORS-G 평정: 1~7점까지의 EIR 예시

1점

초기 기억 이야기　……성폭행을 당했던 경험을 이야기하고 싶어요. 1학년 때…… 골목을 걸어서 구멍가게에 갔어요. …… 저는 다시 초콜릿을 먹었고, 우리는 숨바꼭질을 했어요. 그리고 저를 돌봐 주던 아저씨가 집에 왔어요. 그리고 그 아저씨는 저를 겁탈하고는 이불을 덮어 주고 책을 읽어 줬어요. 그다음은 잘 기억이 안 나요. 저는 지난 일을 정말 잘 기억하는 편인데, 그 일이 있고 난 다음부터는 기억이 다 깨졌어요.

해설　EIR의 요소로 '성폭행'과 '겁탈'이라는 단어를 포함하고 있고, 이는 학대와 관련된 주된 예시다. 따라서 이 이야기는 1점으로 채점한다. 대부분의 일반적인 이야기에서 이불을 덮어 자리에 눕히고 이야기를 읽어 주는 것은 높은 EIR 점수로 채점하게 된다. 그러나 이 이야기 속의 내용(강간, 폭력, 통제)을 고려하면 EIR이 1점에 해당한다.

2점

TAT 이야기　여자는 남자와 잠자리를 가졌고, 남자는 제정신이 아니고 화가 났어요. (무슨 일?) 저는 지금 누워 있는 여자를 보고 있어요. 남자는 여자와 잠자리를 가진 걸 후회해요. (생각은?) 부끄러움. 여자는 섹스를 하지 말았어야 했다고 생각해요. 아마 남자가 유부남일 거예요. (감정은?) 후회해요. (결말은?) 남자는 이 일과 앞으로 벌어질 일에 죄책감을 느끼면서 떠나요.

해설 이 예시는 1점과 3점 사이에 해당하여 2점으로 채점하는 경우에 속한다. 후회하기는 하지만, 이야기에서 나타난 상호작용은 합의한 것이다. 충동적으로 욕구 충족만을 위해 서로 잠자리를 가진 것으로 나타난다. 이는 1점에 해당한다. 하지만 잠자리를 후회하는 점(불륜으로 상처받을 배우자를 향한 다소간의 걱정을 반영)으로 인해 1점이 아닌 2점으로 채점한다.

2점 (한 명의 인물만 나타나고 관계는 부재함)

TAT 이야기 다락방에서 일출을 보고 있는 남자. (과거는?) 일찍 일어나서 다른 걸 생각해요. (생각은?) 진짜로 아무 생각이 없어요. 해가 뜨는 걸 보고 있어요. (감정은?) 약간 피곤해요. (결말은?) 남자는 샤워하고, 아침 먹고, 하루를 보내요.

해설 다른 사람에 관한 언급이 전혀 없으므로 이 이야기는 2점으로 채점한다. 이러한 경우에는 기본 점수 2점을 부여한다.

3점

TAT 이야기 이 사람들은 한 가족이에요. 아빠는 농사일을 하려고 해요. 소녀는 학교에 가려고 해요. 저기에 서 있는 여자는…… 이 여자는 잘 모르겠어요. 아마 엄마겠죠. 더 이상은 잘 모르겠어요. (생각과 감정은?) 이 여자는 책을 들고 있는 소녀가 우울하다고 생각해요. 여자는 소녀가 학교에 가기보다는 일을 해야 한다고 생각해요. 이 남자는 별생각이 없어요. 그냥 자기 일을 하고 해가 지면 집에 가고 싶어 해요. 나무 옆에 서 있는 여자는 일이 빨리 끝나기를 기다려요. (결말은?) 소녀는 학교에 가요. 남자는 농사일을 하고 일을 끝내요. 그리고 잠을 자고 또다시 하루를 되풀이해요.

해설 이 예시는 피상적인 이야기에 속하는 본보기다. 이야기에 언급된 각 등장인물은 서로 상호작용하지 않는다. 등장인물은 각자가 할 일을 한다.

3점

초기 기억 이야기 기차역으로 아빠를 마중 나갔던 게 기억나요. …… 뭔가 그래야 했어요. 제 기억엔 고등학교 때였던 것 같아요. 기억이 잘 안 나요. 엄마가 운전을 했고, 저는 너무 가기 싫었지만 엄마는 저랑 같이 가고 싶어 했어요. 진짜 너무 가기 싫었다는 것만 기억나요. 대시보드 위에 다리를 올리고 차에 앉았던 게 기억나요. …… 기차역에서 아빠를 기다렸는데, 거기에 있으면서 기다리는 게 너무 싫었어요.

해설   이 예시에는 모녀 사이의 상호작용이 별로 존재하지 않고, 아버지를 태우러 가는 것을 제외하고는 모녀 모두 아버지를 향한 정서 투자를 언급하거나 드러내지 않는다. 관계는 계속 이어지지만 피상적인 수준에 그친다. 만약 이야기에 어머니가 전혀 언급되지 않고 아버지를 태우러 가기 싫은 딸만 부각된다면 2점으로 채점한다. 아버지를 태우러 가는 어머니의 행동과 딸이 함께 가기를 바라는 어머니의 바람을 고려하여, 이 이야기는 3점으로 채점한다. 딸은 가고 싶지 않다는 점을 지속적으로 표현하므로 4점에 해당하지 않는다.

4점

TAT 이야기   어린 소년은 Dave고, 이 사람은 할아버지예요. 할아버지는 손주를 깨우려고 해요. 방이 너무 어두워요. Dave는 학교에 가야 하기 때문에 일어나야 했고, 그래서 할아버지는 손주를 깨우려고 손을 머리에 갖다 대고 있어요. 그리고 Dave는 학교에서 하루를 보낼 거예요. (생각과 감정은?) Dave는 자고 있어서 그냥 꿈꾸고 있어요. 할아버지는 손주를 깨워서 하루를 보내려고 들떠 있어요.

해설   이 예시에는 두 명의 인물이 존재하고, 한 명이 다른 한 명과 상호작용을 시도하는 모습이 나타난다. 초반에는 이야기가 일방적이고, 타인을 단지 넌지시 언급한다(소년은 넌지시 언급된다). 이야기가 진행되면서 상호작용에 들뜬 할아버지의 모습이 나타난다. 따라서 이 이야기는 4점으로 채점한다. 만약 소년 역시 함께 들뜬다면 5점으로 채점한다.

5점

TAT 이야기   시작할게요. 소녀는 학교에 가려고 해요. 하지만 농작물을 수확하려면 일손이 많이 필요하기 때문에 엄마랑 아빠만 두고 그냥 학교에 갈 수가 없어요. 아빠는 열심히 일하고 있고, 엄마는 조금 쉬고 있고, 딸은 학교에 가려고 준비하고 있어요. 미래에는 딸이 학교를 마치고 부모님을 도와줄 거고, 농사일을 무사히 잘 마칠 거예요. (감정은?) 이 사람들은 일손이 많이 필요해요.

해설　　이 예시에서 딸은 가족을 걱정하며 가족에게 정서를 투자하는 모습이 분명하게 나타난다. 반면에 딸을 향한 부모의 정서 투자는 전혀 언급되지 않았기 때문에 이 예시는 5점으로 채점한다. 만약 부모의 관점 또한 나타난다면 6점이나 7점으로 채점한다.

6점

초기 기억 이야기　　제가 학교에 다닐 때, 아마 3학년 때쯤, 우리 가족은 시애틀로 이사를 갔는데…… 거기서 만났던 Nora라는 애가 기억나요. Nora가 저한테 먼저 다가왔고, 대부분의 초등학교 시절 동안 우리는 <u>가장 친한 친구</u>였어요. Nora는 따뜻하고 친절했고, 다른 친구들도 소개해 줬어요. 학기 초부터 그 학교생활을 시작해서 그런지, 중간 학년부터 시작한 느낌은 들지 않았어요. Nora는 엄청 다정했어요. 우리는 종이에 그림을 그려서 서로 주고받았어요. 우리는 잠도 같이 자면서 놀았어요. 저는 <u>Nora와 좋았던 일만 기억나요.</u> 처음엔 제가 살짝 낯을 가렸지만, <u>Nora가 엄청 외향적이라서 빨리 친해질 수 있었어요. 참 좋았어요.</u> 누구나 저를 잘 받아 줬고, 친구들은 이것저것 재지 않았어요. 왜 있잖아요, 남 눈치 보고 불안해하는 거. …… Nora는 마치 그게 아무것도 아니게 만들어 줬어요. …… 그런 걸 느낄 틈이 없었어요. 저는 이 따뜻한 느낌을 기억해요. <u>저는 Nora와 친하다고 느꼈어요.</u>

해설　　이 이야기에는 섬세한 수준의 정서적 유대감과 친밀감이 존재한다. 화자는 자신의 가장 친한 친구와의 관계를 깊은 수준으로 묘사한다. 둘은 활동에 함께 참여하고 서로 긍정적으로 상호작용한다. 이야기에서 친구가 화자를 경험하는 양상에 관한 정보는 그다지 많지 않으므로 7점이 아닌 6점으로 채점한다. 즉, 화자의 가장 친한 친구가 화자에게 미치는 영향은 충분히 드러나지만 그 반대는 그렇지 않다.

7점

TAT 이야기　　1992년 가을에 Felix라는 소년이 뇌암을 진단받았어요. 소년은 수개월 동안 치료를 받았어요. 소년은 6개월 동안 많은 수술을 받았는데, 별로 도움이 되지 않았어요. 음, 몇 개월 후에 의사는 소년이 더 이상 버티지 못할 거라고 얘기했어요. <u>소년의 부모님은 소년의 방에서 엄청 울었고,</u> 그때 소년은 고작 열아홉 살이었어요. 불행하게도 너무 어릴 때 뇌암에 걸렸어요. 소년은 <u>가족이랑 정말 가깝게 지냈고, 가족이 자기 병 때문에 힘들어하는 걸보기 싫었어요.</u> 소년은 자기를 사랑해 주는 가족과 함께할 수 있어서 참 행운이라고 느꼈고,

가족이 자신의 죽음을 잘 견뎌 내기를 바랐어요. 이듬해에 소년은 잠들었을 때 죽었어요. 가족과 많은 친척이 모두 장례식에 왔어요. 소년이 죽고 가족은 며칠 동안 장례를 치렀는데, 소년의 죽음은 가족에게는 너무 큰 슬픔이었어요. 소년을 관에 뉘었을 때, 할아버지가 다가와 소년의 차갑고 딱딱한 머리에 손을 올렸어요. 그리고 할아버지는 Felix가 가장 사랑스럽고 착한 아이였다고 말했고, 이렇게 죽기에는 너무 아까운 아이라며 Felix의 영혼이 천국에 가기를 기도했어요. 기도를 하고 나서 할아버지는 옆에 있는 관에 메모를 남겼어요. 메모에는 소년이 어렸을 때 할아버지가 불러 주곤 했던 노래 가사를 적었어요. 할아버지는 천국에서도 소년이 노래 가사를 기억하길 바랐어요.

해설　이 예시는 상호 공유, 정서적 친밀, 상호 의존, 존중을 포함하는 헌신적 관계에 관한 이야기다. 소년과 가족은 서로를 깊이 걱정하고 서로에게 정서를 투자하며 긴밀히 관계한다. 인물들은 서로에게 미치는 영향과 서로 나누는 사랑에 관해 말한다. 이 이야기는 애착과 친근함에 중점을 둔다. 따라서 이 이야기는 7점으로 채점한다.

1~7점까지 EIR 구조화하기

초기 기억 이야기

■ 1점

사우스캐롤라이나주 에이킨시에 있는 집에 처음으로 이사 갔을 때, 저는 여섯 살이었어요. 방 한가운데에 빈백 소파(bean bag chair)가 있었어요. 저는 형이랑 같이 있었는데, 우리는 서로 소파에 먼저 앉으려고 밀치고 꼬집으면서 싸우고 있었어요. 그때 엄마가 방으로 들어와서 우리한테 조용히 하라고 소리를 질렀어요. 엄마가 마구 회초리질을 했던 게 기억나요. 형은 엄마한테 말대꾸를 했어요. 그다음에 기억나는 건 엄마가 손으로 형의 얼굴을 때리는 소리와 형이 바닥으로 쓰러지는 소리예요. 형은 울었고, 저는 무서웠어요. 그래서 방에서 뛰쳐나와 창고에 숨었어요.

■ 2점 (한 명의 등장인물만 묘사함)

사우스캐롤라이나주 에이킨시에 있는 집에 처음으로 이사 갔을 때, 저는 여섯 살이었어요. 방 한가운데에 빈백 소파가 있었어요. 소파에 앉아서 방이 정말 크다고 생각했던 게 기억나네요. 새로운 집에 이사 가서 좋았어요.

■ 2점

사우스캐롤라이나주 에이킨시에 있는 집에 처음으로 이사 갔을 때, 저는 여섯 살이었어요. 방 한가운데에 빈백 소파가 있었어요. 저는 형이랑 같이 있었는데, 형은 저보다 먼저 소파를 차지했어요. 형이 항상 저보다 더 많은 걸 가져간다는 생각에 형을 질투했던 게 기억나요. 어렸을 때, 저는 형을 싫어했어요. 부모님이 늘 저보다 형을 더 사랑한다고 느꼈어요.

■ 3점

사우스캐롤라이나주 에이킨시에 있는 집에 처음으로 이사 갔을 때, 저는 여섯 살이었어요. 방 한가운데에 빈백 소파가 있었어요. 부모님이 집수리 때문에 업체 사람이랑 얘기하던 게 기억나요. 형은 비디오 게임을 하고 있었어요. 저는 그걸 지켜보고 있었어요.

■ 4점

사우스캐롤라이나주 에이킨시에 있는 집에 처음으로 이사 갔을 때, 저는 여섯 살이었어요. 방 한가운데에 빈백 소파 두 개가 있었어요. 저는 형이랑 같이 앉아서 자동차 게임 대결을 했어요. 재밌었어요. 부모님은 다른 방에서 수리하는 사람이랑 얘기를 나누고 있었어요.

■ 5점

사우스캐롤라이나주 에이킨시에 있는 집에 처음으로 이사 갔을 때, 저는 여섯 살이었어요. 방 한가운데에 빈백 소파 두 개가 있었어요. 저는 형이랑 같이 앉아서 자동차 게임 대결을 했어요. 재밌었어요. 그다음에 기억나는 건 엄마가 옥수수빵과 딸기잼을 갖다준 거예요. 그 빵을 정말로 좋아했어요.

■ 6점

사우스캐롤라이나주 에이킨시에 있는 집에 처음으로 이사 갔을 때, 저는 여섯 살이었어요. 방 한가운데에 빈백 소파가 있었어요. 형이랑 저는 소파에 같이 앉았어요. 형이 저한테 자동차 게임을 어떻게 하는지 가르쳐 주던 게 기억나요. 저는 정말로 형을 우러러봤어요. 그다음에 기억나는 건 엄마가 옥수수빵과 딸기잼을 갖다준 거예요. 그 빵을 정말로 좋아했어요.

■ 7점

사우스캐롤라이나주 에이킨시에 있는 집에 처음으로 이사 갔을 때, 저는 여섯 살이었어요. 방 한가운데에 빈백 소파가 있었어요. 형이랑 저는 소파에 같이 앉았어요. 형이 저한테 자동차 게임을 어떻게 하는지 가르쳐 주던 게 기억나요. 저는 정말로 형을 우러러봤어요. 그 다음에 기억나는 건 엄마가 옥수수빵과 딸기잼을 갖다준 거예요. 그 빵을 정말로 좋아했어요. 저는 엄마를 안아 주면서 "엄마 고마워요."라고 말했고, 엄마는 웃으면서 "우리가 새집에 함께 있어서 참 좋다."라고 말했어요.

예제 이야기 연습하기

이 절에서는 EIR의 유무와 EIR이 강조되는 정도를 판단하는 데 도움이 되는 열 가지 예제 이야기를 제시한다. 그리고 절의 끝에 정답과 해설을 수록한다.

예제 1

이 사람은 나이 많은 남자고 이 사람은 중년의 여자처럼 보이는데, 딸일 수도 있겠네요. 여자는 아파서 누워 있고, 남자는 손을 뻗어서 여자의 머리에 대고 열을 재려고 하는 거 같아요. 부모가 자식한테 하는 것처럼요. 남자는 손을 들어 올리고는 여자를 걱정하고 있어요. 왜냐면 여자가 고열을 보이고 정신을 못 차려서 그냥 누워서 자고 있는 거처럼 보이거든요. 남자는 가서 의사를 불러야 할지 팔로 도닥도닥하며 보살펴 줘야 할지 고민해요. 남자는 여자를 걱정하고 있고, 이다음에 뭘 해야 할지 고민해요. 다음 이야기도 만들어 볼게요. 제 생각에 남자는 몸을 숙여서 여자를 안아 주고 나서는 의사를 부를 거예요. 남자는 여자의 아빠예요. (결말은?) 남자는 의사를 부르고, 의사는 여자한테 항생제를 좀 먹이고, 며칠 뒤에 여자는 회복해서 일어나서는 말끔히 나아요.

예제 2

이 사람들은 의사랑 환자예요. 환자는 죽은 거처럼 보여요. 의사는 할 수 있는 걸 다 했어요. 의사는 의학 서적까지 가져왔어요. 최선을 다했지만, 여자를 살릴 수 없었어요. 그래서 의사는, 음, 슬프고 피곤해 보이는 자세를 하고 있어요. 저 환자를 차마 보질 못해요. 눈을 가리고 있고 지쳤어요. 이 이야기에는 좋은 결말이 별로 없어요. 시체는 영안실로 이동될 거고 부검이 진행될 거예요. 의사는 앞으로도 환자를 잃기도 하고 살리기도 할 거예요. 이 둘은 어떤 관계가 있었을 건데, 아마 친구였을 거예요. 그래서 의사는 다른 환자보다 이 환자가 더 기억날 거예요.

예제 3

이 남자는 약간 소름끼치게 생겼는데, 아마도 도둑이나 이런 부류의 사람, 그러니까 범죄자 같은 거죠. 남자는 어떤 집에 침입했는데, 거기서 이 여자가 자고 있는 걸 봤어요. 남자는 수상하게 보여요. 저럼한 정장에 헝클어진 머리, 손을 뻗고 있는…… 이건 반가워하거나 매너 있는 손길처럼 보이지는 않고 위험한 몸짓 같아요. 제 생각에 남자는 여자랑 잠자리를 가지려고 시도할거고, 여자를 만질 거예요. 여자는 일어나서 비명을 지를 거예요. 남자는 놀라서 도망갈 거예요. 관음증 환자 같은 거죠.

예제 4

이건, 음, 아마도 농부 같은 부지런한 남자의 이야기인데, 밖에 비가 와서 농사일을 할 수 없어서 남자는 약간 속상해해요. 아내는 남편을 위로하면서 "당신이 농장에 있어야 할 시간에 집에 있는 게 정말 좋아요. 그러니 나랑 같이 하루를 보내요."라고 말해요. 남자는 그저 성실한 사람이기 때문에 남자를 탓할 수 없어요. 하지만 여자는 남편과 함께 쉬길 원하고, 이건 농사일만큼이나 중요하기 때문에 여자를 탓할 수도 없어요. (결말은?) 남자는 이걸 곧바로 받아들이지 않겠지만 한 시간 반이 지나면 결국 받아들일 거예요. 그 후에 두 사람은 함께 앉아 편히 쉴 거예요. 두 사람은 더 친해지고 즐거운 시간을 보낼 거예요. 그리고 다음 날, 남자는 비가 내린 게 얼마나 행운이었는지 깨달을 거예요.

예제 5

어린 소년과 노신사가 있어요. 소년은 정체를 알 수 없는 병으로 힘들어했는데, 소년을 걱정하는 가족은 진짜 의사를 부를 형편이 안 돼서 절박한 마음에 신앙치료사를 불러요. 신앙치료사는 소년을 보러 마을에 오고 소년이 매우 아프다는 걸 알아차려요. 그리고 희망과 기도에 신이 답하여 아들을 치료할 수 있도록 가족에게 자기 옆에 있으라고 해요. 그렇게 소년의 곁을 지킨 지 며칠이 지난 후에 소년은 깨어나기 시작하고, 열이 내리기 시작했어요. 소년은 그동안 가족을 볼 순 없었지만 가족이 자기 곁을 지켜 주고 있다는 걸 알고 있었다고 말하면서, 가족의 사랑과 선한 생각이 자기를 깨웠다고 말해요. (결말은?) 몇 년이 지나고, 소년은 거의 성인이 돼서 그 신앙치료사에게 달려가 어릴 적에 자신을 살려 줘서 말로 다 표현하지 못할 만큼 감사하다고 말해요.

예제 6

John과 Lydia는 파티에서 영화배우 같은 자세를 하고 있어요. 파티에서 이 둘은 보통 Gary와 Dotty로 알려져 있어요. 이 둘은 부유한 사교계 명사를 살해하고 그 사람의 재산과 사교계 명단을 물려받을 계획을 가지고 있어요. 그래서 계획을 매우 치밀하게 세웠지만, Lydia는 John이 죽이기로 계획한 사교계 명사와 사랑에 빠져 버렸다는 걸 알게 돼요. 그래서 Lydia는 그 둘을 모두 죽이기로 결심하고, 남자가 차를 몰 때 낭떠러지에서 차가 떨어지도록 차를 고장 냈어요. 하지만 마지막 순간에 Lydia는 자신이 John을 죽일 수 없다는 걸 깨닫고 차가 떨어지는 걸 막으려고 애쓰지만, 이미 너무 늦었어요. 그 둘이 탄 차는 Lydia를 쳐 버리고 낭떠러지로 떨어져요. 그래서 전부 죽어요. (생각과 감정은?) John과 Lydia는 둘 다 엄청난 좌절감을 느껴요. 이 둘은 다른 사람들에게 모욕당하고 이용당했어요. 둘은 탐욕스럽고 시기심이 많고 지독하게 외롭고 의심이 많았어요.

예제 7

이 여자는 울고 있어요. 여자는 너무 슬퍼서…… 어, 잠깐만, 과거, 현재, 미래로 답해 달라고 하셨죠? 알겠어요, 여자는 나쁜 소식을 들었어요. 이게 과거예요. 지금 울고 있고 너무 슬퍼하고 있어요. 이후에 여자는 계속해서 울면서 슬퍼해요. (나쁜 소식이 뭔가요?) 여자랑 친한 누군가가 죽었어요.

예제 8

하룻밤의 외도 같은 거로 보이네요. 하룻밤 사이의 일이요. 이 두 사람은 술에 취했고, 밖으로 나갔고 바람을 피웠어요. 남자는 잠에서 깨서 가려고 준비해요. 여자는 곯아떨어졌어요. 남자는 실수를 한 거처럼 보이네요. (감정은?) 여자랑 여기 있으면 안 된다는 듯이 죄책감을 느끼고 추잡스럽다고 생각해요. (결말은?) 남자는 떠나요.

예제 9

책을 들고 있는 이 여자애는 농장에 살고 있어요. 나무에 기대고 있는 임산부도 있고, 말을 데리고 있는 남자도 있어요. 여자애는 학교에 가고 있는 거처럼 보여요. (줄거리?) 모르겠어요. 저는 좋은 작가가 아니에요. 한 번도 그래 본 적이 없어요. 남자는 농사일을 하고 있고 여자애는 학교에 가고 있어요. 임신한 여자가 왜 저기 있는지 모르겠어요. 이 여자는 여기에 별로 어울리지 않아요. 이 그림에 맞지 않아요. (결말은?) 농장에서 일하는 머슴이거나 농장 주변의 일처럼 보이네요. 농장 일꾼이네요. (감정은?) 아뇨, 아뇨. 그건 웃긴 질문이에요. 그건 어린애처럼 겉으로 드러나지 않아요.

예제 10

네…… 알겠어요. …… 음…… [침묵] 여자는 피곤해요. 이게 뭔지 모르겠어요. [지목] 가위, 여자 발 옆에 있는 건 뭐예요? 제가 보기에 여자는 피곤해 보이고, 음, 낙담한 것 같아요. 음, 여자는 지금, 어땠냐면, 음, 여자는 드레스를 만드는 일을 하려고 애썼어요. 여자가 쓰려고 하는 옷감은, 여자가 쓰고 싶어 하는 옷감은 충분하지 않아서, 음, 그리고 음, 여자는 드레스를 만들 만큼 옷감이 충분하지 않다는 걸 깨닫고, 여자는 가장 먼저, 여자는 낙담하고 그리고 나서는 이걸 포기하고 다른 걸 할지, 아니면 옷 만드는 걸 아예 포기할지 고심해요. 여자는 애초에 하고 싶었던 걸 끝낼 수 있을 만큼 재료를 가지고 있지 않았기 때문에 옷 만드는 걸 완전히 포기하기로 결정해요. 그래서 다른 걸 생각하기보다는 아무것도 안 하기로 결심해요. 그래서 여자는 그냥 여기에 앉아서 낙담하고 슬퍼하고 실망감을 느끼고 있어요.

> ### 정답
>
> 예제 1: 5점
> 이 예시에서 남자가 여자를 잘 보살펴 준다는 점은 명확하게 드러난다. 이 예시를 5점보다 더 높게 채점하지 않는 이유는 딸의 경험에 관한 이해가 나타나지 않기 때문이다. 만약 딸이 유대감, 감사 등으로 화답한다면 6점이나 7점으로 채점한다.

예제 2: 4점

이 예시는 4점과 5점 사이에 해당한다. 이야기에서 주로 의사와 환자라는 기능적 관계가 중점적으로 드러나며, 채점에서 이를 고려해야 한다. 결말에 가서야 둘 사이에 어떤 다른 관계가 존재하는 것으로 나타난다. 관계가 비교적 분명하게 드러나지 않기 때문에 이 예시는 5점이 아닌 4점으로 채점한다. 만약 마지막 부분에 친구일 수 있음을 언급하지 않거나 의사가 애정 어린 마음으로 환자를 생각하지 않는다면 3점으로 채점한다.

예제 3: 1점

이 예시는 다른 사람을 성추행하여 자신의 성욕을 해결하는 데만 몰두하는 어떤 사람에 관한 이야기다. 따라서 이 이야기는 1점으로 채점한다.

예제 4: 6점

이 이야기의 초반에는 남편보다 아내의 정서 투자가 더 높게 나타난다. 하지만 이야기가 진행될수록 유대감이 증가한다. 둘은 서로 같이 있는 것을 즐기고, 서로 만족스러운 방식으로 친밀감을 나누고, 다음 날에도 관계를 되돌아본다. EIR 점수는 4점(남편은 3점 아내는 5점)에서 시작하고 천천히 4~5점(함께 앉아서 휴식을 취함)으로 높아지며, 신체적 친밀감과 관계에 관한 회상이 나타나므로 6점으로 채점한다.

예제 5: 7점

이 이야기에서 소년의 가족은 소년을 걱정하고 도움을 구한다. 소년은 가족의 도움에 감사해하고 가족이 자신에게 얼마나 헌신하는지를 깨닫는다. 그리고 소년은 성장하여 신앙치료사에게 깊은 감사를 전한다. 따라서 이 이야기는 7점으로 채점한다.

예제 6: 1점

이 이야기에서 두 인물은 모두 돈과 지위를 차지하는 데 몰두한다. 두 인물은 각자 자기 잇속만 차린다. John과 Lydia의 관계는 불안정하고, Lydia는 자신이 배신당했다고 느끼자 보복을 위해 성급하게 살해를 계획한다. 따라서 이 이야기는 1점으로 채점한다.

예제 7: 4점

이 이야기에서 여자는 누군가의 상실에 따른 부정적인 정서를 느낀다. 아쉽게도 여자가 죽은 사람에게 얼마나 정서를 투자했는지에 관한 정보가 부족하지만, 여자가 상실로 울고 있고 슬퍼함은 충분하게 나타난다. 타인의 존재를 언급하고 있으므로 이 예시는 적어도 3점 이상으로 채점해야 한다. 하지만 여자가 해당 인물을 자신과 가까운 사람으로 인식하고 비통한 반응을 보이므로 이 이야기는 4점으로 채점한다.

예제 8: 2점

두 등장인물은 피상적인 이유에서 친밀한 행동을 나타낸다(술에 취해서 관계를 맺었다). 이야기에 묘사된 바에 따르면, 성관계는 전적으로 육체적이며 욕구 충족적인 행위다. 이를 고려한다면 이 이야기는 2점으로 채점한다. 수검자가 둘 중 하나의 육체적인 욕구를 상세히 언급한다면 점수를 더 낮게(1점) 채점할 수 있다. 반대로 관계에서의 정서적 측면을 강조한다면(예, 상대방에게 친밀감을 느낌) 더 높은 점수로 채점할 수 있다.

예제 9: 3점

이 이야기에는 여러 명의 인물이 등장한다. 하지만 이들 중 누구도 다른 사람과 기본적인 상호작용조차 하지 않는다. 수검자는 여러 사람의 상태나 행동을 언급하는 데 그친다. 따라서 이 이야기는 3점으로 채점한다.

예제 10: 2점

이 이야기에서 수검자는 단지 한 명의 등장인물만 묘사하므로 기본 점수 2점으로 채점한다. 다른 사람과의 관계가 부재한다.

EIR의 실증 연구 결과

EIR: 정신병리와 성격

EIR과 정신병리 및 성격 양상 사이의 관련성을 조사한 다양한 연구가 존재한다. 몇몇 연구는 발달상으로 EIR이 분리/개별화(Ackerman et al., 2001), 애착(Calabrese, Farber, & Westen, 2005; Stein et al., 2011), 양육자의 초기 상실(Conway, Oster, & Marthy, 2010)과 어떻게 연관되는지를 조사했다.

Ackerman 등(2001)은 TAT EIR과 로르샤하 상호자율성(MOA) 척도로 평가한 분리/개별화 수준의 관련성을 조사했고, TAT EIR 점수가 낮을수록 융합과 혼란이 증가하는 반면, TAT EIR 점수가 높을수록 보다 적응적인 자기/타인 분화가 증가함을 발견했다. EIR은 또한 애착 유형과 연관된다. Calabrese 등(2005)은 EIR과 상호 애착 척도(Reciprocal Attachment Scale, RAQ)의 관련성을 조사했고, 그 결과 EIR 점수가 높은 사람일수록 고통스러울 때 더욱 쉽고 편안하게 애착 대상에게 돌아감을 보고했다. 또 헌신적인 관계를 맺고 있는 사람은 현재 관계를 맺고 있지 않는 사람보다 EIR이 높은 것으로 나타났다. 아울러 부모가 이혼한 사람들에 비해 부모가 결혼 생활을 유지하는 사람들은 더 높은 EIR을 보였다. 마지막으로, 부모가 이혼할 당시에 상대적으로 나이가 많을수록 EIR이 높게 나타났다. 아울러 Stein 등(2011)은 애착 유형을 조사했다. 그 결과, 자신이 몰입형(preoccupied)과 두려움형(fearful) 애착에 더 가깝다고 평정하는 환자일수록 이들의 심리치료 내용을 평정하면 EIR이 낮게 채점되는 경향이 나타났다. 이에 더하여, 안정 애착을 지닌 외래 환자에게는 이러한 경향이 반대로 나타났다(Bartholomew & Horowitz, 1991). 유사하게, 불안 영역(Fraley, Waller, & Brennan, 2000)에 해당하는 환자는 치료 초반의 심리치료 내용의 평정에서 더욱 낮고 성숙하지 못한 정서 투자 수준을 보이는 것으로 나타났다. Handelzalts, Fisher와 Naot(2014)는 비임상 표본을 대상으로 친밀한 관계를 형성한 여성과 그렇지 않은 여성 사이의 대상관계 차이를 조사했다. 먼저, 이들은 TAT EIR 평정과 자기보고식 대상관계 척도의 부적 관련성을 발견했다. 즉, EIR에서 부적응적으로 평정될수록 자기보고식 척도에서 더 높은 사회적 불편감을 보였다. 마지막으로, Conway 등(2010)은 TAT EIR, 전체 지능 지수, 초기 양육자 상실 간의 복잡한 관련성을 발견했다.

EIR은 또한 외부 생활사건과 더불어 우울성 성격장애 및 기분부전증과 같은 우울 상태와도 연관된다. Huprich 등(2007)은 낮은 EIR은 자기보고식 척도에서 높은 우울 증상을 반영함을 발견했다. 특히 자기보고식 기분부전증은 EIR을 부적으로 예측했다. 마찬가지로, TAT 이야기 평정에서 EIR이 낮을수록 기분부전증이 증가했다. 이와 반대로, Diener와 Hilsenroth(2004)는 심리치료 내용에서 EIR이 높을수록 SWAP(Shedler-Westen Assessment Procedure) 우울성 성격(dysphoric personality) 원형에 더 많이 부합함을 발견했다. Stein 등(2015)은 외래 및 입원 환자 표본에서 TAT 이야기의 SCORS-G 평정치와 생활사건 자료 간의 관련성을 조사했다. 그 결과, EIR 수준과 외래 환자의 체포 기록, 알코올 남용, 약물 남용, 정신과 입원 횟수 및 입원 환자의 자살 시도 사이에 유의한 부적 상관이 나타났다. 마지막으로, Handelzalts 등(2016)은 TAT 이야기의 SCORS-G 평정치와 출산을 위해 병원에 입원한 임산부의 방어기제 사이의 관련성을 조사했으며, 동일시 방어기제와 EIR 간에 유의한 정적 상관을 발견했다.

EIR과 신체 건강의 관계가 입증되었다. Richardson 등(2018)은 간단한 초기 기억 프로토콜을 수집했고, EIR 수준이 낮을수록 신체화 비율이 높음을 발견했다.

EIR, 청소년 성격장애, 실생활 행동 간에 관련성이 존재한다. DeFife, Goldberg와 Westen (2013)은 심리치료 내용의 평정에서 성격장애로 진단된 청소년이 공식적인 성격장애 진단을 받은 것은 아니지만 치료를 받고 있는 청소년에 비해 더 낮은 EIR 수준을 보임을 발견했다. 또 EIR이 높을수록 전반적인 적응 기능(GAF) 점수가 증가하는 것으로 나타났다. 구체적으로 EIR이 높을수록 학업 기능이 증가하고, 외현화 행동(체포 기록, 폭력 범죄, 절도, 거짓말, 무단결석, 물질남용)과 정신과 병력(자살 시도와 입원 이력)이 감소했다. Haggerty 등(2015)은 청소년 입원 환자의 SCORS-G 평정을 조사했고, EIR이 높을수록 개인 및 집단 치료의 참여도, 입원 시 GAF 점수, 성격 기능, 또래 관계, 학업 기능이 좋고 NSSI 이력이 적음을 발견했다.

연구자들은 EIR과 성격, 특히 B군 성격장애의 관련성을 조사했다. Ackerman 등(1999)은 DSM-IV의 성격장애 진단과 TAT 이야기의 SCORS-G 평정치의 관련성을 조사했고, 몇 가지 의미 있는 결과를 보고했다. 첫째, 경계선 성격장애(BPD) 집단은 자기애성 성격장애 (Narcissistic Personality Disorder, NPD) 집단에 비해 EIR 점수가 유의하게 낮게 나타났다. 둘째, 반사회성 성격장애(Antisocial Personality Disorder, ASPD) 집단은 NPD 집단에 비해 EIR 점수가 유의하게 낮게 나타났다. 셋째, EIR은 DSM-IV ASPD와 BPD 진단 기준을 충족하는 정도를 예측하는 것으로 나타났다. EIR이 낮을수록 ASPD 진단 기준을 충족하는 정도가 증가한 반면, EIR이 높을수록 BPD 진단 기준을 충족하는 정도가 증가했다. 이와 대조적으로, Weise와 Tuber(2004)는 초등학생 연령 아동의 자기애 수준을 조사했다. 그 결과, NPD의 행동적 진단 기준을 충족하는 아동들은 통제 집단에 비해 TAT 이야기에서 더 높은 EIR 수준을 보였다. 끝으로, Whipple과 Fowler(2011)는 BPD와 NSSI의 관련성에 주목했다. 그 결과, 거주 치료소에 있는 NSSI BPD 환자 집단은 비NSSI BPD 환자 집단, BPD 외래 환자 집단, 정상 통제 집단에 비해 EIR 점수가 낮게 나타났다.

마지막으로, 환자의 치료 수준과 EIR 간의 관련성이 존재한다. Bram(2014)은 비임상 집단과 임상 집단의 SCORS-G 평정치의 평균을 비교했으며, 외래 및 입원 환자 집단에 비해 비임상 집단의 TAT EIR 점수가 유의하게 높음을 발견했다. 또 SCORS-G 차원과 대인관계 기능, 심리 건강, 성별의 관련성을 조사했으며, 그 결과 외로움을 더 많이 보고하는 남성일수록 EIR이 더 낮게 나타났다.

EIR과 심리치료 과정 및 결과

이야기 자료를 통해 EIR과 심리치료 과정 및 결과 사이의 관련성을 밝힌 다양한 연구가 존재한다. Ackerman 등(2000)은 정신역동 심리치료에 참여한 횟수와 TAT EIR이 유의한 정적 상관을 보임을 보고했다(EIR이 높을수록 참여 횟수가 증가함). Mullin과 Hilsenroth(2012)는 단기 정신역동 심리치료에서 치료 전 (심리치료 내용으로 평정한) EIR 수준이 낮을수록 치료 초기에 (주제 또는 기분 변화에 관한) 환자의 회피를 다루는 치료자의 개입이 더 빈번해짐을 발견했다. Pinsker-Aspen, Stein과 Hilsenroth(2007)는 초기 기억 이야기에서 정서 투자 수준이 높을수록 환자가 치료자와의 동맹을 신뢰 있고 협력적인 관계로 평정함을 발견했다. Stein 등(2009)은 또한 환자의 관계 기능에 관한 치료자의 평정이 초기 기억 이야기로 평정한 정서적 유대감과 친밀감(EIR)과 유의한 정적 상관을 보임을 발견했다.

EIR은 또한 치료 변화를 민감하게 감지한다. 청소년 정신역동 심리치료의 단일 사례 연구에서 심리치료 내용으로 평정한 EIR이 6개월간의 치료 과정에 걸쳐 유의하게 상승했다(Bambery & Porcerelli, 2006). 이와 유사하게, 단기 정신역동 심리치료 프로그램에서 아동기 성학대 피해자의 EIR 수준이 치료 전후로 상승했다(Price et al., 2004). Josephs 등(2004)은 60대 분열성 여성 환자의 정신분석에서의 임상적 호전을 평가했다. 그 결과, 4년의 치료 과정 동안 EIR에서 유의한 긍정적 변화가 나타났다. 마지막으로, Mullin 등(2016b)은 대학 진료소를 방문한 외래 환자를 대상으로 정신역동 심리치료의 효과성을 조사했고, 치료 과정에서 EIR이 유의하게 증가함을 증명했다. 또 전반적인 정신병리와 관련된 자기보고 증상과 EIR 사이의 유의한 변화가 입증되었다. 연구자들은 또한 치료 초기에 SCORS-G의 차원과 치료자의 정신역동 기법의 활용 정도 간 관련성을 조사했고, 비교 심리치료 과정 척도(CPPS)로 평정한 열 가지 정신역동 심리치료 기법 중 여섯 가지 기법과 EIR의 변화가 유의하게 연관됨을 확인했다.

추가 연구가 필요한 EIR 관련 구성개념

SCORS-G로 연구하기 시작한 두 가지 분야는 EIR과 꿈 이야기의 관계, EIR과 자극 영향력의 관계다. 꿈 이야기와 관련하여, Eudell-Simmons 등(2005)은 9·11 테러 발생 한 달 후에 꿈 왜곡의 정도가 높을수록 EIR이 낮게 나타남을 발견했다. 또 EIR이 높을수록 9·11 테러 발생 한 달과 세 달 후에 보고한 꿈 내용과 관련된 긍정적인 정서가 증가했고, 한 달 이후에 보고한 꿈 내용과 관련된 부정적인 정서는 감소했다.

EIR은 또한 이야기 자료, 특히 TAT 도판 1, 2, 3BM, 4, 13MF, 12M, 14의 자극 영향력을 민감하게 탐지하는 것으로 나타났다. Stein 등(2013)은 도판 12M이 다른 도판에 비해 더 높은 수준의 EIR을 이끌어 냄을 입증했다. 환자들은 또한 도판 2에 반응할 때 상대적으로 더 높은 수준의 EIR 이야기를 만드는 경향을 보였다. 도판 14에서는 언어 생산성이 높을수록 EIR 수준이 증가했다. 반복 연구의 일환으로, Siefert 등(2016)은 비임상 표본을 대상으로 TAT 자극(도판 1, 2, 3BM, 4, 14, 13B)이 SCORS−G 평정에 미치는 영향을 조사했고, 다른 도판에 비해 도판 1과 2에서 더 높은 수준의 EIR이 나타나고 도판 3BM과 14에서는 더 낮은 수준의 EIR이 나타남을 발견했다.

Chapter 06

가치와 도덕 기준을 향한 정서 투자(EIM)

가치와 도덕 기준을 향한 정서 투자(EIM): 1 = 어떠한 양심의 가책이나 죄책감도 없이 이기적인, 무분별한, 제멋대로인, 공격적인 방식으로 행동함; 3 = 몇몇 기준의 내면화와 관련된 징후를 보임(예, 자신이 처벌받을 것을 알기 때문에 나쁜 일을 하는 것을 피함, 비교적 미숙한 방식으로 옳고 그름을 생각함 등), 자신과 타인에게 도덕적으로 가혹하고 엄격함; 5 = 도덕 가치를 부여하고 그에 걸맞게 살고자 노력함; 7 = 추상적 사고, 도전하려는 의지, 혹은 관습을 향한 의문을 가짐과 더불어 진심 어린 연민과 배려의 행동을 나타내는 방식으로 도덕 문제를 생각함(주지화만 하는 것이 아님, 즉 생각하고 행동함).

* 주의: 특정 이야기에서 도덕적 관심사가 나타나지 않는다면 4점으로 채점

개요

EIM[1]은 타인을 향한 연민 및 도덕성과 관련된 관점(생각)과 행동 양상을 평가한다. EIM은 발달 연속성을 지닌다. 이 차원은 생각, 감정, 행동을 포함한다. 낮은 점수는 비행(非行)을 저지른 후에 양심의 가책을 느끼지 않거나 타인을 전혀 공감하지 못함을 반영한다. 높은 점수는 자신이 설정한 도덕 기준에 부합하는 방식으로 생각하고 행동함을 시사하며, 행동에는 성찰과 배려심이 담겨 있다. 높은 점수에서는 융통성을 지닌 일반적이고 추상적인 도덕률이 나타나며, 이상 및 가치를 둘러싼 높은 수준의 복합성을 보이는 경향이 있다. 마지막으로, 도덕적 관심사의 묘사가 배경에서 전경으로 두드러지는 정도는 채점에 영향을 미친다. 이러

---

1) 역자 주: EIM은 타인을 수단이 아닌 목적으로 대우하는 정도와 도덕 기준의 성숙도 및 관여도를 평가한다(Westen et al., 1985). 타인을 향한 연민 및 도덕성과 관련된 추상적 사고를 나타내는 정도를 평가한다(Stein et al., 2012).

한 점은 이야기 자료의 유형에 따라 다르게 나타난다. 주제통각검사(TAT)에서 각 도판은 서로 다른 주제를 이끌어 내므로, 수검자는 이러한 '자극 영향력'에 바탕을 둔 다양한 이야기를 구성한다. 심리치료, 초기 기억(EM), 임상 면담에서는 자기와 타인이 보다 분명하게 정의된다. 그럼에도 불구하고 이야기를 형성할 때 자신과 타인의 도덕관 중 어디에 더 중점을 두는지는 화자마다 다르므로 모든 인물을 고려하는 것이 중요하다. 이러한 경우, 이야기를 구성하는 방식과 전경/배경에 속하는 인물이 누구인지에 따라 EIM의 경중이 달라진다.

　1점은 타인의 감정을 전혀 고려하지 않음을 시사한다. 공격적이고, 반사회적이고, 제멋대로인, 무분별한 행동은 주로 1점의 근거가 된다. 양심의 가책과 공감은 존재하지 않는다. 관계를 향한 정서 투자(EIR)와 유사하게, 인물은 자신의 욕구/필요/욕망/충동에 중점을 둔다. 1점에서는 반사회적 혹은 사회병질적(sociopathic) 행동이 묘사된다. EIM은 이야기에서 여러 사람을 묘사하는 것이 아니라 한 사람만 존재하더라도 채점할 수 있다. 하지만 이야기 속에 여러 인물이 존재하는 경우(혹은 적어도 다른 인물을 언급할 때)에는 죄책감, 책임감, 보살핌 또는 타인을 향한 배려를 언급하는지를 쉽게 식별할 수 있기 때문에, EIM이 보다 분명하게 드러난다. 사리사욕을 채우기 위해 남을 이용하는 모습이 나타난다면 1점으로 채점한다. 2점[2]에서는 비행 및 공감과 관련된 문제가 여전히 존재하지만, 그 정도와 강도는 덜하다. 예를 들어, 과속, 부정행위, 절도와 같은 규칙을 어기는 행동이 나타나기도 한다. 구체적으로, 난폭운전으로 교통 법규 위반 딱지를 떼이고도 죄책감이나 양심의 가책을 표현하지 않는다면 2점으로 채점한다. 유사하게, 귀가 시간 약속을 어기고도 부모에게 무례하게 말대꾸하며 양심의 가책을 느끼지 않는다면 2점으로 채점한다.

　3점에서는 도덕적 관심사가 나타나지만, 중요한 규칙(법률 등)을 위반하지는 않는다. 도덕관은 미숙하고 경직되어 있다. 일반적으로, 보상과 처벌에 관한 주제가 나타난다. 사람 혹은 인물은 모종의 개인적 도덕 기준을 위반했다고 느끼는 것이 아니라 단지 옳고 그름에 반응한다. 도덕과 가치는 내면화되어 있지 않다. 이 수준에 속한 사람은 처벌받는 것이 두려워서 '자신이 저지른 잘못된 행동'에 관한 죄책감을 묘사하기도 한다. 하지만 (인물은 그 일을 크게 느낄지라도) 사건은 상대적으로 사소하다. 옳고 그름을 바라보는 관점은 단순하고 경직되어 있다. 옳고 그름, 공정과 부정, 정의와 불의에 관한 주제가 등장한다. 어린아이가 부모에게 "그건 공정하지 않아요. 형은 장난감이 4개고 저는 고작 3개밖에 없어요."라고 말하는 것을 상상해 보라. 이 예시에서 어린아이는 평등에 중점을 두며, 이를 지나치게 경직된 방식으로 표현한다. 공정에 관한 주제는 5, 6, 7점으로도 묘사될 수 있지만, 이는 보다 섬세하고 미

---

2) 역자 주: 도덕 기준이 내면화된 징후가 보이지 않는 무분별한 행동이나 시행착오 학습으로 인한 후회, 혹은 어떠한 도덕적 판단 없이 잘못된 행동을 한 후 취소(undoing)하는 양상이 나타난다면 2점으로 채점한다.

묘한 방식으로 이뤄진다. 3점에 속한 사람은 자신 혹은 타인을 도덕적으로 엄격하고 경직된 방식으로 묘사하기도 한다.[3] '해야 한다' '혼나다'라는 단어가 나타날 수 있다(예, "나는 이걸 해야 한다." "이 남자는 그걸 해야 했다." "바이올린이 부서져서 혼날 거예요." "내가 5분이나 늦어서 그 남자는 화가 날 것이다." "나는 그 여자에게 생일 카드를 보냈어야 했다.").

[역자 추가 내용: EIM의 채점에서 가장 어려운 부분은 3점에 해당하는 기준을 평가하는 것이다. Stein 등(2011)은 SCORS−G 매뉴얼 4판에서 EIM의 채점 시 Westen(1995a)이 제시한 기준을 참고할 것을 권한다. Westen은 SCORS−Q에서 EIM 3점에 속하는 다양한 기준을 정리했으며, 이를 고려할 경우 채점에 큰 도움이 되므로 해당 기준을 여기에 추가로 제시한다. ① 도덕적 관심사가 죄책감이 아닌 보상과 처벌에 중점을 두는 경향(인물은 주로 처벌을 피하기 위해 반항하는 것을 그만둠, 인물이 자신의 잘못에 따른 혐의를 외현적인 방향으로 호소함, 죄책감 또는 도덕적 언급이 없는 상태에서 인물을 처벌하는 것으로 묘사함, 부모 인물을 자신만의 삶, 가치, 흥미를 지닌 독립적인 개인이 아닌 보상하거나 처벌하는 사람으로 묘사하는 경향. *주의: 내면적인 도덕 기준에 관한 의식이나 언급 없이 복종이 나타난다면 3점으로 채점함). ② 도덕이나 윤리 가치에 기반을 둔 것은 아니지만, 고집(끈기)이나 충동 조절을 묘사하는 경향(고집이나 끈기는 도덕적 · 대인관계적 가치의 형태로 나타나는 것이 아님. 예, 바이올린을 향한 고집. *주의: 만약 화자가 일이 즐겁지 않더라도 어떤 목적을 달성하기 위해 아무런 생각 없이 그저 열심히 일하는 모습을 명확하게 묘사하지 않는다면, 단순히 연주를 계속하는 것은 3점으로 채점하지 않음). ③ 도덕 쟁점을 단순하고 미숙한 방식으로 생각하는 경향(잘못을 묘사하는 데 있어 '나쁜' 또는 '사악한'과 같은 매우 단순한 어휘를 사용함, 인물이 비도덕적인 행동을 한 경우 죄책감을 느끼기보다 '나쁜'과 같이 도덕적으로 모호한 정서를 경험하는 것으로 묘사함, 특정한 내재화된 가치 체계에 기반을 둔 것으로 보이지 않는 '눈에는 눈'과 같은 사고방식을 묘사함, 인물의 단점을 언급하며 비도덕적인 행동을 모호하게 묘사함). ④ 권위를 거부하거나, 권위를 독선적이고 부정당한 것으로 묘사하는 경향. ⑤ 특정 타인이나 관계를 향한 분명한 헌신 없이 관습에 얽매이지 않는 가치를 표현하는 경향(인물은 어느 특정 타인과 분명한 관계가 없는 비관습적이고 자유분방한 도덕적 사고에 관한 흔적을 나타냄, 관습적 가치를 향한 거부는 주로 분노감의 발산 수단이거나 세상을 지배하고 지배받는 집단으로 분열하는 방식의 일환 등으로 나타남). ⑥ 인물을 극도로 엄격한 도덕 기준을 지녔거나 심각한 양심의 가책을 느끼는 것으로 묘사하는 경향.]

EIM이 이야기에 항상 존재하는 것은 아니다. 이러한 경우 4점을 부여한다. 이 차원에 관해 짚고 넘어가야 할 또 다른 중요한 점으로, 특정 행동이나 사건이 도덕적 관심사를 내포하고 있는지를 판단하기 모호한 경우가 발생하는데, 평정자에 따라 어떤 행동이나 사건을 도

---

3) 역자 주: 인물의 행동에 비해 인물을 전반적으로 나쁘거나 사악한 사람으로 바라본다면 3점으로 채점한다.

덕 문제로 여기는 정도가 다르기 때문이다. 이러한 점에 관한 합의는 필수적이다. 아울러 이야기에서 행동이나 사건을 묘사하는 방식을 살펴보는 것은 이야기에 도덕 문제가 나타난 것으로 채점해야 할지, 아니면 기본 점수 4점을 부여해야 할지를 결정하는 데 도움이 된다. 예를 들어, 어떤 사람은 자살을 도덕 문제로 여긴다. 하지만 화자가 이야기에서 자살을 도덕과 결부 짓지 않는다면 일반적으로 도덕 문제로 채점하지 않는다. 이와 유사하게, 어떤 사람은 동성애나 혼전 성관계를 도덕 문제로 바라보기도 한다. 마찬가지로, 화자가 이 주제를 도덕적 영역으로 묘사하지 않는다면 도덕 문제로 채점하지 않는다. 여기서 논하고자 하는 것은 앞서 언급한 문제들이 '도덕' 문제에 속하는지 아닌지에 관한 보편적인 합의가 이뤄지지 않는다는 점이다. 그러므로 평정자는 채점에 개인적 신념을 투영하지 말아야 한다. 이와 유사하게, 불륜을 저지르거나 배우자를 속이는 행동에 도덕 수준을 판단하는 것은 화자가 이 문제를 얼마나 명확하게 묘사하는지에 달려 있다. 평정자들은 자신의 심리 상태와 대상관계에 근거하여 해당 문제를 1, 2, 3점의 각기 다른 수준으로 채점하기도 한다. 평균적으로, 해당 문제는 양심의 가책/공감/상황에 따라 2점 혹은 3점으로 채점되고, 어떤 경우에는 1점으로 채점된다. 평정자는 오직 이야기에 묘사된 내용으로만 차원의 수준을 판단해야 하므로 때로는 채점이 어려운 경우가 발생하는데, 특히 EIM의 채점이 힘들다. 종교에 관한 언급 또한 EIM에 포함할 수 있다. 하지만 앞서 언급한 바와 같이, 이는 화자가 이야기에서 해당 문제를 어떻게 묘사하는지에 달려 있다. 마지막으로, 적응/부적응의 연속선상에 걸쳐 상반된 도덕 관점이 나타날 수 있다. 이러한 예시 중 일부에서 EIM은 중간 점수로 채점되는 경향이 있다. 예를 들어, 두 아이가 부모에게 벌을 받는다. 한 아이는 자신이 혼나서 기분 나빠 하고(3점), 다른 아이는 부모를 공경하고 부모에게 걱정을 끼쳤다는 생각으로 속상해한다(5점). 두 인물의 도덕적 관심사를 모두 고려하여, 이 예시는 중간 점수 4점으로 채점한다. 모든 차원에 해당하는 문제로, 이야기에 상반된 관점이 존재하는 경우 평정자는 다음의 두 가지 사항을 고려해야 한다. 첫째, 어떤 측면이 전경/배경에 속하는지를 파악해야 한다. 둘째, 한 측면이 극단으로 치우쳐 있다면 거기에 더 많은 가중치를 두어야 한다.

　　5점부터는 EIM의 내면화된 양상을 반영하기 시작한다. 인물이나 사람은 도덕 행동을 나타내는 이유로 이것이 '해야 할 옳은 일'이라거나 '해야 하기' 때문이 아니라 '하고 싶기' 때문으로 설명한다. 도덕 행동은 인물의 내적 경험 및 자기상과 일치한다. 인물의 이상과 가치가 이야기의 내용에 드러난다. 5점에서는 도덕과 가치에 관한 논의가 더 추상적이고 복잡해지기 시작한다. 5점의 기준에서 언급했듯이, 인물은 '도덕 가치를 부여하고, 그에 걸맞게 살고자 노력'하며, 사회 관습을 향한 투자가 나타난다. 타인에게 나쁜 영향을 미치거나 자신의 가치에 반하는 방식으로 행동한다면 죄책감을 경험하기도 한다.[4] 예를 들어, 한 환자는 친구를 약속 장소에 데려다주기로 해 놓고는 늦었는데, 이 때문에 친구가 약속 일정을 조정하여 자신이 죄책감을 느꼈던 상황을 묘사한다.

5점으로 채점하기 위해 고려해야 하는 또 다른 중요한 EIM 요소는 규범과 권위를 향한 존중, 바른 예의 또는 예절, 사회 규준에 따라 타인을 대하는 것과 같은 관습적인 표현을 포함한다.[5] 5점의 구체적인 예시에는 길을 잃은 사람에게 길을 안내하거나, 누군가 실수로 발송하지 못한 우편 봉투를 다시 우편함에 넣어 주거나, '○○님' '선생님' '박사님' '여사님' 등 존중하는 방식으로 권위자를 호칭하는 것이 해당한다. 이러한 행동/선택을 내면화한 정도에 따라 이야기의 5, 6, 7점이 결정된다. 또 다른 예시로는 노숙자에게 돈을 주거나, 자선단체에 돈을 기부하거나(자선 행사를 준비하거나 주도하는 것은 이 사건을 묘사하는 정도 혹은 인물이 행사에 관여하는 정도에 따라 6점이나 7점으로 채점), 돈을 지불하다가 잔돈을 떨어뜨린 사람에게 이를 알려 주는 것, 그리고 자신을 잘 키워 주고 뒷바라지해 준 부모에게 감사하며 나이 든 부모를 보살피는 것이 자신의 의무이자 도리라고 여기는 소년 등을 들 수 있다. 관습적 성역할과 문화적 역할에 관한 주제가 나타나기도 한다.

6점과 7점[6]에서 EIM은 중심 주제가 된다. 자신의 신념 체계에 관한 고찰뿐만 아니라 타인을 향한 진정한 연민이 나타난다. TAT 도판 4에서 6점 혹은 7점의 전형적인 반응은 다음과 같이 나타난다. "한 군인이 여자와 사랑에 빠져서 결혼하고, 가족을 돌보며 자녀와 함께 있기를 바란다. 하지만 한편으로는 전쟁에 나가 국가에 헌신하는 것이 자신의 의무라고 느낀다." 이러한 점을 논의하는 정도에 따라 점수는 6점에서 7점까지 채점된다. 6~7점에 속하는 또 다른 예시로, 사랑하는 사람에게 신장을 기증하길 원하는 경우 혹은 구호 활동을 돕기 위해 가난이나 재난에 시달리는 지역으로 여행을 떠나는 이방인과 같이 극도로 이타적인 경우 등을 들 수 있다. 6점 혹은 7점으로 채점하는 다른 측면은 관습과 사회 규범에 의문을 가지고 도전하거나 차별을 해소하려는 개인의 의지다. 이는 도판 2에서 인물이 관습적인 성역할에 의문을 제기하는 모습으로 흔하게 나타난다. 예를 들어, 수검자는 "이 여자는 직장이나 학교에 가는 것을 허락하지 않는 환경에서 자랐는데, 이렇게 공부하고 일하는 게 가족들의 뜻을 거스른다는 걸 알고 있어요. 그래도 이런 상황에 맞서서 공부를 하고 직장을 다니면서

---

4) 역자 주: 인물이 도덕 규율을 어길 경우 죄책감을 느낀다면 5점에 해당하지만, 죄책감의 존재가 이 영역의 채점에 필수적인 것은 아니다.

5) 역자 주: 관습적인 규칙, 예의, 사회 규준, 명예, 도덕적·사회적 의무에 관심을 표하는 인물을 묘사하는 경우가 여기에 속한다.

6) 역자 주: 추상적인 사고, 관습에 타당한 의문을 품고 도전하려는 의지, 진정한 연민을 바탕으로 도덕 문제를 생각한다면 이 범위의 점수에 해당한다.

꿈을 좇아요."라고 이야기한다. 마지막 예시로, 유대인 대학살이 자행되는 동안 자신이 위험에 처할 수 있음에도 법을 위반해 가며 유대인에게 안식처를 제공했던 사람을 들 수 있다.

어떤 사람이 7점에 해당하는 도덕관을 내면화했더라도, 타인이 자신과 같은 기준을 따르지 않음을 매우 부정적으로 여기기도 한다. 이러한 판단 또한 채점에 고려해야 하며, 이로 인해 EIM이 보다 낮은 점수로 향하기도 한다. 이 같은 현상이 발생할 때, 간혹 개인이 지나치게 도덕적이라면 '타인에게 도덕적으로 가혹하고 엄격한' 것으로 여겨지는 3점까지 점수가 하락하기도 한다. 이와 관련된 또 다른 예시로, 특정 교리를 따르지 않는 타인을 심판하는 극단적인 신앙심을 들 수 있다. 자신의 권리에 따른 독실한 신앙심은 3점보다는 (도덕을 어떻게 묘사하는지에 따라) 적어도 5점 이상의 높은 점수에 해당하지만, 화자가 좋음/나쁨, 옳음/그름 등에 중점을 둔다면 더 낮은 점수로 채점할 수 있다.

SCORS-G 평정: 1~7점까지의 EIM 예시

1점

TAT 이야기　이 여자는 어떤 일로 울고 있어요. 여자는 맞았거나 아니면 남편이나 아이들한테 무슨 일이 일어났어요. 여자는 지금 무기력해요. 남편은 술에 취해서 집으로 들어와 자식을 때려요. 여자는 나쁜 남자랑 결혼했어요. (결말은?) 남자는 계속 술에 취해서 집에 오고, 여자는 계속 속상해해요.

해설　이 이야기에서 아버지는 자식을 때리면서도 양심의 가책을 전혀 느끼지 않는다. 1점의 기준에서 언급했듯이, 학대는 '이기적이고, 무분별하고, 제멋대로이고, 공격적인' 행동에 해당한다.

2점

TAT 이야기　이 아이 이름은 Joey고, 지금 성탄절 시즌이라 장난감 총을 받길 원했는데, 선물을 풀어 보니 바이올린이었고, 얘가 선물을 열어 볼 때 할머니가 이 사진을 찍었어요. (감정은?) 바이올린을 받아서 화가 났고 실망했어요. (생각은?) 장난감 총을 받았으면 더 좋았을 걸. (결말은?) Joey는 바이올린을 부숴 버리고, 할머니는 울어요. (가장 기억에 남는 것은?)

바이올린을 부수고, 할머니가 울고, 장난감 총을 원하는 거요. 얘는 나이가 들고 이때를 돌아보면서 좀 더 자제력이 있었다면 좋았을 거라 여겨요.

해설 이 예시에서 아이는 자신이 받은 선물을 좋아하지 않고 실망과 분노를 통제하지 못한다. 아이는 계속해서 물건을 부쉈고 자신의 행동 때문에 할머니가 충격을 받았다는 사실을 나중에 인식하더라도 그 순간에는 양심의 가책을 전혀 느끼지 않았다. 이로 인해 점수는 1점에서 시작한다. 이야기 후반에서 인물은 자신이 자제력이 있었더라면 하고 바라기 때문에 점수는 2점으로 옮겨 간다. 하지만 인물이 자신의 행동에 대한 죄책감이나 양심의 가책을 표현하지는 않는다. 사건은 벌어졌고, 아이는 그 순간 통제력을 잃는다(이로 인해 점수는 1점과 2점 사이에 위치한다). 반면에 아이가 바이올린을 부수고 싶은 충동과 장난감 총을 받고 싶은 소망을 지니더라도, 이것으로 소란을 피우면 혼난다는 것을 안다면 3점으로 채점한다. 더 나아가 아이가 바이올린을 원하지 않더라도 선물에 대한 '고마움'을 전달하는 방법으로 웃으며 "감사합니다."라고 말한다면, 이는 적절한 예절에 해당하므로 5점으로 채점한다.

3점

초기 기억 이야기 학교 첫날에 저는 지각했어요. 사실 그날은 둘째 날이었어요. 왜냐면 제가 첫날을 놓쳤거든요. 그래서 저는 다른 애들보다 학교를 하루 늦게 갔어요. 저는 선생님이랑 교실에 앉아 있었고, 선생님은 자리를 정해 줬어요. 근데 어떤 남자아이가 제게 걸어오더니 일어나라고 말했어요. 저는 싫다고 했고, 남자아이는 혼났어요.

해설 이 예시의 마지막 문장에서 3점이 강조된다. 특히 이 예시에서는 처벌에 중점을 둔 도덕관이 나타난다(남자아이는 나쁘게 굴었고, 여자아이는 어떤 잘못도 하지 않았고, 그래서 남자아이는 혼난다). 이 이야기에서는 옳고 그름에 관한 경직성이 나타나므로 3점으로 채점한다.

4점 (이야기에 도덕이나 가치를 언급하지 않음)

초기 기억 이야기 두 살 때, 엄마랑 저는 멕시코에 갔어요. 지금 기억나는 건 해변에 앉아서 치킨을 먹으면서 야자나무를 본 거예요. 치킨이 어땠는지, 무슨 치킨이었는지는 기억이 안 나네요. 해변이 어땠는지도 기억이 안 나고, 그냥 해변에서 엄마랑 치킨을 먹었던 것만 알겠어요. (감정은?) 기억이 안 나요. (당신과 엄마가 뭘 했는지 기억나나요?) 전혀요. 기억나는 건 이게 전부예요.

해설　이 예시에서 화자는 가치와 도덕을 언급하지 않는다. 따라서 기본 점수 4점으로 채점한다.

5점

TAT 이야기　이 소년은 부서진 악기처럼 보이는 것 때문에 화가 났어요. (무슨 일?) 소년이 바이올린을 연주하다가 바닥에 떨어뜨려서 활이 부러졌어요. (생각은?) <u>안 돼, 부모님께 어떻게 말하지?</u> (결말은?) 엄마와 아빠가 집으로 오고, 소년은 "엄마, 아빠, 제가 활을 부러뜨렸어요."라고 말해요. 부모님은 화를 내기보다 소년을 안아 주면서 괜찮다고 말해 줘요. (가장 기억에 남는 건?) <u>소년은 뭔가 진실을 말하면 결국 모든 게 잘될 거라는 걸 알고 있는 거 같아요.</u>

해설　이 예시에서 소년은 바이올린 활을 부러뜨리고, 곧바로 부모에게 어떻게 말할지를 생각한다. 소년은 부모가 '화낼까 봐' 무서워하는데, 이는 소년이 '나쁜' 행동을 했거나 어떤 형태의 처벌을 받을 것임을 암시한다. 만약 이 이야기가 여기서 끝났다면 3점으로 채점한다. 그러나 화자는 이야기에서 도덕과 관련된 내용을 묘사한다. "만약 내가 진실을 말한다면 결국 모든 게 잘될 거야." 소년은 '도덕과 가치에 투자하고 그에 걸맞게 살고자 노력하는' 모습을 나타낸다. 따라서 이 이야기는 5점으로 채점한다.

6점

TAT 이야기　페미니즘의 문화적 진보에서 많은 여성은 진보에 대해 상반된 입장을 가지고 있었어요. 일부 여성은 남성이 가족을 부양하기 위해 노력하는 것처럼 여성도 남성에게 사랑, 아이, 지지를 제공하는 것이 의무이자 운명이라고 느꼈어요. <u>다른 여성은 교육과 독립성을 중요하게 여겨야 한다고 느꼈어요.</u> 이 여성은 <u>교육을 받고 사회에 기여하는 완전한 일원으로 인정받을 때 자유를 느끼고 이것이 자신의 운명과 맞닿아 있다</u>고 여겼어요. 반면에 <u>여성의 자매는 집에 머물면서 아이를 키우고 남편을 사랑하는 것을 운명이라고 느꼈어요.</u> 결국 교육을 받은 여성은 진정한 사랑을 찾고, 그 사람과 결혼하여 행복하고 만족스러운 삶을 살아요. 집에 머무르던 자매는 셋째를 출산하면서 사망해요.

해설   이 이야기에서 수검자는 여성을 둘러싼 관습과 관련된 상반되고 경쟁적인 관점을 지닌 등장인물을 묘사한다. 수검자는 두 등장인물의 관점에서 문화적으로 분열된 서로 다른 측면을 표현한다. 수검자는 전통적인 여성 역할에 반대하는 한 인물의 의지를 말한다. 이러한 이유로, 점수는 6점과 7점 사이에 위치한다. 수검자가 가치적 측면을 다루는 정도를 고려하여 이 예시는 7점이 아닌 6점으로 채점한다. 수검자가 주요 등장인물의 가치에 관해 더 깊이 논의한다면(가족을 돌보는 것과 학업 성취를 추구하는 것의 균형에 관한 사고 과정), 더 높은 점수로 채점할 수 있다. 이 예시에서는 수검자가 이야기를 만들어 가는 흐름에 따라 사랑과 가족이 저절로 생겨난다. 이에 관한 생각은 깊이가 다소 부족하다. 이후 다른 장에서 다루게 될 주인공의 강한 자기 정체성과 일관성(ICS, 7점으로 채점)은 이 이야기에서 가장 잘 드러난다.

7점

TAT 이야기   이 남자는 막 전쟁에 자원했어요. 여자는 남자가 가지 않길 원해요. 여자는 막 임신한 사실을 알았는데, 다시는 남자를 보지 못하고 아이가 아빠를 알지 못하게 될까 봐 무서워해요. 남자는 둘 다 원하기 때문에 괴로워요. 남자는 국가를 지키고 국가에 헌신해야 한다는 도덕적 의무를 느껴요. 한편으로 남자는 가족을 정서적·경제적으로 보살피며 가족과 함께 있길 원해요. 남자는 애국자고, 국가뿐만 아니라 늘어나는 가족도 사랑해요. 아이한테는 부모가 함께 있는 것이 중요한데, 특히 성격 형성기 동안에는 더 그래요. 결국 남자는 가족을 위해 안전한 세상을 만드는 데 자신이 더 많은 역할을 할 수 있겠다고 느껴서 국가에 헌신해요. 오늘날 과학 기술을 활용해서 남자는 자기가 자라면서 겪었던 거처럼 가족, 특히 아이한테 자신의 지혜와 가족의 가치 그리고 전반적인 윤리 기준을 전해 주려 영상통화로 연락을 주고받아요. 남자는 이게 실제로 함께 있는 거랑은 다르다는 걸 알지만, 자기가 감당하고 희생해야 할 영역이라고 여겨요.

해설   이 예시에는 도덕과 가치에 관한 주제가 두드러지게 나타난다. 가족과 국가를 향한 남자의 헌신을 둘러싼 숙고와 복합성이 존재한다. 따라서 이 이야기는 7점으로 채점한다.

1~7점까지 EIM 구조화하기

심리치료 이야기

■ **1점**

저는 항상 빅마트에서 쇼핑하는데, 많은 물건이 해외에서 들어온다는 것과 그 나라 공장의 근로자는 권리도 없고 박봉을 받고 있다는 사실을 막 알게 됐어요. 아이들도 하루 종일 재봉틀 앞에서 벗어날 수 없을 거예요. 이게 믿기나요? 그런데 제 생각은 이래요. 원하는 걸 싸게 얻을 수만 있다면 누가 이런 걸 신경이나 쓰겠어요?

■ **2점**

저는 항상 빅마트에서 쇼핑하는데, 많은 물건이 해외에서 들어온다는 것과 그 나라 공장의 근로자는 권리도 없고 박봉을 받고 있다는 사실을 막 알게 됐어요. 아이들도 하루 종일 재봉틀 앞에서 벗어날 수 없을 거예요. 이건 잘못됐지만, 저는 이걸 생각하지 않으려고 노력할 거고 늘 하던 대로 할 거예요. 그냥 그게 더 편해요.

■ **3점**

저는 항상 빅마트에서 쇼핑하는데, 많은 물건이 해외에서 들어온다는 것과 그 나라 공장의 근로자는 권리도 없고 박봉을 받고 있다는 사실을 막 알게 됐어요. 아이들도 하루 종일 재봉틀 앞에서 벗어날 수 없을 거예요. 저는 이게 너무 잘못됐고, 그 사람들은 반드시 처벌받아야 하고, 거기서 물건을 사는 사람도 처벌받아야 한다고 생각해요.

■ **4점 (도덕 내용의 부재)**

저는 항상 빅마트에서 쇼핑하는데, 가격이 저렴해서 거기 물건을 참 좋아해요.

■ **5점**

저는 항상 빅마트에서 쇼핑하는데, 많은 물건이 해외에서 들어온다는 것과 그 나라 공장의 근로자는 권리도 없고 박봉을 받고 있다는 사실을 막 알게 됐어요. 아이들도 하루 종일 재봉틀 앞에서 벗어날 수 없을 거예요. 그것 때문에 기분이 너무 나빠서 거기에서 자주 쇼핑하지 않으려고 노력해요. 필요할 때만 빼고요. 아쉽게도 거기는 제가 어떤 물건을 살 수 있는 유일한 곳이거든요. 그렇지만 저는 가능한 한 다른 곳에서 쇼핑하려고 의식적으로 노력해요. 어쨌든 죄책감이 들긴 하지만, 최소한 무언가를 하려고 해요.

■ 6점

저는 항상 빅마트에서 쇼핑하는데, 많은 물건이 해외에서 들어온다는 것과 그 나라 공장의 근로자는 권리도 없고 박봉을 받고 있다는 사실을 막 알게 됐어요. 아이들도 하루 종일 재봉틀 앞에서 벗어날 수 없을 거예요. 그것 때문에 기분이 너무 나빠서 거기에서 더 이상 쇼핑하지 않아요. 또 이 회사에 항의하는 시위가 있다는 소식을 들었을 때 저는 시위 현장에 가서 실태를 고발하는 전단지 배부를 도왔어요.

■ 7점

저는 항상 빅마트에서 쇼핑하는데, 많은 물건이 해외에서 들어온다는 것과 그 나라 공장의 근로자는 권리도 없고 박봉을 받고 있다는 사실을 막 알게 됐어요. 아이들도 하루 종일 재봉틀 앞에서 벗어날 수 없을 거예요. 그것 때문에 기분이 너무 나빠서 거기에서 더 이상 쇼핑하지 않아요. 있잖아요, 지난 주말에 저는 교외에 살고 있는 부모님을 뵈러 갔는데, 우리 아기도 데려갔어요. 저는 제가 분유를 깜빡한 걸 몰랐어요. 아이는 배가 고파서 화를 냈어요. 다른 가게는 적어도 45분 떨어진 곳에 있어서 빅마트에 들르는 게 끔찍했지만, 아이가 먹을 게 필요했어요. 그래서 저는 멈춰서 아이를 먹이는 데 필요한 만큼만 분유를 구매했어요. 그런데 그 사실에 대해 계속 생각하게 됐고, 집에 돌아와서는 실태 고발을 후원하기 위해 단체에 기부했어요.

예제 이야기 연습하기

이 절에서는 EIM의 유무와 EIM이 강조되는 정도를 판단하는 데 도움이 되는 열 가지 예제 이야기를 제시한다. 그리고 절의 끝에 정답과 해설을 수록한다.

예제 1

키친타월로 길을 만들다가 혼났던 게 기억나네요. 바닥에서 그랬어요. 저는 길을 만들고 있었어요. 식탁 주변을 빙글빙글 돌다가 식당에서 거실로 내려왔던 것 같아요. 제가 그러는 동안 엄마는 어디 있었는지 모르겠어요. 엄마가 소리를 지르면서 야단쳤던 건 확실해요. (엄마가 어떻게 했나요?) "그러면 안 돼."라는 느낌의 뭔가였어요. 저는 기분이 좀 나빴던 걸로 기억해요. (어떻게 나빴나요?) 아, 그렇게 하지 말았어야 했는데 같은. 그리고 더 이상 키친타월을 가지고 놀지 못해서 슬펐어요.

예제 2

(특별한 대상에 관한 초기 기억?) 네. 저는 월버라고 부르는 돼지 인형을 가지고 있어요. 월버[7]의 피부가 그렇듯, 얘도 분홍색이에요. 월버가 귀여워서 저는 매일 밤 얘랑 같이 자요. 월버의 발은, 음, 월버는 작고 발이 갈라지고 있는데, 저는 어떻게 해야 할지 모르겠어요. 잠잘 때 제가 뜯어 버리는 것 같은데 모르겠어요. 그런 건 기억이 안 나요. 월버가 그냥 가 버리거든요. 그게 제가 말하려는 거예요. 모르겠어요, 제 생각엔 월버의 발에서 솜이 빠져나간 것 같아요. (구체적인 시간은?) 매일 밤 잘 때요. 저는 휴가를 보낼 때 항상 월버를 데려가곤 했어요. 고등학생 때 저는 휴가를 갔는데, 월버도 같이 데려갔어요. 그리고 실수로 월버를 거기에 두고 왔어요. 월버는 침대 밑에 있었는데, 제가 짐을 싸고 있는 동안에는 안 보였어요. 그리고 집에 와서 월버를 찾았는데, 찾을 수가 없었어요. 그래서 호텔에 전화했더니 청소부 아줌마가 하루 전에 월버를 발견해서 이미 저한테 택배로 보냈다고 했어요. 저는 더 이상 월버와 매일 밤 함께 잘 필요가 없어요. 지금처럼, 저는 월버가 제 침대 아래에 있는 것을 알지만, 월버를 데려오려고 침대 아래로 내려가진 않아요. 월버가 방에 있다는 걸 알면 괜찮아요. 음, 뭔가 좀 이상하게 들리네요. 제 말은, 월버 없이 자는 게 괜찮아요, 그냥 편안한 것 같아요.

예제 3

이건 1940년의 멕시코시티예요. 그림 속 남자는 폴란드에서 왔고, 나치의 점령에서 벗어나 중앙아메리카로 겨우 왔어요. 이야기를 하려면 남자가 그해 초에 만났던 여자부터 시작해야 해요. 이 여자는 남자에게 스페인어를 가르쳤던 언어 교사였어요. 여자는 남자에게 자신이 사랑에 빠졌고 당신이 이곳에 머무르길 바란다고 말해요. 그리고 우리는 결혼해야 하고, 여기 남자의 아파트에서 함께 삶을 꾸려야 한다고 말하고 있어요. 남자의 아파트는 작고, 줄줄이 늘어선 아파트 사이에 있어서 사람들로 붐벼요. 여기서는 이웃집 안을 살펴볼 수

---

7) 역자 주: 영문 동화 『샬롯의 거미줄(Charlotte's Web)』에 나오는 주인공 돼지의 이름

있는데, 이것만 봐도 남자가 잘 살지 못한다는 걸 알 수 있어요. 남자는 멕시코시티에 머물고 싶지 않아 하고, 자기 고향인 폴란드로 가서 나치의 점령에 맞서 싸우고 가족과 나라를 해방시키길 원해요. 남자는 여자를 정말 사랑하지만 자신과 함께 가는 건 여자에게 너무 위험한 일이기 때문에 차마 여자에게 함께 가자고 말하지 못해요. 남자는 돌아오지 못해서 후회할 거라는 걸 알고 있어요. 그래서 여자의 삶을 위해 남자는 여자에게 결혼하지 않을 거라고 얘기해요. 여자는 울고, 비탄에 빠지고, 결국 떠나 버려요. 남자는 계속 일을 해요. 스페인어 실력은 매우 초보지만, 남자는 도시 유지에 필요한 많은 말이 사육되는 마구간에서 일할 수 있었어요. 남자는 돈을 아껴요. 그리고 어느 날 우연히 또 다른 폴란드 이주민이 음식을 사기 위해 시장에 와요. 남자는 동포를 알아보고 대화를 시도해요. 이들은 비슷한 성향의 사람으로 구성된 저항 연맹을 함께 결성해요. 그리고 유럽 전쟁에 참전해 달라고 미국 정부에 청원해요. 또한 멕시코 주재 미국 대사에게 청원해요. 이들은 미국과 일본이 참전하고, 그리고 얼마 지나지 않아 유럽과의 전쟁에 돌입하는 1941년까지 이 일을 계속 해요. 그런 다음 남자는 미국으로 가서 시민이 되고, 유럽에서 싸우기 위해 입대해요. 야간 공격과 임무를 수행하는 특수전 부대에 배치돼요. 남자는 부상을 입게 되고, 전쟁의 막바지에 초토화된 국가를 목격하고 황폐해진 자신을 마주하는데, 이 사실을 인정하지 않아요. 그러곤 자신이 행복했던 시절을 회상해요. 남자가 다시 멕시코시티로 돌아가고 몇 개월 후에, 몇 년 전에 사랑했던 여자의 행방을 알아내요. 여자는 남자가 떠나기로 결정한 것에 대해 여전히 화가 나 있지만, 남자를 이해하고 다시 결혼하기로 마음먹어요.

예제 4

흠, 이 남자는 괴짜고, 죽은 여자랑 성관계하는 걸 좋아해요. 그래서 남자는 시체 안치소에서 이 소녀를 훔치고 있는데, 누군가가 막 문을 열었고, 남자는 얼굴에 비치는 빛을 가리고 있어요. (감정은?) 누군가가 자신의 즐거운 시간을 망쳐서 화가 났어요. (생각은?) 자신이 감옥에 가게 될 거라고 생각해요. (결말은?) 남자는 감옥에 가요.

예제 5

저는 부모님에 관한 막연한 기억을 가지고 있어요. 새크라멘토에 있는 부모님의 아파트에 대해 기억나는 게 하나 있는데, 그건…… 우리가 놀러 가곤 했던 높은 담이 있는 운동장과 공원이 기억나요. 그리고 사건은 기억나지 않지만 엄마가 아빠한테 말하던 이야기가 기억나네요. 한번은 운동장에 장난감을 가지고 나갔는데 아이들이 빼앗아 갔어요. 나중에 한 애가 장난감을 돌려주면서 미안하다고 말했어요. 저는 정말로 걔가 미안하다고 느꼈는지, 아니면 엄마가 그렇게 하라고 했기 때문에 걔가 장난감을 돌려줬는지를 전혀 모르겠어요.

예제 6

한 부부에 관한 거네요. 남자는 전쟁에 나가려고 하는데 아내는 남편이 가지 않길 바라요. (생각은?) 남자는 입대하는 게 의무라 여기고 제시간에 도착해야 해야 한다고 생각하고 있어요. 여자는 남편이 자신을 혼자 내버려 두고 떠나려고 해서 무섭고 슬퍼요. (남자의 감정은?) 이미 떠나기로 결정했고 책임감을 느끼고 있지만 조금 슬프기도 해요. (결말은?) 포옹하고 작별 인사를 해요. (미래는?) 남자가 돌아와서 가정을 꾸릴 거예요.

예제 7

(따뜻하고 포근한 느낌을 주는 최초 기억은?) 침대에 누워 있을 때요. 제가 어렸을 때 우리 엄마는 매일 밤 저랑 같이 기도하곤 했어요. (기억나는 구체적인 시기가 있나요?) 음…… 우리가 첫 번째 집에 살았던 시절의 어느 날 밤이었어요. 제가 다섯 살쯤 됐던 걸로 기억해요. 엄마는 수호천사 장식을 보여 주면서 벽에 걸어 줬어요. (감정은?) 보호받는 것처럼 느껴지고 정말 기분이 좋았어요.

예제 8

Bob과 Jane은 한 달 넘게 사귀었고, 모든 게 잘 흘러갔어요. 그런데 어느 날 Bob이 "Jane, 당신에게 정말 중요한 말을 해야 할 것 같아. 당신도 알다시피 나는 당신을 사랑하고 늘 그럴 거야. 하지만 나는 군대에 가기로 결심했어."라고 말했어요. Jane은 "오, Bob, 도대체 무슨 소리를 하는 거야? 우리는 결혼하고, 아이를 낳고, 교외에 작은 집을 사려고 했잖아."라고 대답해요. Bob은 "나도 알아. 하지만 나는 조국을 위해 일해야 해. 많은 국민이 죽어 가고 있어."라고 말했어요. Jane은 Bob이 마음을 바꾸지 않으리라는 것을 잘 알고 있었기 때문에 Bob을 보내 줬어요. 두 달 후, Jane은 Bob이 전사했다는 편지를 받아요.

예제 9

저는 애리조나로 이사하기 직전에 템파에서 엄마랑 새아빠랑 같이 살았어요. 둘은 크게 싸웠고, 저한테 편을 고르라고 말했어요. 새아빠는 저를 데리고 가려고 저한테 몰래 돈을 주려 했고, 저는 새아빠랑 같이 가고 싶었지만 엄마랑 같이 가는 게 바람직한 일이라는 걸 알고 있었어요. 이 일로 옛날에 엄마랑 아빠가 싸웠을 때가 생각났는데, 그때도 저는 한쪽 편을 들었어야 했어요. (기분이 어땠나요?) 괴로웠던 것 같아요. 저는 중간에 끼고 싶지 않았고, 새아빠 편을 들어서 엄마의 기분을 상하게 하고 싶지도 않았어요. 그리고 엄마랑 같이 가서 새아빠의 기분을 상하게 하고 싶지도 않았어요. (그 후에 무슨 일이 있었나요?) 모르겠어요.

예제 10

이 그림에서 남자는 형사고 이제 막 범죄 현장에 왔어요. 형사는 이런 걸 수도 없이 많이 봤겠지만, 여전히 현장에서 엄청 고통스러워해요. 이 형사는 조금 특별해요. 형사는 자기 직업 때문에 냉담해지거나 지치지 않았어요. 그래서 살해당한 피해자를 잘 몰라도 많이 신경 썼어요. 몇 주 후 수사가 끝나 갈 무렵에 형사는 피해자에 대해 많은 걸 알게 됐어요. 결국 형사는 증거 덕분에 살인자를 잡고, 살인자는 재판을 받아 유죄를 선고받아요. 이 형사는 우리가 우리 주변에 있는 사람들을 공감해야 한다는 걸 일깨워 줘요.

정답

예제 1: 3점
이 초기 기억 이야기는 (아이의 관점으로 보았을 때) 발달적으로 적합한 반응이다. 이 이야기의 주요 주제는 아이가 하지 말아야 할 행동을 해서 혼나는 것이다. 그 결과로 화자는 기분이 '나쁘다'고 느낀다. 양심의 가책이 어느 정도 존재하고 상당히 경직된 방식으로 보상 및 처벌과 관련된 주제에 초점을 둔다는 점을 고려하여 이 이야기는 3점으로 채점한다.

예제 2: 5점
이 이야기에서 화자는 이행기 대상을 챙기는 것을 잊어버렸고, 청소부 아줌마가 이를 소녀에게 다시 보내 주었다. 이는 도덕 가치와 관련된 관습적인 정서에 해당한다. 만약 이야기가 청소부 아줌마의 관점에 중점을 두고 있고, 묘사된 행동에 사려 깊음이 존재한다면 점수는 쉽게 6~7점 범위로 옮겨 갈 것이다. 하지만 이야기가 소녀의 관점에 중점을 두기 때문에 5점으로 채점한다.

예제 3: 7점

이 이야기에는 도덕성에 관한 주제가 두드러지게 나타난다. 첫 번째로 나타나는 도덕적 관심사는 나치와 싸워서 가족과 나라를 해방시키기 위해 폴란드로 돌아가길 원하는 남자 인물에 중점을 두고 있다. 이는 그야말로 관습에 투쟁하는 예시다. 이어서 드러나는 가치는 여자를 향한 남자의 사랑, 즉 남자가 속으로는 여자와 결혼하고 싶어 하지만 동시에 여자를 보호하고 싶어 하는 마음에 중점을 둔다. 남자는 여자의 안전을 보장하기 위해 거짓말을 한다. 누군가는 남자가 '대의(大義)'를 위해 그렇게 행동했다고 생각할 수도 있다. 이후 남자는 '저항 연맹'을 결성하기 위해 더 큰 노력을 하고, 대의를 이루기 위해 전쟁에서 싸울 수 있는 적절한 경로를 찾는다. '진정으로 사려 깊은 행동'과 '타인을 향한 연민'이 존재한다. 결국 남자는 멕시코로 돌아와서 자신이 안전하게 지낼 수 있게 되자 여자에게 진실을 말한다. 따라서 이 이야기는 7점으로 채점한다.

예제 4: 1점

이 이야기는 간단하다. 남자는 자신의 즐거움과 이익을 위해 시체 안치소에서 시체를 훔쳐 유린한다. 남자는 양심의 가책을 느끼지 않으며, 자신의 행동을 들켰을 때 잘못한 일로 감옥에 가게 될 것이라는 사실보다는 성도착적인 행위를 마무리하지 못한다는 사실에 더 집중한다. 따라서 이 이야기는 1점으로 채점한다.

예제 5: 2점

이 초기 기억에서 도덕 내용은 장난감을 빼앗기는 것과 아이가 미안하다고 말하는 것을 포함한다. 하지만 아이가 정말로 사과할 의향이 있었는지, 아니면 강요에 의해서 사과했는지는 분명하지 않다. 이 이야기는 1점에서 시작하지만, 잠재적인 양심의 가책이 존재하기 때문에 2점으로 채점한다.

예제 6: 5점

국가에 봉사하고 헌신하기 위해 전쟁에 참여하는 주제는 일반적으로 5점에서 7점까지 다양한 수준으로 나타난다. 이 이야기는 5점에 해당하며, 남자가 도덕성과 관련된 자신의 생각과 감정을 깊게 다루지 않기 때문에 더 높은 점수를 부여하기가 어렵다. 남자는 입대가 자신의 '의무'라고 여기고, '책임감'을 보이길 원한다. 이는 관습적 표현에 해당하므로 5점으로 채점한다.

예제 7: 4점

이 이야기에는 가치에 관한 도덕적 관심사와 주제가 언급되지 않는다. 이러한 이유로, 이 이야기는 기본 점수 4점으로 채점한다. 이야기에 '기도'와 '수호천사'가 언급되는데, 종교적인 주제는 보통 EIM으로 채점하지만, 해당 이야기는 도덕 주제와 관련이 없는 것으로 보인다.

예제 8: 6점

이 예시에서 남자는 국가와 죽어 가는 국민을 위해 관계에서 자신의 필요와 욕구를 포기한다. 이러한 이유로, 점수는 6~7점 범위에서 시작한다. 남자의 결정에 관한 이유를 보다 풍부하게 논의하지 않으므로 이 이야기는 7점이 아닌 6점으로 채점한다. 만약 남자가 "나도 결혼을 하고 싶지만, 더 중요한 게 있어. 장차 우리와 같은 연인이 교외에 있는 작은 집에서 꿈을 이루며 살 수 있으려면 내가 전쟁에 나가서 싸워야 해. 나보다는 더 많은 사람을 위해 그렇게 할 거야."라고 말한다면, 이는 7점에 해당한다.

예제 9: 3점

이 이야기에는 상반된 도덕 관점이 나타난다. 새아빠는 아이와 함께 살기 위해 아이에게 뇌물을 주는데, 이는 1점 혹은 2점에 해당한다. 그 이유는 누군가에게, 특히 아이와 같이 취약한 사람에게 뇌물을 주는 것은 낮은 도덕성 수준에 속하기 때문이다. 아이의 도덕 관점은 보다 성숙하다. 구체적으로 살펴보면, 새아빠의 행동에도 불구하고 아이는 엄마나 새아빠의 감정이 상하는 걸 바라지 않는다. 아이는 자신이 해야 할 '바람직한' 일은 엄마와 함께 사는 것임을 알고 있다. 아이가 이를 묘사하는 방식은 보상과 처벌보다는 도덕을 둘러싼 관습적인 관점에 더 중점을 두고 있는 듯하다. 따라서 한 인물의 EIM은 1점 또는 2점이고 다른 인물의 EIM은 5점에 해당한다. 최종 점수는 두 관점을 종합하여 3점으로 채점한다.

예제 10: 6점

이 예시에는 전형적으로 EIM 1점에 해당하는 살인과 범죄에 관한 주제가 나타난다. 하지만 이는 배경에 머문다. 전경은 살인 사건을 수사하고 있는 형사에게 초점을 맞춘다. 예를 들어, 전경은 형사가 무고한 사람이 고통받는 장면을 보았을 때 겪는 고통과 형사가 피해자를 어떻게 돌보는지, 형사가 자신이 조사하는 사람에게 어떻게 관심과 호기심을 가지는지, 그리고 타인을 향한 형사의 진심 어린 연민에 중점을 둔다. 결말에서는 정의가 실현된다. 이러한 이유로, 이 이야기는 6점으로 채점한다. 전경 이야기가 배경에 우선한다. 화자가 긍정적인 측면을 묘사하는 정도에 따라 높은 점수를 부여한다. 화자가 살인을 언급했기 때문에 이 이야기는 7점이 아닌 6점으로 채점하지만, 살인은 현재 이야기와 낮은 관련성을 보인다.

EIM의 실증 연구 결과

EIM: 정신병리와 성격

EIM과 정신병리 및 성격 양상 사이의 관련성을 조사한 여러 연구가 존재한다. 몇몇 연구는 임상 및 비임상 표본을 대상으로 분리/개별화(Ackerman et al., 2001) 및 애착(Calabrese, Farber, & Westen, 2005)과 같은 구성개념을 조사했다. 분리/개별화 대 경계 혼란/혼합과 관련하여, Ackerman 등(2001)은 로르샤하 상호자율성(MOA) 척도로 평가한 대상 표상이 더욱 성숙한 외래 환자일수록 TAT EIM에서 더욱 건강한 반응이 나타남을 발견했다. 즉, EIM은 MOA 1(분화의 수준을 반영하는 가장 건강한 반응)과 유의한 정적 상관을 보였다. 또 개인의 반응에서 평정된 MOA 점수 중 가장 낮은 점수(가장 덜 혼란스러운 정도 또는 가장 적응적인 정도)는 EIM과 유의한 부적 상관을 보였다.[8] 앞서 언급했듯이, EIM은 애착 유형과도 연관된다. Calabrese 등(2005)은 대인관계 이야기에서 나타나는 EIM이 상호 애착 척도(RAQ)와 유의한 부적 상관이 있음을 발견했다. 또 부모가 이혼한 사람들에 비해 부모가 결혼 생활을 유지하는 사람들은 더 높은 EIM을 보이는 것으로 나타났다.

EIM, 청소년 성격장애, 실생활 행동 간에 관련성이 존재한다. 예를 들어, DeFife, Goldberg와 Westen(2013)은 임상 장면에서의 다양한 자료를 토대로 SCORS-G를 평정하고 비교했으며, 성격장애로 진단된 청소년의 EIM 점수가 공식적인 성격장애 진단을 받은 것은 아니지만 치료를 받고 있는 청소년의 EIM 점수에 비해 더 낮다는 점을 발견했다. 연구자들은 또한 EIM이 높을수록 전체 기능(GAF)과 학업 기능이 향상되는 반면, EIM 점수가 낮을수

8) 역자 주: 로르샤하 잉크반점검사의 반응에서 상호자율성 척도로 평정한 대상관계 수준 중 가장 낮은 수준이 적응적이고 긍정적일수록 높은 수준의 EIM 반응이 나타남을 의미한다.

록 외현화 행동(체포 기록, 폭력 범죄, 절도, 거짓말, 무단결석, 물질남용)이 증가함을 발견했다. Haggerty 등(2015)은 청소년 입원 환자의 SCORS−G 평정을 조사했고, EIM이 높을수록 개인 치료의 참여도, 입원 시 GAF 점수, 성격 기능, 또래 관계, 학업 기능이 좋고, 섭식장애뿐만 아니라 NSSI 이력이 적음을 발견했다. Gamache 등(2012)은 청소년 성범죄자 표본의 TAT 이야기를 SCORS−Q로 평정하여 조사했다. 연구자들은 성범죄자를 여섯 가지 하위 유형으로 나누었으며, 이러한 하위 유형에 따라 EIM에서 유의한 차이가 나타남을 확인했다. 정신병질−충동적 집단과 자기애−자아중심적 집단은 자기애−복수심을 보이는 집단과 높은 수준으로 억제하는 집단에 비해 더 낮은 EIM을 보였다.

EIM과 우울 관련 증상 및 외부 생활사건 간의 연관성이 밝혀졌다. Huprich 등(2007)은 (문화 감수성을 반영한 자극 도판을 활용하여 평정한) EIM이 낮을수록 자기보고식으로 평정한 우울성 성격장애와 기분부전증 점수가 높다는 점을 발견했다. 아울러 이 연구에서 기분부전증은 낮은 EIM 수준을 예측하는 것으로 나타났다. Stein 등(2015)은 TAT 이야기의 SCORS−G 평정치와 생활사건 자료 간의 관련성을 조사했다. 연구자들은 외래 환자 표본에서 EIM이 아동기 성학대, 아동기 신체 학대, 타살 사고 수준과 유의한 부적 상관을 보임을 발견했다.

EIM과 신체 건강 간의 관계 또한 입증되었다. Richardson 등(2018)은 간단한 초기 기억 프로토콜을 수집했고, EIM 수준이 낮을수록 신체화 비율이 높음을 발견했다.

연구자들은 EIM과 성격, 특히 B군 성격장애의 관련성을 조사했다. Ackerman 등(1991)은 B군 성격장애 환자의 TAT 이야기를 평정했고, 경계선 성격장애(BPD) 환자가 자기애성 성격장애(NPD) 및 C군 성격장애 환자에 비해 TAT EIM 점수가 더 낮게 나타남을 발견했다. 또 EIM은 DSM−IV의 NPD 진단 기준을 충족하는 정도를 부적으로 예측하는 것으로 나타났다. 초등학생의 자기애를 조사한 연구에서도 유사한 결과가 나타났다(Weise & Tuber, 2004). 특히 NPD의 행동 기준을 충족하는 아이들은 임상 통제 집단에 비해 EIM이 더 낮은 이야기를 보고했다.

대상관계 측면과 치료 수준 사이의 관련성을 조사한 연구가 존재한다. Sinclair 등(2013)은 성격평가 질문지(PAI)를 활용한 치료적 돌봄 수준 지표(LOCI)를 개발했다. 연구자들은 TAT EIM 점수가 낮을수록 치료적 돌봄 수준 지표가 상승한다는 점을 발견했다. 달리 말하면, 다양한 PAI 척도를 포함하는 치료 수준과 관련된 지표에서 높은 점수를 보일수록 적응적인 도덕 점수를 받을 가능성이 낮아졌다. 마찬가지로, Bram(2014)은 비임상 표본과 임상 표본의 SCORS−G 점수를 비교했으며, TAT EIM에서 외래 환자 집단 및 입원 환자 집단의 점수에 비해 비임상 집단의 점수가 유의하게 높게 나타남을 발견했다. 연구자는 또한 이 논문에서 SCORS−G 차원, 대인관계 기능, 심리 건강 간의 관계를 조사했으며, 그 결과 전체 표본에서 외로움을 많이 보고할수록 EIM이 낮게 나타났다.

EIM과 심리치료 과정 및 결과

EIM은 치료 변화와도 연관성을 보인다. Josephs 등(2004)은 60대 분열성 여성 환자의 정신분석에서의 임상적 호전을 평가했다. 그 결과, 4년의 치료 과정 동안 EIM에서 유의한 긍정적 변화가 나타났다. Ablon, Levy와 Katzenstein(2006)은 공황장애의 정신역동치료에서 심리치료 내용을 바탕으로 평정한 SCORS-G의 점수를 통해 대상관계 수준의 변화를 조사했다. 임상가들은 평균 21회의 치료 후 환자들이 보고한 이야기에서 EIM 수준이 상당히 향상된 것으로 평정했다. 마찬가지로, Porcerelli 등(2007)은 회피성 남성 환자의 정신분석에서의 임상적 호전을 평가했다. 그 결과, 4년째에 EIM의 긍정적인 변화가 유의하게 나타났고, 이러한 변화는 5년째에도 꾸준하게 유지되었다. 청소년 정신역동 심리치료의 단일 사례 연구에서는 심리치료 내용으로 평정한 EIM이 6개월간의 치료 과정에 걸쳐 유의하게 상승했다(Porcerelli, Cogan, & Bambery, 2011). Mullin 등(2016b)은 대학 진료소를 방문한 외래 환자를 대상으로 정신역동 심리치료의 효과성을 조사했고, 치료 과정에서 EIM이 유의하게 증가함을 발견했다. 또 전반적인 정신병리와 관련된 자기보고 증상과 EIM 사이의 유의한 변화가 입증되었다. 연구자들은 또한 치료 초기에 SCORS-G의 차원과 치료자의 정신역동 기법의 활용 정도 간 관련성을 조사했고, 비교 심리치료 과정 척도(CPPS)로 평정한 열 가지 정신역동 심리치료 기법 중 여덟 가지 기법과 EIM의 변화가 유의하게 연관됨을 확인했다.

추가 연구가 필요한 EIM 관련 구성개념

SCORS-G로 연구하기 시작한 두 가지 분야는 EIM과 꿈 이야기의 관계, EIM과 자극 영향력의 관계다. 꿈 이야기와 관련하여, Eudell-Simmons 등(2005)은 9 · 11 테러 발생 한 달 후에 꿈 왜곡의 정도가 높을수록 EIM이 낮게 나타남을 발견했다.

마지막으로, EIM은 이야기 자료, 특히 TAT 도판 1, 2, 3BM, 4, 13MF, 12M, 14의 자극 영향력을 민감하게 탐지하는 것으로 나타났다. 구체적으로 살펴보면, Stein 등(2013)은 도판 2와 14가 다른 도판에 비해 더 높은 수준의 EIM을 이끌어 내는 반면 13MF는 더 낮은 수준의 EIM을 이끌어 냄을 입증했다. 반복 연구의 일환으로, Siefert 등(2016)은 비임상 표본을 대상으로 TAT 자극(도판 1, 2, 3BM, 4, 14, 13B)이 SCORS-G 평정에 미치는 영향을 조사했고, 다른 도판에 비해 도판 2에서 더 높은 수준의 EIM이 나타나고 도판 3BM에서는 더 낮은 수준의 EIM이 나타남을 발견했다.

사회적 인과성의 이해(SC)

사회적 인과성의 이해(SC): 1 = 혼란스럽고, 왜곡되고, 일어날 가능성이 극도로 희박하고, 이해하기 어려운 방식으로 대인관계 경험을 설명하는 이야기, 제한된 인식과 일관성; 3 = 사람을 합리적이지 않은 단순한 방식으로 이해함, 대인관계 사건을 대체로 이치에 맞게 묘사하지만 경미한 정도의 결함과 부조화가 존재함; 5 = 대인관계 사건을 설명하는 이해하기 쉬운 이야기를 보고하는 경향, 상황을 경험하고 해석하는 방식의 결과로 사람의 행동이 나타남; 7 = 대인관계 사건을 설명하는 일관성 있는 이야기를 보고하고 사람들을 잘 이해하는 경향, 서로의 행동이 서로에게 미치는 영향을 이해함.

* 주의: 화자가 대인관계 사건을 마치 일어난 것처럼 묘사하지만, 사람들이 그렇게 행동하는 이유가 없는 경우[어떠한 인과적 이해가 없는 것으로 보이는, 논리에 맞지 않기(illogical)보다 논리가 없는(alogical) 이야기] 2점으로 채점

개요

SC[1]는 인간의 행동을 이해하는 정도를 평가한다. SC는 이야기의 흐름 및 세부 사항과 더불어, 화자가 사람의 행동과 의도를 일관되고 조직적이며 미묘하게 묘사하는지, 아니면 왜곡되고/와해되고 단순한/경직된 방식으로 묘사하는지를 함께 검토한다. 이 차원은 사람의 반응과 행동이 어떻게 A에서 B, C, D로 이어지는지를 인식하고, 이러한 과정/상호작용에 걸쳐 사람을 깊이 있게 이해하고 묘사하는 역량을 파악한다. 일반적으로 이야기(단어 길이)가 짧을수록 이 차원에서 낮은 점수로 채점되지만, 늘 그런 것은 아니다. 마찬가지로, 이야기가

1) 역자 주: SC는 사람의 행동, 사고, 감정의 원인을 논리적이고 정확하고 복합적으로 추론하며, 심리적 마음가짐을 바탕으로 귀인하는 정도를 평가한다(Westen et al., 1985). 대인관계 행동에 관한 인과적 귀인에 초점을 두고 인간의 행동을 이해하는 정도를 평가한다(Stein et al., 2012).

길수록 높은 점수로 채점되는 경향이 있지만, 항상 그렇지는 않으며, 특히 이야기가 와해된 경우는 예외에 속한다.[2] 전자(짧은 이야기)가 후자보다 훨씬 더 흔하고 빈번하며, 특히 임상 장면에서 그러하다.

이 차원을 채점할 때 고려하면 유용한 두 가지 사항은 다음과 같다. 첫째, (화자가 이야기에서 세부 사항과 인물을 묘사하고 형성하는 정도에 근거하여) 이야기에 등장하는 인물과 함께 있다고 느낄수록 더 높은 점수로 채점한다. 이와 관련하여 생각할 수 있는 한 가지 방법은 영화의 한 장면을 떠올리는 것이다. 즉, 이야기 작가가 당신도 그렇게 생각할 수 있을 만큼 충분한 정보를 제공하는가? 이야기 작가가 사건과 인물을 충분히 상세하게 묘사하는가? 누군가를 몰래 관찰하고 있다는 느낌이 드는가? 둘째, 이야기를 읽을 때, "왜?" "어떻게?" "뭐라고?" 혹은 "어?"와 같은 의문이 드는지를 살펴보라. 이런 질문이 많이 생길수록 더 낮은 점수로 채점한다. 앞의 사항과 관련하여 이러한 의문이 든다면 이야기는 일반적으로 3점, 2점 혹은 1점에 해당한다. 만약 당신이 이야기를 다시 읽고 있다면, 이는 이야기가 어느 정도 와해됐거나 타인에 관한 인식이 부족하다는 신호이기 때문에 3점, 2점 혹은 1점으로 채점할 가능성이 높다.

평정자는 SC와 COM(인간 표상의 복합성)의 상관이 매우 높다는 점에 유의해야 한다. 두 차원은 모두 인지적 측면을 다루며, 인물 묘사에서의 복합성과 인물이 서로에게 영향을 미치는 복합성을 포착한다. 그러나 몇 가지 중요한 차이점이 있다. 첫째, SC는 COM보다 이야기가 조직화된 정도와 더불어 이야기의 논리와 근거를 중점적으로 파악한다. 특히 SC는 화자가 이야기, 보다 일반적으로는 사람과의 상호작용을 어떻게 구성하고 이해하는지에 중점을 둔다. 이는 COM과 일부분 중첩될 수 있지만, COM은 오로지 내적 상태(생각과 감정)와 인물의 융합/분화 수준에 중점을 둔다. 반면, SC는 이야기의 다른 측면(줄거리 전개 등)에 관한 세부 수준을 포함한다.

SC를 1점으로 채점하기 위해서는 일관성이 없거나 너무 짧아서(한두 단어) 줄거리나 인과관계가 전무할 정도로 이야기가 와해되어야 한다.[3] 이야기를 이해할 수 있는 방법이 제한적이며, 화자는 문장이 아니라 단어만을 사용하기도 한다. 이와 관련된 한 가지 예시는 화자가 관련 없는 일련의 생각을 한데 모아서 이야기를 구성하는 경우다. 1점으로 채점할 수 있는 또 다른 예로는 이야기가 조직적이지만 비논리적인(illogical) 경우다. 예를 들어, 신체 고통을 겪고 있는 환자가 다른 사람이 이 통증을 유발한다고 추측하는 것이다. 또 다른 예로, 한

---

2) 역자 주: 긴 이야기는 주로 높은 SC 점수와 관련이 있으나 이야기가 혼란스럽고, 이해하기 어렵고, 모순적이거나 비논리적이고, 와해된 방식으로 사건을 묘사한다면 낮은 점수로 채점한다.

3) 역자 주: 극심한 와해, 비일관성, 지나친 모순, 원인과 결과가 없는 하나의 간단한 문장은 1점으로 채점한다.

환자가 집에 혼자 있을 때 편두통을 겪었는데 이웃이 자신의 편두통을 일으켰다고 추측하는 경우다. 환자는 이러한 경험을 조직화된 방식으로 묘사할 수 있지만, 이는 비논리적이고 불가능하다. 앞선 예시는 손상된 방식으로 인간의 행동을 이해하는 경우에 속한다.

2점으로 채점하기 위해서는 적어도 하나의 문장이 존재해야 한다. 비교적 약한 수준의 혼란이나 왜곡 혹은 비일관성이 나타날 수 있다. 2점으로 채점하는 경우를 살펴보면, 이야기에서 어떤 일이 일어나고 있는지를 어느 정도 이해할 수는 있지만 사고 이탈(tangentiality)과 비효율성으로 인해 화자가 말하는 요점을 파악하기 힘들다(화자는 이야기의 요점과 관련 없는 세부 사항에 초점을 맞추고, 사고 과정에서 길을 잃어버리거나, 혹은 A 지점에서 B 지점을 거쳐 C 지점으로 이동할 때 직선적인 방식으로 나아가지 못한다). 2점으로 채점하는 또 다른 예는 이야기가 조직적이지만 지나치게 경직되거나 논리가 없는(alogical) 경우다. 이러한 경우, 화자가 묘사하는 사건에는 사람들이 왜 그렇게 행동하는지에 관한 이해와 설명이 존재하지 않는다. 마지막으로, 2점은 자신과 타인에 관한 잘못된 해석이 담긴 조직화된 이야기로 요약할 수 있다(근거 또는 논리가 부족하나 완전히 비논리적이지는 않다). 이와 관련된 예시로, 치료자가 상담에 늦은 상황에서 환자는 어떠한 증거도 없이 치료자가 자신을 시험하고 일종의 심리전을 하기 위해 상담에 늦은 것이라고 결론을 내린다. 앞서 언급했듯이, 이 차원을 평가할 때는 스스로에게 "이것이 합리적인/타당한 반응인가?" "이 사람이 이러한 방식으로 행동하는 이유에 관한 정보가 존재하는가?"와 같은 질문을 하라. 질문에 대한 답이 '그렇지 않다'라면, 1점이나 2점으로 채점할 가능성이 높다. 두 질문 모두에 대한 답이 '그렇다'라면, 점수는 3점에서 시작한다.

3점으로 채점하기 위해서는 이야기가 일관되고 조직적이어야 한다. 그러나 이야기는 매우 단순한 수준에 머문다. 이야기를 살펴보면 "왜?" 또는 "어떻게?"와 같은 의문이 들기도 하며, 인물 사이의 상호작용이 더 구체적으로 나타나길 바라기도 한다. 이야기에 약간의 결함과 부조화가 존재할 수 있으나,[4] 이는 경미한 수준에 그치며 이야기에서 지배적인 위치를 차지하지는 않는다. 이야기에서 나타나는 화자의 시각을 '사건을 바라보는 한 가지 방법'으로 간주할 수 있다. 유의할 것은 화자가 이야기에서 도출한 해석이 전반적으로 이해되긴 하지만 미묘하거나 복합적이지는 않다는 점이다. 이를 정교함이 부족한 관습적인 반응으로 생각하여도 무방하다. 예를 들어, 주제통각검사(TAT) 도판 1에 대한 반응으로 수검자가 다음과 같이 말할 수 있다.

---

4) 역자 주: 대인관계 사건 묘사에서의 논리적 오류는 인지적 오류(cognitive error)의 개념을 참고하면 유용하다.

바이올린이 있네요. 부모가 소년에게 이걸 줬어요. 소년은 바이올린을 연주하고 싶지 않지만, 어쨌든 해야 해요. 아니면 부모가 소년이 밖에 나가지 못하도록 할 거예요. 소년은 결국 연습을 하고 나서 친구랑 놀러 나가요.

또 다른 예로, 등교 첫날에 관한 다음과 같은 초기 기억 이야기를 들 수 있다. "저는 신났죠. 형은 학교를 좋아했는데, 그래서 저도 가고 싶었어요. 저는 학교에 갔고, 학교 가는 걸 좋아했어요. 거기서 친구를 만났고, 엄마가 나중에 저를 데리러 왔어요." 이처럼 이야기가 단순하고 명료하지만 정교하지 않다면 3점으로 채점한다.

중간 점수 4점은 이야기에서 사람들의 행동과 상호작용에 관한 정보가 '충분히' 나타나고, 사람들이 조직적이고 직선적인 방식으로 의사소통함을 반영한다. 이야기는 매우 단순한 수준에 머무는 것은 아니지만, 그렇다고 지나치게 세부적인 내용을 다루지도 않는다. 즉, 이야기에 약간의 공백과 부조화가 존재한다.[5]

5~7점[6]은 화자의 반응에서 자신과 타인에 관한 이해가 적응적이고 풍부함을 반영한다. 화자는 사건에 관한 경험과 해석을 보다 포괄적이고 상세하게 묘사한다. 5점으로 채점하기 위해서는 화자가 사건을 해석할 뿐만 아니라 인물의 경험을 설명할 수 있어야 하며, 이러한 경향이 증가할수록 6, 7점으로 점수가 상승한다. 5점은 화자가 이야기에서 무슨 일이 일어나는지를 상세히 묘사하지만, 인물이 특정한 방식으로 생각하고 느끼고 행동하는 이유를 섬세하게 설명하지 못함을 반영한다(앞서 언급했듯이, 이러한 점은 COM에도 적용된다). 행동에 대한 해석이 존재하더라도 이는 간략하고 단순한 수준에 머문다. 대조적으로, 6점과 7점에서는 인물의 행동이 타인에게 미치는 영향과 타인의 행동이 인물에게 미치는 영향에 관한 복합성과 인식의 수준이 점차 증가한다(다시 말하지만, 이러한 점은 COM에도 적용된다). 또 화자는 더욱 세부적인 방식으로 인물의 행동을 해석한다. 인물이 서로의 행동을 해석하고 영향을 주고받는 정도는 점수를 결정한다. 구체적으로 살펴보면, 5점에서는 인물의 행동을 상세하게 이해하나 행동을 해석하는 방식은 간략하며 단순하다. 6점에서는 모두는 아니더라도 일부 주요 인물에 관한 상세한 이해와 해석이 나타난다. 그리고 7점에서는 모든 주요 인물에 관한 상세한 이해와 해석이 나타난다. COM과 같이, SC에서도 자기와 타인을 묘사하는 역량의 수준을 고려하는 것이 중요하다. 자기와 타인에 관한 묘사가 정교할수록 높은 점수

---

5) 역자 주: 이야기의 전반적인 과정이 나쁘지 않으나 간혹 중간 과정이 생략된 경우, 이야기의 구성이 깔끔하게 완성되지 못한 경우(결말의 부재), 결말을 일부러 만들어 내는 경우 등이 여기에 속한다.

6) 역자 주: 이야기에 일관성을 부여하는 함의(교훈), 이야기의 제목, 넓은 의미, 핵심 구절 등을 보고한다면 5점 이상으로 채점한다.

로 채점한다.

SCORS-G 평정: 1~7점까지의 SC 예시

1점

TAT 이야기　아, 휴식과 여유, 즐거움, 공간, 혼자만의 시간, 나를 위한 시간, 신선한 공기.

해설　이 예시를 살펴보면, 수검자는 도판 14에서 자유연상을 한다. 수검자는 인물, 더 광범위하게는 도판에서 발생하는 상황에 관한 조리 있는 이야기를 만들지 못한다. 따라서 이 이야기는 1점으로 채점한다.

2점 (제한된 인식과 일관성)

초기 기억 이야기　제가 살면서 처음으로 혼났던 게 아마 세네살 쯤이었을 거예요. 언니가 초콜릿을 전부 독차지하곤 했기 때문에 저는 침대 밑에 초코바를 놔뒀어요. 엄마가 초코바를 사 줬을 때 저는 혼자서 먹으려고 초코바를 침대 밑에 넣어 뒀어요. 그런데 초코바를 거기 놔뒀다는 걸 까먹었어요. 2~3일 후에 초콜릿은 카펫에 다 녹아내렸고, 벌레가 가득 꼬였어요. 엄마가 카펫에 껌이나 음식, 사탕을 놔두는 걸 좋아하지 않아서 저는 엄청 혼났어요. 우리는 침대를 치워야 했고, 저는 엄마에게 손을 맞았어요. 엄마는 엉망이 된 카펫을 깨끗하게 치웠고, 언니는 제가 혼나는 걸 보고 비웃었어요. (감정은?) 음, 저는 혼날 만했어요. 아까 말했듯이, 그건 제 잘못이고 엄마한테 미안했지만, 엄마가 저를 때린 거에는 별로 화나진 않았어요. 저는 맞을 만했어요. 맞는 거에는 별로 신경 쓰지 않았어요. 사실 꽤 행복했어요. 저는 언니랑 같이 웃고 있었죠. 엄마가 가고 나서, 우리는 TV를 켜고 비디오 게임을 했어요. 저는 이게 제 어린 시절 중 가장 좋은 기억이라고 생각해요. (이게 당신이 가지고 있는 가장 좋은 기억인가요?) 저는 이 기억이 꽤 재밌는 것 같아요. [웃음]

해설　이 이야기에는 발생한 일과 관련된 세부 사항이 존재하며, 이 자체만 놓고 본다면 높은 점수로 채점할 수 있다(적어도 4점). 더 구체적으로 살펴보면, 화자는 사건을 분명하고 조직화된 방식으로 설명한다. 하지만 화자가 자신의 행동과 더불어 엄마의 행동을 해석하는 방식에는 다음과 같은 손상된 측면이 드러난다. 첫째, 화자는 부모의 체벌을 '마땅히 받아야 하는' 것이라고 느낀다. 둘째, 화자는 이 이야기가 부정적인 사건임에도 불구하고 자신이 가장 좋아하는 기억이라고 말한다. 셋째, 화자는 부정적인 사건이 긍정적인 정서를 유발한다고 보고한다("저는 이 기억이 꽤 재밌는 것 같아요."). 이것이 와해된 반응에는 해당하지 않으므로 1점으로 평정하지는 않는다. 그렇다고 해서 화자가 이끌어 낸 결론이 3점에 이를 만큼 '합리적인' 것도 아니다. 따라서 이 이야기는 1점과 3점 사이인 2점으로 채점한다.

2점 (와해된 이야기)

TAT 이야기　이 소녀는 교회에 가고 있어요. 소녀는 손에 성경책을 들고 있는데, 저처럼 중서부 출신이에요. 그리고 이 사람은 소녀가 자랑스러워하는 어머니고, 지금 임신 중이고, 밭을 갈고 있는 사람은 열심히 일하는 아버진데, 부모님은 소녀에게 별 관심이 없는 거 같고, 소녀는 이 그림에는 없는 뭔가에 관심을 가지고 있어요. 아마 공상에 빠진 거 같아요. 아마 교회로 걸어가는 소년에 관한 생각일 거예요. 저는 왜 부모님이 소녀랑 같이 가지 않는지 모르겠네요. (이야기는?) 오클라호마로 이사 온 이민자들이에요. 이들은 독일인이고 열심히 일해요. 오클라호마주에서 운영하는 농장에 있고, 아름다운 땅과 아름다운 말을 가지고 있어요. 그리고 이들은 가족인데, 이 소녀와 부모뿐이고, 이제 소녀는 거의 다 자랐고, 또 소녀의 어머니는 임신했는데, 소녀는 이렇게 나이가 들었을 때 형제자매가 생기는 것은 정상이 아니라는 생각이 들어서 기분이 이상해요. 그리고 소녀의 어머니는 약간 시큰둥해요. 어머니는 배에 손을 얹고 있는데, 지나가는 딸한테 별 관심을 보이지 않아요. 소녀는 교회에 가는 길이고, 거기에 도착하면 아름다운 검은 머리 소년이 성가대에 있을 거고, 소년은 말을 할 거예요. …… 아니, 이 소년은 성가대가 아니고 그냥 교회에 있어요. …… 그리고 소녀는 "우리 나중에 결혼하자."라고 말할 거예요. 이건 우리 할머니 이야기예요. [웃음] 소녀는 검은 곱슬머리를 좋아하는데, 소년이 자신보다 세 살이나 어리긴 하지만, 소녀는 금방 사랑에 빠져요. 그래서 소녀는 교회에 가고 이 짙은 머리색을 가진 소년을 만나는데…… 소녀는 교회에서 오빠를 데리러온 한 친구를 보게 되고, 이내 사랑에 빠져 버리고, 그러고는 치안 판사 앞에서 결혼하고 아홉 명의 아이를 키우며 아주 행복해해요. 끝. …… 이들은 아마 큰 집과 말이 있기 때문에 틀림없이 부유할 거예요. …… 하지만 사실 여긴 오클라호마가 아니에요. 아마 분명히 뉴잉글랜드일 건데, 제가 방금 바다가 있는 걸 봤거든요. 오클라호마에는 강이나 바다 같은 건 전혀 없어요.

해설   이 예시에는 여러 인물이 묘사되고 이들은 어느 정도 상호작용하고 있지만, 이야기 자체는 와해되어 있다. 수검자가 묘사하는 내용의 요지는 어느 정도 파악되므로, 이를 고려할 때 최소한 2점 이상으로 채점할 수 있지만, 이야기가 일관성 있거나 논리적으로 묘사되지는 않는다. 따라서 이 이야기는 2점으로 유지된다.

2점 (비논리적이기보다 논리가 없는 이야기)

TAT 이야기   남자가 창문을 열어요. 남자는 밖을 봐요. (생각은?) 창문을 열고 싶다고 생각해요. (왜?) 문이 닫혀 있어서 열고 싶었거든요. (감정은?) 밖은 추워요. (결말은?) 얼마 후에 남자는 문을 닫아요.

해설   이 이야기는 일관되고 조직적이지만 극도로 경직되어 있다. 수검자는 남자가 왜 창문을 열고 있는지 이해하지 못한다. 남자가 창문을 더워서 열었는지, 뭔가를 보고 싶어서 열었는지 등의 이유를 알 수 없다. 이는 논리가 없는 것에 해당한다. 남자가 동작을 취하더라도, 남자의 내면세계에 관한 이해 및 평가와 남자를 움직이게 한 동기는 제한적이다. 따라서 이 이야기는 2점으로 채점한다.

3점

초기 기억 이야기   저는 엄마랑 같이 학교에 갔고 언니를 반에 데려다줬는데, 우리는 바로 옆 반이었거든요. 선생님이 저를 소개해 줬는데, 저는 긴장해서 잠시 동안 엄마 뒤에 서 있었어요. 하지만 결국 잘 넘어갔어요.

해설   이 예시는 상당히 단순한 이야기다. 이야기는 조직적이고, 인물은 논리적인 방법으로 묘사된다. 엄마가 아이들을 학교에 데려다주는 것이 특징적이다. 아이들이 입학을 걱정하는 것은 흔한 일이다. 간결함으로 인해 이 이야기는 4점이 아닌 3점으로 채점한다. 이 사건에 관한 세부 정보가 더 있으면 더 높은 점수로 채점할 수 있다. 특히 화자는 대체로 핵심 위주로만 이야기를 묘사한다. 더 많은 정보가 존재한다면 3점이나 4점으로 채점하는 데 단서가 될 수 있다.

4점

TAT 이야기   나쁜 쪽이 아닌 좋은 쪽으로 생각해 봐야겠어요. 어느 날 이른 아침, Tom은 다른 사람들보다 일찍 일어났어요. 해는 이제 막 떠오르기 시작했어요. Tom은 커피 한 잔을 따라서 헛간으로 갔어요. Tom이 헛간으로 걸어 들어갈 때 건초의 신선한 냄새가 코로 스며들었어요. 어쩌면 소와 닭이 우는 소리를 들었을지도 몰라요. Tom이 그걸 알아채기도 전에 수탉이 울었어요. Tom은 집으로 돌아왔어요. 그리고 위층으로 올라가 창문을 열고 가족이 잠든 동안 아름다운 일출을 봤어요. (기분은?) 행복하고 살아 있음을 느껴요.

해설   이 예시에는 인물의 행동, 생각, 의도를 설명하는 충분한 세부 사항이 존재한다. 이러한 점은 인물의 경험에 관한 충분한 근거를 제공한다. 인물은 현재 순간에 주의를 기울이며, 이야기는 공백과 모순 없이 충분히 상세하다. 그러나 이야기에는 인물의 행동에 관한 단순한 묘사만 있을 뿐 해석이 없다. 이로 인해 이 이야기는 5점이 아닌 4점으로 채점한다. 만약 인물의 행동에 관한 해석이 이야기에 존재한다면 더 높은 점수로 손쉽게 채점할 수 있다.

5점

TAT 이야기   옛날에 Anthony라는 소년이 있었어요. 소년은 바이올린을 연주하려고 했는데, 한번은 줄이 끊어져서 매우 슬펐어요. 소년은 연주하는 걸 정말 좋아하는데 이런 상황을 원치 않았어요. 소년은 어떻게 해야 할지 몰라서 책상 위에 바이올린을 내려놓고는 뭘 해야 할지 계속 생각했어요. 결국 소년은 시내에 가야 한다고…… 가게 점원이 바이올린을 고칠 수 있는지 알아보러 가게에 가야 한다고 생각했어요. 그래서 소년은 가게로 걸어가서 점원에게 줄이 있는지, 또 바이올린을 고쳐 줄 수 있는지를 물었어요. 점원은 줄을 팔지는 않지만 바이올린을 고쳐 줄 수 있고, 원하면 공짜로 조율해 줄 수 있다고 말했어요. Anthony는 좋다고 말했어요. 점원이 바이올린을 수리하는 동안 소년은 가게 주위를 돌면서 다른 악기들을 봤어요. 그리고 피아노를 봤고, 바이올린 수리를 기다리는 동안 앉아서 연주하려고 했어요. 어떻게 연주해야 하는지 모르지만 그냥 재미로 연주하고 놀았어요. 그러면서도 꾸준히 바이올린을 생각했어요. 그리고 무대 위에서 자기가 바이올린을 연주하는 모습을 상상했어요. 자기는 바이올린을 연주하고 친구는 피아노를 연주하는 상상을 했어요. 상상이 다 끝나 갈 무렵, 점원이 "바이올린이 다 고쳐졌단다."라고 말했고, 소년은 감사하다는 말을 하고는 집으로 뛰어 들어와 다시 바이올린을 연주하기 시작했어요.

해설 이 이야기는 상세하고 조직적이다. 수검자는 아끼는 바이올린이 고장 났을 때 소년이 느낀 바를 순차적으로 설명한다. 이전 이야기보다 더 자세한 내용이 존재하며, 소년과 함께 가게에 있는 것처럼 느껴지기도 한다. 이야기에는 바이올린 고장이 소년에게 미치는 전반적인 영향에 관한 적절한 근거가 존재한다. 기준점에서 언급한 대로, 이 이야기는 '상황을 경험하는 방식의 결과로 사람의 행동이 나타나는 사건을 이해하기 쉽게 설명함'에 해당한다. 오로지 사건 혹은 행동에 관한 해석만 존재하기 때문에, 이 이야기는 더 높은 점수(6, 7점)로 채점하지 않는다.

6점

TAT 이야기 Tom은 발레를 좋아해요. 사실 Tom은 훌륭한 발레리노예요. 하지만 아무도 이걸 몰라요. Tom은 댄스 스튜디오에 야간 경비로 고용됐어요. Tom은 밤에 어두울 때만 혼자서 춤을 연습해요. 만약 누가 Tom을 본다면, 발레를 감상하며 정말 우아하고 아름답다고 느낄 테지만, Tom은 스스로 발레가 남성적이지 않다고 여기면서 이 생각을 바꾸질 못해요. Tom은 음악에 맞춰 발레를 하는 것을 향한 열정이 점점 커지는 걸 부끄러워하기 때문에 거울에 비친 자신의 모습조차 보질 못해요. Tom은 발레가 적성에 맞고, 그 어떤 것도 발레만큼 잘할 수 없다는 걸 분명히 알지만, 아직 불을 켜 놓을 만큼 이런 마음이 충분하진 않아요. 그래서 밤마다 스튜디오가 텅 비고 어둑해지면, Tom은 어둠 속에서 춤을 출 거예요.

해설 이전 이야기와 마찬가지로, 이야기를 살펴보면 인물과 함께 해당 장소에 있는 것처럼 느낄 수 있으며, 수검자는 훨씬 섬세하고 미묘한 방식으로 이를 묘사한다. 이야기는 조직적이고 논리적일 뿐만 아니라 화자는 인물이 발레를 좋아하지만 부끄러워하는 행동을 하는 이유를 이해하기 쉽게 설명한다. 인물의 행동과 부적절감을 느끼는 까닭에 관한 해석도 나타난다. 인물이 스스로를 어떻게 느끼는지, 그리고 이러한 느낌이 타인에게 자신의 재능을 보여 주길 주저하는 것에 어떤 영향을 미치는지에 관한 풍부한 이해가 나타난다. 6, 7점 범위에는 행동에 관한 설명과 더불어 내적 상태가 함께 존재한다(여기서 COM과 SC의 유사점이 강조된다). 이 이야기는 세부 사항으로 인해 7점이 아닌 6점으로 채점한다. 인물이 부적절감을 느끼는 이유에 관한 정보가 더 강조되거나 인물의 양가감정이 더 명백하게 드러난다면 7점으로 채점할 수 있다. 이러한 점은 7점 예시를 살펴보면 더욱 명확해진다.

7점

TAT 이야기　　여긴 1950년의 오하이오주 클리블랜드예요. 이 그림에 나오는 사람은 열네 살 소년이고, 달리기에 열정을 가지고 있어요. 소년은 자기한테 선택권이 거의 없다는 걸 알고 있어요. 아버지처럼 학교를 일찍 그만두고 주조 공장에서 일하거나, 아니면 육상 경기에서 메달을 따서 좋아하는 미식축구 팀이 있는 오하이오 주립대학에 갈 수도 있는데, 소년은 미식축구를 할 만큼 키가 크지 않은 데다 그러면 아버지가 실망할 게 뻔해요. 그래도 소년은 학교까지 5.6km가 되는 거리를 버스를 타지 않고 매일 달려서 등하교해요. 학교 근처의 가파른 언덕에 있는 마을 시계와 집에 있는 시계로 시간을 재면서요. 소년은 시간을 맞추려고 굉장히 신경 쓰는데, 그래야 정확한 시간을 확인하고 자신이 얼마나 나아지는지를 기록할 수 있어요. 소년은 매일 달리면서 자신을 밀어붙여요. 그리고 이날 소년은 엄청 열심히 운동하고 집에 와서 벤치에 주저앉아서 책을 바닥에 떨어뜨리고는 숨을 돌리려 해요. 소년은 아버지에게 육상 경기에 나가 최고의 중거리 주자가 되어 학교를 일찍 그만두지 않을 거라고 말해요. 아버지는 아들의 말에 반대하면서 학교에 다니는 건 시간 낭비라고 생각해요. 이 일로 3년 동안 둘 사이의 거리가 멀어지게 되지만, 소년이 육상 경기에서 메달을 따고 훌륭한 육상 선수가 되면서 사이가 조금씩 다시 가까워져요. 결국 소년은 오하이오 주립대학에서 전액 장학금을 받아요. 아버지는 평소 감정을 거의 드러내지 않지만, 아들에게 엄청난 대견함이 담긴 악수를 건네고 아들을 콜럼버스에 있는 학교로 보내 줘요.

해설　　이 예시에서 수검자는 인물을 매우 상세하고 일관된 방식으로 설명하며 이야기를 구성한다. 이야기를 살펴보면 아들과 아버지의 생각을 모두 확인할 수 있고, 둘의 생각이 어떻게 다른지를 구별할 수 있다. 화자는 학교에 가서 육상 선수가 되려는 열망이 아들에게 얼마나 중요한지, 그리고 이 열망이 아버지와의 관계에서 어떤 갈등을 유발하는지를 묘사한다. 동시에 아버지는 아들이 얼마나 뛰어난지를 이해하고, 학교가 '시간 낭비'라고 했던 과거의 생각을 돌이켜 본다. 이를 통해 아버지는 아들에게 자부심을 느끼며 (악수로) 아들을 축하해 준다. 상호작용의 복합성과 더불어 두 인물이 서로에게 어떤 영향을 미치는지에 관한 인식이 나타난다. 따라서 이 이야기는 7점으로 채점한다.

1~7점까지 SC 구조화하기

TAT 이야기

■ 1점
부정(不貞), 죄인, 도둑놈

■ 2점
남자와 여자는 간통을 저질렀어요. 간통은 절대로 해선 안 되는 거예요.

■ 3점
남자랑 여자는 바람을 피우고, 죄책감 속에서 살고 있어요. 둘은 5년 넘게 배우자에게 불륜을 숨겨 왔어요. 남자는 약간 죄책감을 느끼고 있어요. 여자는 밤새 자고 있어요. 나중엔 둘 다 일하러 가요.

■ 4점
이 두 사람은 기혼이에요. 둘은 직장 동료고 일을 마친 후에 술을 마시러 나갔어요. 둘 사이에는 항상 성적 긴장감이 흘렀죠. 어떻게 하다 보니, 둘은 결국 모텔에서 성관계를 가지게 됐어요. 여자는 자고 있지만 남자는 깨고 나서 엄청난 죄책감을 느껴요. 남자는 여자가 일어나기 전에 몰래 빠져나가고 싶어 해요. 남자는 집으로 돌아가는 걸 걱정하고 있어요.

■ 5점
이 두 사람은 기혼이에요. 둘 다 삶에 만족하지 못하고 있어요. 둘은 직장 동료예요. 둘 사이에는 항상 성적 긴장감이 흘렀죠. 한동안은 순전히 집적거리는 정도였지만, 그 이상으로 다가가진 않았어요. 오늘 밤에 이 둘은 사업상 중요한 거래를 성사시켰는데, 그게 술을 마시러 나갈 구실이 됐어요. 둘은 술집에 갔고, 한 잔이 두 잔이 되고 그렇게 계속 이어졌어요. 남자는 여자를 집까지 잘 데려다주겠다고 했어요. 집 앞에서 같이 서 있을 때, 여자는 남편이 출장 중이라고 말하고는 커피를 마시고 가라며 남자를 집으로 초대해요. 어떻게 하다 보니, 둘은 결국 성관계를 가지게 됐어요. 남자는 깨고 나서 엄청난 죄책감을 느껴요. 여자는 자고 있는 것처럼 보이지만, 실제로는 어쩌다가 일이 이렇게 됐는지를 이해하려 애쓰고 있어요. 남자는 여자가 일어나기 전에 몰래 빠져나가고 싶어 해요. 남자는 집으로 돌아가는 걸 걱정하고 있어요.

■ 6점

이 두 사람은 기혼이에요. 둘 다 삶에 만족하지 못하고 있어요. 둘은 직장 동료예요. 둘 사이에는 항상 성적 긴장감이 흘렀죠. 한동안은 순전히 집적거리는 정도였지만, 그 이상으로 다가가진 않았어요. 오늘 밤에 이 둘은 사업상 중요한 거래를 성사시켰는데, 그게 술을 마시러 나갈 구실이 됐어요. 둘은 술집에 갔고, 한 잔이 두 잔이 되고 그렇게 계속 이어졌어요. 남자는 여자를 집까지 잘 데려다주겠다고 했어요. 남자는 한동안 뭐든 잘 풀리지 않는다고 느껴서 오늘처럼 이렇게 뜻대로 잘돼 가는 느낌이 얼마나 좋은지를 생각해요. 여자는 남자의 아내와는 전혀 다른 방식으로 남자를 대해요. 남자는 아내를 사랑하지만, 속 깊은 대화가 정말로 그리웠고, 하루 종일 자기가 뭘 했는지를 이해해 줄 누군가가 필요해요. 남자는 여자에게 직장에서의 승진과 관련된 걱정을 이야기해요. 집 앞에서 같이 서 있을 때, 여자는 남편이 출장 중이라고 말하고는 커피를 마시고 가라며 남자를 집으로 초대해요. 어떻게 하다 보니, 둘은 결국 성관계를 가지게 됐어요. 남자는 깨고 나서 엄청난 죄책감을 느껴요. 여자는 자고 있는 것처럼 보이지만, 실제로는 어쩌다가 일이 이렇게 됐는지를 이해하려 애쓰고 있어요. 남자는 여자가 일어나기 전에 몰래 빠져나가고 싶어 해요. 남자는 집으로 돌아가는 걸 걱정하고 있어요.

■ 7점

이 두 사람은 기혼이에요. 둘 다 삶에 만족하지 못하고 있어요. 둘은 직장 동료예요. 둘 사이에는 항상 성적 긴장감이 흘렀죠. 한동안은 순전히 집적거리는 정도였지만, 그 이상으로 다가가진 않았어요. 오늘 밤에 이 둘은 사업상 중요한 거래를 성사시켰는데, 그게 술을 마시러 나갈 구실이 됐어요. 둘은 술집에 갔고, 한 잔이 두 잔이 되고 그렇게 계속 이어졌어요. 남자는 여자를 집까지 잘 데려다주겠다고 했어요. 남자는 한동안 뭐든 잘 풀리지 않는다고 느껴서 오늘처럼 이렇게 뜻대로 잘돼 가는 느낌이 얼마나 좋은지를 생각해요. 여자는 남자의 아내와는 전혀 다른 방식으로 남자를 대해요. 남자는 아내를 사랑하지만, 속 깊은 대화가 정말로 그리웠고, 하루 종일 자기가 뭘 했는지를 이해해 줄 누군가가 필요해요. 남자는 여자에게 직장에서의 승진과 관련된 걱정을 이야기해요. 집 앞에서 같이 서 있을 때, 여자는 남편이 출장 중이라고 말하고는 커피를 마시고 가라며 남자를 집으로 초대해요. 어떻게 하다 보니, 둘은 결국 성관계를 가지게 됐어요. 남자는 깨고 나서 엄청난 죄책감을 느껴요. 여자는 자고 있는 것처럼 보이지만, 실제로는 어쩌다가 일이 이렇게 됐는지를 이해하려 애쓰고 있어요. 여자는 오랫동안 행복하지 못한 결혼 생활을 해 왔어요. 여자의 남편은 사업 때문에 자주 출장을 떠났고, 그래서 여자는 밤마다 너무 외로웠어요. 여자는 한 번도 이런 짓을 한 적이 없었어요. 이런 일을 바랄 때는 그냥 기분이 좋기만 했죠. 남자는 여자가 일어나기 전에 몰래 빠져나가고 싶어 해요. 남자는 집으로 돌아가는 걸 걱정하고 있어요. (결말은?) 다음 날 출근해서 남자는 어제 있었던 일을 이야기하려고 여자에게 점심을 같이 먹자고 해요. 두 사람은 이런 일이 두 번 다시는 없을 거라고 약속해요. 두 사람 모두 자신이 무너지기 쉬운 상황에 있었다는 걸 인정하지만, 자신들의 결혼 생활을 망치려고 하진 않아요. 하지만 두 사람은 스킨십만 없앤 채로, 예전처럼 시시덕거리는 일상으로 돌아가요.

예제 이야기 연습하기

이 절에서는 SC의 유무와 SC가 강조되는 정도를 판단하는 데 도움이 되는 열 가지 예제 이야기를 제시한다. 그리고 절의 끝에 정답과 해설을 수록한다.

예제 1

치료자: 이행기 대상과 관련된 최초의 기억은 무엇인가요?

수검자: 네, Sundance요. 제가 가지고 있는 강아지 인형이에요. 저는 아직도 그걸 가지고 있는데, 침대 머리맡에 놔두고 자요. 흰색, 갈색, 회색이 섞인 강아지예요. 자기 몸 색깔 같은 작은 귀를 가지고 있어요. 저한텐 애착 인형이에요. 저는 어디든 그 인형을 데려갔어요. 5학년 때, 저는 선샤인 클럽이라고 부르는 곳에 갔어요. 학교에서 일주일 동안 간 거예요. 저는 수줍음이 많고 내향적이었어요. 집을 떠나 본 적이 한 번도 없었어요. 저는 Sundance를 데리고 갔어요. 덕분에 저는 선샤인 클럽을 집처럼 느낄 수 있었어요. 저는 Sundance만 있으면 안심이 됐고, 어디든 함께 데려갔어요. 사촌 집에 놀러갈 때도 같이 데리고 갔어요. Sundance는 제 곁을 떠나지 않았고, 저도 개를 절대로 버리지 않았어요. 최근엔 제 침대로 돌아왔어요. 부모님이 이혼했을 때, 저는 다시 Sundance와 같이 자기 시작했어요. 제 생각에는 그냥 안식처예요.

예제 2

그래서 이 여자는 곧바로 바에 가서 "여기서 가장 독한 술로 줘요. 쿼드샷(quad shot) 다섯 잔으로."라고 말해요. 여자는 쿼드 다섯 샷, 쿼드샷 다섯 잔을 다 들이키는데, 쿼드샷 하나는 한 잔에 네 샷을 넣은 거랑 같은 거고, 어쨌든, 여자는 "젠장, 빌어먹게 취했네."라고 말하고는 욕실로 비틀거리며 들어가서 토하기 시작하는데, 너무 취해서 변기가 베개라고 생각하고, "오, 얼굴을 대 보니 이 베개 너무 부드럽다."라고 말하는데, 어떤 남자가 와서는 말해요.

어이, 아가씨, 대체 무슨 짓을 하는 거야? 여긴 침대가 아니고 욕실이야. 아, 변기에는 병균이 많은데, 내가 결벽증이 있어서 그런지 그쪽이 변기를 베개로 쓰고 있는 걸 보니 열받네.

이 여자는 완전 술에 절어서 기절해 있기 때문에 대꾸하지도 못해요. 남자는 여자의 머리에 가래침을 뱉고는 "이게 내가 그쪽에 대해 생각하는 거야."라고 말하고, 나가서 여자 친구랑 춤을 춰요. (아래 물건은?) 몰라요. 빗이나 그런 걸로 보이네요.

예제 3

Nick은 어린 소년이었을 때 언젠가 자기가 유명해진다면 어떨지를 자주 생각했어요. 학교에 다닐 때는 음악을 향한 관심과 열정이 넘쳤어요. Nick이 여섯 살이 되었을 때, 엄마는 아들에게 생일 선물로 첫 번째 바이올린을 줬어요. 바이올린을 받자마자, Nick은 신나서 가슴이 터질 것 같았어요. 매일매일 몇 시간씩 바이올린을 연주하면서 방에 앉아 있었어요. 엄마는 아들이 이 정도로 신나 할 거라곤 생각하지 못했고, 이 흥분감이 어린 시절 내내 지속될 거라는 걸 알지 못했어요. 열네 살 즈음에 Nick은 지역 오케스트라에서 연주했어요. 열여덟 살 즈음에 Nick은 살면서 가장 힘든 결정 중 하나를 했어요. 연주 기교를 더 자세히 배우기 위해 대학에 가야 할까, 아니면 어릴 때 꿈꿨던 뉴욕 교향악단에 들어가야 할까? (결말은?) Nick은 오랫동안 진지하게 고민하고 가까운 사람들이랑 이야기를 해 봐요. Nick은 부모님의 피드백을 중요하게 생각하고 또 부모님에게 정서적으로 지지받는다고 느껴요. 가족은 Nick이 가장 행복할 수 있는 길을 찾아가길 바라요. 가족은 Nick이 자신을 위한 다음 단계를 스스로 선택하기를 바랐고, 할 수 있는 모든 방식으로 Nick을 지지해요. Nick은 착한 아이였고 잘못된 결정을 내린 적인 없었어요. 가족은 Nick의 판단을 믿어요. Nick은 음악이 자신의 삶의 일부가 되길 원하지만, '사회로 나가기' 전에 보충 훈련을 더 받고 싶어 해요. Nick은 음악

가로서의 역량을 키우고, 또 언젠가 세계 여러 나라에서 자신이 사랑하는 음악을 가르칠 수 있는 사람이 되기 위해 학교에 가기로 결정해요. 부모님은 더할 나위 없이 아들을 자랑스러워했어요. (가장 기억에 남는 것은?) Nick이 바이올린을 연주하는 느낌을 얼마나 좋아하는지, 부모님이 얼마나 자신을 지지해 준다고 느끼는지, 부모님이 아들을 얼마나 자랑스러워하는지, Nick이 스스로를 얼마나 자랑스러워하는지요.

예제 4

삶에 지쳐 버려서 불쌍한 죽음이 다가와요. 남자는 자기 중심에 삶을 뒀어요. 여자는 계속해서 지금 몰두하고 있는 꿈을 좇고 싶어 해요. 꿈을 현실로 만들어요. 목표를 통해 남자는 둘 다에게 더 많은 강점―아름다움을 가져올 거예요.

예제 5

치료자: 어머니와 관련된 최초 기억은 무엇인가요?

환자: 아마 크리스마스 아침이었을 거예요. 저는 버튼을 누르는 기타 중 하나를 받았는데, 그 기타는 버튼마다 서로 다른 노래가 나오는 거였어요. 그 자리에 엄마가 있었던 게 기억나네요. 아빠는 있었는지 기억나지 않아요. 아빠도 같이 있었지만, 제가 기억하지 못하는 거 같아요. 기억을 더듬어 보니 그냥 저만 보이네요. 엄마는 보이지 않아요. 엄마가 같이 있었다는 건 알지만 엄마가 보이지는 않아요. 저는 기타를 연주했고, 제 생각에 엄마는 앉아서 그걸 지켜봤을 거예요. 엄마가 보이는 데 있긴 않았지만, 엄마는 거기 있던 의자에 앉아서 저를 지켜봤을 거예요.

치료자: 그래서 크리스마스였고, 주변엔 뭐가 있었나요?

환자: 나무요. 그리고 저는 그때 가지고 있던 전신 잠옷을 입고 있었어요. 그 잠옷은 바다 거품색이에요. 저는 그냥 기타를 미친 듯이 연주하고 놀았어요.

치료자: 기억 속에서 어머니가 눈에 보이지 않는다고 했는데, 무엇 때문에 어머니의 존재를 알아차릴 수 있었나요?

환자: 다시 말하자면 머리카락이요. 처음부터 엄마에 대해 기억나는 건 머리카락이 전부예요. 짧고 곱슬곱슬한 머리카락이요.

치료자: 이 일에서 어머니를 떠올릴 때 동반되는 어떤 감정이 있나요?

환자: 기분 좋아요. 엄마가 저를 보고 있어요.

예제 6

이 남자는 옷을 입은 채로 잠이 들었고, 지금 엄청 피곤한 상태로 일어났는데, 직장에 늦어서 뛰어갈 것 같고, 이 여자를 깨우지 않으려 조용히 하려고 노력하고 있어요. (감정은?) 피곤하고 어리둥절해요. (생각은?) '잠이 든 것도 기억이 안 나네.'라고 생각해요. 남자는 일하러 가는 길에 '지금은 걱정할 시간도 없으니까 나중에 고민해 보자.'라고 생각해요.

예제 7

미국인은 아니고 유럽인으로 보이네요. 이 사람들은 상대적으로 가난한 가족이에요. 남편은 돈을 벌기 위해 밭에서 일하고 있고, 아내는 임신을 했고 먼 산을 바라보며 상상하고 있어요. "아기가 더 생기면 우리 가족은 앞으로 어떻게 될까?" 남편은 일에 몰두하고 있고 경작물을 늘리려 노력해요. 이건 힘든 육체적 노동이고, 남편은 좋은 가장이 되고 싶어 해요. 이 소녀는 가족의 장녀로, 학교에 가는 길이고, 어깨 너머로 걸어온 길을 되돌아보는데, 엄마 혼자 동생을 모두 돌보게 놔두고 싶지는 않지만 공부도 하고 싶기 때문에 갈팡질팡하는 거처럼 보여요. 이건 마치 바이올린을 들고 있는 소년과 같은 거죠. 부모님이 원하는 것과 자신이 원하는 것 사이에서 괴로워해요. 이 그림에서는 소녀가 어쩔 줄 몰라 하는 게 너무 잘 드러나서 감정이 잘 느껴져요. 소녀는 사람들 중에 제일 크고, 책을 들고 있어요. (결말은?) 소녀는 학교에 가서 학위를 따고, 엄청 잘돼서 유럽에 있는 부모님을 도와요. 말했다시피, 1940년의 유럽으로 보이네요. 이 사람들은 전쟁이 어떠한 변화를 가져올지 몰라요. 평화롭지만 곧 힘들어질 거예요.

예제 8

이건 농장처럼 보여요. 힘들고 애쓰는 가족이네요. 엄마는 또 아이를 임신한 거처럼 보여요. 보이는 건 이게 전부예요. (과거는?) 농작물을 수확하고 있었어요. (생각은?) 겨울을 어떻게 보낼지 생각해요. (감정은?) 성공적이에요. (결말은?) 아이를 가지게 돼요.

예제 9

치료자: 아버지와 관련된 최초 기억은 무엇인가요?

환자: 아빠는 뒷마당에서 덱(deck, 목재 테라스)을 만들고 있었어요. 아빠랑 아빠 친구들 그리고, 음, 사실 저는 아빠의 맥주를 한 모금 마셨어요. (몇 살 때였나요?) 여섯 살 아니면 일곱 살…… 아빠와 친구 세 명이 있었던 것 같아요. 저는 그냥 놀고 있었어요. 그땐 늘 정신없이 설쳤고, 그래서 거기로도 갔어요. 아마 어딘가에 못을 몇 개 박았을 거예요. 완벽하게는 아니겠지만. 저는 항상 맥가이버처럼 되길 바랐어요. 어렸을 땐 아빠를 엄청 우러러봤어요. 부모님이 싸울 때마다 항상 아빠 편을 들었어요. 저는 늘 아빠를 옹호했지만, 아빠는 고마워한 적이 한 번도 없었던 것 같아요. 아빠는 저를 옹호해 준다거나 그 비슷한 어떤 것도 한 적이 없어요. 저한테 돌아온 건 아무것도 없어요. 그래서 우리 관계는 끝나기 시작했어요. 어렸을 땐 아빠가 세상의 왕이라고 생각했어요. 그래서 뒷마당으로 나가서 덱을 만드는 일은 저한텐 엄청 재밌는 일이었어요. 또 맥주 한 모금을 마셔서 남자가 된 것 같은 기분도 들었어요.

예제 10

치료자: 따뜻하고 포근한 느낌을 주는 최초 기억은 무엇인가요?

환자: 저는 늘 어느 정도의 포근함을 느꼈던 것 같아요. 마치 잠자리에 들 때처럼요. 어머니는 항상 "엄마가 너를 얼마나 사랑하는지 모를 거야."라고 말했고, 저는 "지금도 넘치는 걸요."라고 말하곤 했어요. 아버지는 우리를 업어서 침대에 데려다주곤 했어요. 저는 문이 닫히는 걸 늘 싫어했어요. 항상 문을 약간이라도 열어 놓고 싶었어요.

정답

예제 1: 5점

이 이야기는 일관성 있으며 공백을 좀처럼 찾아보기 힘들다. 단순한 이야기에도 해당하지 않는다. 고로 점수는 4점부터 시작한다. 화자는 자신과 이행기 대상의 관계를 사리에 맞게 묘사한다. 더불어 화자는 "덕분에 집처럼 느낄 수 있었어요." "함께 있으면 안심이 돼요."라고 말하며 이행기 대상의 특별함을 간단하게 해석한다. 이로 인해 점수는 5점으로 상승한다. 만약 화자가 강아지 인형의 특별함을 더 자세히 묘사한다면, 더 높은 점수로 채점할 수 있다. 아울러, 앞서 언급한 바와 같이 이 이야기는 일관성이 있지만 내용이 다소 급변한다(봉제인형을 설명하고 나서 이행기 대상과 함께 있었던 특정 사건으로 주제가 전환되었다가 마지막으로 최근에 이행기 대상을 사용했던 다른 사건으로 주제가 전환된다).

만약 화자가 이러한 내용을 조금 더 공고하게 구성하고 이행기 대상의 특별함을 상세히 묘사한다면, 점수는 6점으로 상승할 수 있다.

예제 2: 2점

이 예시는 극도로 와해된 이야기다. 고로 점수는 1점 혹은 2점에 해당한다. 이야기를 살펴보면, 수검자가 묘사하는 바의 요지는 파악할 수 있으므로 1점이 아닌 2점으로 채점한다.

예제 3: 7점

이 이야기는 매우 상세하고, 복합적이며, 조직적이다. 고로 점수는 5점에서 시작한다. 수검자는 Nick과 부모가 특정한 방식으로 반응하는 이유를 세부적으로 설명한다. 상세함의 수준을 고려하면, 점수는 6점 또는 7점으로 상승한다. 이야기 마지막에서 '대학에 진학할 것인가, 아니면 뉴욕 교향악단에 입단할 것인가'라는 인생의 중대한 결정에 관하여 해석의 복합성과 이야기 전체를 아우르는 일관성이 나타나므로, 이 이야기는 7점으로 채점한다.

예제 4: 1점

이 이야기는 앞뒤가 맞지 않는다. 문장은 서로 연결되지 않고, 어떤 경우에는 단어가 서로 연결되지 않아 논리적인 문장을 형성하지 못한다. 이야기에서 최소한 어떤 일이 일어나고 있는지를 감잡을 수 있는 2번 예시와는 달리 이 이야기는 전혀 이해할 수 없으므로 1점으로 채점한다.

예제 5: 4점

이 이야기는 조직적이고, 모순이나 공백이 나타나지 않는 것으로 보인다. 환자는 어머니의 초기 기억에 관하여 크리스마스 아침에 일어났던 일을 회상한다. 환자는 초기 기억에서 일어났던 장면을 적절하고 충분한 방식으로 묘사한다. 따라서 이 이야기는 4점으로 채점한다. 만약 (사건을 중점적으로 묘사하는 것이 아니라) 환자가 자신의 경험과 사건에 관한 해석을 보다 상세히 설명한다면 더 높은 점수로 채점할 수 있다. 이 이야기의 주요 사항은 상황을 묘사하는 수준에 머무른다.

예제 6: 3점

이 예시는 상당히 단순한 이야기에 속한다. 요약하면, '한 남자가 자고 일어나서는 갈피를 잡지 못하고 직장에 지각한다. 남자는 생각을 제쳐 두고 일하러 간다.' 이야기를 이해하기 위해서는 더 많은 정보가 필요하다. "남자는 왜 피곤하지?" "남자가 왜 지각하지?" 와 같은 의문이 떠오른다. 이와 관련된 세부적인 내용이 존재한다면 4점으로 채점한다.

예제 7: 6점

이 예시에서 수검자는 공백이 별로 없고 조직화된 방식으로 이야기를 구성한다. 고로 점수는 4점에서 시작한다. 이야기에 나오는 모든 인물(아버지, 어머니, 딸)은 자신의 행동이 다른 인물 한 명 혹은 두 명 모두에게 어떠한 영향을 미치는지를 생각한다. 아버지는 아이가 하나 더 늘어난 가족을 계속해서 부양할 수 있길 바란다. 어머니는 아이가 하나 더 생기면 가족 역동이 어떻게 바뀔지를 생각한다. 마지막으로, 딸은 자신이 떠나면 어머니가 모든 자녀를 혼자 돌봐야 하기 때문에 어머니에게 그런 부담을 안기길 싫어하지만, 자신이 공부하길 원하는 것에 더 집중한다. 결국 딸은 미래에 가족에게 금전적인 도움을 주기 위해 공부하는 것을 선택한다. 인물의 행동과 인물이 특정한 방식으로 행동하고 생각하고 느끼는 이유에 관한 세부 사항이 존재함을 고려하면, 점수는 6~7점 범위에 해당한다. 앞서 언급한 주제를 수검자가 이야기에서 얼마나 자세히 묘사하는지를 고려할 때, 이 예시는 7점이 아닌 6점으로 채점한다. 만약 앞서 7점의 기준에서 언급한 대로 인물의 묘사가 나타난다면 7점으로 채점할 수 있다. 구체적으로 살펴보면, 딸은 자신이 타인의 행동에 미칠 수 있는 영향을 어머니와 아버지보다 더 섬세하고 미묘한 방식으로 묘사한다. 수검자가 부모의 행동을 더 자세히 설명한다면, 점수는 6점에서 7점으로 상승한다. 이 이야기의 점수가 상승할 수 있는 또 다른 요소로 이야기를 보다 매끄러운 방식으로 구성한다면(서로 다른 주제 간의 갑작스러운 전환이 없다면) 7점으로 채점한다.

예제 8: 2점

이 이야기의 중심 주제는 가족이 생계를 유지하기 위해 애쓰는 것이다. 하지만 이 주제는 뒤얽혀 있고 따라가기가 어렵다. 이야기가 조직화되어 있지 않지만, 단순히 무슨 일이 일어나고 있는지는 이해할 수 있다는 점을 고려하여, 이 이야기는 1점이 아닌 2점으로 채점한다.

예제 9: 5점

이 이야기는 조직적이고 일관성 있으며 공백과 모순이 별로 없다. 고로 점수는 4점에서 시작한다. 화자는 특정한 기억에 관한 묘사와 세부 설명으로 이야기를 시작해서, 자신이 아버지에게 느끼는 감정에 관한 이해로 옮겨 갔다가, 아버지가 화자와 어머니에게 했던 행동을 이해하려는 시도로 옮겨간다. 이러한 전환으로 인해 점수는 5점으로 상승한다. 화자는 아버지와의 관계를 대략적으로 설명하며 묘사한다("아빠를 엄청 우러러봤어요." "항상 아빠 편을 들었어요." "늘 아빠를 옹호했지만 아빠는 고마워한 적이 없었어요." "관계는 끝나기 시작했어요."). 이러한 간추린 설명에는 화자가 언제, 어떻게 아버지 및 자신과 아버지와의 관계를 더욱 복합적으로 바라보게 되었는지와 관련된 세부적인 설명이 부족하다. 이러한 이유에서 점수는 5점에 머물며 더 높이 올라가지 못한다. 기준점 5점에서 언급한 바와 같이, '대인관계 사건을 설명하는 복잡하지 않은 이야기를 보고하는 경향이 나타나고, 상황을 경험하고 해석하는 방식의 결과로 사람의 행동이 나타난다.' 여기에는 이 이야기를 5점으로 채점하는 이유에 관한 해석이 일부 포함된다.

예제 10: 3점

이 예시는 역시 단순한 이야기에 속한다. 초기 기억에 관한 화자의 이야기에는 요점이 나타나기는 하지만 정교함은 부족하다. 화자의 잠자리 의식을 명확히 이해하려면 더 많은 정보가 필요하다. 이 의식을 다소간 이해할 수는 있지만 중간 과정이 생략된 것처럼 보인다.

SC의 실증 연구 결과

SC: 정신병리와 성격

SC와 정신병리 및 성격 양상 사이의 관련성을 조사한 다양한 연구가 존재한다. 몇몇 연구는 발달상으로 SC가 분리/개별화(Ackerman et al., 2001) 및 애착(Calabrese, Farber, & Westen, 2005)과 어떻게 연관되는지를 조사했다. Ackerman(2001) 등은 TAT SC 점수와 로르샤하 상호자율성 척도 중 MOA-H 점수, 즉 개인의 반응에서 평정된 MOA 점수 중 가장 높은 점수(가장 혼란스럽고 부적응적인 정도) 사이의 유의한 정적 상관을 발견했다.[7] SC는 또한 애착 유

---

7) 역자 주: 로르샤하 잉크반점검사의 반응에서 상호자율성 척도로 평정한 대상관계 수준 중 가장 높은 수준이 악의적이고 부정적일수록 높은 수준의 SC 반응이 나타남을 의미한다. Ackerman 등(2001)은 연구 참가자들 중 자신의 이기적이고 자기중심적이고 경솔한 행동을 정당화하기 위한 방편으로 타인의 행동을 잠재적으로 위협적이고 적대적인 방식으로 해석하는 사람들로 인해 이러한 결과가 나타난 것으로 해석했다.

형과 연관된다. Calabrese 등(2005)은 SC와 상호 애착 척도(RAQ)의 관련성을 조사했고, 그 결과 SC 점수가 높은 사람일수록 고통스러울 때 더욱 쉽고 편안하게 애착 대상에게 돌아감을 보고했다. 또 SC 점수가 높은 사람일수록 애착 대상의 활용을 더 안전하게 느낌을 보고했다. 아울러 부모가 결혼 생활을 유지하는 사람들은 부모가 이혼한 학생들에 비해 더 높은 수준의 SC 점수를 보였다. 마지막으로, Handelzalts, Fisher와 Naot(2014)는 친밀한 관계를 형성한 여성과 그렇지 못한 여성 간 대상관계 수준의 차이를 조사했고, 친밀한 관계를 형성한 여성들은 그렇지 못한 여성들보다 TAT SC 점수가 더 높게 나타난다는 점을 발견했다.

외상 사건과 SC의 관련성을 밝힌 두 편의 연구가 존재한다(Callahan, Price, & Hilsenroth, 2003; Slavin-Mulford et al., 2007). Callahan 등(2003)은 심리치료 내용을 바탕으로, 아동기 성학대로 초기에 치료받은 병력이 있는 환자들은 낮은 수준의 SC를 나타냄을 발견했다. 이와 유사하게, Slavin-Mulford 등(2007)은 치료에 참여한 환자들의 초기 기억 이야기를 검토했고, SC 점수와 아동기 성학대 수준은 유의한 상관이 있음을 발견했다. 즉, 심각한 학대를 경험한 사람은 아동기 성학대 경험이 없거나 비교적 덜 심각하게 학대당한 환자에 비해 SC 수준이 더 낮게 나타났다.

SC는 또한 외부 생활사건과 더불어 우울성 성격장애 및 기분부전증과 같은 우울 상태와도 연관된다. Huprich 등(2007)은 낮은 SC는 자기보고식 척도에서 높은 우울 증상을 반영함을 발견했다. 특히 자기보고식 기분부전증은 SC를 부적으로 예측했다. 마찬가지로, TAT 이야기 평정에서 SC가 낮을수록 기분부전증이 증가했다. Stein 등(2015)은 외래 및 입원 환자 표본에서 TAT 이야기의 SCORS-G 평정치와 생활사건 자료 간의 관련성을 조사했다. 연구자들은 SC 수준과 알코올 남용, 자살 시도 횟수 사이의 유의한 부적 상관을 발견했다. 또 외래 환자 표본에서 SC 점수와 교육 수준 사이의 유의한 정적 상관이 나타났다. 마지막으로, Handelzalts 등(2016)은 TAT 이야기의 SCORS-G 평정치와 출산을 위해 병원에 입원한 임산부의 방어기제 사이의 관련성을 조사했으며, 동일시 방어기제와 SC의 유의한 정적 상관을 발견했다.

SC, 청소년 성격장애, 실생활 행동 간에 관련성이 존재한다. DeFife, Goldberg와 Westen(2013)은 공식적인 성격장애 진단을 받지 않은 정신과 청소년 집단에 비해 성격장애로 진단된 청소년 집단에서 심리치료 내용을 바탕으로 평정한 SC 수준이 더 낮다는 것을 발견했다. 또 높은 SC 점수는 전체 기능 평가(GAF) 점수의 증가와 연관된 것으로 나타났다. 구체적으로, SC가 높을수록 학업 기능이 증가하고, 외현화 행동(체포 기록, 폭력 범죄, 절도, 거짓말, 무단결석, 물질남용)과 정신과 병력(자살 시도와 입원 이력)이 감소했다. Haggerty 등(2015)은 청소년 입원 환자의 SCORS-G 평정을 조사했고, SC가 높을수록 개인치료와 집단치료의 참여도, 입원 시 GAF 점수, 성격 기능, 또래 관계, 학업 기능이 좋고, 섭식장애와 NSSI 이력이 적음을 발견했다.

연구자들은 SC와 성격, 특히 B군 성격장애와의 관련성을 조사했다. Ackerman 등(1999)은 DSM-IV의 성격장애 진단과 TAT 이야기의 SCORS-G 평정치의 관련성을 검토했다. 연구자들은 경계선 성격장애(BPD) 집단과 반사회성 성격장애 집단은 자기애성 성격장애 집단에 비해 SC 점수가 유의하게 낮음을 발견했다. 아울러 오로지 BPD에 중점을 둔 연구도 존재한다. 예를 들어, 거주 치료소에 있는 NSSI BPD 환자 집단은 비NSSI BPD 환자 집단, BPD 외래 환자 집단, 정상 통제 집단에 비해 더 낮은 TAT SC 점수를 보였다(Whipple & Fowler, 2011). 마지막으로, Gregory와 Mustata(2012)는 (개인적 이야기에서 명시된) 살을 베는 행동을 하는 사람들의 마술적 사고가 SC와 부적으로 연관됨을 발견했다.

인지적 측면과 SC 사이의 관계를 입증한 연구도 존재한다. Lehmann과 Hilsenroth(2011)는 임상 표본을 대상으로 심리적 통찰 수준을 평가했고, SWAP(Shedler-Westen Assessment Procedure) 통찰 척도와 심리치료 내용을 바탕으로 평정한 SC 간의 정적인 관련성을 발견했다. 자세히 살펴보면, SC는 통찰과 관련된 SWAP 문항들과 유의하게 연관된 것으로 나타났다. Stein 등(2013)은 TAT 도판 1, 2, 3BM, 4, 13MF, 12M, 14에서의 언어 생산성을 조사했으며, 모든 도판에서 SC와의 정적 관련성을 발견했다. 단어 길이와 SC 간의 정적 관련성을 밝혀낸 다른 연구로, Eudell-Simmons 등(2005)은 꿈 이야기를 조사했으며, Pinsker-Aspen, Stein과 Hilsenroth(2007)는 초기 기억 이야기를 활용했다.

마지막으로, 대상관계 측면과 치료 수준 사이의 관련성을 조사한 연구가 존재한다. Bram(2014)은 비임상 집단과 임상 집단의 평균을 비교했으며, 외래 환자 집단과 서로 다른 두 가지 입원 환자 집단에 비해 비임상 집단의 SC 점수가 더 높게 나타난다는 점을 발견했다.

SC와 심리치료 과정 및 결과

이야기 자료를 활용하여 평정한 SC 수준과 심리치료 과정 및 결과 사이의 관계를 밝힌 다양한 연구가 존재한다. Mullin과 Hilsenroth(2012)는 치료 기법을 조사했고, 단기 정신역동 심리치료에서 치료 전 (심리치료 내용으로 평정한) SC 수준이 낮을수록 치료 초기에 (주제 또는 기분 변화에 관한) 환자의 회피를 다루는 치료자의 개입이 더 빈번해짐을 발견했다. Mullin 등(2016b)은 SCORS-G 차원과 치료 초기에 치료자가 정신역동 기법을 활용하는 정도 사이의 관련성을 조사했으며, 비교 심리치료 과정 척도(CPPS)로 평정한 열 가지 정신역동 심리치료 기법 중 두 가지 기법과 SC의 변화가 유의하게 연관됨을 확인했다.

치료 변화와 관련하여, Fowler 등(2004)은 거주 치료소에서 정신역동치료를 받고 있는 치료에 저항하는 환자들을 대상으로 두 번의 시점에서 평가를 진행하여 성격과 증상의 변화를 검증했다. 우선, 환자들의 TAT SC 점수가 치료 과정 전반에 걸쳐서 상승했다. 다음으로, 두 번째 측정에서 TAT SC 점수는 관계 기능 평가(GARF) 및 사회 직업 기능 평가 척도(SOFAS) 점수와 정적 상관을 보였다. 이와 유사하게, 단기 정신역동치료 프로그램에서 아동기 성학대 성인 생존자의 심리치료 내용으로 평정한 SC 수준이 치료 전후로 상승했다(Price et al., 2004). Josephs 등(2004)은 60대 여성 조현병 환자의 정신분석치료에서 임상적 호전을 평가했다. 그 결과, 4년의 치료 과정 동안 SC에서 유의한 긍정적 변화가 나타났다. 마찬가지로, Porcerelli 등(2007)은 회피성 남성 환자의 정신분석에서의 임상적 호전을 평가했다. 그 결과, 5년째에 SC의 긍정적인 변화가 유의하게 나타났고, 이러한 변화는 1년의 추적 관찰 기간까지 유지되었다. Mullin 등(2016b)은 대학 진료소를 방문한 외래 환자를 대상으로 정신역동 심리치료의 효과성을 분석했고, 치료에 걸쳐 SC가 유의하게 증가함을 발견했다. 또 전반적인 정신병리와 관련된 자기보고 증상과 SC 사이의 유의한 변화가 입증되었다.

마지막으로, SC와 서비스 활용 사이의 관계가 입증되었다. Fowler와 DeFife(2012)는 집약적 거주치료 프로그램의 환자 요인을 조사했고, TAT SC는 자기파괴적인 행동으로 인한 응급실 이송과 부적으로 연관됨을 발견했다. 즉, SC가 성숙하고 적응적일수록 응급실 이송 빈도가 낮았다.

추가 연구가 필요한 SC 관련 구성개념

추가 연구가 필요한 한 영역은 바로 꿈 이야기와 SCORS-G의 관련성이다. 꿈 이야기와 관련하여, Eudell-Simmons 등(2005)은 9·11 테러 사건에서 1~3개월 이후에 꿈 왜곡의 정도가 높을수록 SC가 낮게 나타남을 발견했다. 또 SC가 높을수록 9·11 테러 발생 한 달 그리고 세 달 후의 꿈 내용에서 부정적인 정동의 비율이 낮아지는 것으로 나타났다. 추가 연구가 필요한 또 다른 영역은 TAT 자극 영향력에 관한 연구를 포함한다. 반복 연구의 일환으로, Siefert 등(2016)은 비임상 표본을 대상으로 TAT의 자극 속성(도판 1, 2, 3BM, 4, 14, 13B)이 SCORS-G의 평정에 미치는 영향을 조사했으며, 이 중에서 도판 1이 다른 도판에 비해 더 높은 수준의 SC를 이끌어 낸다는 점을 발견했다. 도판 14에서는 상대적으로 더 낮은 수준의 SC가 나타났다.

공격 충동의 경험과 관리(AGG)

> **공격 충동의 경험과 관리(AGG):** 1 = 신체적으로 공격적이고, 파괴적이고, 가학적이고, 공격성을 통제하지 못하고, 충동적임; 3 = 화내고, 수동-공격적이고, 폄하하고, 자신을 신체적으로 학대함(또는 학대에서 자신을 보호하지 못함); 5 = 부인하거나, 방어하거나, 직면을 회피함으로써 분노를 다루는 회피 기제; 7 = 분노와 공격성을 적절하게 표현하고 자기주장을 할 수 있음.
>
> * 주의: 이야기에 분노와 관련된 내용이 없다면 4점으로 채점

개요

AGG[1]는 분노를 경험하고 표현하는 능력을 평가한다. 달리 말하면, 이 개념은 공격성을 조절하는 능력을 검토한다. 낮은 점수는 분노 관리의 어려움을 나타내는 반면, 높은 점수는 분노 인식과 표현의 성숙함을 반영한다. 발달과정상 아이들은 분노와 좌절을 관리하는 방법을 지니고 있지 않으며, 특히 자신이 느끼는 감정을 언어로 표현할 수 있는 능력이 없을 때 더욱 그러하다. 그러므로 분노와 좌절의 감정은 행동으로 드러난다. 대부분의 경우, 아동은 발달적으로 성숙하면서 자신의 정서를 더 건강한 방식으로 인식하고, 처리하고, 표현하는 법을 배운다. AGG에서는 이러한 양상을 평가한다. 즉, 좌절과 분노의 정서 경험이 촉발될 때, 자신의 공격 충동을 얼마나 잘 인내하고 관리할 수 있는가? 더 쉽게 말하면, 파괴적인 방식(때리기, 소리치기 등)으로 즉시 반응하는가? 행동화하려는 충동을 멈추고 진정하기 위해 타인을 필요로 하는가? 자신을 해치는 방식으로 분노를 간접적으로 표현하는 경향이 있는

---

1) 역자 주: AGG는 공격성을 적절하게 인내하고 관리하는 능력을 평가한다(Stein et al., 2012).

가? 외현적 갈등을 피하기 위해 수동—공격적인 행동을 보이는가? 자신의 욕구와 바람을 건강하게 주장하며 성숙한 토론과 타협을 통해 갈등을 헤쳐 나갈 수 있는가?

　인간의 동기, 행동, 상호작용의 복합성을 고려할 때, 공격성의 표현은 흔히 다면적으로 나타나며 상황에 따라 달라진다. 예를 들어, 화자는 분노와 좌절에 곧바로 반응하다가도 나중에는 이를 건설적인 방식으로 다루기도 한다. 이 장에서는 오로지 이야기 평정에만 중점을 둔다. 그러나 질적으로 살펴보면, 사람들은 한 상호작용 내에서도 다양한 기준점을 지니기도 한다(한 이야기 내에서 AGG가 2점이었다가 6점으로 달라지기도 함).

　1점에서는 분노가 대상이나 사람을 향해 겉으로 표출되며, 부적응적인 행동으로 나타난다. 이 수준에 속한 사람은 흔히 충동적인 양상으로 공격성을 표출하며, 공격적인 행동을 통제하기 어려워하거나 통제력을 상실한다. 하지만 계획적인 방식으로 신체 폭행을 저지를 수도 있으며, 이러한 경우는 1점으로 채점한다. 강간, 살인, 신체 폭력과 같은 사건은 충동적이든 혹은 계산적/계획적이든 1점으로 채점한다. 마지막으로, 신체적으로 파괴적인 행위는 개인의 분노로 유발된 것이 아닐지라도 1점으로 채점한다. 여기에는 누군가를 살인하거나 고문하도록 청부받은 살인자의 예시가 해당한다. 분노를 적응적으로 표현하는 예시는 이 장의 도처에서 다룬다.

　2점에서는 분노가 겉으로 표출되는 경향이 있지만, 행동으로 드러나는 정도는 1점보다 덜하다.[2] 구체적으로, 2점에 속한 사람은 (충동에 따라 바로 행동하는 것이 아니라) 공격적으로 행동하려는 의도를 주로 묘사한다. 공격적으로 행동하지 않기 위한 충동 관리를 표현하기도 한다(자기통제력을 유지하는 데 어려움을 겪음). 때때로 인물 중 한 명은 다른 인물에게 제지를 당하기도 한다. 아울러 신체적 다툼으로 번지지 않는 격렬한 언쟁도 보통 2점으로 채점한다. 요약하면, 이야기에서 사람이 공격적인 감정에 따라 행동하거나 행동하지 않는 정도가 점수의 높낮이를 좌우한다.

　3점에서는 분노가 더 이상 파괴적으로 행동하는 방식으로 타인에게 향하지 않는다. 하지만 분노에 관한 인식은 다소 존재하는데, 이러한 양상은 개인의 생각, 감정, 신체 감각으로 나타난다. 누군가를 해하는 상상을 하거나 분노 감정을 분명하게 인식한다면, 3점으로 채점한다. 수동—공격적인 언행은 간접적인 방식으로 이뤄지기 때문에 (2점이 아닌) 3점으로 채점한다. 마찬가지로, 분노를 잘 조절하지 못하고 표현하는 식의 격렬한 논쟁은 2점으로 채점하는 반면 험담, 소문, 비하하는 형태로 누군가를 폄하하고 모욕하는 언급이 나타난다면 3점으로 채점한다. 누군가를 괴롭히는 행동(놀리기, 따돌리기 등)은 화자가 이를 표현하는 정도에

---

2) 역자 주: 행동화 경향(예, 때리려고 함)이나 화난 것 이상의 분노 표현이 나타난다면 2점으로 채점한다.

따라 1점에서 3점 범위로 채점할 수 있다. 자해는 일반적으로 3점에 해당한다. 이는 분노가 행동으로 드러나지만 타인이 아닌 자신을 향하기 때문이다. 자살 시도 또한 3점으로 채점할 수 있다. 하지만 특히 폭력적이거나 끔찍한 자살의 경우, 낮은 점수를 고려해야 한다. 예를 들어, 이야기에서 인물이 화가 나서 "자기 삶을 끝냈어요."라고 보고한다면, 대체로 3점으로 채점한다. 반면, 인물이 죽는 순간의 고통을 느끼기 위해 자기 몸을 스스로 불사르는 이야기는 2점으로 채점한다.

분노를 묘사할 수 있는 수많은 언어 표현이 있으며, 여기에는 좌절, 짜증, 격노 등이 포함된다. 이러한 정서는 분노의 연속선상에 속하며, 반응이 두 가지 기준점 사이의 경계에 걸쳐 있을 때 해당 묘사가 분노 표현의 어느 수준에 속하는지를 고려하면 채점에 도움이 된다. 이야기에서 인물이 고통을 받는 상황에서 자신을 보호하는 데 실패한다면 3점으로 채점한다. 하지만 고통이 악화되거나 학대나 신체 행동이 묘사된다면, 이는 타인의 행동에 근거하여 더 낮은 점수로 채점해야 한다.

이야기에서 분노나 공격성을 (직간접적으로) 표현하지 않는다면 4점으로 채점한다. 5점에서는 분노와 적대감을 경험하지만, 이를 비신체적인 자학의 방식으로 내면화한다. 이 차원과 관련된 분명하고 중요한 점으로, AGG는 공격성을 관리하는 능력을 평가하는 변인이며, 이러한 이유에서 분노의 내면화를 높은 점수로 채점한다. 분노의 내면화가 반드시 적응적인 것은 아니더라도, 감정이 행동으로 표출되는 것을 잘 통제하는 것에는 해당한다. 5점에 속하는 사람은 자신이 묘사하는 상호작용(얼굴 및 신체 표현, 내용, 어조, 말의 비율)에 분노의 흔적이 드러나더라도 이를 부인하기도 한다. 혹은 분노를 경험하고 인식하더라도 성숙한 방식으로 처리하지 못한다(억제, 직면 회피, 분노 억압).[3]

6점[4]과 7점은 건강한 방식으로 분노를 경험하고 표현함을 반영한다. 이러한 정서는 늘 그렇지는 않더라도 흔히 다른 사람과 함께 건설적으로 처리된다. 높은 점수에 속하는 사람은 감정(특히 분노)을 잘 인식하며, 이를 적응적인 방식으로 표현하고 처리한다. 이러한 과정은 대체로 자기주장과 갈등 해결을 포함한다. 단체 경기와 같은 경험을 통해 공격성을 승화하는 것은 화자가 이를 묘사하는 정도에 따라 적응적인 점수(5, 6, 7점)로 채점할 수 있다. 이야기를 적응적인 방식으로 묘사하는 정도가 점수의 높낮이를 결정한다.

한 가지 중요한 점으로, 이 차원은 이야기의 손상(spoilage)에 민감하며, 이는 채점에 영향을 미칠 수 있다. 예를 들어, 두 인물이 싸우고 간혹 서로 밀치기도 하며 언쟁하다가, 후반부

---

3) 역자 주: 불만족하는 상황에서 정서를 직면하지 않고 방어하는 경우(예, "한바탕 시원하게 울고 나서 나아질 거예요." "짜증이 나는데 나중엔 풀릴 거예요."), 일반적으로 화가 날 법한 상황에서 방어하는 경우 등이 여기에 속한다.
4) 역자 주: 분노가 성장의 원동력이 된다면(예, 스스로에게 화가 나서 더 나은 방향으로 진행되는 경우) 6점으로 채점한다.

에서 각자의 분노를 효과적인 방식으로 말하는 모습을 다룬 이야기를 들 수 있다. 이러한 경우, 인물이 처음부터 효과적인 방식을 사용하지 않았기 때문에 6점 이상으로 채점하지 않는다. 공격성의 묘사는 대략 2점에서 시작하여 6점까지 이동하므로, 두 점수를 모두 설명하기 위해 중간 점수를 선택한다. 공격성의 외현화 및 건강한 분노 표현을 묘사하는 정도는 점수의 높낮이를 결정한다. 앞선 간략한 예시의 점수는 4~5점 범위에 속한다. 구체적인 예시는 다음과 같다.

SCORS-G 평정: 1~7점까지의 AGG 예시

1점

TAT 이야기 남자가 여자를 살해한 거 같아요. 좀 소름 끼치네요. 잘 모르겠어요. 영화 하나가 떠오르네요. …… 불륜을 저지르는 사이 같아요. 여자는 남자가 아내를 떠나길 원했어요. 남자는 별로 그러고 싶지 않았어요. 남자는 여자를 목 졸라 죽였는데, 지금은 자기가 저지른 짓을 믿지 못해요. 이제 남자는 이 일을 어떻게 덮을지 고민해요. (결말은?) 남자는 시체를 숨기려 하는데 결국에는 붙잡힐 것 같아요. 남자가 죄책감을 느끼는지는 잘 모르겠지만, 어떻게든 여기서 빠져나가고 싶어 하는 거 같긴 해요.

해설 이 예시에서 남자는 충동적이고 공격적으로 여자를 살해한다. 자기통제력은 부재한다. 이 예시에는 공격성이 드러나는 행동으로 '살해'와 '목 졸라 죽임'이 나타난다. 또 충동성이 강조되는 단어/문장으로 "자신이 저지른 짓을 믿지 못해요."가 나타난다. 즉, 남자는 갑작스러운 충동을 느끼고 즉시 반응한다. 따라서 이 이야기는 1점으로 채점한다.

2점

TAT 이야기 이 남자는 뭔가를 하려고 결심했는데, 여자 친구는 남자가 그 일을 하지 않기를 바라요. 이 남자는 어쩌면 조금 나쁜 남자일 수도 있어요. 남자는 이런저런 걸 물리치는 영웅이 되고 싶어 하는데, 여자는 남자가 다칠까 봐 걱정해요. (남자의 생각은?) 나와 내가 아끼는 사람이 부당한 대우를 받았고, 나는 이걸 바로잡을 거야. (여자의 생각은?) 자기가 들은 욕에 대해 남자 친구가 이렇게 할 만큼 위험을 감수할 필요는 없으니까 그냥 넘어가고 싶어 해요. 방금 누가 여자한테 무례한 욕을 했고, 남자는 욕을 한 사내에게 주먹질을 하거나 한바탕하려고 하는데, 여자는 그럴 필요 없다고 하면서 이성적으로 잘 타이를 거예요. (결말은?) 남자는 싸우지 않아요.

해설 이 예시에서 (이유와 상관없이) 남자는 다른 남자에게 신체적으로 해를 가하려고 한다. 남자는 타인을 공격하려는 충동에 따라 행동하고자 한다. 여자는 남자를 타이르며 제지한다. 남자가 공격적으로 행동하려는 의도를 보이기 때문에 이 이야기는 2점으로 채점한다. 만약 수검자가 이야기에서 남성 인물이 공격 충동을 실행에 옮기려는 태도를 묘사하지 않고, 다른 남자에게 주먹질하는 것과 관련된 욕구/바람/상상에 중점을 둔다면 2점이 아닌 3점으로 채점한다. 남자가 자신의 충동에 따라 행동하려는 것을 제지하기 위해 다른 사람이 필요할 정도로, 남자가 드러내는 의도는 상상하는 것(일반적으로 3점으로 채점)보다 훨씬 강렬하게 나타난다.

3점

TAT 이야기 영화배우처럼 보여요. 이 그림은 꽤나 정교하네요. 남자는 누구랑 말다툼하려는 거처럼 보이고, 여자는 남자를 말리고 있어요. 남자는 약간 못마땅해 보여요. 이건 사진 같네요. 아마 남자는 여자의 말을 듣지 않을 거고, 결국엔 어떻게든 자기가 하고 싶은 대로 해요. 고집이 세 보여요. (생각은?) 남자는 자기를 화나게 한 걸 생각하고 있고, 여자는 어떻게 남자의 마음을 되돌릴 수 있을지 생각하고 있지만 별로 소용이 없어요.

해설 이 예시에는 이전 예시처럼 '주먹질을 하려는 것' 대신에 '말다툼'이 나타나므로, 이 이야기는 2점이 아닌 3점으로 채점한다. 이전 예시와 비교할 때, 공격성 관리는 신체에서 언어로 이동한다. 이 예시에서 수검자가 말다툼을 정교하게 묘사한다면 3점보다 낮은 점수로 채점할 수 있다. 말다툼은 기준점 3점에 속하는 '폄하'와 함께 나타나기도 한다.

4점

초기 기억 이야기 어머니랑 저는 절에 갔어요. 그때 저는 막 일어나서 걷는 법을 배우고 있었고, 우리는 사원 아래층에서 저녁을 먹고 있었어요. 어머니는 항상 열쇠를 들고 있었고, 저는 손을 들어 열쇠를 잡고 버텼어요. 음, 그때 어머니가 열쇠를 놨는데도 저는 열쇠를 잡고 계속 서 있었는데, 어머니가 열쇠를 놨는지도 모르고 있어서 그냥 열쇠를 쥔 채로 그 자리에 서 있었어요. 사람들이 정말 신기해하던 모습이 기억나요. 그 후 얼마 지나지 않아 저는 걷기 시작했어요.

해설　이 예시에는 분노나 공격적인 내용이 언급되지 않는다. 이러한 경우 기본 점수 4점으로 채점한다.

4점 (이야기에서 부적응적인 분노 표현과 건강한 분노 표현을 모두 묘사하는 경우)

TAT 이야기　Dawn은 남편 Ray가 자기를 떠나려고 하자 "결혼은 타협하며 사는 거야!"라고 소리쳐요. 그날 일찍 두 사람은 서로 다퉜고, Dawn은 남편이 이 문제에서 약간 구제불능이라고 느꼈어요. Dawn은 다시 잘해 보려고 하루 종일 애원했지만, Ray는 태도를 바꾸지 않았어요. 이날 밤 남편이 퇴근하고 집에 돌아왔을 때, Dawn은 그 문제를 다시 꺼내서 대화를 시작했어요. 하지만 Ray는 대화를 무시하고 밖으로 걸어 나갔어요. Dawn이 남편을 뒤따라가자, 둘은 또 말다툼하기 시작했어요. Ray는 아내에게 욕을 하기 시작했어요. Dawn은 울기 시작했고 이 문제에서 당신이 얼마나 미숙하고 비합리적인지 아냐고 소리쳤어요. Dawn은 집 안으로 뛰어 들어갔어요. 밤늦게 Ray가 다시 아내에게 왔고, 이 둘은 그 문제에서 타협하기 시작했고, Ray는 사과했어요. 어쨌든 결혼은 서로 만족할 수 있는 중간 지점을 찾는 거예요. 사람들은 저마다 다른 관점을 지닐 수 있지만, 때로는 서로 조금씩 양보해야 해요.

해설　이 예시의 AGG 점수는 이야기 전체에 걸쳐 변화한다. 이러한 변화는 Dawn이 대화를 원하고 Ray가 갈등을 피하는 것에서 생겨나기 시작한다. 이야기에서 이 부분은 5점에 해당한다. 앞서 일어났던 의견 충돌과 뒤따라 이어지는 말다툼은 3점에 해당한다. 말다툼의 강도, 심각도, 지속시간은 불확실하므로 더 낮은 점수로 채점하지는 않는다. 구체적으로 살펴보면, 만약 수검자가 이야기에서 '욕이나 험담하는 것'을 정서적인 학대로 여긴다면 2점으로 채점할 수 있지만, 이야기에서 나타나는 욕이나 험담이 언어폭력의 수준에 해당하는지를 유추할 만한 정보가 충분하지 않다. 마지막으로, 두 등장인물은 성숙한 방식으로 갈등을 다루기도 한다(6점). 이야기에서 나타나는 AGG가 3~6점 범위에 걸쳐 있으므로, 이 예시의 평균 점수를 만드는 것이 어렵다. 그러나 전체적으로 살펴보면, 이 범위를 가장 최적으로 담아내는 점수는 4점으로 고려된다. 만약 두 등장인물이 다투는 방식이 좀 더 적응적이라면(예,

서로 욕하지 않음) 더 높은 점수(5점)로 채점할 수도 있다.

5점

초기 기억 이야기　저는 아빠랑 별로 좋은 관계를 맺지 못했어요. 저는 아빠한테 화난 적이 많았지만 한 번도 그걸 드러내지 않았어요. 한번은 아빠가 집안일을 부탁했던 일이 기억나네요. 잔디를 깎는 일이었던 것 같아요. 저는 엄마랑 쇼핑몰에 가려고 했는데, 잔디부터 깎아야 해서 쇼핑몰 가는 걸 미뤘어요. 화가 났지만 절대 표현하지 않았어요. 저는 갈등을 싫어해서 무슨 일이 있어도 갈등만은 피할 거예요. 지금도 계속 그래요. 어쨌든 저는 속으로 너무 화가 났지만 시키는 대로 계속 잔디를 깎았어요. 그러고 나서 엄마랑 쇼핑몰에 갔어요. 엄마가 저한테 화가 났냐고 물었을 때 저는 "아니, 괜찮아. 화 안 났어. 그냥 좀 피곤하네. 별거 아니었어. 엄마."라고 말했어요. 그 비슷한 상황마다 저는 엄마에게 자주 그렇게 말하곤 했어요.

해설　이 예시에서 화자는 분노를 인식하지만 표현하지 않으며, 감정을 내면화하고, 억제하고, 회피한다. 이는 전형적인 5점 반응에 해당한다.

그러나 만약 화자가 분노를 느끼지만 감정과 갈등을 억제/회피하는 것에 관한 세부적인 설명을 생략한다면, 이 예시의 점수는 3점으로 바뀔 수 있다. 또 화자가 아버지를 향한 공격성을 간접적으로 드러낸다면(수동공격성), 이 예시는 3점으로 채점한다. 일례로, 화자가 의도적으로 잔디 깎기를 대충하는 경우를 들 수 있다(잔디밭 일부를 자르는 것을 '잊어버린다'든가, 냉소적인 말을 한다든가, 말로는 '괜찮다'고 하지만 공격적이고 짜증이 난 어조로 대화하거나 얼굴 표정과 버릇을 통해 의사소통하는 등).

6점

초기 기억 이야기　저는 학교 첫날 지각했어요. 따지고 보면 그건 둘째 날이었어요. 학교 첫날을 놓쳐서 다른 사람보다 하루 늦게 학교를 갔거든요. 저는 이모랑 같이 미주리에 있었어요. 저는 선생님이랑 교실에 앉아 있었고, 선생님은 제 자리를 정해 주려고 하셨어요. 친구들이 교실로 들어왔어요. 한 친구가 저한테 다가오더니 이 자리는 자기 자리니까 다른 자리를 찾으라고 말했어요. 걔는 누가 봐도 화가 났고, 저한테 화를 내는 거 같았어요. 저는 학교에 처음 왔기 때문에 겁을 먹었고, 걔가 자리를 비키라고 '말한' 방식 때문에 조금 열받았어요. 저는 새로 왔잖아요. 그렇게 대하는 건 좀 아니죠. 저는 지금도 뭘 하라는 말을 듣는 걸 좋아하지 않아요. 저는 떳떳했는데, 선생님이 저한테 이 자리에 앉으라고 했다는 걸 말했고, 이따가 종이 울리면 선생님이 우리가 1년 동안 앉을 자리를 정해 주실 거라고 말했거든요. 걔는 그걸 몰랐다며 저한테 사과했고, 제 대각선 방향에 앉기로 했어요. 저는 걔가 더 이상 소동을 일으키지 않아서 놀랐어요. 계속 그럴 거라 생각했거든요. 걔는 저에게 친절하게 대해 줬어요. 나중에 우리는 친구가 됐어요.

해설 이 예시에는 두 사람 사이에 갈등이 벌어진다. 화자는 같은 반 친구의 잠재적인 분노에 관해 이야기한다. 화자는 그 친구를 위협적인 존재로 지각하지만, 당사자는 분노 감정을 통제하는 것으로 보인다. 화자는 거절 의사를 적응적으로 주장하며, 친구는 적절하게 반응한다. 따라서 이 이야기는 6점으로 채점한다.

7점

TAT 이야기 어떤 주제로 격한 토론을 벌이고 있는 것 같아요. 남자는 화나 보이고, 여자는 걱정스러운 표정이에요. 남자는 자기 감정을 잘 표현하질 못해요. 이 둘은 오랫동안 알고 지냈어요. 여자는 남자가 말하게 만드는 방법을 잘 알아요. 남자는 여자가 오늘 저녁 약속을 잊어버려서 화났다고 말해요. 남자는 여자를 놀래 주려고 여자가 가장 좋아하는 식당에 데려가려고 했어요. 여자는 사과를 하고, 자기가 왜 옆길로 새게 됐는지를 잘 설명하고, 자기 실수를 인정해요. 둘은 한동안 대화하면서, 어떻게 하면 서로 더 잘 의사소통할 수 있을지 고민해요. 남자는 여자의 사과를 받아 주고 화를 풀어요. 두 사람은 음식을 포장해서 나가고, 여자가 하는 일이 마무리되면 이 식당에 다시 오기로 약속해요.

해설 이 예시에는 긴장이 존재한다. 두 사람은 '논쟁'이 아닌 '격한 토론'을 벌인다. 남자는 여자가 시간 약속을 지키지 않아서 화가 났다는 점을 잘 전달하며, 여자는 이 대화를 받아들인다. 여자는 자기 책임을 인정하고, 두 사람은 갈등을 해결하고 타협하기 위해 적극적으로 노력한다. 남자는 여자의 관점을 수용하고 분노를 적절하게 표현한다. 따라서 이 이야기는 7점으로 채점한다.

1~7점까지 AGG 구조화하기

초기 기억 이야기

■ 1점

어, 저는 중학교 때 학교를 마치면 친구들이랑 축구를 하고 놀았어요. 음, 한 애가 다른 애를 아니꼽게 놀리면서 침을 뱉었어요. 저는 너무 화가 나서 못되게 구는 놈을 땅바닥에 내팽개치고는 침을 뱉고 때렸어요. 걔는 저를 욕했고, 다른 애들은 전부 "싸워라, 싸워라, 싸워라!"라면서 싸움을 부추겼어요.

■ 2점

어, 저는 중학교 때 학교를 마치면 친구들이랑 축구를 하고 놀았어요. 음, 한 애가 다른 애를 아니꼽게 놀렸어요. 저는 너무 화가 나서 그 놈을 때리려고 했는데, 제 친구 한 명이 저를 말렸어요. 저는 그놈을 '뚱보'라고 불렀는데, 그래서 걔는 놀림당하는 게 어떤 기분인지 알았을 거예요.

■ 3점

어, 저는 중학교 때 학교를 마치면 친구들이랑 축구를 하고 놀았어요. 음, 한 애가 다른 애한테 무례하게 굴고 있었어요. 그거 때문에 저는 너무 화가 났어요. 저는 걔랑 진짜로 친했던 적이 한 번도 없어요.

■ 3점 (수동-공격적 행동)

어, 저는 중학교 때 학교를 마치면 친구들이랑 축구를 하고 놀았어요. 음, 한 애가 다른 애한테 무례하게 굴고 있었어요. 그래서 저는 저한테 공이 오면 걔한테 절대로 공을 주지 않았어요. 저는 걔랑 진짜로 친했던 적이 한 번도 없어요.

■ 3점 (신체적인 자기학대)

어, 저는 중학교 때 학교를 마치면 친구들이랑 축구를 하고 놀았어요. 저는 매번 마지막으로 뽑혔는데, 그래서 친구들에게 늘 따돌림을 당한다고 느꼈어요. 축구가 끝나고 나면 나쁜 기분을 떨칠 때까지 계속 뛰었던 게 기억나네요.

■ 4점 (분노나 공격성이 존재하지 않음)

어, 저는 중학교 때 학교를 마치면 친구들이랑 축구를 하고 놀았어요. 저는 매번 마지막으로 뽑혔고, 그래서 친구들에게 늘 따돌림을 당한다고 느꼈어요. 슬프고 차별당하는 거 같았지만, 결국엔 학교 밖에서 같이 어울려 놀 다른 친구 무리를 찾았어요.

■ 5점

어, 저는 중학교 때 학교를 마치면 친구들이랑 축구를 하고 놀았어요. 저는 친구들에게 늘 따돌림을 당한다고 느꼈어요. 그래서 걔들한테 서운하고 상처받았지만, 겉으로는 당당한 표정을 짓고 아무렇지 않게 굴면서 그걸로 아무 말도 하지 않았어요. 저는 지금도 뭐가 절 괴롭히든 다른 사람에게 드러내지 않아요.

■ 6점

어, 저는 중학교 때 학교를 마치면 친구들이랑 축구를 하고 놀았어요. 저는 친구들에게 늘 따돌림을 당한다고 느꼈어요. 하루는 축구가 끝나고, 몇몇 친구한테 다가가서 내가 자주 마지막으로 뽑히는 것 같아서 서운하다고 말했어요. 친구들은 저한테 사과했어요.

■ 7점

어, 저는 중학교 때 학교를 마치면 친구들이랑 축구를 하고 놀았어요. 저는 친구들에게 늘 따돌림을 당한다고 느꼈어요. 하루는 축구가 끝나고, 몇몇 친구한테 다가가서 내가 자주 마지막에 뽑히는 거 같고 나한테 공도 잘 주지 않는 거 같아서 서운하다고 말했어요. 친구들은 제가 그렇게 느끼는 줄 몰랐다며 사과했어요. 지금까지 한 팀에서 모두 같이 뛴다고 생각했다면서 제가 소외감을 느낀다는 걸 몰랐다고 설명해 줬어요. 저는 친구들을 믿었고, 그 뒤로 친구들은 저한테 공을 더 많이 줬어요.

예제 이야기 연습하기

이 절에서는 AGG 유무와 AGG가 강조되는 정도를 판단하는 데 도움이 되는 열 가지 예제 이야기를 제시한다. 그리고 절의 끝에 정답과 해설을 수록한다.

예제 1

환자: 여름철에 아빠가 칠판을 밖으로 꺼내 놨는데, 동생이랑 저는 거기다가 그림을 그렸어요. 칠판에 꽃을 그렸던 게 기억나요. 전에 그런 걸 해 본 적이 없어서 엄청 재밌었어요. 저는 아빠를 모시러 가면서, 동생한테는 "곧 돌아올게."라고 말했어요. 그리고 돌아왔을 때 그 꽃을 찾을 수가 없었어요. 동생이 그걸 지우고 칠판에 다른 걸 그리고 있었어요. 저는 실망해서 "Julie! 아빠, 그걸 아빠한테 정말 보여 주고 싶었는데, 저 다시 그려 볼래요."라고 말한 거 같아요.

치료자: 그래서 아빠한테 당신이 그린 걸 보여 주고 싶었지만, 여동생이 그걸 지워서 실망했다는 거죠?

환자: 실망하긴 했는데, 동생한테 절대 화난 게 아니에요.

치료자: ……그리고 그걸 다시 그리고 싶었고요?

환자: 맞아요.

치료자: 아빠가 어떻게 반응하셨는지 기억나요?

환자: 아빠는 "괜찮아. …… 다시 그릴 수 있을 거야."라고 말했던 거 같아요.

예제 2

엄마가 저한테 피아노 치는 걸 가르쳐 주던 게 기억나는데, 저는 그걸 잘 따라가지 못했어요. …… 저는 양손을 잘 쓰질 못했어요. 양손 협응이 잘 안 되거든요. 엄마는 엄청 화를 내면서 저를 집 밖으로 내쫓았어요. 엄마는 "너는 배우려고 하지 않아." "너는 너무 멍청해."라고 소리쳤어요. 저는 Steve네 집으로 갔죠. Steve는 옆집에 사는 제 친구였어요. 엄마가 고함지르는 게 들렸어요. 저는 집으로 돌아왔고 엄마는 저한테 계속 소리치면서 다음번에는 집에서 나가지 말라고 했어요. 엄마는 저를 방으로 보냈어요. 아빠가 집에 왔고, "엄마는 네가 피아노 연습 안 했다고 하던데."라고 말했어요. 아빠랑 저녁을 먹고 나서 아빠는 저한테 어떻게 피아노를 연주하는지 보여 줬어요. 저는 그냥 평범한 피아노 연주자였지만, 아빠랑 같이 치면 더 잘 배울 수 있었던 건 당연한 거였죠. 실제로 저는 피아노 연주를 많이 좋아하게 됐어요. 저는 아빠랑 있는 걸 좋아해요. 아빠는 제가 특별한 기분을 느끼게 해 줬어요. 엄마는 그런 걸 싫어했죠. 엄마는 아빠가 저를 망친다면서, 자꾸 그렇게 하면 제가 버릇없는 아이가 된다고 말했어요. 하지만 아빠랑 같이 있으면 특별한 기분을 느꼈어요.

예제 3

저는 어린 시절 대부분을 식탁에 앉아 있었고 부모님이 "먹어! Brian!"이라고 말했던 게 기억나요. 부모님은 "씹고 삼켜." "한 숟갈 더 먹어."라고 말하기도 했어요. 저는 늘 비쩍 마른 애였기 때문에 매번 식탁에 앉아 있어야 했어요. 부모님은 저를 위해 "씹고 삼켜."라고 말하는 테이프를 만들어 주셨어요. 저는 몇 시간씩이나 먹었어요. 저는 먹는 걸 좋아하지 않았어요. 입에 음식을 넣고는 그냥 식탁에 앉아 있었어요. 저는 먹는 걸 진짜 좋아하지 않았어요. (감정은?) 짜증나고 화났어요. "식탁에서 벗어나고 싶어. 날 좀 내버려 둬. 나는 음식이 싫어. 음식을 먹고 싶지 않아." 저는 좀 이상한 생각을 하곤 했는데, 몇 년이 지나서 뭔가 기억이 떠올랐어요. 저는 어머니가 저를 먹게 하려고 구박한다고 생각하곤 했죠. 어머니가 저를 조종하려 한다고 느꼈어요. 어머니는 가끔씩 투덜대면서 짜증을 냈어요. 이 생각들이 합쳐져서 어머니가 저한테 독을 먹이려고 한다고 생각했어요. 어머니는 저를 너무 심하게 나무랐어요. 저는 살려면 음식을 먹어야 한다는 걸 이해하지 못했어요. 그냥 어머니가 제 이야기를 듣지 않는 못된 사람이라고 생각했어요.

예제 4

엉덩이를 치고 때리는 사람. 저는 자러 가는 게 무서웠어요. 침대에 괴물이 있을까 봐 무서워서 방으로 들어가질 못했어요. 아빠는 제가 호들갑 떨고 너무 시끄럽게 군다면서 엄청 화를 냈어요. 아빠는 일하러 가려면 아침 일찍 일어나야 했어요. 저는 호들갑 떨려고 한 건 아니었어요. 그냥 무서웠던 건데, 아빠는 입 다물고 조용히 하라고 하면서 엄청 화를 냈어요. 가끔은 허리띠를 가져와서 제 앞에서 흔들면서 좋게 말할 때 침대에 가서 자라고 말하기도 했고, 어떤 때는 허리띠로 저를 때리면서 조용히 하고 가서 자라고 소리쳤어요. 아빠는 보통 다음 날 사과하면서 어떤 선물을 사 줬어요. 그거 때문에 너무 혼란스러웠어요. 저는 아빠랑 관계가 좋지 않아요.

예제 5

남자아이 같아 보이네요. 얘의 다리 옆에 있는 게 뭔지 모르겠는데, 진짜로 뭔지 잘 모르겠어요. 죽은 새나 주머니칼처럼 보여요. 이제 알겠어요. …… Joe는 추수감사절을 맞아서 부모님이랑 같이 기차를 타고 조부모님 집에 가는 길이었어요. 조부모님 연세가 점점 많아져서 조부모님을 뵙는 건 중요한 일이었고, 또 몇 년 동안 찾아뵙지도 못했어요. 하지만 기차역에서 막 기차를 타려고 할 때, 어머니가 조부모님께 드리려고 준비했던 꽃다발을 깜빡했다는 걸 알게 됐어요. 그래서 어머니는 자기가 꽃을 가지러 집에 다시 갔다 올 동안 아들한테 아버지랑 같이 기다려 달라고 했어요. 그런데 집은 차로 두 시간이 걸리는 거리에 있어서 소년은 기차역에서 아무것도 할 거 없이 오래 기다려야 했어요. 이 사진은 소년이 지루함의 극치를 겪고 있는 모습을 찍은 거예요. (결말은?) 어머니는 꽃을 가지고 돌아오면서 행복한 표정을 지어요. 소년은 어머니가 돌아와서 다행이라 여기면서도 기다리는 동안 자기가 얼마나 귀찮고 짜증났는지 생각해요. 또 부모님한테 끌려다니는 거 같아서 지치고 얼떨떨해요. 하지만 소년은 요즘에 늘 그랬듯이 겉으로는 미소를 지어요.

예제 6

여기 있는 Kate는 육체적으로든 정서적으로든 너무 지쳤어요. Kate는 남편이 다른 여자와 침대에 있는 걸 목격하고는 정신이 나갔어요. 저건 총이 아니에요. 이 이야기의 모든 가정을 없앨게요. 붓일 수도 있겠네요. 그래서 Kate는 그 둘 머리에 총을 쐈고, 이 그림은 경찰이 현장에 도착했을 때 보게 된 장면이에요.

예제 7

이 둘은 엄청 중요한 걸로 깊은 대화를 나누는 중이에요. 남자는 실망감을 느끼고 있는데, 좀 진정한 다음 뭘 어떻게 할지를 생각해요. 남자는 밀어내려 하고, 여자는 남자를 막으려 해요. 남자는 지금 혼자 있고 싶어 해요. 여자는 둘 사이에 무슨 일이 일어나고 있든 간에 지금 그걸 이야기하고 싶어 해요. 매달리는 것처럼 보여요. (무슨 일?) 모르겠어요. 이 부부는 방금 아들이 담배를 피운다는 걸 알게 되었어요. 아마 둘은 서로 양육 방식이 다른 것 같아요. 남자는, 왜 있잖아요, 〈진짜 사나이〉 같은 리얼리티 쇼에서 볼 법한 다소 엄격한 프로그램에 아들을 보내길 원하고, 엄마는 좀 더 부드러운 접근을 취해요. 둘은 서로 의견 차이를 보이고 있고 선택의 기로에 서 있어요. 남자는 자기가 생각하기에 잠시 시간을 가지면서 둘 다 생각을 가다듬고, 저녁에 다시 의논하는 게 좋겠다고 아내에게 바로 말해요. 남자는 뭘 어떻게 할 건지 이야기하고 싶어 하지만, 더 이상 대화를 이어 나가면 당장은 못 참을 거 같다고 느껴요. 여자는 평소보다 더 흥분한 건 아니더라도 남편이 대화를 멈추려 해서 약간 짜증났고, 지금 당장 문제 해결 방안을 정하길 바라지만 남편은 생각을 정리할 시간이 필요한 사람이고, 결국엔 남편이 현실적이면서 처벌적이지 않은 방안을 찾아낼 거라는 걸 알고 있어요. (결말은?) 둘은 서로 이야기하면서 좋은 방안을 찾아내요.

예제 8

진짜로 이 남자는 방금 자해하고 변기에 머리를 대고 있는 걸로 보여요. (자해?) 네, 바닥에 어떤 날카로운 물건이 있는데 이걸로 자기 몸을 베서 상처를 냈어요. 이건 아마 면도칼일 거예요. (이전에는?) 이모 생일이라서 남자는 가족이랑 저녁 식사를 하고 있었어요. 남자는 욕실에 있었어요. (감정은?) 좀 전에는 끔찍할 정도로 우울하고 힘들었는데, 지금은 좀 진정되고 편안해해요. (결말은?) 남자는 일어나서 저녁 식사 자리로 돌아가요.

예제 9

흠. 음, 음. 이 여자는 모델이나 예술가예요. 여자는 스튜디오에서 사진작가의 요청에 따라 자극적인 자세를 취해요. 이 남자는 여자의 남자 친구예요. 남자는 질투가 심한 사람인데, 여자 친구가 바람피우지 않을 거란 걸 믿어요. 그런데도 남자는 불만이 가득하고, 화를 내고, 질투하고 있어요. 여자는 그걸 곧바로 알아차려요. 여자는 사진작가에게 잠깐 쉬어도 되냐고 물어보고는 남자 친구한테 다가가요. 그리고 남자 친구를 붙잡고 위로해 주면서 마음을 달래 줘요. 여자는 남자 친구에게 당신이 이 일에 불만이 많다는 걸 알고 있다고 말하면서, 이건 그냥 일일 뿐이고 자기 마음에는 오로지 남자 친구만 있다는 걸 강조해요. 남자는 화를 내면서도, 언젠가 당신이 자기를 떠날까 봐 무섭다고 말해요. 둘은 이 일과 관련해서 타협점을 찾기로 하고, 남자는 밖에 나가서 차 안에서 기다리기로 해요. 그리고 남자는 나중에 여자 친구를 데리러 와서 도착했다고 문자를 보낼 거고, 여자는 일이 길어지면 남자 친구한테 연락해서 알려 줄 거예요. 그 뒤에 둘이 만나서 일은 어땠는지 이야기하고, 남자가 느끼는 불안한 감정을 다룰 거예요. 남자는 자기들한테 돈이 필요하다는 걸 잘 알고 있고, 그래서 이 모든 상황을 더 힘들게 느껴요.

예제 10

아버지에 관한 기억이 하나도 없어요. 주말마다 아버지 집에 가긴 했지만, 아버지는 늘 집에 없었고, 그래서 저는 사촌과 주말을 보내야 했어요. 결국 저는 엄마한테 더 이상 아버지를 보러 가지 않을 거라고 말했어요.

예제 1: 5점

이 예시에서 화자의 동생은 실수든 고의든 간에 화자가 그린 그림을 지웠다. 만약 동생이 화가 나서 그림을 고의로 지웠다는 내용(동생이 고의로 그랬다는 것을 인정함)이 나타난다면, 여동생의 공격성 관리는 더 낮게 채점할 수 있다(3점 혹은 그 이하). 그러나 이야기에 이러한 점이 직접적으로 나타나지 않으므로 함부로 추론하지 말아야 한다. 화자는 자신이 화나지 않았다고 강조해서 말하는데, 표현 방식과 정황을 미루어 볼 때 이는 무의식적으로 화가 났을 가능성을 시사한다. 즉, 화자는 여동생을 향한 분노 경험을 부정하거나 부인하며, 이를 내면화하여 실망감으로 경험한다. 따라서 이 이야기는 5점으로 채점한다. 만약 화자가 분노와 관련된 어떠한 측면도 언급하지 않았다면 4점으로 채점할 수 있다. 마지막으로, 화자가 공격성을 부인하는 것과 함께 동생이 직간접적으로 공격성을 드러내는 내용이 나타난다면, 중간 점수를 부여할 필요가 있다.

예제 2: 2점

이 예시에서 화자의 어머니는 명백히 정서 조절에 어려움을 겪는다. 화자는 어머니가 '엄청 화를 내면서' '집 밖으로 내쫓았고' '소리치고' '고함지르는' 모습을 보고한다. 이러한 언어적인 분노 표현을 고려하여, 이 이야기는 2점으로 채점한다. 만약 화자가 '체벌'을 이야기에 포함하거나 (집 밖으로 '내쫓는 것' 이상으로) 신체적인 공격성과 관련된 내용을 언급한다면 1점으로 채점한다.

예제 3: 3점

이 예시에서 화자는 '화나고' '짜증나는' 감정을 인정한다. 화자는 또한 어머니가 '독을 먹이려고 한다'는 환상을 지닌다. 이야기에서 화자는 그게 단지 생각일 뿐, 독을 먹이려는 증거가 실제로는 없음을 설명한다. 분노 경험과 함께 타인의 공격성에 관한 환상이 나타나므로, 이 이야기는 3점으로 채점한다. 참고로, 화자가 수동—공격적으로 굴기 위해 음식을 먹지 않기로 작정한다면(현재 이야기에서는 충분한 근거가 없음), 이 또한 3점에 해당한다.

예제 4: 1점

이 예시에서 화자는 명백한 신체·언어 학대를 묘사한다. 예를 들어, '아빠는 엄청 화를 냈어요' '입 다물고 조용히 하라고 하면서' '허리띠를 흔들면서 위협하는' '허리띠로 저를 때렸어요' 등이 나타난다. 아버지의 공격적인 행동에 더하여 충동적인 성향도 존재한다. 아버지의 행동은 계획된 것이 아니며, 화자의 행동에 즉각적으로 반응하는 것에 불과하다. 따라서 이 예시는 1점으로 채점한다.

예제 5: 5점

이 예시에서 소년은 귀찮고 짜증이 난다. 소년은 이런 감정을 직접적으로 표현하지 않고, 대신에 '미소를 짓는다'. 이는 '화를 부인하고 직면을 회피함으로써 분노를 다루는 회피 기제'에 속한다. 따라서 이 이야기는 5점으로 채점한다.

예제 6: 1점

이 예시에서 여자는 자신의 감정에 따라 공격적이고 충동적인 행동(살인)을 저지른다. 따라서 이 이야기는 1점으로 채점한다.

예제 7: 6점

이 예시에서 두 인물은 모두 아들의 일탈에 실망하고 분노한다(그리고 아마도 걱정한다). 이런 사실에도 불구하고 두 사람은 효과적으로 의사소통하기 위해 노력한다. 남자는 (잠깐만이라도) 현재 대화를 회피하고 싶어 하는 반면, 여자는 대립하는 견해를 당장 해결하고 싶어 한다. 이야기 초반에 나타나는 남편의 회피하려는 모습에 근거하여, 점수는 5점에서 시작한다. 두 사람이 각자의 감정을 어느 정도 적절히 표현한다는 점과 갈등 문제를 다시 논의하기로 합의했다는 점을 고려하여, 최종 점수는 6점으로 채점한다. 만약 수검자가 부부의 적절한 분노 관리 및 갈등 해소 과정을 더 자세히 논의한다면, 점수는 7점으로 상승한다.

예제 8: 3점

이 예시에서 인물은 분노 감정을 표현하지 않는다. 하지만 남자는 자해 행동을 한다. 자해는 공격적인 행동에 속한다. 기준점 3점의 내용은 '자신을 신체적으로 학대하는 것'을 포함한다. 이야기에서 나타나는 자기파괴적 행동의 유형과 더불어 인물의 분노가 표현되는 정도에 따라 3점 내지 그 이하의 점수로 채점할 수 있다.

예제 9: 7점

이 예시에서 여자는 남자의 분노를 인식하고, 남자도 자신의 분노를 인정한다. 두 사람은 긍정적이고 적응적인 방식으로 이야기를 나누며 문제를 해결하기 위해 노력한다. 남자의 분노는 이야기 전반에서 잘 통제된다. 따라서 이 이야기는 7점으로 채점한다.

예제 10: 4점

이 예시에서 화자는 말이나 행동으로 분노를 표현하지 않는다. 따라서 이 이야기는 기본 점수 4점으로 채점한다. 참고로, 화자가 분노에 이끌려 더 이상 아버지를 보러 가지 않기로 결정한 것일 가능성이 있지만, 이를 이야기에서 명시적으로 언급하지 않으므로 점수를 부여할 수 없다. 이 이야기는 반응 유도의 중요성을 시사하는 예시에 해당한다.

AGG의 실증 연구 결과

AGG: 정신병리와 성격

AGG와 정신병리 및 성격 양상 사이의 관련성을 조사한 다양한 연구가 존재한다. 몇몇 연구는 발달상으로 AGG가 분리/개별화(Ackerman et al., 2001), 애착 유형(Calabrese, Farber, & Westen, 2005; Stein et al., 2011)과 어떻게 연관되는지 조사했다. Ackerman 등(2001)은 로르샤하 상호자율성(MOA) 척도로 평가한 대상 표상이 더욱 성숙한 외래 환자일수록 TAT AGG에서 더욱 건강한 반응이 나타남을 발견했다. AGG는 또한 애착 유형과 연관된다. Calabrese 등(2005)은 비임상 대학생 표본을 대상으로 연구를 진행했으며, 그 결과 상호 애착 척도(RAQ)로 평가한 애착 대상의 가용성에서 더 높은 안정성을 보이는 사람일수록 분노를 잘 조절하는 이야기를 보고하는 것으로 나타났다. 아울러 부모가 이혼한 사람들에 비해 부모가 결혼 생활을 유지하는 사람들은 더욱 건강한 AGG를 보였다. 유사하게, Stein 등(2011)은 개정판 친밀관계 경험 척도(Experiences in Close Relationships-Revised, ECR-R)로 평정한 애착 회피 수준이 높은 외래 환자일수록 심리치료 내용에서 더욱 미성숙한 방식으로 공격성을 표현함을 발견했다.

AGG, 청소년 성격장애, 실생활 행동 간의 관련성을 다룬 연구도 존재한다. 구체적으로, DeFife, Goldberg와 Westen(2013)은 공식적인 성격장애 진단을 받지 않은 정신과 청소년 집단에 비해 성격장애로 진단된 청소년 집단에서 심리치료 내용을 바탕으로 평정한 AGG 수준이 더 낮음을 발견했다. 아울러 AGG가 높을수록 전체 기능 평가(GAF) 점수 및 학업 기능이 증가하는 것으로 나타났다. 또 AGG 점수가 낮을수록 외현화 행동(체포 기록, 폭력 범죄, 절도, 거짓말, 무단결석, 물질남용)과 정신과 병력(자살 시도와 입원 이력)이 증가했다. Haggerty 등(2015)은 청소년 입원 환자의 SCORS-G 평정을 조사했고, AGG가 높을수록 입원 시 GAF 점수, 성격 기능, 또래 관계, 학업 기능이 좋음을 발견했다. 마지막으로, Conway, Oster와 McCarthy(2010)는 양육자 상실을 경험한 입원 아동의 대상관계를 조사했고, 그 결과 양육자 상실을 경험한 주의력 결핍 과잉행동장애(ADHD) 아동의 TAT AGG는 더욱 부적응적인 점수로 평정되는 경향이 나타났다.

AGG는 또한 우울, 외부 생활사건과 연관된다. Diener와 Hilsenroth(2004)는 심리치료 내용에서 AGG가 높을수록 SWAP 우울성 성격(dysphoric personality) 원형에 더 많이 부합함을 발견했다. AGG는 또한 우울성 Q 요인(Dysphoric Q-Factor) 관련 변인과 정적 관련성을 보였다. 마찬가지로, (문화 감수성을 반영한 자극 도판을 활용하여 평정한) AGG가 낮을수록 DSM-IV의 우울성 성격장애 증상을 더 많이 보이는 것으로 나타났다(Huprich et al., 2007). Stein 등(2015)은 외래 및 입원 환자 표본 전체에 걸쳐 TAT 이야기의 SCORS-G 평정치와 생활사건 자료 간의 관련성을 조사했다. 그 결과, AGG는 외래 환자 표본에서 약물 남용 및 자살 사고 수준과 유의한 부적 상관을, 입원 환자 표본에서는 자살 시도 횟수 및 성인기 신체 학대 수준과 유의한 부적 상관을 보였다.

AGG와 신체 건강 간의 관계가 입증되었다. Richardson 등(2018)은 간단한 초기 기억 프로토콜을 수집했고, AGG 표현이 부적응적일수록 신체화 경향과 응급실 방문 및 입원 횟수가 높고, 신체 건강 수준이 낮음을 발견했다.

연구자들은 또한 AGG와 성격, 특히 B군 성격장애와의 관련성을 조사했다. Ackerman 등(1991)은 B군 성격장애 환자의 TAT 이야기를 평정했고, 경계선 성격장애(BPD) 환자가 자기애성 성격장애(NPD) 환자에 비해 TAT AGG 점수가 더 낮게 나타남을 발견했다. 또 C군 성격장애 환자와 비교했을 때 BPD 외래 환자는 TAT AGG에서 더 병리적인 점수를 보였다. 이와 유사하게, Weise와 Tuber(2004)는 초등학생 연령 아동의 자기애 수준을 조사했고, NPD의 행동적 기준을 충족하는 아동들은 임상 통제 집단에 비해 TAT 이야기에서 더 낮은 AGG 수준을 보임을 발견했다.

자살 의도가 없는 자해(Non-Suicidal Self-Injury, NSSI)의 기능에 초점을 두고 AGG와 경계선 성격병리의 관련성을 조사한 연구가 존재한다. Whipple과 Fowler(2011)는 거주치료소에 있는 NSSI 경계선 환자들이 대학교 임상 표본 환자들에 비해 TAT에서 더 병리적인 AGG를 보인다는 점을 발견했다.

AGG와 치료 수준 사이의 관련성을 파악한 연구도 존재한다. Sinclair 등(2013)은 성격평가 질문지(PAI)를 활용한 치료적 돌봄 수준 지표(LOCI)를 개발했다. 연구자들은 TAT AGG 점수가 낮을수록 치료적 돌봄 수준 지표가 상승한다는 점을 발견했다. 즉, 다양한 PAI 척도를 포함하는 치료 수준과 관련된 지표에서 높은 점수를 보일수록 TAT 이야기에서 AGG가 조절되지 않을 가능성이 높아지는 것으로 나타났다. Bram(2014)은 비임상 표본과 임상 표본의 SCORS-G 점수를 비교했으며, TAT AGG에서 외래 환자 집단 및 입원 환자 집단의 점수에 비해 비임상 집단의 점수가 유의하게 높게 나타남을 발견했다. 또 SCORS-G 차원과 대인관계 기능, 심리 건강의 관련성을 조사했고, 그 결과 남성 표본뿐만 아니라 전체 표본에서 외로움을 많이 보고할수록 AGG가 낮은 것으로 나타났다.

AGG와 심리치료 과정 및 결과

심리평가 장면에서의 이야기 자료뿐만 아니라 심리치료 과정 및 결과 내용을 통해 AGG를 조사한 다양한 연구가 존재한다. 심리평가와 관련하여, SCORS-G AGG 평정치가 관계, 사회, 직업 기능 측정치와 관련 있음을 밝힌 연구가 존재한다(Peters et al., 2006; Stein et al., 2009). 구체적으로, Peters 등(2006)은 심리치료 내용의 SCORS-G 평정치와 DSM-IV 임상 평정치 간의 관계를 조사했고, AGG가 사회 직업 기능 평가 척도(SOFAS) 점수를 유의하게 예측함을 발견했다. 마찬가지로, Stein 등(2009)은 치료 초반 심리평가 시 초기 기억을 바탕으로 평정한 환자의 AGG 점수는 관계 기능 평가(GARF) 점수와 연관됨을 발견했다. 이와 대조적으로, Fowler 등(2004)은 거주치료 집단에서 치료 초기 (TAT 이야기로 평정한) AGG와 GARF 또는 SOFAS 간의 관련성을 발견하지 못했다. 그러나 치료 16개월 후 실시한 환자의 재검사에서 AGG와 GAF, GARF, SOFAS 간에 유의한 정적 상관이 나타났다. 즉, 치료 16개월 후에 TAT에서 공격성을 더 적응적으로 표현할수록 전체, 관계, 사회, 직업 기능 점수가 더 높게 나타났다. 따라서 평가 시기와 평정에 사용한 이야기 유형이 AGG와 전체 기능 측정치 간의 연관성 유무에 영향을 미칠 가능성이 존재한다.

몇몇 연구는 AGG가 치료 과정과 어떻게 연관되는지를 조사했다. 구체적으로, Mullin과 Hilsenroth(2012)는 단기 정신역동 심리치료에서 AGG가 높을수록 비교 심리치료 과정 척도(CPPS)로 평정한 정신역동적 대인관계 개입의 빈도가 증가함을 발견했다. Mullin 등(2016b)은 SCORS-G 차원과 치료 초기에 치료자가 정신역동적 기법을 활용하는 정도 사이의 관련성을 조사했으며, CPPS로 평정한 열 가지 정신역동 심리치료 기법 중 여덟 가지 기법과

AGG의 변화가 유의하게 연관됨을 확인했다.

마지막으로, 청소년과 성인 표본 모두에서 AGG와 치료 성과의 관련성을 조사한 연구가 존재한다. 구체적으로 살펴보면, 행동장애 진단 기준을 충족하는 청소년 정신역동치료에 관한 두 가지 개별 사례 연구에서 AGG는 6개월간의 치료 과정에 걸쳐 유의하게 상승하는 것으로 나타났다(Bambery & Porcerelli, 2006; Porcerelli, Cogan, & Bambery, 2011). 마찬가지로, 아동기 성학대 경험이 있는 외래 환자는 정신역동치료 과정 동안 AGG 점수가 상승하는 것으로 나타났다(Price et al., 2004). Josephs 등(2004)은 60대 여성 조현병 환자의 정신분석치료에서 임상적 호전을 평가했다. 그 결과, 4년의 치료 과정에 걸쳐 AGG에서 유의한 긍정적 변화가 나타났다. 이와 유사하게, Porcerelli 등(2007)은 남성 회피성 환자의 정신분석치료에서 임상적 호전을 평가했다. 그 결과, 3년차에 AGG에서 유의한 긍정적 변화가 나타났고, 이러한 변화는 1년 후 추후 상담에도 꾸준히 이어졌다. 마지막으로, Mullin 등(2016b)은 대학 진료소를 방문한 외래 환자를 대상으로 정신역동 심리치료의 효과를 연구했으며, AGG가 치료 과정에 걸쳐 유의하게 상승함 발견했다. 또 자기보고식으로 측정한 전반적인 정신병리 증상과 AGG 사이에서도 유의한 변화가 나타났다.

추가 연구가 필요한 AGG 관련 구성개념

이전 장과 마찬가지로, 연구하기 시작한 두 가지 분야는 AGG와 꿈 이야기의 관계, AGG와 자극 영향력의 관계다. 꿈 이야기와 관련하여, Eudell-Simmons 등(2005)은 9 · 11 테러 발생 한 달 후에 꿈 왜곡의 정도가 높을수록 AGG가 낮게 나타남을 발견했다. 또 AGG가 낮을수록 9 · 11 테러 발생 한 달과 세 달 후에 보고한 꿈 내용과 관련된 부정적인 정서가 증가했다. 마지막으로, AGG는 이야기 자료, 특히 TAT 도판 1, 2, 3BM, 4, 13MF, 12M, 14의 자극 영향력을 민감하게 탐지하는 것으로 나타났다. 특히 Stein 등(2013)은 도판 13MF가 다른 도판에 비해 유의하게 낮은 수준의 AGG 반응을 유발함을 입증했다. 반복 연구의 일환으로, Siefert 등(2016)은 비임상 표본을 대상으로 TAT 자극 영향력(도판 1, 2, 3BM, 4, 14, 13B)의 효과를 확인했으며, 다른 도판에 비해 도판 2와 14에서 더 높은 수준의 AGG가 나타나고, 도판 3BM에서 더 낮은 수준의 AGG가 나타남을 발견했다.

Chapter
09

자존감(SE)

> **자존감(SE):** 1 = 자신을 혐오스러운, 사악한, 형편없는, 오염된, 전반적으로 나쁜 모습으로 바라봄; 3 = 낮은 자존감(부적절감, 열등감, 자기비난 등)을 나타내거나 비현실적으로 과장함; 5 = 자신을 향한 다양한 긍정적 · 부정적 감정을 표현함; 7 = 스스로를 향한 현실적인 긍정적 감정을 지니는 경향.
>
> * 주의: 다소 긍정적인 경우, 5점 이상으로 채점

개요

SE[1]는 자기개념(self-concept)을 평가한다. 표상의 정동 특성(AFF)[2]과 유사하게, 이 차원은 발달 연속성을 따르지 않는다. 낮은 점수는 낮은 자존감을 시사하는 반면, 높은 점수는 유능하고 자신감 있는 자기상을 반영한다. 자존감을 뜻하는 수많은 단어가 있다. 낮은 수준에서는 자기혐오, 자기비하, 실패, 수치심, 자기처벌, 자기비난, 부적절감, 무능함, 무력함, 자기/능력 의심, 망신과 같은 단어가 부정적인 자존감을 묘사한다. 높은 수준에서는 자부심, 자기연민, 자신감, 유능감, 뿌듯함, 자기만족과 같은 단어가 나타나기도 한다. 이와 관련된 구체적인 표현과 더불어 화자가 자기 자신(초기 기억 혹은 심리치료 내용) 또는 인물(TAT 이야기)의 자존감을 묘사하는 정도는 점수의 높낮이를 결정한다.

1점에 속하는 사람은 과도하게 병리적인 자기개념을 묘사한다. 인물은 본질적으로 '나쁜 사람'으로 묘사되며, 나쁨이라는 핵심 감정에 부합하는 방식으로 행동하기도 한다(예, 자해

---

1) 역자 주: SE는 자기개념과 자기표상의 정서적 질을 평가한다(Stein et al., 2012)
2) 역자 주: 자존감(자기표상의 질)과 정동(대상관계의 정동 특성)을 구별해야 한다(예, "행복하지 않아요."→ 정동은 다소 부정적이지만 자기를 비난하거나 열등감을 느끼는 것은 아님).

행동). 인물은 스스로를 '싫어하고' '혐오스럽게' 여기기도 한다. 이 외에도 인물은 상당한 수치심을 경험하는 경향을 보이면서 자기 자신의 모습으로 살아가는 것을 힘들어하기도 한다. 화자가 수치심을 묘사하는 정도에 따라 1점 내지 2점이 결정된다. 손상된 자존감으로 인해 발생하는 행동(자살, 자해, 대상이나 사람 등 외부를 향한 분노)이 존재한다면 1점으로 채점한다. 자기혐오가 존재하더라도 개인이 이러한 부정적인 자기 감정에 따라 행동하지 않는다면 2점[3]으로 채점한다. 하지만 이러한 점수 부여에 절대적인 기준은 존재하지 않으며, 점수는 전반적인 이야기 내용에 따라 달라진다.

　3점은 부적절감과 관련된 다양한 감정을 포괄한다. 인물은 자신이 없고, 열등하고, 무능하고, 부족하고, 자기확신이 없고, 남의 시선을 의식하고, 자기폄하적인 언어를 표현한다("나는 이걸 잘 못 해" "나는 이걸 할 수 없어." 등). 중요한 점은 자기와 관련된 측면을 부정적으로 표현하는 방식과 정도는 3점 또는 그 이하의 점수(2점 혹은 1점)를 결정한다는 것이다. 또 3점에는 과대감(grandiosity)이 포함되며, 과대감과 관련된 현상은 흔히 내면에 잠재된 부적절감에 대한 방어로 고려된다. 과대감과 자기자랑/과시는 여러 맥락에서 나타날 수 있다. TAT 도판 1(바이올린과 함께 있는 소년)에서 수검자는 거창한 내용의 이야기를 만들기도 한다. 예를 들어, "소년은 난생처음 바이올린을 들어 봤는데 바로 훌륭하게 연주해서 유명해져요."는 과대감이 반영된 이야기에 속한다. 이를 보다 넓게 바라보면, 화자는 '최고' '위대한' '가장 출중한' 또는 이와 유사한 수식어구로 자기 자신이나 인물을 묘사하기도 한다. 이러한 단어가 그 자체로 과대감을 내포하는 것은 아니지만, 화자가 A 지점에서 B 지점으로 옮겨 가는 과정이 이야기 내용과 부합하지 않는다면 과대감이 나타나는 것으로 고려할 수 있다. 가치와 도덕 기준을 향한 정서 투자(EIM), 공격 충동의 경험과 관리(AGG), 자기 정체성과 일관성(ICS), 그리고 상대적으로 드물기는 하지만 AFF와 마찬가지로, 이야기에 SE가 항상 존재하는 것은 아니다. 이러한 경우는 SE를 4점[4]으로 채점한다.

　5점은 SE를 건강하게 표현하는 시작점을 반영한다. 자기 자신이나 능력에 관한 부정적인 감정이 존재할 수 있으나, 이로 인해 자신이 하길 원하고 바라는 일이 지장받지 않으며, 긍정적인 감정은 주로 개인의 지속적인 노력과 동반하여 나타난다.[5] 예를 들어, 인물이 새로운 무언가를 시작하기에 앞서 긴장하며 자신 없어 하는 모습을 보일 수도 있다. 이 자체로는 3점에 해당한다. 하지만 인물이 고난에 굴하지 않고 노력하며 긴장감과 자부심을 함께 이야

---

3) 역자 주: 낮은 자존감에서 비롯되는 자살 사고, 단순한 자살 시도 등은 일반적으로 2점에 해당한다.

4) 역자 주: 자존감이 단조롭거나, 부재하거나, 제한된 경우는 4점으로 채점한다.

5) 역자 주: 만약 이야기가 상당히 손상된 상태로 긍정적 · 부정적 감정을 모두 포함한다면 낮은 점수로 채점(손상 정도에 따라 3점 이하로 채점)한다.

기한다면 5점으로 채점한다. TAT 이야기의 맥락에서 수검자는 주인공 이외의 인물에게 자부심을 묘사하기도 한다. 이 또한 SE에 포함해야 한다. 화자가 SE를 긍정적이고 현실적인 방식으로 묘사한다면, 점수는 6, 7점 범위로 나아간다. 6점에서는 자기 자신의 긍정적인 측면을 보고하고, 7점에서는 이를 더욱 강조한다. 이 범위에서는 자존감과 관련된 측면이 이야기의 주요 주제로 흔하게 나타난다.

SCORS-G 평정: 1~7점까지의 SE 예시

1점

TAT 이야기 여자는 가슴을 드러낸 채로 침대에 누워 있어요. 남자는 일어나서 손으로 얼굴을 감싸면서 여자가 얼마나 못생겼는지 보고 있거나, 아니면 방금 여자를 죽인 거 같아요. 남자는 의자에 앉아서 방금 자기가 저지른 짓을 생각하는데, 남자는 여자를 강간하고 죽인 거 말고도 자기 삶도 끝내 버려요. (이전에는?) 여자를 강간하고 약탈했어요. 여자는 창녀예요. 여자는 매춘부고, 남자는 평범한 일반인이에요. (감정은?) 남자는 화가 나서 이 일을 저질렀고 <u>스스로를 혐오스러워해요.</u> 양심이 나타나기 시작한 거죠. 남자는 점점 이기적이게 되고 결국 <u>스스로 목숨을 끊어요.</u>

해설 앞서 언급했듯이, 화자가 사용하는 언어 표현을 살펴보면 이야기에 등장하는 사람 혹은 인물의 자기개념과 관련된 심각도와 강도를 파악할 수 있다. 이 사례에서 남자는 스스로를 '혐오스러워'하는데, 이는 상당한 수준의 자기혐오를 반영한다. 남자는 자기증오를 견디다 못해 스스로 목숨을 끊는다. 이는 남자가 스스로를 느끼는 방식에 따라 나타나는 심각한 자해 행동에 속하므로, 이 이야기는 1점으로 채점한다.

2점

TAT 이야기 음, 이 연인은 함께 밤을 보냈어요. 욕정으로 가득 찬 긴 밤이었죠. 남자가 여자를 죽였는지 아닌지 잘 모르겠어요. 정신을 차려 보니 남자는 옷을 입고 있었고 자기가 심각한 실수를 저질렀다는 것을 깨닫고는 가족이 있는 집으로 가려고 자기 물건을 챙겨요. 끝이에요. 남자는 <u>자기를 혐오스러워하는</u> 것처럼 보여요. 남자는 손으로 얼굴을 감싸며 "안

돼, 내가 무슨 짓을 한 거지."라고 생각해요. <u>수치스러워해요.</u>

해설 이 사례에서 남자는 자신의 행동을 혐오하고 수치스러워한다. 그러나 이러한 측면이 앞선 예시만큼 심각하지는 않으며(남자는 감정에 따라 행동하지 않는다), 이로 인해 이 이야기는 2점으로 채점한다. 만약 수검자가 남자의 수치심을 더 자세히 다룬다면 1점으로 채점한다.

3점

초기 기억 이야기 학교 첫날이었어요. 흠. 가톨릭 학교에 갔죠. 전날 밤에 할머니가 제 머리를 볶아 주셨어요. 할머니는 저를 많이 돌봐 주셨어요. 저는 너무 긴장됐어요. <u>어색했어요.</u> 친구가 아무도 없었거든요. 할머니는 저를 밖에 내려 주셨는데, 뭐 그렇듯이 저는 할머니가 가시지 않았으면 했어요. 할머니는 가셨어요. 슬프고 <u>어색하고 잘못 온 거</u> 같았어요. 학교 첫날 하면 떠오르는 건 <u>쭈뼛거리고 자신 없어하는 모습</u>이에요.

해설 이 사례에서 화자는 사회적으로 불안하고, 위화감을 느끼고, 자신이 없고, 어색해한다. 이는 부적절감과 관련된 생각과 감정을 묘사하는 단어에 속한다. 따라서 이 이야기는 3점으로 채점한다. 이야기에서 부적절감은 상황적인 맥락에서 나타나며, 앞선 예시에서 묘사된 것처럼 뿌리 깊거나 병리적이지는 않으므로, 더 낮은 점수로 채점하지 않는다. 아울러 화자는 자해 혹은 자학하는 방식으로 불안정한 감정을 표출하지 않는다.

3점 (과대감이 나타나는 경우)

TAT 이야기 소년은 생전 처음으로 바이올린을 쳐다보고 있어요. 이걸 <u>한 번도 연주해 본 적이 없었어요.</u> 연주하는 법을 어떻게 배울지 생각하고 있어요. 소년은 자신이 무대에 오르는 것을 상상해요. 무대에 올라서 바이올린을 연주하는데, 자기가 연주하는 음악 때문에 소름이 끼쳐요. 소년은 음악이 이렇게 아름다울 수 있다는 걸 생각해 본 적이 없어요. 소년은 꿈에서 깨서 바이올린을 들어요. 그리고 <u>오래전에 들었던 음악을 연주하려고 해요.</u> 카프리스(Caprice) 24번[6]이에요. <u>소년은 활로 바이올린을 연주하기 시작해요. 선율은 또렷했어</u>

---

6) 역자 주: Paganini가 작곡한 24개의 무반주 바이올린 카프리스 중 마지막 곡으로, 최상급의 고난도 기교를 사용하는 곡이다.

요. 마치 소년은 이 어려운 악기를 어떻게 다뤄야 하는지 금방 알게 된 것처럼 보였어요. 귀에는 아름다운 소리가 들리고, 소년은 유명한 바이올린 연주자가 되고 싶은 꿈을 이룰 수 있을 거라 믿게 됐어요. (감정은?) 엄청난 기대감과 자기가 만들어 내는 소리를 듣는 걸 즐겨요. 소년은 미래에 연주자뿐만 아니라 작곡가가 돼요. 전 세계를 돌아다니면서 모든 국가의 사람에게 자신의 재능을 나눠 줘요. 그래서 엄청난 만족감과 자부심을 느낄 거예요.

해설　이 사례에서 소년은 바이올린을 연주한 적이 한 번도 없었지만, 바이올린을 집어 들고 곧바로 매우 어려운 곡을 연주할 수 있게 된다. 소년은 '유명'해지는 꿈을 꾸고 환상을 가진다. 이는 과대감으로 간주할 수 있다. 수검자는 자부심과 자기만족을 말로 표현하며, 이러한 측면은 일반적으로 적응적이고 높은 점수에 해당한다. 그러나 이 예시에서는 개인의 능력에 비해 비현실적인 성취를 이루는 맥락에서 자부심과 자기만족이 나타나기 때문에, 이 이야기는 낮은 점수로 채점한다. 이 장의 서두에서 언급했듯이, 이러한 방식의 자기고양은 취약성(자기애적 특성)으로부터 자기 자신을 보호하기 위한 일종의 방어 과정으로 고려된다.

4점 (자존감이 부재하는 경우)

초기 기억 이야기　아빠와 관련된 최초 기억을 떠올리는 게 어렵네요. 뚜렷하게 기억나는 건 아빠가 직장에서 집에 왔던 어느 날이에요. 아빠는 항상 집에 늦게 왔는데, 그래서 저랑 여동생은 이것저것 하곤 했어요. 그날은 저랑 여동생이 계단에 앉아 있었고, 우리는 종이를 잘라서 꽃가루 같은 작은 조각을 만들었어요. 그리고 아빠가 집에 왔을 때, 그걸 공중에 뿌렸어요. 우리는 늘 이러한 일을 벌이곤 했어요. 또 한번은 우리가 아빠의 파자마 바지를 입고 있던 게 기억나요. 우리는 작아서 여동생이 한쪽 발에 들어가고 제가 다른 한쪽 발에 들어갔어요! 그리고 걸어 다녔죠. 또 아빠는 우리를 안아 올려서 목말을 태워 주곤 했어요. 전부 다 같은 시기에 있었던 일이에요. (감정은?) 이게 제 기억 속에서 아빠가 우리랑 놀아 줬던, 또 우리가 아빠랑 놀았던 기억 전부예요.

해설　이 이야기에 자존감과 관련된 측면은 존재하지 않는다. 따라서 이 이야기는 기본 점수 4점으로 채점한다.

5점

TAT 이야기   아버지에게 첫 바이올린을 받은 어린 소년인데, 자기가 바이올린 연주를 얼마나 잘할 수 있을지, 못하는 건 아닐지 생각하고 있어요. 소년의 이름은 George예요. 소년은 약간 어리벙벙하고, 혼란스럽고, 당혹스럽고, 자기한테 조금 확신이 없는 거처럼 보여요. 그래도 가능성은 있어요. 소년은 아버지가 아들의 마음, 창의적인 면을 키워 주고 싶은 생각으로 이걸 준 걸 알고 있어요. 저는 정말로 바이올린을 좋아해요. 이건 제가 제일 좋아하는 악기예요. 이 이야기는 가능성과 새로운 뭔가에 도전하는 그런 내용이에요. 소년은 할 수 있다고 되뇌요. 결국 모든 게 다 잘 될 거예요. (생각은?) 소년은 새로운 악기를 앞에 두고 약간 당황했지만 어디서부터 시작할지 생각하고 있고, 아버지를 행복하게 해 주고 싶다는 생각을 해요. 곧 힘든 일이 닥치겠지만 그래도 기분 좋게 할 수 있길 바라고, 목표를 달성하고 싶어해요. 소년은 '나는 할 수 있어.'라고 생각해요. (가장 기억에 남는 건?) 아버지가 소년을 얼마나 사랑하고 아들의 좋은 성품을 만들어 주려고 했는지요.

해설   이 예시에서 소년은 새롭고 도전적인 과제에 착수하려 한다. 소년은 자기 자신을 향한 혼합된 감정을 지닌다. 소년은 자신에게 바이올린을 연주할 능력이 있음을 아버지가 알아봤다는 점을 인식한다. 이는 소년에게 동기를 부여한다. 이야기에는 소년이 연주를 할 수 있다고 느끼는 부분과 확신이 없고 부적절감을 느끼는 부분이 함께 존재한다. 부적절감과 관련된 일부 생각과 감정이 존재하지만, 소년은 이에 굴하지 않는다. 이 이야기에는 자기에 관한 긍정적이고 부정적인 측면이 혼합되어 있으므로, 이 예시는 5점으로 채점한다. 만약 수검자가 자부심과 관련된 내용을 더 많이 다루거나 일반적인 자존감에 관한 이야기를 구성한다면, 더 높은 점수로 채점할 수 있다.

6점

TAT 이야기   얘 이름은 Olivia Grey예요. 캔자스에서 자랐어요. 아버지는 농부예요. Olivia는 학교에서 집으로 가는 길이에요. Olivia는 아버지가 밭을 갈고 어머니가 아버지를 바라보는 모습을 쳐다보곤 했어요. Olivia는 어린 나이에 학교 선생님이 될 거라고 결심했어요. 그래서 대학에 가서 학교를 졸업했고, 나중에 선생님이 됐고, 지금은 캔자스에서 남편과 아이 둘이랑 살면서 고향에서 선생님을 하고 있어요. (감정은?) Olivia는 어렸을 때…… 아버지가 생계를 유지하려고 얼마나 열심히 일하셨는지를 알고서 감사해했어요. 지금은 자기가 학교 선생님이 된 걸 엄청 뿌듯하게 여겨요.

해설　이 사례에서 Olivia는 자기 자신과 자신의 능력, 바람, 추구에 관한 현실적인 감정을 지닌다. Olivia는 학교 선생님이 된 것에 관한 자부심을 적응적으로 표현한다. 혼합된 감정은 나타나지 않는다. 따라서 이 이야기는 6점으로 채점한다.

7점

초기 기억 이야기　유치원에 대해 기억나는 게 하나도 없어요. 엄마가 말하기로는 제가 유치원에 처음 가던 날에 엄마한테 작별인사조차 하지 않았대요. 그냥 당연히 가는 것처럼요. 마치 유치원에 있는 걸 원래 좋아했던 애처럼 말예요. 엄마는 "오, 알겠구나, 여기서는 내가 필요하지 않을 거야."라는 식으로 말했어요. 2학년 때 있었던 한 가지 일이 기억나네요. 저는 학교에서 집에 오면 친구들이랑 놀고 싶어 했는데 엄마는 "숙제를 해야지."라고 말했어요. 그리고 저는 2학년 때 선생님이 기억나고, 또 2학년 때 낙제했던 걸 기억해요. 엄마는 선생님이랑 얘기를 나눠야 했고, 선생님은 엄마한테 제가 뭔가에 실패할 때마다 "오, 정말 열심히 할 거고 다음엔 더 잘할게요."라고 말하기 때문에 괜찮을 거라고 했어요. 할머니는 제가 나쁜 성적을 받으면, "오, 다음에는 더 잘할 거란다."라고 말씀해 주시곤 했고, 저는 이걸 선생님한테 말했어요. 할머니, 할아버지는 제가 학교에서 어떻게 하더라도 늘 행복해하셨어요. 저를 자랑스러워하시면서 행복해하셨어요. 저를 칭찬해 주셨어요. 할머니, 할아버지가 저한테 실망하셨다고 생각해 본 적이 한 번도 없어요. 그래서 저는 낙제해도 괜찮을 수 있었어요. 저는 최선을 다했어요. 선생님은 제가 열심히 하는 걸 보셨고, 그래서 저는 나쁜 성적을 받더라도 그거 때문에 괴롭진 않았어요. 그래도 엄마는 알다시피 성적을 올리지 않으면 또 낙제할 거기 때문에 제가 더 놀지 못하게 할 거라고 말했어요. 또 엄마는 저한테 과외를 시켜 줬어요. 과외는 정말로 도움이 됐어요. 저는 제가 실수를 하거나 힘든 시간을 보낼 때면 할아버지, 할머니께서 저를 받아 주시고 제가 기분 나쁘지 않도록 해 주신 걸 떠올려요. 제가 모든 걸 잘할 수는 없겠지만, 못하더라도 열심히 하면서 다른 사람에게 도움을 받는다면 그 어떤 시련도 극복할 수 있다는 걸 배웠어요.

해설　이 예시에서 화자는 학업을 적절히 수행하지 못한다. 그러나 2학년을 낙제하는 것이 화자의 자기상에 부정적인 영향을 미치지 않는다. 화자는 낙제한 것을 잘 다룰 수 있으며, 자기 자신을 함부로 판단하지 않고 대체로 상황을 현실적으로 평가한다. 중요한 점으로,

화자는 시련을 겪는 동안에도 자기감과 자기상을 온전하고 안정적으로 유지한다. 따라서 이 이야기는 7점으로 채점한다.

만약 이야기의 끝에 다음과 같은 내용이 더해진다면, 이 이야기는 더욱 낮은 점수(5점)로 채점한다.

> 엄마, 아빠는 그렇게 해 주지 않아서 할머니가 그렇게 해 주시는 건 늘 힘이 났어요. 음, 어쩌면 엄마는 그만큼은 아니었을지도 몰라요. 저는 지금 여기에 앉아서 제가 자란 방식이랑 엄마가 자란 방식이 어떻게 다를 수밖에 없는지 생각하고 있어요. 엄마는 외동딸이었고, 할아버지랑 할머니는 루마니아에서 이민을 와서 여기서 영어를 배웠기 때문에 두 분은 엄마가 뭘 했든 자랑스러워하셨을 거라 확신해요. 할아버지, 할머니는 3학년까지만 학교를 다녔는데, 그래서 딸이 성취한 건 뭐든 대단하게 여기셨을 거예요. 저는 엄마가 자란 방식이 훨씬 좋아 보이는데, 제가 늘 그렇게 느낄 수 있었던 건 아니거든요. 저는 아빠한테 "아빠는 내가 자랑스럽다고 말해 주거나 내가 충분히 잘하고 있다고 느끼게 해 준 적이 단 한 번도 없어요."라고 늘 말했어요. 저한테 그런 느낌은 환경에 따라 많이 달라졌어요. 제 주변 사람들이 저를 지지하고 받아 준다고 느꼈더라면 스스로에게 좀 더 만족했겠지만, 특히 아빠랑 같이 있을 때면 '탐탁해하지 않는' 느낌을 자주 받았어요.

이 이야기에는 화자의 자기상과 관련된 긍정적 · 부정적 감정이 혼재되어 있으므로 점수는 7점에서 5점으로 하락한다. 이 이야기에서는 긍정적이거나 내적으로 안정된 자기개념이 확실하게 드러나지 않는다.

1~7점까지 SE 구조화하기

초기 기억 이야기

■ 1점

저는 읽기 학습장애가 있는데, 그래서 학교 가기가 너무 어려웠어요. 저는 한 사립학교에 가고 싶어서 면접을 봤는데 불합격했어요. 너무 수치스럽고 창피했어요. 제가 이미 알고 있던 걸 확인하게 된 거 같았거든요. 그때 저는 뭘 해야 할지 몰랐어요. 너무 기분이 나쁘고 실패한 거 같아서 부모님이랑 별로 말하고 싶지 않았어요. 저는 제가 너무 싫었고, 부모님도 저처럼 못마땅해할 거라 생각했어요. 집으로 가서 방문을 잠그고는 벽에 머리를 박았던 게 기억나요. 이게 이상하게 들릴 수도 있겠지만, 머리를 박으면 좀 편안해졌어요. 저는 그래도 싸다고 느꼈어요. 아프면 좀 진정되는 거 같았어요.

■ 2점

저는 읽기 학습장애가 있는데, 그래서 학교 가기가 너무 어려웠어요. 저는 한 사립학교에 가고 싶어서 면접을 봤는데 불합격했어요. 너무 수치스럽고 창피했어요. 저는 정말 부끄럽고 굴욕감을 느꼈어요. 그때 저는 뭘 해야 할지 몰랐어요. 저는 제 스스로가 형편없어 보였고 실패한 거 같아서 부모님이랑 별로 말하고 싶지 않았어요. 부모님이 저를 못마땅해할 거라 생각했어요. 집으로 가서 방문을 잠그고는 엉엉 울었어요. 제가 얼마나 멍청했는지가 자꾸 생각나네요.

■ 3점

저는 읽기 학습장애가 있는데, 그래서 학교 가기가 너무 어려웠어요. 저는 한 사립학교에 가고 싶어서 면접을 봤는데 불합격했어요. 저는 제 스스로가 형편없어 보였어요. 다른 사람들은 전부 저보다 더 똑똑한 거 같았어요. 부모님도 저처럼 실망스러워할 거란 생각에 부모님이랑 별로 말하고 싶지 않았어요. 저는 바로 방으로 들어갔고 부모님을 피했어요.

■ 3점 (과대감이 나타나는 경우)

저는 사립학교에 입학하려고 시험을 치고 부모님이랑 같이 학교 측 선생님들과 회의를 했던 게 기억나요. 부모님과 선생님은 제가 학습장애가 있다고 말씀하셨어요. 저는 그걸 믿지 않았어요. 그 당시에도 저는 제가 얼마나 똑똑한지 알고 있었거든요. 부모님은 제가 개인 교습이나 전문 치료를 받길 바라셨지만, 저는 제 힘으로 할 수 있다는 걸 알았어요. (성적은?) 성적은 제가 얼마나 잘하는지를 반영하지 못했어요. 사람들은 제가 얼마나 똑똑한지 알아보지 못했어요. 요즘도 그렇게 느껴요.

■ 4점 (자존감이 부재하는 경우)

저는 읽기 학습장애가 있는데, 그래서 학교 가기가 너무 어려웠어요. 저는 한 사립학교에 가고 싶었는데 들어가지 못했어요. 몇몇 친구가 거기에 입학해서 저는 실망하긴 했지만, 결국엔 공립학교도 진짜 좋아하게 됐고, 여기서 많은 친구를 사귈 수 있었어요.

■ 5점

저는 읽기 학습장애가 있는데 그래서 학교 가기가 너무 어려웠어요. 저는 한 사립학교에 가고 싶었는데, 들어가지 못했어요. 저는 자신은 좀 없어도 뭐든 열심히 하는 사람이란 걸 알고 있었어요. 제가 가진 문제를 어느 정도 극복하고 나서 교장 선생님께 전화를 걸어서 내년에 다시 지원할 수 있는지 물어봤어요.

■ 6점

저는 읽기 학습장애가 있는데, 그래서 학교 가기가 너무 어려웠어요. 저는 한 사립학교에 가고 싶었는데 들어가지 못했어요. 부모님이랑 이야기하고 나서 교장 선생님께 전화를 걸어서 개인 교습을 조금 받은 다음에 시험을 다시 칠 수 있는지 물어봤어요. 저는 정말 열심히 공부하면서 여름을 보냈고, 가을에 시험을 쳐서 통과했어요. 기분이 좋았어요.

■ 7점

저는 읽기 학습장애가 있는데, 그래서 학교 가기가 너무 어려웠어요. 저는 한 사립학교에 가고 싶었는데 들어가지 못했어요. 부모님이랑 이야기하고 나서 교장 선생님께 전화를 걸어서 개인 교습을 조금 받은 다음에 시험을 다시 칠 수 있는지 물어봤어요. 저는 그걸 제가 충분히 견뎌 낼 수 있는 고난과 시련이라 생각했어요. 전에도 많은 어려움을 극복해 왔거든요. 그래서 저는 정말 열심히 공부하면서 여름을 보냈고, 가을에 시험을 쳐서 통과했어요. 성취감과 뿌듯함을 느꼈어요. 요즘에도 삶에서 힘든 일이 닥치면, 저는 제가 열심히 할 수 있고 다른 사람들에게 도움을 받을 수 있는 사람이란 걸 떠올려요. 이런 경험을 통해서 저는 제 자신을 믿게 됐어요.

예제 이야기 연습하기

이 절에서는 SE 유무와 SE가 강조되는 정도를 판단하는 데 도움이 되는 열 가지 예제 이야기를 제시한다. 그리고 절의 끝에 정답과 해설을 수록한다.

예제 1

Alexandra는 한 달 뒤에 열릴 무용회를 앞두고 있어요. 스튜디오에서 열심히 연습했는데

도 중간에 나오는 한 동작을 완벽하게 해내질 못하고 있어요. Alexandra는 매일 3시간씩 연습하고 주말에도 연습해요. 지금쯤이면 이 동작을 완벽하게 할 수 있어야 한다고 생각해요. 근데 그게 아니라서 자신에게 실망하고 망했다는 생각이 들어요. 스스로를 부정적으로 바라보면서 자기가 이 안무를 완벽하게 해낼 수 없을 거라 생각하고 있어요. Alexandra는 스튜디오 구석에 앉아서 뭘 해야 할지 그리고 지금 이 난관을 어떻게 극복할 수 있을지를 생각해요. 그리고 예전에도 그랬던 거처럼 잠시 동안, 아마도 한두 시간 정도 몸과 마음의 휴식을 취하고 다시 오기로 결정해요. 두 시간이 지나고 Alexandra는 좀 더 편안해지고 안정을 찾고 긍정적인 상태로 다시 돌아와요. 이날 밤에는 안무를 완전히 익히진 못하지만, 일주일 내로 결국 성공해 내요.

예제 2

제가 2~3학년쯤 우리 가족은 이사를 했어요. 저는 새 동네와 새 학교에서 맞이했던 2학년 첫날이 기억나요. 우리는 아빠 일 때문에 이사해야 했어요. 거기에 아는 사람이 아무도 없었어요. 어떤 교직원이 저를 교실로 데려갔어요. 저는 앉았고, 선생님은 돌아가면서 큰 소리로 읽는 방식으로 수업을 진행한다고 말했어요. 저는 제 국어책을 폈어요. 저는 아무도, 심지어 선생님조차도 모르는 사람이라서 제 이름이 불리지 않길 바랐어요. 하지만 선생님은 제 이름을 불렀죠. 저는 긴장해서 읽는 게 어려웠어요. 다른 사람들 시선이 의식됐어요. 저는 한 문장을 읽고 나서는 멈췄어요. 얼굴이 엄청나게 달아올랐어요. 아마 시뻘겋게 됐을 거예요. 선생님은 아마도 그걸 알아챈 것 같고, 다른 사람한테 읽기를 시켰어요.

예제 3

치료자: 학교 첫날을 기억하나요?
환자: 음, 제가 다닌 유치원 반은 열다섯 명 정도의 애들이 있었어요.
치료자: 첫날 어땠는지 기억나나요?
환자: 신났어요. 저는 오빠랑 버스 정류장에 갔던 게 기억나요. 오빠는 학교가 얼마나 재밌는지, 자기 친구들이 얼마나 많은지 이야기해 줬어요.
치료자: 그날은 어땠나요?
환자: 좋았어요. 친구들한테 다가가서 제 소개를 했던 게 기억나요. 저는 우리 오빠랑 최근에 생일 선물로 받은 장난감에 대해서 얘기했어요. 심지어 한 여자애한테 언제 한

번 우리 집에 놀러 와서 같이 놀지 않겠냐고 물어봤던 거 같아요. 우리는 학교 첫날에 어떤 멋진 과제를 같이 했는데, 그걸 잘했다고 느꼈어요. 엄마는 그걸 냉장고에 달아 놨어요. 저는 스스로 뿌듯했어요. 집에 가면 엄마가 버스 정류장에 서 있었고, 저한테 하루가 어땠는지 물어보던 게 기억나요. 저는 늘 학교를 좋아했고, 지금도 그래요.

예제 4

한 남녀가 성관계를 하려고 호텔에 가요. 여자는 방에 들어가자마자 진도를 나가요. 남자는 부끄러워서 끝까지 해내지 못해요. 남자는 즉석만남을 해 본 적이 한 번도 없어요. 남자는 이유는 모르지만 성관계라는 행동 자체를 부끄러워해요. 남자는 발기가 안 되는 걸 느끼면서 최대한 빨리 여기서 빠져나가려는 충동을 느껴요. 여자는 파트너를 잘못 선택한 걸 후회해요. 둘은 아래층에 있는 호텔 바에서 만났어요. 둘 다 일 때문에 왔어요. 남자는 결국 여길 떠나고, 수치스러워하고, 성관계를 제대로 하지 못한 걸로 자기를 탓하고, 이걸 계속해서 떠올려요. 여자는 실망했어요.

예제 5

어린 소년이 자기 바이올린을 쳐다보고 있는데, 바이올린 수업을 기다리면서 자기가 연주하게 될 음표를 살펴보고 있는 거 같아요. 소년은 바이올린을 한 번도 연주해 본 적이 없지만, 언젠가는 전 세계를 돌며 순회공연을 하면서 너무 바빠 사람들의 연주 요청을 끊임없이 거절해야 하는 존경받는 바이올린 연주자가 될 거란 걸 알아요. 지금은 카네기 홀에서 연주하는 생각에 잠겨 있어요. 이게 다예요. (감정은?) 바이올린을 완벽하게 연주하고 기립 박수를 받는 모습을 상상하면서 감격의 도가니에 빠져 있어요. (결말은?) 그런 일이 일어나길 바라면서 다시 일어서서 수업을 들어요. (가장 기억에 남는 건?) 소년이 지금까지도 능숙하고 자연스럽게 연주할 수 있는 좋아하는 몇 가지 곡 아니면 늘 좋아하는 바이올린 곡을 떠올리고 연습하는 거요.

예제 6

음, 이 소년은 자기 바이올린을 쳐다보면서 언젠가 관현악단에서 연주하는 모습을 상상하고 있어요. 관현악단 일원으로 연주를 잘하고 싶은 상상에 빠져 있어요. (결말은?) 좋아요, 진지하게 이야기할게요. 소년은 나이가 어리기 때문에 장애물이나 좌절을 극복하면서 계속해 나가요. 그리고 목표에 도달하고 관현악단 일원으로 연주하게 돼요. 소년은 세계 최고의 연주자가 되진 못하더라도 꾸준히 관현악단이나 교향악단에서 연주해요. (감정은?) 상상할 때는 행복하지만, 목표를 달성할 수 있을지 걱정해요. (가장 기억에 남는 건?) 소년은 앉아서 자신의 상상과 미래의 목표가 무엇인지 마음에 새기던 수많은 순간을 기억해요. 또 소년이 어떤 걸 희생하면서 꾸준히 노력하지 않았다면 교향악단 일원이 되고자 했던 꿈을 이루지 못했을 거예요.

예제 7

이 남자는 지금까지 3년 동안이나 농장에서 일했는데, 자신의 노고에 대한 급여 인상은커녕 인정조차 받지 못해서 좌절감을 느끼고 있어요. 이 남자는 끊임없는 인정이나 격려를 바라는 유형의 사람은 아니지만, 자신의 미래를 위해 애쓰고 있고, 아무리 사소할지라도 고용주에게 어느 정도 인정받으면 좋겠다고 생각해요. 남자는 이 상황이 변하지 않을 거라는 걸 알기에 이곳에 남을지 말지 고민하고 있어요. 이 일은 안정적이고 자신도 이 일을 좋아하지만, 한편으로는 자신이 더 행복하고 인정받고 도전할 수 있는 곳으로 가고 싶어 해요. 남자는 자기 강점을 알고 있고, 자기가 훌륭한 직원이라는 걸 알아요. 자기가 하는 일에 능숙하지만, 오만한 사람은 아니에요. 때때로 우리는 더 성공할 수 있는 능력을 갖추고 있더라도 도전해야 하는 어딘가로 가기보다 현재에 머무르는 것을 훨씬 더 편하게 느끼기도 하죠. (결말은?) 남자는 자기가 하는 일에 대해, 그리고 함께 일하는 사람에게 지금보다 더 나은 대우를 받아도 충분한 사람이라는 걸 깨달아요. 남아 있기로 결정하는 건 스스로에게 부당한 짓을 하는 거예요. 그건 자기 자신을 학대하는 거예요. 남자는 일자리를 알아보기로 결정하고 6개월 후에 떠나요. 남자는 좋은 조건의 일터로 떠나요.

예제 8

치료자: 음식, 섭식, 급식과 관련된 최초 기억은 무엇인가요?
환자: 공갈 젖꼭지가 기억나요. 저는 공갈 젖꼭지를 좋아했어요. 그걸 입에 문 채로 잠들었던 거 같은 희미한 기억이 나네요. 친밀한 느낌이 기억나요.
치료자: 친밀한 느낌이요?

환자: 엄마랑 관련된 거 같은데 확실히 모르겠네요. 친밀하고 안전하다고 느꼈어요.

예제 9

치료자: 학교 첫날에 관한 최초 기억은 무엇인가요?

환자: 2학년 때 문제가 있었어요. 제 언니 Henrietta가 종이컵에다가 온갖 욕설을 써 놨는데, 제가 그걸 학교에 가지고 갔어요. 분명히 언니가 그 컵을 제 가방에 넣었을 거예요. 저는 화났고 끔찍했고 또 당황했어요. 그걸 미리 알았어야 했는데. 언니는 그런 짓을 많이 했는데, 그걸 더 일찍 깨닫지 못해서 너무 짜증났어요. 저는 그 자리에서 선생님께 바로 붙잡혀서 언니와 싸우지도 못했어요. 그날 학교에서 무슨 일이 있었는지, 또 집에는 어떻게 왔는지 기억이 안 나요. 그저 긴 복도를 따라 교장실로 오래 걸어갔던 것만 기억나요. 걸어가는 동안, 저는 그걸 미리 알아채지 못했다면서 자책하고 있었어요. 제가 바보같이 느껴졌어요. 나중에 엄마가 이 사실을 알게 됐고, 언니한테 동생이 아니라 자기가 그런 거라고 말하게 했어요.

예제 10

이 사람은 여자인가요, 남자인가요? 저는 여자라고 할게요. 여자가 술에 취한 것 같네요. 여자는 며칠 밤을 집에 늦게 들어왔는데, 옷을 벗지도 못하고 심지어 침대에 가기는커녕 신발도 못 벗었어요. 여자는 몇 년 동안 여러 번 금주하려고 했지만 매번 실패했어요. 이런 자기 자신을 싫어해요. 여자는 술을 그만 마셔야 한다고 생각해요. 술이 여자의 삶을 망쳤어요. 여자는 친구도 없고, 가족과도 연락이 끊겨서 혼자 남았어요. 여자는 가진 것도, 줄 사람도 없어요. 아무도 자기랑 같이 있고 싶어 하지 않는다고 느껴요. 자기는 아무짝에도 쓸모없는 사람이라고 느껴요. 여자는 어렸을 때부터 늘 자신이 선천적으로 나쁘고 잘못됐다고 느꼈어요. 뭐 때문에 그렇든 간에 다른 사람에게 악영향을 주거나 상처 주고 싶지 않았어요. 하지만 여자는 물건을 훔치거나, 사람을 밀어내거나, 다른 사람이 부탁해도 같이 있어 주지 않거나 하면서 너무 많은 시간을 그런 식으로 보내 버렸어요. 자기 모습과 행실, 행동을 역겨워해요. 지금 여자는 이런 식으로 사는 게 더 이상 가치가 있기는 한 건지 고민하고 있어요. 자신이 술에서 깰 수 없다고 생각해요. 이런 식으로 사는 것을 멈출 수도 없고, 계속 이렇게 살아갈 수도 없어요. 바닥에 총이 있어요. 여자는 마음의 평화를 얻기 위해 용기를 내서 자살하려고 하는 거 같아요.

정답

예제 1: 5점

이 예시에서 Alexandra는 열심히 노력한다. 이야기에서 드러나는 완벽주의 성향에 주목할 필요가 있다. 완벽주의는 흔히 자존감과 연관되며, 보통 이러한 성향을 보이는 사람은 아무리 열심히 노력하더라도 자신의 수행을 '여전히 부족하다'고 느끼기도 한다. 수검자가 이야기에서 '완벽하게' 혹은 '완벽주의'라는 단어를 언급한다고 해서 이를 곧바로 SE로 채점하는 것은 아니지만, 간혹 이 이야기에서 나타나는 것처럼 수검자는 완벽주의와 관련된 측면을 상세히 다루기도 한다. 이야기가 흘러가면서 Alexandra는 자신과 자신의 능력을 부정적으로 생각하며 패배감에 사로잡힌다. 여기까지는 SE가 3점에 해당한다. 그러나 이 이야기는 여기서 끝나지 않는다. Alexandra는 부정적인 자동적 사고에 굴하지 않으며, 현재의 난관을 보다 넓은 시야로 바라보기 시작한다. Alexandra는 안무를 자꾸 실수하게 되는 이유가 자신이 그 동작을 할 수 없어서가 아니라 휴식이 필요해서라는 점을 인식한다. 따라서 이 이야기에는 자신을 향한 긍정적 · 부정적 감정이 혼재된 양상으로 나타나므로 5점으로 채점한다.

예제 2: 3점

이 예시에서 화자는 자신이 잘 읽지 못할까 봐 불안해하며, 새 학교와 동네에 속하게 되는 것과 관련하여 타인의 시선을 의식한다. 따라서 이 이야기는 3점으로 채점한다.

예제 3: 6점

이 예시에서 화자는 자기 자신을 향한 긍정적 감정을 지니고 있으며, 스스로 '뿌듯함'을 느꼈고, 과제를 '잘했다'고 느꼈음을 보고한다. 화자는 자신을 긍정적으로 바라보면서 학교 첫날을 보냈다. 새로운 환경에서도 화자는 사교적으로 또래들에게 다가갔다. 화자가 이러한 점을 더욱 정교하게 묘사한다면 7점으로 채점한다.

예제 4: 2점

이 이야기에서 남자의 자존감이 낮다는 점은 명확하게 드러난다. 따라서 점수는 3점에서 시작한다. 이 이야기의 주요 주제는 남자의 자존감, 특히 수치심과 발기부전에 중점을 둔다. 남자는 지속적으로 반추하며 상당한 수준의 자기비난을 보인다. 이와 관련된 묘사와 표현은 2번 예시에서 묘사된 부적절감보다 더욱 병리적인 수준의 낮은 자존감을 반영한다. 남자는 고질적인 부적절감을 지니고 있으며, 이로 인해 점수는 1점 혹은 2점으로 옮겨 간다. 자기증오나 자기혐오와 관련된 더 많은 정보가 존재하지 않으므로, 이 이야기는 1점이 아닌 2점으로 채점한다. 만약 남자의 반추나 자기비난 성향과 관련된 추가적인 정보가 나타난다면 손쉽게 1점으로 채점할 수 있다.

예제 5: 3점

이 이야기에는 SE의 과대감과 관련된 측면이 두드러지게 나타난다. 소년은 자신이 전 세계를 돌면서 너무 바빠 사람들의 요청을 끊임없이 거절해야 하는 존경받는 바이올린 연주자가 될 것이라고 믿는다. 소년은 카네기홀에서 연주하고 기립 박수를 받는 것을 상상한다. 이러한 이유로 이 이야기는 3점에 해당한다. 중요한 점은 자신의 능력을 향한 희망과 낙천적 관점을 보이는 것과 과대감을 지니는 것을 구별해야 한다는 것이다. 예를 들어, 수검자가 카네기홀에서 연주하는 상상을 하면서 이를 시간, 노력, 연습에 따른 결과로 여긴다면, 이러한 모습은 과대감에 해당하지 않는다.

예제 6: 5점

이 이야기는 5점에 해당하는 다른 예시로, 경미한 부적절감(자신이 소망하고 꿈에 그리는 것을 성취하지 못할까 봐 걱정함)과 더불어 자기 자신과 관현악단의 일원이 되는 능력을 향한 소년의 긍정적이고 현실적인 느낌이 두드러지게 나타난다. 만약 소년이 비현실적이고 과장된 방식으로 자기 자신과 능력을 상상하는 것으로 판단된다면 더 낮은 점수(3점)로 채점할 수 있다. 하지만 이 예시에서는 그렇지 않다.

예제 7: 7점

이 이야기에서 남자는 전반적으로 긍정적인 관점으로 스스로를 바라본다. 따라서 점수는 6점에서 시작한다. 남자는 비교적 최소한이라도 인정받고, 도전의식을 느끼며, 일을 즐기고, 자기 능력을 활용하는 것을 중요하게 여긴다. SE 관련 표현으로, '자기가 훌륭한 직원이라는 걸 알아요' '성공할 수 있는 능력' '자기가 하는 일에 능숙'과 같은 말이 나타난다. 이 이야기의 주요 주제는 SE와 ICS(다음 장에서 설명)에 중점을 두며, EIR에도 일부 초점을 둔다. 남자가 직업적 맥락에서 자존감을 표현하는 정도와 더불어 다른 사람이 자신을 대하는 방식이 자신의 능력과 가치를 현실적으로 인정받지 못함을 분별한다는 점을 고려하여, 이 이야기는 7점으로 채점한다.

예제 8: 4점

이 이야기에는 자존감과 관련된 내용이 존재하지 않는다. 따라서 기본 점수 4점으로 채점한다.

예제 9: 3점

이 이야기는 불쾌한 대인관계 상호작용이 나타난다. 화자는 자신이 언니에게 이용당했다고 느끼며 곤경에 처하고 자기폄하에 빠진 모습을 묘사한다. 이러한 측면은 전형적인 3점에 해당한다. 자기폄하는 특정 사건에 한정하여 나타나고, 화자는 '그걸 알아채지 못한 병신이에요'라는 말 대신 '바보 같다'고 느끼므로 더 낮은 점수로 채점하지 않는다. 전자의 경우 2점으로 채점한다.

예제 10: 1점

이 이야기에서 수검자는 극단적으로 낮은 자존감을 보이는 여자를 묘사한다. 여자는 자신을 싫어하고 혐오하며, 달라질 수 있는 능력이 없다고 느낀다. 여자는 내면에서 자신이 나쁘고 타락했다고 여기며, 자신은 아무짝에도 쓸모없는 사람이고 자신이 사라진다면 더 좋은 세상이 될 거라고 믿기 때문에 자살을 진지하게 고민한다. 따라서 이 이야기는 1점으로 채점한다.

SE의 실증 연구 결과

SE: 정신병리와 성격

SE와 정신병리 및 성격 양상 사이의 관련성을 조사한 다양한 연구가 존재한다. 몇몇 연구는 분리/개별화(Ackerman et al., 2001), 애착(Calabrese, Farber, & Westen, 2005; Stein et al., 2011), 외상/상실(Callahan, Price & Hilsenroth, 2003; Conway, Oster, & McCarthy, 2010, Ortigo et al., 2013)과 같은 구성개념을 조사했다. 분리/공생과 관련하여, Ackerman 등(2001)은 TAT SE 척도가 높을수록 로르샤하 상호자율성(MOA) 척도에서 건강한 평정치의 수가 증가함을 발견했다. 구체적으로, 프로토콜에서 가장 건강하고 긍정적인 측면을 반영하는 MOA 점수는 TAT SE의 높은 점수와 관련성을 보였다. 마지막으로, MOA 척도에서 병리적인 평정치 수가 증가할수록 TAT SE 점수가 낮아지는 것으로 나타났다. 요약하면, TAT SE 점수가 높을수록 자율성이 증가하고 융합이 감소했다.

SE는 애착 유형과도 연관된다. Calabrese 등(2005)은 SE와 상호 애착 척도(RAQ)의 관련성을 조사했고, 그 결과 SE 점수가 낮은 사람일수록 양육자가 적재적소에 도움을 주지 못했다는 느낌을 보고했다. 또 부모가 이혼한 사람들보다 부모가 결혼 생활을 유지하는 사람들의 SE 점수가 더 높은 것으로 나타났다. Stein 등(2011)은 치료를 위해 대학 진료소를 방문한 환자들의 애착 유형을 조사했고, 자신을 안정 애착이라고 보고한 환자의 심리치료 내용은 높은 수준의 SE로 평정됨을 발견했다. 이와 유사하게, 불안정 애착에 해당하는 환자는 치료 초기에 유의하게 낮은 수준의 SE를 보이는 것으로 나타났다.

애착 이론과 연구를 토대로 SE, 애착, 외상, 상실 사이의 복합적인 관계를 조사한 여러 연구가 존재한다(Callahan et al., 2003; Ortigo et al., 2013). Callahan 등(2003)은 심리치료 내용을 바탕으로, 아동기 성학대로 초기에 치료받은 병력이 있는 환자들은 낮은 수준의 SE를 보인다는 점을 발견했다. Ortigo 등(2013)은 도시 인구를 대상으로 실시한 임상 면담을 바탕으로, 애착(Westen & Nakash, 2005; Westen et al., 2006), 대상관계, 외상후 스트레스 장애(PTSD) 증상 사이의 관련성을 조사하여 유사한 결과를 발견했다. 구체적으로 살펴보면, 안정 애착과 SE는 유의한 정적 상관을 보였고, 무시형, 몰두형, 혼란형 애착과 SE는 유의한 부적 상관을 보였다. 또 자기보고식 평가에서 아동기 외상, 외상 사건, PTSD 증상을 많이 보고할수록 SE 수준이 낮아지는 것으로 나타났다. 아울러 SE는 성인 애착과 PTSD 증상 사이의 관계를 부분적으로 설명하는 것으로 나타났다. 마지막으로, Conway 등(2010)은 환자가 양육자 상실을 경험했던 나이가 TAT SE의 중요한 예측 변인임을 발견했다. 즉, 아동이 양육자 상실을 경험했던 나이가 높을수록 TAT SE 수준이 더 낮고 병리적으로 나타났다.

SE는 또한 다양한 생활사건과 더불어 우울성 성격장애 및 기분부전증과 같은 우울장애와도 연관된다. Huprich 등(2007)은 낮은 수준의 SE가 자기보고식 척도에서 높은 우울 증상을 반영함을 발견했다. 특히 자기보고식 기분부전증은 SE를 부적으로 예측했다. 마찬가지로, TAT 이야기 평정에서 SE가 낮을수록 기분부전증이 증가했다. Stein 등(2015)은 TAT 이야기의 SCORS-G 평정치와 생활사건 자료 간의 관련성을 조사했다. 그 결과, 외래 환자의 SE는 자살 사고 수준과 유의한 부적 상관을 보였다.

SE, 청소년 성격장애, 실생활 행동 간의 관련성이 존재한다. DeFife, Goldberg와 Westen (2013)은 여러 임상 자료를 활용한 SCORS-G 평정에서 성격장애로 진단된 청소년이 공식적인 성격장애 진단을 받은 것은 아니지만 치료를 받고 있는 청소년에 비해 더 낮은 SE 수준을 보임을 발견했다. 또 SE가 높을수록 정신질환의 진단 및 통계편람 4판(DSM-IV)의 전체 기능 평가(GAF)로 평정한 전반적인 적응 기능 점수가 증가하는 것으로 나타났다. 아울러 SE가 높을수록 학업 기능이 증가하고, 정신과 병력(자살 시도와 입원 이력)이 감소했다.

　연구자들은 SE와 성격, 특히 B군 성격장애와의 관련성을 조사했다. Ackerman 등(1999)은 DSM-IV의 성격장애 진단과 TAT 이야기의 SCORS-G 평정치의 관련성을 조사했고, 몇 가지 의미 있는 결과를 보고했다. 첫째, 자기애성 성격장애(NPD) 환자는 경계선 성격장애(BPD) 및 C군 성격장애 환자에 비해 SE가 더 높게 나타났다. 둘째, DSM-IV NPD 진단 기준을 충족하는 정도는 TAT SE를 정적으로 예측했다. TAT SE는 다면적 인성검사(MMPI)를 활용한 척도(Morey, Waugh, & Blashfield, 1985)[7] 중 다른 성격장애 척도와 문항이 중첩되지 않는 BPD 척도와 부적 상관을 보였고, 다른 성격장애 척도와 문항이 중첩되는 NPD 척도 및 다른 성격장애 척도와 문항이 중첩되지 않는 NPD 척도와 정적 상관을 보였다. Weise와 Tuber(2004)는 초등학생 연령 아동의 자기애 수준을 조사했다. 그 결과, Ackerman 등(1999)이 B군 성격장애 성인을 대상으로 TAT SE와 NPD 사이의 정적 상관을 발견한 것과 대조적으로, NPD의 행동적 진단 기준을 충족하는 아동은 통제 집단에 비해 TAT 이야기에서 더 낮은 SE 수준을 보이는 것으로 나타났다.

　여러 연구에서 SE와 NSSI의 관계를 조사했다. Whipple과 Fowler(2011)는 NSSI 또는 비NSSI BPD 환자의 TAT SE 평정치를 조사했고, 거주 치료소에 있는 NSSI BPD 환자는 BPD 통제 집단에 비해 더 낮고 병리적인 TAT SE 점수를 보였다. Whipple과 Fowler(2011)는 또한 거주 치료소에 있는 NSSI BPD 환자와 BPD 외래 환자를 비교했으며, 유사한 결과를 발견했다. Gregory와 Mustata(2012)는 개인적 이야기를 바탕으로 살을 베는 행동을 하는 사람의 마술적 사고는 SE와 부적으로 연관됨을 발견했다.

　마지막으로, 대상관계 측면과 치료 수준 사이의 관련성을 조사한 연구가 존재한다. Sinclair 등(2013)은 성격평가 질문지(PAI)를 활용한 치료적 돌봄 수준 지표(LOCI)를 개발했다. 연구자들은 TAT SE 점수가 낮을수록 치료적 돌봄 수준 지표가 상승한다는 점을 발견했다. 달리 말하면, 다양한 PAI 척도를 포함하는 치료 수준과 관련된 지표에서 높은 점수를 보일수록 더 낮은 SE를 보일 가능성이 높았다. Bram(2014)은 비임상 표본과 임상 표본의 SCORS-G 점수를 비교했으며, TAT SE에서 외래 환자 집단 및 입원 환자 집단의 점수에 비해 비임상 집단의 점수가 유의하게 높게 나타남을 발견했다. 이 연구에서 Bram은 SCORS-G 차원과 대인관계 기능, 심리 건강 사이의 관련성을 조사했고, 신체적 불편감 수

---

7) 역자 주: 이 연구에서는 DSM-Ⅲ의 편집성, 조현성, 경계선, 충동성, 수동-공격성, 자기애성, 반사회성, 연극성, 조현형, 우울성, 회피성 성격장애의 진단 기준을 대표할 수 있는 MMPI 문항을 선정하여 각 성격장애를 측정할 수 있는 척도를 개발했다. 하지만 성격장애 진단 기준 중 일부는 여러 성격장애와 중첩되는 경우가 있음(예, 사회적 고립은 조현성, 조현형, 회피성 성격장애에 모두 해당)을 고려하여 중첩되는 기준(문항)을 제외하고 새롭게 척도를 구성했고, 이를 '다른 성격장애 척도와 문항이 중첩되지 않는 척도(non-overlapping scale)'로 명명했다. 중첩되는 기준을 제외하지 않은 척도는 '다른 성격장애 척도와 문항이 중첩되는 척도(overlapping scale)'로 명명했다.

준이 높은 여성일수록 TAT SE가 낮음을 발견했다. Richardson 등(2018)은 SE와 신체 건강 사이의 관계를 조사했다. 연구자들은 간단한 초기 기억 프로토콜을 수집했고, SE 수준이 낮고 부적응일수록 신체화 점수가 상승하고 신체 건강이 열악해짐을 발견했다.

SE와 심리치료 과정 및 결과

이야기 자료를 통해 SE와 심리치료 과정 및 결과 사이의 관계를 밝힌 다양한 연구가 존재한다. Peters 등(2006)은 심리치료 내용의 SCORS-G 평정치를 조사했으며, 높은 SE는 GAF로 평정한 전반적인 고통 수준이 낮음을 예측하는 것으로 나타났다. 마찬가지로, Stein 등(2009)은 GARF로 평정한 환자의 관계 기능이 초기 기억 이야기로 평정한 SE와 유의한 정적 상관을 보임을 발견했다.

SE는 치료 변화에 민감하다. Fowler 등(2004)은 치료에 저항하는 환자를 대상으로 성격과 증상 변화를 조사했고, 16개월의 치료 기간 동안 TAT SE 점수에 상당한 변화가 있음을 발견했다. 이와 유사하게, Price 등(2004)은 아동기 성학대 경험이 있는 성인을 대상으로 단기 정신역동 심리치료의 효과성을 조사했고, 심리치료 내용으로 평정한 환자의 자존감이 치료 과정 동안 유의하게 향상됨을 발견했다. Josephs 등(2004)은 60대 분열성 여성 환자의 정신분석에서의 임상적 호전을 평가했다. 그 결과, 4년의 치료 과정 동안 SE에서 유의한 긍정적 변화가 나타났다. Ablon, Levy와 Katzenstein(2006)은 공황장애의 정신역동치료에서 심리치료 내용을 바탕으로 평정한 SCORS-G의 점수를 통해 대상관계 수준의 변화를 조사했다. 임상가들은 평균 21회의 치료 후 환자들이 보고한 이야기에서 SE 수준이 상당히 향상된 것으로 평정했다. 마찬가지로, Porcerelli 등(2007)은 회피성 남성 환자의 정신분석에서의 임상적 호전을 평가했다. 그 결과, 2년차에 SE의 긍정적인 변화가 유의하게 나타났고, 이러한 변화는 5년차까지 꾸준히 증가했으며, 1년의 추적 관찰 기간까지 증가했다. 마지막으로, Kuutmann과 Hilsenroth(2012)는 대학 진료소를 방문한 외래 환자를 대상으로 심리치료 내용으로 평정한 SE가 치료 과정에서 유의하게 향상됨을 발견했다. Mullin 등(2016b)은 대학 진료소를 방문한 외래 환자를 대상으로 정신역동 심리치료의 효과를 조사했고, 치료에 걸쳐 SE가 유의하게 증가함을 발견했다. 또 자기보고식으로 측정한 전반적인 정신병리 증상과 SE 사이에서도 유의한 변화가 나타났다.

SE는 또한 치료 기법과도 연관된다. Kuutmann과 Hilsenroth(2012)는 치료 관계에 관심을 두는 정도가 치료 결과뿐만 아니라 치료 초기 환자의 성격 구조와 어떠한 관련이 있는지를 조사했다. 연구자들은 심리치료 내용으로 평정한 SE 점수가 낮을수록 환자-치료자 관계에 관심을 두는 정도가 증가함을 발견했다. 아울러 치료 후 변화 정도는 치료 초기에 치료 관계에 관심을 두는 정도와 연관된 것으로 나타났다. 마찬가지로, Mullin과 Hilsenroth(2012)는 심리치료 내용으로 평정한 치료 전 대상관계 수준과 치료 기법 사이의 관련성을 조사했다. 그 결과, 환자의 SE 점수가 낮을수록 치료자들은 인지행동 기법이 아닌 정신역동 기법을 주로 활용하는 것으로 나타났다. 정신역동 기법과 관련하여, 치료자들은 환자가 회피하려는 주제와 기분 변화에 더욱 집중하는 경향을 보였다. Mullin 등(2016b)은 SE와 치료 초기에 치료자가 정신역동 기법을 활용하는 정도 사이의 관련성을 조사했으며, 비교 심리치료 과정 척도(CPPS)로 평정한 열 가지 정신역동 심리치료 기법 중 일곱 가지 기법과 SE의 변화가 유의하게 연관됨을 확인했다.

추가 연구가 필요한 SE 관련 구성개념

연구하기 시작한 두 가지 분야는 SE와 꿈 이야기의 관계, SE와 자극 영향력의 관계다. 꿈 이야기와 관련하여, Eudell-Simmons 등(2005)은 SE가 낮을수록 9 · 11 테러 발생 한 달과 세 달 후에 참가자가 보고한 부정적인 정서 수준이 증가함을 발견했다. 마지막으로, SE는 이야기 자료, 특히 TAT 도판 1, 2, 3BM, 4, 13MF, 12M, 14의 자극 영향력을 민감하게 탐지하는 것으로 나타났다. 구체적으로 살펴보면, Stein 등(2013)은 도판 3BM과 13MF가 다른 도판에 비해 더 낮은 수준의 SE를 이끌어 냄을 입증했다. 도판 13MF에서는 언어 생산성이 높을수록 SE가 낮아지는 것으로 나타났다. 반복 연구의 일환으로, Siefert 등(2016)은 비임상 표본을 대상으로 TAT의 자극 영향력(도판 1, 2, 3BM, 4, 14, 13B)이 SCORS-G의 평정에 미치는 영향을 조사했고, 다른 도판에 비해 도판 2에서 더 높은 수준의 SE가 나타나고, 도판 1과 3BM에서 더 낮은 수준의 SE가 나타남을 발견했다.

Chapter
10
자기 정체성과 일관성(ICS)

> **자기 정체성과 일관성(ICS)**: 1 = 자신에 관한 파편화된 감각, 다중 인격을 지님; 3 = 자신을 심히 변덕스럽고 예측할 수 없다고 바라보거나 느낌, 자신과 관련된 불안정감; 5 = 정체성과 자기규정(self-definition)에 관심을 두거나 몰두하지 않음; 7 = 장기적인 야망과 목표를 지닌 통합된 사람으로 느낌.
>
> * 주의: 목표가 모호하더라도 이를 지속적으로 추구한다면 높은 점수로 채점

개요

ICS[1]는 자기감(sense of self)을 적응적으로 통합하는 수준을 평가한다. 낮은 점수는 정체성 혼란을 반영한다. 즉, 자기감은 파편화되고, 빈약하며, 취약하다. 또 낮은 점수는 화자나 인물이 자기 자신의 삶을 위한 투자를 보이지 않음(자기를 포기함)을 의미하기도 한다. 높은 점수는 자기감을 적응적으로 통합함을 시사한다. 이 범위에 속한 사람은 자신이 어떤 사람인지, 무엇을 원하는지, 삶의 방향이 어디로 향하는지를 인식하며, 삶의 목표를 달성하기 위해 투자한다. 이 차원을 평가하기 위해 평정자는 먼저 '이야기에 ICS가 존재하는가?'를 살펴봐야 한다. 만약 그렇다면 '나는 어떤 사람인가?' '삶의 목표는 무엇인가?'라는 질문에 화자가 어떻게 반응할지를 생각해 보라. 화자의 반응이 통합된 정도 대비 환경에 따라 가변적이고 분열된 정도는 이 차원의 채점에 영향을 미친다. 이러한 측면은 화자가 이야기에서 묘사한 단어나 행동에서 드러날 수 있다.

가치와 도덕 기준을 향한 정서 투자(EIM), 공격 충동의 경험과 관리(AGG), 자존감(SE)과

---

1) 역자 주: ICS는 자기감의 파편화와 통합 수준을 평가한다(Stein et al., 2012).

유사하게, ICS가 이야기에 항상 존재하는 것은 아니다. 사회인지와 대상관계 척도–일반 평정법(SCORS–G)의 여러 차원은 서로 연관되는데, ICS는 자기(self)에 관한 측면을 평가한다는 점에서 (늘 그렇지는 않지만) 보통 SE와 함께 평정된다. SE와 ICS의 차이점으로, SE는 오로지 자기상에 초점을 두는 반면, ICS는 자기반응성(self–reactivity)과 더불어 자기개념의 적응적인 통합과 자기를 향한 투자를 담아낸다.

1점²⁾은 자기감이 제대로 통합되어 있지 않고 파편화되어 있음을 시사한다. '저는 다중 인격이에요.' '내가 누군지 모르겠어요.'와 같은 구절(혹은 유사한 다른 표현)은 1점의 반응에 속한다. 1점으로 채점하기 위해서는 이러한 구절이 해리 경험과 같이 자기감이 완전히 분열되는 맥락 속에서 나타나야 한다. 주의할 점으로, 이러한 구절이 양가적인 태도에서 비롯되거나, 삶을 추구하는 맥락 속에서 나타나거나, 혹은 화자나 인물이 자신을 위한 모종의 결정을 내리려고 시도한다면, 이는 어느 정도 자기개념이 존재함을 내포하므로 1점으로 채점하지 않는다.

2점³⁾으로 채점하는 두 가지 주요 상황이 있다. 첫 번째 상황은 1점의 상승으로, 화자나 인물은 자기 자신의 모습을 '잃어버린' 것처럼 묘사한다. 파편화된 양상은 여전히 존재하지만, 그 정도는 1점에 비해 덜하다. (정체감 해리에 속하지 않는) 비교적 가벼운 해리 경험은 2점으로 간주한다. 예를 들어, 화자는 자기 자신이나 인물을 '제정신'이 아닌 사람으로 묘사하거나, 자신의 의식과 인식을 벗어난 것처럼 행동하는 모습(예, 갑자기 분노에 휩싸여 의식을 벗어나거나 기억을 잃은 채 행동함)을 묘사하기도 한다. 화자가 이러한 측면을 묘사하는 정도와 심각도에 따라 이야기의 2, 3점이 결정된다. 2점으로 채점하는 두 번째 상황은 화자나 인물이 자기에게 투자하지 않는 경우다(일례로, 타인과의 관계 속에서 자기감을 상실하거나 포기한 나머지 삶을 끝내려고 자살을 시도하는 경우를 들 수 있으며, 이는 주요 초점이 주로 파트너든 다른 관계든 자기 자신이 아닌 타인을 향해 있음을 의미함). 자살 시도는 보통 2점으로 채점하는데, 그 이유는 자살 시도가 자기를 향한 부적응적인 수준의 투자를 의미하기 때문이다. 그러나 자살 시도가 나타나더라도 이를 묘사하는 맥락과 자살 시도 방법을 고려하여 더 높은 점수로 채점하는 경우가 존재한다. 일례로, 주제통각검사(TAT) 도판 14에서 "이 사람은 창문에서 뛰어내려서 죽었어요."라고 반응하는 경우를 들 수 있다. 이 예시에는 자살 행동이 정체성 문제와 관련된 것인지를 확인할 수 있는 정보가 충분하게 드러나지 않는다. 또 특정 문화권과 강압적인 환경에서는 정체성과 관련된 문제보다 도덕성 혹은 명예와 관련된 문제로 인해 자살 행동이 나타나는 경우가 더 많다. 화자나 인물이 타인과의 관계 속에서 자기감을 상실하는

---

2) 역자 주: 다중 인격, 해리 증상, 생각·감정·행동의 극심한 부조화 및 와해가 나타난다면 1점으로 채점한다.

3) 역자 주: 대부분의 자살 관련 내용, 극히 우유부단함, 자신이 무엇을 하는지도 모르는 경우는 2점으로 채점한다.

것과 관련하여, (때로 개성을 드러내는 것을 위협하는 부모로 인해) 자녀가 부모를 함입하여 자신의 존재 전체로 받아들이는 경우가 나타날 수 있다. 또 다른 예시로 한 성인이 관계를 유지하기 위해 자신의 자기감을 희생하는 경우를 들 수 있다. 이러한 상황은 2점으로 채점한다. 이 예시에서 중요한 점은 ICS와 인간 표상의 복합성(COM) 사이에 상호작용이 존재(경계선 융합)한다는 것이다.

3점[4]은 자기감의 취약성 혹은 공허감을 강조한다. 자기개념이 존재하지만, (늘 그런 것은 아니더라도 주로 환경에 따라) 예측 불가능하고 광범위한 변동을 거듭한다. 촉발 요인이 아주 뚜렷하지는 않더라도 화자나 인물의 정체감과 자기감에 심각한 영향을 끼쳐야 한다. 수치심을 자주 경험하는 경향을 지닌 사람이 여기에 해당한다. 이러한 사람은 고통스러운 사건이 발생하면 '자기 자신의 좋은 면'에 관한 핵심 감각을 유지하는 데 상당한 어려움을 겪는다. 예를 들어, TAT 도판 4에서 남성과 여성이 이별하는 주제가 나타날 때, 간혹 인물 중 한 명은 상대방과 함께 있지 않으면 뭘 어떻게 해야 할지도 모르는 정체성 관련 반응을 보이기도 한다. 어떤 경우에는 인물이 이별에 대한 반응으로 자살 사고를 경험하기도 한다. 또 다른 예시로 화자나 인물이 누군가와 부정적인 상호작용을 하고, (이러한 상호작용을 비난으로 인식하든, 완벽주의 성향의 결과로 인식하든, 인물이 경험하는 부적절감으로 인식하든 간에) 이로 인해 비현실적인 방식으로 스스로에게 의문을 가지는 경우를 들 수 있다. 화자나 인물은 자기비하(SE에도 해당함)를 보이기도 하고, 불과 얼마 전까지도 나타냈던 자기의 다른 측면을 인식하는 데 어려움을 겪기도 한다(이는 COM에도 속하며, 분열에 해당하는 3점으로 채점함). 이는 또한 부적응적인 행동을 초래하기도 하며, 행동의 심각도에 따라 2점 혹은 3점이 결정된다. 자해를 생각하는 것은 3점으로 채점한다. 자해 혹은 자살을 시도하는 것은 2점 혹은 1점으로 채점한다. 자살 및 자해 행동과 관련하여, 이를 1점이나 2점으로 채점하기 위해서는 이야기에 정체성 관련 주제가 드러나야 한다. 만약 화자가 자살을 정체성 관련 문제로 논의하지 않는다면, 이 차원을 보다 유연하게 채점해야 한다. 이야기에 정체성 관련 주제가 확실히 존재한다고 여길 만한 정보가 충분치 않아서 ICS를 채점하지 않는 경우도 있다. 이러한 경우 질문을 통해 정보를 충분히 파악하는 것이 중요하다.

앞서 설명했듯이, 이야기에서 ICS를 채점할 수 없는 경우가 자주 나타난다. 그러나 ICS는 EIM, AGG, SE 및 표상의 정동 특성(AFF)의 경우처럼 기본 점수를 4점으로 부여하지 않는다. 대신에 ICS에서는 5점이 기본 점수('정체성과 자기규정에 관심을 두거나 몰두하지 않음')에

---

4) 역자 주: 목표와 자신에 관한 정동/정서의 기복(변동)이 나타난다면(예, 자신이 어떤 사람인지, 무엇을 원하는지, 삶에서 하고 싶은 것이 무엇인지를 방황하며, 공허함과 불확실함을 느낌), 3점으로 채점한다.

해당한다. 4점[5] 채점과 관련하여, 4점을 3점의 상승이 아닌 5점의 하락으로 고려해야 한다. 달리 말하면, 이야기에 정체성 관련 주제가 존재하지만, 화자가 이러한 주제를 충분히 전개하지 않거나 주제가 적응적인지 또는 부적응적인지를 판단하기가 불분명한 경우가 간혹 나타난다. 이러한 경우에는 4점으로 채점한다. 정체성 관련 주제가 존재하지 않는다면, 5점을 부여한다. 또 어떤 문화에서는 개인주의보다는 집단주의 혹은 공동체주의를 중시한다. 이러한 경우, 정체성은 집단의 맥락 속에서 정의된다. 만약 화자가 이와 같은 내용을 언급한다면, 5점으로 채점한다.[6] 그러나 ICS를 더 높게 혹은 더 낮게 채점하는 몇 가지 경우가 있다. 후자와 관련하여, 자기감 상실이 존재하는 추종(컬트) 집단은 더 낮은 점수로 채점한다.

6~7점[7] 범위는 목적의식을 바탕으로 자신의 욕구, 바람, 목표, 미래 등을 숙고함을 반영한다. 화자나 인물은 자기 자신을 주도적이고, 야심만만하고, 성취 지향적으로 바라보거나 묘사한다. 이러한 측면은 직업이나 지식을 추구하는 맥락 혹은 가족 내에서 정의되고 요구되는 역할을 수행하는 맥락에서 나타날 수 있다. 예를 들어, 화자나 인물은 성공적인 직장생활을 꾸려 나가면서 좋은 엄마가 되고자 하는 욕망을 표현하기도 한다. 화자가 이야기에서 ICS를 논의하는 정도에 따라 이야기의 6, 7점이 결정된다.

때로는 목표가 모호한 경우가 나타나기도 하는데, 목표가 모호하더라도 현실적이고 확고하며 자기의 적응적인 통합을 도모하는 것이라면 이 역시 6~7점 범위로 채점한다. 예를 들어, 한 연인이 몇 년 동안 교제하다가 남자가 청혼을 한다. 둘 다 들뜨지만, 남자가 청혼하고 얼마 지나지 않아 여자는 직장에서 승진하는데, 이를 받아들이면 다른 도시에서 살아야 한다. 안타깝게도, 남자는 진로를 위해 지금 있는 곳에서 최소한 1년은 머물러야 한다. 남자와 여자 둘 다 서로의 경력에 진심으로 마음을 쓴다. 그래서 둘은 여자의 경력을 위해 승진에 따른 조건을 수락할지, 아니면 같은 지역에서 함께 지내기 위해 승진을 거절할지를 고심한다. 이 예시에는 장래에 관한 양가성과 갈등이 존재한다. 그러나 두 인물이 자신들을 위한 목표를 안정감 있게 정의하기 때문에, 이 이야기는 여전히 6~7점 범위에 속한다. 때로는 목표에 관한 모호함이 우유부단함으로 나타나거나, 자기에 관한 안정성이 부족함(안정된 자기상을 바탕으로 흥미나 목표를 설정하는 것이 아님)을 반영하기도 한다. 예를 들어, 한 청년이 그동안 자신이 원하는 것보다는 부모가 바라는 것을 바탕으로 결정해 왔기 때문에 대학 진학과 관련된 결정을 내리지 못하고 주저한다면 낮은 점수로 채점한다. 다른 예시로, 한 개인이

---

5) 역자 주: 태도 변화나 장래를 고민하는 모습(모호하고, 불투명하며, 끝까지 알아차리지도 못함)이 나타난다면 4점으로 채점한다.

6) 역자 주: 개인이나 집단의 정체성을 명명하거나 집단에서의 역할을 부여하는 단순한 표현이 있는 경우가 여기에 속한다(단, 이야기 전체 내용을 고려할 것).

7) 역자 주: 특정 목표와 추상적인 행동 계획이 나타난다면 6점으로, 구체적인 목표와 계획이 나타난다면 7점으로 채점한다.

경험에 대한 과도한 개방성을 바탕으로 즉각적인 만족과 경험을 추구하면서도 자신의 미래 목표와 관련된 모든 것을 이루길 바라는 경우를 들 수 있다. 이러한 경우, 점수는 다시 낮은 범위(3점 혹은 어떤 경우에는 2점)로 옮겨 간다. 정확한 점수를 결정하기 위해 '정체성 관련 주제를 건강하고 성숙한 방식으로 표현하는가? 아니면 좀 더 병리적인 방식으로 표현하는가?'를 검토하라.

SCORS-G 평정: 1~7점까지의 ICS 예시

1점

TAT 이야기　이 여자는 병 때문에 30년 동안 잠들어 있다가 지금 막 깨어나려고 해요. 잠에서 깨고 나서 여자는 지난 30년 동안 있었던 일을 아무것도 기억하지 못하고, 자기 신체가 기형이 됐다는 걸 인식하지 못해요. 여자의 오빠, 엄마, 아빠는 이렇게 변한 모습을 보고는 완전 혐오스러워해요. 여자는 살아가면서 점점 난폭해져요. (감정은?) 여자는 자기가 나쁜 일에 휘말렸다고 느끼고 있고, 앞으로는 지금까지 전혀 생각지도 못한 삶을 살아가야 하는데, 그건 완전 지옥 같을 거예요. (결말은?) 바뀐 자기 모습이 전혀 자기가 알던 모습이 아니라면 뭘 할 거 같은지 한번 생각해 보세요.

해설　이 예시에서 여자는 자신이 누구인지 그리고 자신에게 무슨 일이 일어났는지를 인식하지 못한다. 여자는 어찌할 바를 모르고 의지할 사람조차 없다. 이 이야기에서 여자의 정체성과 자기감은 해체되어 있다. 따라서 이 이야기는 1점으로 채점한다.

2점

TAT 이야기　이 사람은 Renee고, 이건 총처럼 보이긴 하는데 잘 모르겠네요. 그냥 첫인상이 그래 보였어요. Renee는 방금 집에 왔는데 남편이 다른 여자와 성관계를 하고 있는 모습을 봤어요. 그 둘을 지켜본 셈이죠. 그 둘은 Renee를 못 봤어요. 이건 Renee가 충격과 공포를 느끼며 뒤로 물러나는 듯한 모습이네요. 그러고는 이전에 한 번도 경험한 적 없는 분노를 느꼈고, 그다음에 벌어진 일을 전혀 인식하지 못했어요. Renee는 마치 다른 사람이 된 것처럼 남편이 총을 보관해 둔 곳으로 갔다가 되돌아와서는 수영장이 있는 방으로 들어가 그 둘을 쏴 죽였어요. (생각은?) Renee는…… 내 인생은 끝났다고 생각하고 있어요. 나는 남편을 죽였어. 나는 두 사람을 죽였어. (결말은?) Renee는 결국 감옥에서 25년을 보내요.

해설 이 예시에서 Renee는 분노에 휩싸여 제정신을 잃는다. 그리고 의식과 자기인식에서 벗어난 행동을 보인다. Renee는 감정에 사로잡히며, 분열된 자기감의 일부는 분노로 인한 감정과 행동에 반응한다. '그다음에 벌어진 일을 전혀 인식하지 못했어요' '마치 다른 사람이 된 거처럼' '내 인생은 끝났다'와 같은 주요 어구가 나타난다. 화자가 이러한 구절을 언급하지 않았다면, ICS 수준을 결정할 수 있을 만큼 정보가 충분하지 않으므로 기본 점수 5점으로 채점한다.

3점

TAT 이야기 우와. 여자는 벼랑 끝에 있는 것처럼 느껴질 정도로 인생에서 어려움이 극에 달했어요. 여자는 삶의 고난에 너무 지쳤어요. 한동안은 좀 괜찮았지만, 최근에는 극심한 경제적 · 정서적 압박을 받고 있어요. 결혼 생활은 실패했고, 애들 뒷바라지도 할 수 없어요. 여자는 방금 쓰러졌어요. 쓸쓸하게요. 여자는 이런 생활을 계속할 수 없다고 생각하고 있어요. 뭘 해야 할지, 어찌해야 할지 몰라요. 지금은 이 상황에서 빠져나가지 못할 거라 여겨요. 내일도 모레도 지금 같을 거란 걸 알아요. 여자는 이 모든 걸 끝내고 싶은 마음이 굴뚝같지만, 그건 자녀들한테 너무 큰 상처를 주는 거란 걸 알아요. 막막함과 외로움을 느껴요. 여자는 내년은 또 어떨지 생각지도 못하고, 그렇게 멀리까지 내다보지도 못해요.

해설 이 예시에서 여자는 수많은 스트레스 요인에 압도당하며 무력감을 느낀다("이런 생활을 계속할 수 없다고 생각하고 있어요." "이 상황에서 빠져나가지 못할 거라 여겨요."). 재정, 정서, 관계와 관련된 걱정거리에 관하여 여자는 '뭘 해야 할지, 어찌해야 할지' 갈피를 잡지 못한다. 또 자신이 계속 살고 싶은지도 확신하지 못한다. 여자는 상당한 상실감을 느끼며, 삶의 방향도 잡지 못한다. 따라서 이 이야기는 3점으로 채점한다.

4점

TAT 이야기 남자가 벽으로 둘러싸인 곳에서 장래를 고민하거나 어디로 가고 싶은지 생각하고 있는 것처럼 보이는데, 벽으로 둘러싸인 어두운 방에 있는 거처럼 보이거든요. 남자는 창문을 열었고, 빛이 방 안으로 조금 들어와요. 남자는 빛을 볼 수 있을 텐데, 무슨 이유인지는 모르겠지만 남자를 둘러싼 세상이 어둡기 때문이에요. 남자는 자신의 삶이 더 밝아지길 바라는 거 같아요. 남자의 인생에는 삶을 어둡게 만드는…… 알 수 없는 상황들이 있었어요. 남자는 삶을 다시 밝게 만들고 싶어 해요. <u>지금처럼 사는 걸 더 이상 원치 않아요.</u> 어둠 속에 있고 싶어 하지 않아요. 그래서 남자는 실제로 빛이 다시 켜지는 것을 보고 싶어 해요. <u>남자가 어디에 있든 어둠이 존재한다면, 남자는 그걸 좋아하지 않을 거예요.</u>

해설　이 예시에서 이야기의 밑줄 그은 부분은 장래를 고민하고 이를 어떻게 이뤄 낼지 혼란스러워하는 정체성 관련 주제를 내포한다. 그러나 이 주제는 더 이상 발전하지 않는다. 만약 이러한 갈등에 관한 표현(현재 자기 삶의 양식을 좋아하지 않아서 더 많은 것을 원하지만 어떻게 해야 할지 모름)이 드문드문 나타나지 않고 더 많이 전개된다면, 점수는 쉽게 더 적응적인 범위로 이동한다. 하지만 현재 이야기가 위치하는 지점은 모호하다. 더 낮은 점수(3점)로 채점하지 않는 이유는 남자의 자기감이 불안정해 보이지 않기 때문이다. 남자는 상황이 달라지길 바라며 고민하지만 장래가 어떻게 달라질지 그리고 자신이 무엇을 원하는지를 더 이상 설명하지 않는다. 따라서 이 이야기는 4점으로 채점한다.

5점 (ICS가 존재하지 않는 경우 기본 점수)

초기 기억 이야기　우리는 갈색 집에 살았는데 거길 좋아했어요. 저는 아빠와 형이랑 같이 있었어요. 늘 행복했어요. 아빠는 일을 많이 했어요. 형이랑 저는 제일 친한 친구였어요. 한 번도 싸운 적이 없었죠. 늘 평온했어요.

해설　이 예시에는 정체성 관련 주제가 나타나지 않는다. 따라서 이 이야기는 기본 점수 5점으로 채점한다.

5점 (개인이 아닌 집단의 맥락에서 정체성을 형성하는 경우)

TAT 이야기　이 그림을 보면 모든 사람이 모든 걸 공유하는 공동체주의 형태의 마을이 떠올라요. 여기서는 사유물과 개인적인 정체성을 가질 수 없어요. 가지고 있는 모든 걸 버려야 해요. 집단의 유지와 생존만이 중요해요. 여기에는 좋은 측면도 있어요. 스스로에게 관심을 기울이지 않아도 돼요. 개인은 자연스럽게 집단의 일원이 되고, 집단의 이상과 목표는 정해져 있어요. 각자의 역할도 명확히 정해져 있어요. 이게 도판을 보면 떠오르는 거예요. 평범한 하루예요. 이 사람들은 마을을 위해 또 서로를 위해 필요한 행동을 하고 있다고 느껴요. 뿌듯함과 만족감을 느껴요.

해설   이 예시에서 수검자는 개인의 정체성이 아니라 집단의 정체성이 중심이 되는 상황을 묘사한다. 따라서 이 이야기는 5점으로 채점한다.

6점

TAT 이야기   Anne은 아일랜드 해안의 외딴 농장에서 자랐어요. Anne은 독서를 좋아하지만, 집과 마을에는 책이 많지 않았어요. Anne의 부모는 교육을 받지 못해서 딸이 독서와 배움에 흥미를 느끼는 이유와 딸의 가능성을 잘 알아주지 못해요. 대신에 가족은 Anne이 마을의 모든 젊은 여자처럼 관습적이고 전통적인 삶을 따르길 원해요. 하지만 Anne은 부모님의 뜻에도 불구하고 여행을 다니고 대학에 진학하길 간절히 바랐어요. Anne은 열심히 공부해서 집에서 멀리 떨어져 있는 학교에 지원하고 결국 합격해요.

해설   이 예시에는 교육을 받길 원하는 Anne의 욕구가 직접적으로 드러나며, Anne은 이 꿈을 이루기 위해 적극적으로 과정을 밟아 나간다. 따라서 점수는 6~7점 범위에서 시작한다. 수검자가 이야기에서 정체감을 형성해 가는 측면을 좀 더 풍부하게 전개한다면 7점으로 채점한다.

7점

TAT 이야기   이 이야기는 소박하고 평화로운 가족 농장에서 자란 열일곱 살 정도의 어린 여자에 관한 거예요. 애 친구들은 자기 엄마처럼 농장에 머물면서 농부와 결혼했어요. 하지만 애는 갈등하고 있어요. 애는 더 많은 걸 원하는데, 지금까지는 독서를 통해서만 자기 시야를 넓혀 왔어요. 애는 농장에서 50km 이상을 떠나 본 적이 없는데, 자기 어머니와 아버지를 진심으로 사랑하면서도 시선은 자꾸 다른 곳을 향해요. 애는 슬픈 기색으로 농장을 등지며 목표를 향해 나아가야 한다는 느낌을 받아요. 감정에 이끌린 거죠. 애는 결심을 하고 일 년 안에 학교를 졸업해요. 그리고 교사가 되고, 아이들을 가르치면서 보람과 의미를 찾아요. 또 여름이면 농장으로 돌아와서 가족을 도와 농작물을 수확해요. 양쪽의 장점을 모두 찾은

<u>거죠. 여자는 자기 꿈을 추구하면서도 가족과 관계를 유지해요.</u>

해설　이 예시에서 이야기의 주요 주제는 여자의 삶의 목표와 정체감에 중점을 두며, 이는 가족과 개인의 맥락 속에서 모두 드러난다. 이 이야기는 여자의 욕구(교육받길 원하고, 부모가 바라는 것과는 다른 길을 가길 원함), 갈등(가족을 사랑하고 가족과 함께 있기를 원함), 해결 및 목표 달성(교사가 되어 일을 즐기고, 가족과의 관계를 유지하기 위해 여름에 가족을 도움)을 강조한다. 수검자는 이야기에서 주인공 여성이 자기와 관련된 문제를 해결하려 노력하고 적응적인 해결책을 찾는 모습을 묘사하며 ICS 주제를 주요하게 다룬다. 따라서 이 이야기는 7점으로 채점한다.

1~7점까지 ICS 구조화하기

임상 면담

■ 1점
여기에 어떻게 왔는지 모르겠어요. 경찰이 숲속에서 저를 발견하고는 여기로 데려온 건 기억나요. 신분증에는 제가 매사추세츠 록포트 출신의 XXX YYY라고 되어 있지만, 전부 다 너무 혼란스러워요.

■ 2점
여기에 어떻게 왔는지 모르겠어요. 경찰이 숲속에서 저를 발견하고는 여기로 데려온 건 기억나요. 기억이 전부 다 흐릿해요. 장례식에서 밤을 새우다가 무슨 일 때문에 밖으로 나갔던 게 기억나요. 제가 어떻게 하다가 숲속에 있게 된 건지는 기억이 안 나요. 아내 없이 어떻게 살아야 할지 모르겠어요. 근데 더 중요한 건, 아내 없는 나는 도대체 뭘까요?

■ 3점
교통사고, 집으로 찾아온 경찰, 장례식. 이 모든 게 너무 갑작스럽게 일어났어요. 저는 제 스스로 "앞으로 어떻게 해야 하지?" "아내의 남편이 아닌 나는 뭐지?"라고 계속 물어봐요. 제 일부가 죽은 기분이에요. 너무 공허해요.

■ 4점

교통사고, 집으로 찾아온 경찰, 장례식. 이 모든 게 너무 갑작스럽게 일어났어요. 저는 아내가 없는 삶이 무슨 의미가 있을지 알아내려고 노력하는 중이에요.

■ 5점

교통사고, 집으로 찾아온 경찰, 장례식. 이 모든 게 너무 갑작스럽게 일어났어요. 저는 매일매일 이 사실을 받아들이려고 노력하는 중이에요.

■ 6점

교통사고, 집으로 찾아온 경찰, 장례식. 이 모든 게 너무 갑작스럽게 일어났어요. 저는 매일매일 이 사실을 받아들이려고 노력하는 중이에요. 아이들이 살아남은 건 너무 감사한 일이에요. 아이들 옆에 있어 줘야 해요. 강하고 좋은 아버지가 되고 싶어요. 저도 너무 힘들지만, 그렇게 되려고 노력하고 있어요. 아이들이 더 중요하니까요.

■ 7점

교통사고, 집으로 찾아온 경찰, 장례식. 이 모든 게 너무 갑작스럽게 일어났어요. 저는 매일매일 이 사실을 받아들이려고 노력하는 중이에요. 아이들이 살아남은 건 너무 감사한 일이에요. 아이들 옆에 있어 줘야 해요. 강하고 좋은 아버지가 되고 싶어요. 저도 너무 힘들지만, 그렇게 되려고 노력하고 있어요. 아이들이 더 중요하니까요. 이 일이 있기 전까지는 가족이 얼마나 소중한지 충분히 깨닫지 못했어요. 삶과 일에 너무 치이며 살았거든요. 많은 고민 끝에 사장님께 말씀드렸는데, 사장님은 제가 집에서 일하도록 허락해 주셨고, 그래서 아이들 곁에 있을 수 있게 됐어요. 아이들을 뒷바라지하려면 일을 해야 해요. 하지만 일을 끝내고 나면, 곧바로 가족에 전념하면서 아이들 아빠이자 아내가 늘 알던 제 모습으로 지내려고 애써요.

예제 이야기 연습하기

이 절에서는 ICS 유무와 ICS가 강조되는 정도를 판단하는 데 도움이 되는 열 가지 예제 이야기를 제시한다. 그리고 절의 끝에 정답과 해설을 수록한다.

예제 1

친구들에게 따돌림을 많이 당했어요. 저는 스위스에서 와서 말투가 달랐어요. (구체적인 시기는?) 학교 다닐 때인데 확실히 모르겠어요. 아마 아홉 살 아니면 열 살 생일이었을 텐데, 친구들 무리에 속해 있었어요. 그리고 그러니까…… 우리는 잘나갔는데, 그러니까…… 저는 따돌림을 당하곤 했기 때문에 이건 모순적이었죠. 당시에는 이게 혼란스러웠어요. 저는 친구들을 우리 집에 자러 오라고 초대했고, 우리는 텐트를 쳤어요. 왜 있잖아요, 어렸을 때 의자랑 이불 같은 걸 가지고 텐트를 치는 거요. 당시에는 닌텐도가 대세였고 플레이스테이션 같은 건 없었기 때문에 저는 친구 몇 명이랑 닌텐도를 하고 놀았어요. 아버지는 중국이나 일본에 가실 때마다 여기서 구할 수 없는 다른 게임들을 많이 사 주셨어요. 그걸로 우리는 밤새도록 놀았어요. 친구 다섯 명이 있었고 그날은 제 생일이었죠. 그리고 그날 저녁에 친구들은 저를 때렸어요. 제 생일이었어요. 걔들은 제 친구들이었고요. 뭐 때문에 때렸는지, 왜 때렸는지는 기억이 안 나요. 저는 그냥 침대에 누워서 울었어요. 제가 그렇게 쉽게 따돌림 대상이 된 이유를 모르겠어요. 기분이 더러웠어요. 저는 드디어 친구 사이가 좀 괜찮아졌다고 생각했지만, 친구들은 아니었던 거죠. 저는 제 자신과 친구라 여겼던 애들을 뭐라 생각해야 할지 몰랐어요. 아는 거라곤 제가 너무 하찮고 외로웠다는 것뿐이에요. 너무 공허했어요.

예제 2

이 남자는 죽은 청년의 눈을 감겨 주는 사람일 수도 있고 혹은 죽은 자를 되살리는 그리스도 같은 사람일 수도 있어요. 남자는 얘가 자고 있을 때 얘를 질식시켜요. 아마 자기가 저지른 행동에 화가 나고 후회할지도 모르는데…… 이 남자는 혼수상태에서 깨어나고 있어요. …… Norman Bates[8]처럼 의식을 잃었거든요. …… 아마 남자는 자기가 무슨 짓을 저질렀는지 알고 있을 거예요. …… 마치 다른 인격처럼…… 신체적으로는 남자가 이 일을 저지른 게 맞지만, 정신적으로는 자기가 저지른 일을 인식하지 못해요. …… 남자 안에 살고 있는 누군가가…… 마치 또 다른 영혼처럼…… 남자는 서로 다른 모습을 나타내는 다양한 인격을 지니고 있어요. 어머니, 연쇄살인범…… 상상의 산물처럼요. 저는 이런 상황을 잘 알고 있어요. (결말은?) 남자는 감옥에 있어요. …… 남자는 신체적으로는 Norman Bates이지만 정신적으로는 자기 어머니예요.

---

8) 역자 주: 영문 소설 『사이코(Psycho)』(1959)에 등장하는 주인공으로, 자신의 어머니와 어머니의 애인을 살해하는 것을 시작으로 자신이 운영하는 모텔에서 연쇄살인을 저지르다가 끝내 자살한다.

예제 3

여자는 학교에 가는 길이에요. 여자의 부모는 농장을 돌보고 있어요. 여자는 농장에서 사는 것보다 더 많은 걸 하고 살길 바라요. 여자는 고등학교를 마치고, 대학에 가고, 경력을 쌓아요.

예제 4

치료자: 특별한 대상에 관한 최초 기억을 이야기해 줄 수 있나요?

환자: 강아지 인형. 이름은 'Doggie'예요. 저는 Doggie를 Henry 삼촌한테 받았는데, Doggie는 저의 가장 친한 친구였어요. 어느 날 Doggie를 어디에 두고 와 버려서 엄마가 다른 인형을 대신 사 줬는데, 저는 행복하지 않았어요. 그래서 새로 받은 강아지 인형의 눈을 긁었고, Doggie는 결국 우편으로 되돌아왔어요. 저는 엄마가 Doggie를 다른 인형으로 대신하려 해서 화가 났던 것 같아요. 또 저는 Doggie가 없는 순간을 견뎌 냈던 게 기억나요. 다시 돌아와서 엄청 좋았어요.

예제 5

치료자: 등교 첫날에 관한 최초 기억은 무엇인가요?

환자: 7학년 때 미국에 있었는데 이상했어요. 저는 사투리가 심했어요. 또 자의식이 너무 강해서 주변에서 일어나는 일에 관심이 없었어요. 저는 친구들과 잘 어울리지 못했고, 제가 다른 사람들과 다르다고 느꼈어요. 저는 제 자신을 못 믿었고, 제가 어떤 사람인지 그리고 여기서도 잘할 수 있을지 의문스러웠는데, 어쨌든 저는 선택지가 별로 없었어요. 저는 또 유치원과 1학년 시절을 기억해요. 울었던 게 기억나요. 제가 울었던 건지, 다른 애가 그랬던 건지 모르겠어요. 이게 제가 기억하는 거예요. 부모가 교실을 떠나면 아이들이 울 때가 있잖아요? 저는 그때도 잘 적응을 못했지만, 7학년 때가 더 안 좋았어요. 저는 매사에 쩔쩔맸고, 제가 어떤 사람인지 확신이 없었어요. 제 말은 지금은 제가 어떤 사람인지 알지만 우리 가족이 이사했던 시기에는 제가 어떤 사람인지 잘 알지 못했다는 거예요. 당시에는 제 상태가 나빴어요.

예제 6

함께 사는 세 남매예요. 이 셋은 모두 농부인데 1년을 나기에는 수확물이 충분하지 않았어요. 음…… 남매는 수입을 걱정했고, 또 어떻게 가족을 부양하고 생계를 꾸릴지 걱정했어요. 가족은 이 남매를 중심으로 돌아갔고, 그래서 이 셋은 각자가 어떤 방법으로든 기여해야 한다는 걸 알고 있었어요. 장남은 농사를 계속했어요. 둘째는 임신 중이어서 농사일을 도울 수 없었어요. 그래서 막내딸은 돈벌이가 자기한테 달려 있다는 걸 알았고 독학으로 읽기를 배운 다음 학생을 가르치는 교사가 되기로 작정했어요. 막내는 가장 어리고 미숙한 위치에서 벗어나 막중한 책임을 지고 가족에게 필요한 돈을 버는 방법을 배웠어요. (감정은?) 자신이 뭔가를 해서 가족을 부양하는 데 자부심과 만족감을 느껴요.

예제 7

한 남자에 관한 그림이네요. 다른 그림처럼, 남자는 자기 삶을 포기하려고 해요. 남자는 문 열린 창가에 서 있고, 뛰어내리려는 마음이 가득해요. 여기에 서서 뛰어내릴지 말지 고민하다가 더 이상은 견딜 수가 없어서 결국 뛰어내리기로 마음먹는 걸로 끝나요. (감정은?) 너무 우울하고, 더 이상 뭘 해야 할지나 어떻게 하면 좀 나아질지 감을 잡지 못해요. 모든 희망을 포기했어요. 남자는 자기를 돌보려는 의지를 모두 잃었어요.

예제 8

이거 바이올린 맞나요? 이 소년은 바이올린을 연주하는 법을 배워서 나중에는 오케스트라 지휘자가 되는 걸 꿈꾸고 있어요. (이전에는?) 소년은 바이올린을 사기 위한 돈을 모으려고 열심히 일했어요. (감정은?) 아주 단단히 마음먹었어요. (결말은?) 소년은 바이올린을 연습하면서 거기에 너무 재미를 붙인 나머지 오케스트라 지휘자 대신 선생님이 돼서 학생들을 가르쳐요. (가장 기억에 남는 건?) 소년이 엄청 들뜨고 단단히 마음먹은 거.

예제 9

오, 여기 이 젊은 남자는 여자 친구와의 관계를 곰곰이 생각하고 있어요. 여자는 이 남자를 버리고 다른 남자한테 갔는데, 그래서 남자는 창턱에 한쪽 발을 올리고는 뛰어내릴까 하고 생각하는 중이에요. 남편이 죽었을 때 우리 아들도 다리에서 뛰어내리고 싶다고 말했거든요. 저는 그 사건 때문에 아들한테 약간 정신질환이 있다는 걸 알게 됐어요. (감정은?) 희망이 없는 것 같아요. (결말은?) 남자는 창문에서 뛰어내려요. 많은 사람이 이별하고 나면 성급하게 그런 일을 저질러요. 저도 전 남자 친구가 저를 버리고 젊은 여자한테 갔을 때 마지막 자살 시도를 했어요. 다신 안 그럴 거예요.

예제 10

이 사람들은 경치가 좋은 곳에 살고 있어요. 여기 사람들은 전혀 이기적인 사람들이 아니에요. 여기는 공동체주의 마을이에요. 이건 한 사람, 한 사람, 한 사람에 관한 문제가 아니에요. 이 사람들은 서로 도우면서 집단으로 살아가고 있어요. 〈다이버전트〉라는 영화를 보신 적이 있나요? 그 영화에 나오는 공동체 중 하나가 딱 이래요. 이 사람들은 하루에 딱 몇 분만 거울을 볼 수 있는데, 개인의 필요나 욕구는 중요하지 않기 때문이에요. 중요한 건 모든 사람을 도우면서 같이 일하는 거예요.

정답

예제 1: 3점

이 예시에서 화자는 새로운 나라로 이민을 와서 위화감을 느꼈던 일화를 이야기한다. 화자는 친구들에게 따돌림을 당하면서도 또래에게 인정받는 친구 무리에 속한 것이 혼란스러웠다고 보고한다. 나중에 화자는 '친구들'이 자신을 때린 사건을 떠올리며, 이로 인해 친구들 그리고 더 중요하게는 자기 자신에게 의문을 가지게 되었다는 점을 보고하는데, 이러한 측면은 ICS와 직결된다. 자신이 처한 상황(괴롭힘을 당하면서도 잘나가는 무리에 속함 대 친구라 여겼던 애들에게 맞음)에 따라 스스로를 향한 감정은 극적으로 달라진다. 화자는 공허감을 느끼는데, 이 또한 ICS를 반영하는 반응에 속한다. 이야기에서 나타나는 자기감의 변동을 고려하여 이 이야기는 3점으로 채점한다. 만약 같은 사건이 발생하더라도 이 사건이 화자의 자기감에 아무런 영향을 미치지 않는다면 ICS를 채점하지 않고 기본 점수 5점을 부여한다.

예제 2: 1점

이 예시에서 수검자는 한 인물 내에 별개의 인격이 존재함과 이 인격들이 남자의 의식

밖에서 발현되는 방식을 묘사한다. 이러한 반응은 자기감이 파편화되어 있음을 반영하는 1점의 기준에 해당한다. 이야기에는 다음과 같은 주요 어구가 나타난다. "마치 다른 인격처럼" "신체적으로는 남자가 이 일을 저지른 게 맞지만, 정신적으로는 자기가 저지른 일을 인식하지 못해요" "남자 안에 살고 있는 누군가" "남자는 서로 다른 모습을 나타내는 다양한 인격을 지니고 있어요. 어머니, 연쇄살인범…… 상상의 산물처럼요".

예제 3: 6점

이 예시에서 여자는 교육을 받고자 하는 목표를 추구한다. 따라서 이 이야기는 6점으로 채점한다. 만약 수검자가 인물이 목표를 어떠한 과정으로 성취하는지 그리고 교육이 인물에게 어떤 의미를 지니는지를 더 상세히 설명한다면 7점으로 채점한다.

예제 4: 5점

이 예시에는 정체감 관련 주제가 나타나지 않으므로 기본 점수 5점으로 채점한다.

예제 5: 3점

이 이야기에는 다음과 같은 ICS 구절이 나타난다. '저는 친구들과 잘 어울리지 못했고, 제가 다른 사람들과 다르다고 느꼈어요' '……제가 어떤 사람인지 의문스러웠는데' '잘 적응을 못했지만' '제가 어떤 사람인지 확신이 없었어요' '제 말은 지금은 제가 어떤 사람인지 알지만, 우리 가족이 이사했던 시기에는 제가 어떤 사람인지 잘 알지 못했어요'. 이 예시에서 화자는 자신이 어떤 사람인지는 알지만 외부 스트레스 자극(환경 변화)에 쉽게 휘둘린다는 점을 인식하며 자신의 '상태가 나빴다'고 보고하는데, 이는 자기감이 파편화되어 있는 것으로 보이지는 않는다. 환경 변화는 자기감의 혼란을 초래한다. 화자는 자기 자신에게 의문을 가지기 시작하면서도 자신이 누구인지 이해하기 위해 노력한다. 이러한 자기감의 변동으로 인해 이 이야기는 3점으로 채점한다.

예제 6: 7점

이 이야기에서 처음으로 등장하는 정체감 관련 주제는 '남매를 중심으로 돌아가는 가족'의 삶에 중점을 둔다. 이는 남매에게 가족이 중요함을 보여 주는 동시에 가족은 남매의 정체성의 일부분임을 시사한다. 수확이 충분하지 않자 남매는 (각자의 위치에서) 가정과 농장을 지키기 위해 스스로 동기를 부여하는데, 이 또한 목표, 포부, 노력을 나타낸다. 이야기에는 남매가 가정을 유지하려는 공동의 목표를 위해 함께 노력하는 모습이 나타난다(5점). 동시에 남매는 공동의 목표를 서로 다른 방식으로 달성하려고 하며, 여기에는 일정 수준의 개인적인 특성이 드러난다(6~7점). 수검자가 이야기를 묘사하는 수준과 적응적인 해결책을 찾아가는 방식을 고려하여, 이 이야기는 6점이 아닌 7점으로 채점한다. 즉, 이야기를 살펴보면 주요 인물의 안정성(잠재적인 위기에 봉착하더라도 막내딸의 자기감이 그대로 유지됨)과 통합성(막내딸은 가족이 자기 삶의 중심임을 알고 가족을 도울 수 있는 자기만의 장점을 통해 자신의 존재를 인식하며 스스로 자부심과 만족감을 느낌)이 분명하게 드러난다.

예제 7: 2점

이 예시에서 남자는 '상실감'과 '절망감'을 느끼며 결국 자살한다. 인물이 스스로를 살해하는 행위를 보인다는 점과 수검자가 이야기에서 자살을 묘사하는 방식을 함께 고려하면, 이 예시에는 자기를 향한 투자가 전혀 존재하지 않는다. 따라서 이 이야기는 2점으로 채점한다. 이야기를 살펴보면 자기를 향한 투자는 부재하나 자기감은 존재하므로 1점으로 채점하지는 않는다. 만약 남자의 자기감이 파편화되어 있거나 통합되어 있지 않은 맥락에서 자살을 수행한다면 1점으로 채점한다. 만약 남자가 자살을 생각하는 수준에 머무른다면 비교적 심각도가 낮으므로 3점으로 채점한다.

예제 8: 7점

이 예시에서 소년은 미래를 향한 바람, 욕구, 소망을 분명하게 드러낸다. 또 확고한 마음을 바탕으로 추구하는 삶을 성취하기 위해 필요한 과정을 밟아 나간다(바이올린을 구매하기 위해 돈을 모으고, 연습하며, 다른 사람을 가르치는 교사가 된다). 따라서 이 이야기는 7점으로 채점한다.

예제 9: 2점

이 예시에서 남자는 이별 때문에 심란해하고 절망하며 자살을 고민한다. 만약 여기서 이야기가 끝났다면, 이별 상황에서 불안정한 자기감과 정체감이 나타나는 경우에 해당하므로 이야기는 3점으로 채점한다. 그러나 이 이야기에서 남자는 결국 뛰어내리는데, 이는 더욱 병리적인 경우에 해당하므로 2점으로 채점한다. 7번 예시처럼 수검자가 이야기에서 정체성 관련 주제를 분명하게 언급하면서 이를 더 상세히 설명한다면, 점수는 1점으로 하락한다.

예제 10: 5점

이 예시에서 수검자는 자기 정체성이 아닌 집단 정체성을 강조한다. 따라서 이 이야기는 5점으로 채점한다.

ICS의 실증 연구 결과

ICS: 정신병리와 성격

ICS와 정신병리 및 성격 양상 사이의 관련성을 조사한 다양한 연구가 존재한다. 초기 연구는 분리/개별화(Ackerman et al., 2001)와 애착 유형(Calabrese, Farber, & Westen, 2005)과 같은 구성개념을 조사했다. 분리/개별화 대 경계 혼란/혼합과 관련하여, Ackerman 등(2001)은 로르샤하 상호자율성(MOA) 척도로 평가한 대상 표상이 더욱 성숙한 외래 환자일수록 TAT ICS에서 더욱 건강한 반응이 나타남을 발견했다. 즉, ICS는 MOA-1(분화의 수준을 반영하는 가장 건강한 반응) 개수와 정적 상관을 보였다. 앞서 언급한 바와 같이, ICS는 애착 유형과도 연관된다. Calabrese 등(2005)은 (대인관계 이야기로 평정한) ICS가 상호 애착 척도(RAQ)로 평가한 애착 대상을 안전기지로 활용(안정을 찾기 위해 애착 대상에게 향하는 개인의 능력)하지 못하는 정도와 부적 상관이 있음을 발견했다. Stein 등(2009)은 외래 환자의 초기 기억을 조사했고, 그 결과 ICS는 외래 환자의 관계 기능(GARF)과 유의한 정적 상관을 보이는 것으로 나타났다.

성격병리에 초점을 둔 여러 연구가 수행되었다. Peters 등(2006)은 (심리치료 내용으로 평정한) ICS와 성격병리가 유의한 부적 상관을 보인다는 점을 발견했다. 특히 B군 성격장애와 관련하여, Ackerman 등(1999)은 경계선 성격장애(BPD) 환자가 자기애성 성격장애(NPD) 및 C군 성격장애 환자에 비해 TAT ICS 점수가 더 낮게 나타남을 발견했다. 아울러 ICS는 다면적 인성검사-2(MMPI-2; Butcher et al., 1989)의 다른 성격장애 척도와 문항이 중첩되는 NPD 척도 및 다른 성격장애 척도와 문항이 중첩되지 않는 NPD 척도와 부적 상관을 보였다.

ICS, 청소년 성격장애, 실생활 행동 간의 관련성이 존재한다. 예를 들어, DeFife, Goldberg와 Westen(2013)은 임상 자료의 SCORS-G 평정 결과를 바탕으로 성격장애로 진단된 청소년의 ICS 점수가 공식적인 성격장애 진단을 받은 것은 아니지만 치료를 받고 있는 청소년의 ICS 점수에 비해 더 낮게 나타난다는 점을 발견했다. 연구자들은 또한 ICS가 높을수록 전반적인 적응 기능(GAF)과 학업 기능이 향상되는 반면, ICS 점수가 낮을수록 외현화 행동(체포 기록, 폭력 범죄, 절도, 거짓말, 무단결석, 물질남용) 및 정신과 병력이 증가함을 발견했다.

ICS와 우울 관련 증상 및 외부 생활사건 간의 연관성이 밝혀졌다. Huprich 등(2007)은 (문화적 차이를 반영하는 자극 도판을 활용하여 평정한) ICS가 낮을수록 자기보고식으로 평정한 우울성 성격장애와 기분부전증 점수가 높다는 점을 발견했다. 아울러 이 연구에서 기분부전증은 ICS 수준을 부적으로 예측하는 것으로 나타났다. Stein 등(2015)은 TAT 이야기의

SCORS-G 평정치와 생활사건 자료 간의 관련성을 조사했다. 연구자들은 외래 및 입원 환자 표본 모두에서 ICS는 자해와 유의한 부적 상관을 보이고, 외래 환자 표본에서는 자살 사고 수준과 유의한 부적 상관을 보임을 발견했다.

　ICS와 신체 건강 간의 관계가 입증되었다. Richardson 등(2018)은 간단한 초기 기억 프로토콜을 수집하였고, ICS 수준이 낮고 부적응적인 표현이 많을수록 신체화 비율이 높음을 발견했다.

　마지막으로, 대상관계 측면과 치료 수준 사이의 관련성을 조사한 연구가 존재한다. Sinclair 등(2013)은 성격평가 질문지(PAI)를 활용하여 치료적 돌봄 수준 지표(LOCI)를 개발했다. 연구자들은 TAT ICS 점수가 낮을수록 치료적 돌봄 수준 지표가 상승함을 발견했다. 달리 말하면, 다양한 PAI 척도를 포함하는 치료 수준과 관련된 지표(부정적 인상 관리, 자살 사고, 정서적 우울, 피해망상, 자극추구 행동)에서 높은 점수를 보일수록 환자의 ICS 점수가 부적응적인 수준에 속하는 경향을 보였다. Bram(2014)은 비임상 표본과 임상 표본의 SCORS-G 점수를 비교하였으며, TAT ICS에서 외래 및 입원 환자 집단의 점수에 비해 비임상 집단의 점수가 유의하게 높게 나타남을 발견했다.

ICS와 심리치료 과정 및 결과

　이야기 자료를 통해 ICS와 심리치료 과정 및 결과 사이의 관련성을 밝힌 다양한 연구가 존재한다. ICS는 치료 동맹과 관련이 있다. Pinsker-Aspen, Stein과 Hilsenroth(2007)는 초기 기억 이야기에서 ICS 수준이 낮을수록 목표 달성, 과제 수행, 결속력과 관련된 치료 동맹 점수(CASF-P)가 증가함을 발견했다.

　ICS는 치료 변화와도 연관된다. Fowler 등(2004)은 거주 치료소에서 정신역동치료를 받고 있는 치료에 저항하는 환자들을 대상으로 두 번의 시점에서 평가를 진행하여 성격과 증상의 변화를 검토했다. 그 결과, 환자들의 ICS 점수는 치료 과정 전반에 걸쳐서 상승했다. 마찬가지로, 아동기 성학대(CSA) 경험이 있는 외래 환자의 ICS 점수는 정신역동 심리치료 전반에 걸쳐서 상승했다(Price et al., 2004). Josephs 등(2004)은 60대 분열성 여성 환자의 정신분석에서의 임상적 개선을 평가했다. 그 결과, 4년의 치료 과정 동안 ICS에서 유의한 긍정적 변화가 나타났다. 마찬가지로, Porcerelli 등(2007)은 남성 회피성 환자의 정신분석치료에서의 임상적 개선을 평가했다. 그 결과, 5년째에 ICS의 긍정적인 변화가 유의하게 나타났고, 이런 변화는 1년의 추적 관찰 기간까지 유지되었다. Mullin 등(2016b)은 대학 진료소를 방문한 외래 환자를 대상으로 정신역동 심리치료의 효과성을 분석하였고, 치료에 걸쳐 ICS가 유의하게 증가함을 발견했다. 또 전반적인 정신병리와 관련된 자기보고 증상과 ICS 사이의 유의한 변화가 입증되었다.

ICS는 또한 치료 기법과도 연관된다. Mullin과 Hilsenroth(2012)는 심리치료 내용을 활용하여 평정한 치료 전 대상관계 수준과 치료 기법 간의 관련성을 조사했다. 그 결과, 환자의 ICS 점수가 낮을수록 치료자들은 인지행동 기법이 아닌 정신역동 기법을 주로 활용하는 것으로 나타났다. 정신역동 기법을 구체적으로 살펴보면, 치료자는 환자가 회피하는 주제와 기분의 변화에 더욱 초점을 맞추는 경향을 보였다. Mullin 등(2016b)은 치료 초기에 치료자가 정신역동 기법을 사용하는 정도와 ICS 점수의 관련성을 조사했으며, 비교 심리치료 과정 척도(CPPS)로 평정한 열 가지 정신역동 심리치료 기법 중 일곱 가지 기법과 ICS의 변화가 유의하게 연관됨을 확인했다.

추가 연구가 필요한 ICS 관련 구성개념

연구하기 시작한 두 가지 분야는 ICS와 꿈 이야기의 관계, ICS와 자극 영향력의 관계다. 꿈 이야기와 관련하여, Eudell-Simmons 등(2005)은 9 · 11 테러 사건에서 1~3개월 이후에 꿈 왜곡의 정도가 높을수록 ICS가 낮게 나타남을 발견했다. 또 ICS가 낮을수록 9 · 11 테러 발생 한 달과 세 달 이후에 참가자가 보고한 부정적인 정서 수준이 증가하는 것으로 나타났다. 마지막으로, ICS는 이야기 자료, 특히 TAT 도판 1, 2, 3BM, 4, 13MF, 12M, 14의 자극 영향력을 민감하게 탐지하는 것으로 나타났다. 구체적으로 살펴보면, Stein 등(2013)은 다른 도판에 비해 도판 2가 더 높은 수준의 ICS를 이끌어 내고 도판 3BM과 13MF는 더 낮은 수준의 ICS를 이끌어 낸다는 것을 입증했다. 아울러 도판 3BM, 13MF, 14에서 ICS는 단어 수와 유의한 부적 상관을 보였다. 반복 연구의 일환으로, Siefert 등(2016)은 비임상 표본을 대상으로 TAT 자극 영향력(도판 1, 2, 3BM, 4, 14, 13B)의 효과를 확인했으며, 다른 도판에 비해 도판 2에서는 더 높은 수준의 ICS가 나타나고 도판 3BM에서는 더 낮은 수준의 ICS가 나타남을 발견했다.

종합 평정: 효과적인 채점 전략

개관

　사회인지와 대상관계 척도-일반 평정법(SCORS-G)의 여덟 가지 차원과 개별 평정 기준을 이해하는 데 익숙해지려면 많은 시간과 노력과 연습이 필요하다. SCORS-G에서 다루는 지식을 실제 이야기 자료에 적용하기 위해서는 부가적인 기량이 요구된다. 이 장에서는 채점 기술을 익히는 데 유용한 구체적인 채점 전략과 채점하기 까다로운 이야기를 다루는 방법을 제시한다.

　이 책의 도입부에서 설명했듯이, SCORS-G는 말이나 글로 표현된 모든 이야기 자료에 적용할 수 있다. 이러한 폭넓은 적용 가능성은 SCORS-G의 강점이자 취약점이기도 하다. SCORS-G는 측정에서 높은 융통성을 지니지만, 다른 한편으로 특정 유형의 이야기 자료는 여타의 이야기 자료에 비해 채점하기가 더 수월하기도 하다. 예를 들어, 환자의 개인 경험이 주를 이루는 정신역동 심리치료 이야기에서는 SCORS-G의 여덟 가지 차원을 식별하기가 용이하다. 대조적으로, 짧은 주제통각검사(TAT) 이야기에서는 몇몇 차원과 관련된 측면이 제한되거나 존재하지 않기도 한다. 다양한 이야기 유형이 SCORS-G 평정에 미치는 영향에 관한 실증 연구는 아직 부족한 실정이다. 그러나 선행 연구를 살펴보면, 이야기 자료의 유형에 따라 SCORS-G의 평정에서 상이한 결과가 나타난다(제2장 참조). 또 다른 중요한 측면으로, 어떤 차원은 다른 차원에 비해 채점이 어렵거나 용이한데, 여기에는 차원의 고유 특성이나 이야기 자료의 유형이 영향을 미치기도 한다.

　이 장에 제시한 예제 이야기의 일부는 연습 프로토콜을 다루는 제12장에서 발췌했다. 이 장에서는 이야기에 보다 쉽게 접근하는 방법과 더불어 평정자가 흔히 경험하는 문제를 해결하는 방법을 소개한다. 이 장의 마지막 부분에서는 평정자 개인의 심리 특성과 언어 감수성

(sensitivity to language)이 채점에 부정적인 영향을 미치는 경우를 살펴보면서, 평정자가 채점 과정 전반에서 유념하고 면밀히 고려해야 할 사항을 다룬다.

채점 길라잡이

1. SCORS-G 차원을 목록화한 채점 기록지를 인쇄하라.

COM	AFF	EIR	EIM	SC	AGG	SE	ICS

2. 이야기 전체를 읽으라.

3. 이야기 처음으로 돌아가서 확실한 주요어에 표시하라. 밑줄 긋기, 강조하기, 동그라미 치기, 주요어 옆에 차원의 약어를 기술하기 등 선호하는 방법을 사용하라. 각 차원을 반영하는 특징적인 주요어는 제3장에서 제10장까지 살펴보았다. 만약 각 차원에 해당하는 '주요어'를 식별하는 데 어려움을 겪는다면, 이전 장으로 돌아가서 관련 내용을 참고하기를 권한다. 주요어를 표시하기 위한 두 가지 예시를 다음에 제시한다.

예제 1 (주요어)

유치원에 간 첫날이었어요. 저는 제가 '오렌지'라고 불렀던 옷을 입고 있었고, 그 옷에는 큰 오렌지 그림이 있었는데, **누가 그걸로 놀리는 걸 봤어요.** (감정은?) 슬프고 민망했어요. 다시는 그걸 입지 말아야겠다고 다짐했어요. 그 옷이 예쁘다고 생각해서 그걸 고른 거였는데 놀림당해서 상처받았어요. (생각은?) 이걸 안 입었어야 했는데, 아니면 다른 옷으로 갈아입었으면 좋겠다.

이 예시에서는 '누가 그걸로 놀리는 걸 봤어요' '슬프고' '민망했어요'를 주요어로 꼽을 수 있다. '누가 그걸로 놀리는 걸 봤어요'는 표상의 정동 특성(AFF), 공격 충동의 경험과 관리(AGG)에 해당하고, '슬프고'는 AFF에 해당하며, '민망했어요'는 AFF와 자존감(SE)에 해당한다.

예제 2 (주요어)

잘 모르겠어요. 따뜻함을 느껴 본 적이 없다는 건 아니에요. 이불에 둘러싸였을 때가 생각나네요. 저는 사촌이 많았어요. 사촌 세 명은 저보다 나이가 많아요. 제가 네다섯 살 때쯤에 사촌들은 아홉, 열, 열한 살 정도 됐을 거예요. **사촌들은 이불로 저를 싸매곤 했어요.** 제가 이불 위에 누워 있으면, **사촌들이 이불 끝을 잡고 들어서 왔다 갔다 흔들기도 했어요.** 그게 정말 좋았어요 . 저는 이불 위에 올라가는 걸 좋아했어요 . 사촌들은 저보다 나이가 많아서 제가 거기 올라가면 엄청 재밌게 해 줬어요. (생각은?) 특별한 기분이 들었어요 . **이모는 짓궂으면서 친절했고,** 사촌들은 **저를 엄청 즐겁게 해 줬고, 우리는 늘 재밌게 놀았어요.**

이 예시에서는 '사촌들은 이불 같은 걸로 저를 싸매곤 했어요' '사촌들이 이불 끝을 잡고 들어서 왔다갔다 흔들기도 했어요' ' 그게 정말 좋았어요 ' ' 저는 이불 위에 올라가는 걸 좋아했어요 ' ' 특별한 기분이 들었어요 ' '이모는 짓궂으면서 친절했고' '저를 엄청 즐겁게 해 줬고' '우리는 늘 재밌게 놀았어요 '를 주요어로 꼽을 수 있다. 이 이야기에서 AFF와 관계를 향한 정서 투자(EIR)가 주로 나타난다. 굵게 표시한 내용은 EIR에 해당하고, 네모로 표시한 내용은 AFF에 해당한다.

4. 주요어를 고르고 나면, 채점 기록지로 가서 이야기에 존재하지 않는 차원에 기본 점수를 부여하라. 예를 들어, 예제 2는 이야기에 가치와 도덕 기준을 향한 정서 투자(EIM), AGG, SE가 드러나지 않으므로 기본 점수 4점으로 채점한다. 자기 정체성과 일관성(ICS)도 이야기에 나타나지 않으므로 기본 점수 5점으로 채점한다. 만약 특정 차원의 존재 여부를 확신할 수 없다면 빈칸으로 두고 나중에 다시 채점하라. 다음 단계는 이를 명확하게 하는 데 도움이 된다.

COM	AFF	EIR	EIM	SC	AGG	SE	ICS
			4		4	4	5

5. 지금까지 차원의 존재 여부를 결정했다. 이제는 기본 점수를 부여하지 않은 나머지 차원이 이야기에 존재하는 정도를 평가하는 단계다. 이야기를 다시 읽고 다음의 질문을 검토하라. 화자는 'X' 차원을 적응적으로 표현하고 전달하는가? 혹은 부적응적으로 표현하고 전달하는가? 만약 적응적으로 표현한다면 높은 범위(5~7점)로 채점하고, 부적

응적으로 표현한다면 1~3점 범위로 채점한다. 어떤 차원이 적응적인지 또는 부적응적인지를 확신할 수 없다면 중간 범위로 채점한다. 적응적인 표현과 부적응적인 표현을 모두 보고하는 경우에도 중간 범위로 채점한다. 이는 채점을 복잡하게 만들기도 한다. 여덟 가지 차원에서 적응도를 판단하는 방법에 관한 예시를 앞선 장에 제시했다. 일반적으로, 차원과 관련된 적응적이거나 부적응적인 표현을 전경에 제시하는지, 아니면 배경에 두는지를 고려해야 한다. 이는 이야기의 손상(부적응적인 범위로 채점하는 경향) 혹은 보존(적응적인 범위로 채점하는 경향) 정도에 '가중치를 부여'하는 데 도움이 된다. 적응 혹은 부적응적인 표현이 전경에 있거나 주요 인물과 연관될수록 가중치를 부여한다. 차원이 존재하는 정도를 평가하기 위한 두 가지 예시를 다음에 제시한다.

예제 3 (적응의 수준 및 연속성 평가)

배고프면 알아서 챙겨 먹어야 했어요. 저는 슈퍼마켓에 가서 저랑 동생이 먹을 **저녁거리를 훔쳐 오곤 했는데**, 그래야 우리가 뭐라도 먹을 수 있었어요. 열한 살 때부터 시작해서 열여섯 살쯤까지 그랬을 거예요. 우리가 간식이라도 달라 하는 날엔, 어림도 없는 소리일 테지만, 선생님이라면 이것저것 가져다줄지 몰라도 우리 엄마는 절대 주지 않을 걸요. 이제 와서 돌이켜 보니 분명 **안 좋은 짓을 했던 거 같아요**. 그땐 살아남으려면 어쩔 수 없었어요.

이 예시에서 굵게 표시한 부분은 AFF, EIR, EIM을 반영한다. 절도는 일반적으로 명백한 부적응적인 행위에 속하므로 EIM은 1~2점 범위에 해당한다. 그러나 화자는 자신과 동생이 먹을 음식이 없어서 절도를 저지른다. 또 자신의 행동에 대해 "안 좋은 짓을 했던 거 같아요."라고 보고한다. 화자는 이기심 때문이 아닌 생존을 위해 절도를 저지른다. 규범을 어겼다는 사실은 간과할 수 없으나 절도를 하게 된 속사정을 고려하여 화자의 EIM 점수는 3점으로 이동한다.

예제 4 (TAT 도판 13MF: 도판이 AGG를 유발하지만, 살인을 배경에 두는 이야기를 구성함)

팔을 이마에 대고 있는 남자는 형사예요. 형사는 **범죄 현장**에 있는데, 여기에 몇 시간이나 있었어요. 여름철인데다가 아파트에 에어컨도 없었어요. 형사는 땀을 흘리면서도 장갑을 끼고 있어요. 그래서 형사는 팔뚝과 어깨로 땀을 닦았어요. **꽤 끔찍한 살인이에요. 치정에 얽힌 범죄** 같아요. 형사는 증거를 모으고 있어요. 형사는 **자기가 가치 있는 일을 한다고 여기면서 희생자를 위해 목소리를 내고 정의를 실현하려고 애쓰고 있어요**. 형사는 희생자를 대변하는 것뿐만 아니라 수사가 진척을 보일 때마다 최신 정보를 유가족에게 직접 알려 주는 걸 중요하게 여겨요. 형사는 아무것도 모른 채로 가만히 있는 걸 좋아하지 않아서 사건에 방해가 되지 않는 한 가족이 '잘 알고 있는' 것이 중요하다고 느껴요. 형사는 밤낮으로 일하다가 잠을 자려고 밤에 잠깐 범죄 현장을 떠나는 게 전부예요. 사건이 해결되면 쉴 수 있다는 걸 알기 때문에 일하는 데 필요한 만큼만 자는 거죠. 형사는 자기 일에 헌신하면서, 경찰이 되는 건 배지를 다는 거 이상의 의미가 있다고 느껴요. 형사는 시민 개개인뿐만 아니라 사회를 보호하고 지키는 게 자기 의무라 여겨요. 형사는 자신의 소명감을 진지하게 받아들여요.

이 예시에는 살인이 나타나긴 하지만 이야기의 중심을 차지하지는 않는다. 대신 이야기는 형사의 신념, 가치, 타인을 향한 동정심을 주로 다룬다. 따라서 EIM은 높고 적응적인 범위로 채점한다. 그렇지만 살인이 발생했다는 사실은 간과할 수 없기 때문에 EIM을 1점 감점해야 한다. 이 예시에서 EIM은 6점에 해당한다. 간혹 이야기가 손상된 정도에 따라 2점 이상 감점하는 경우가 나타나기도 한다.

6. 특정한 순서에 따라 차원을 평정할 필요는 없다. 앞서 제시한 바에 따르면, 이야기에 존재하지 않는 차원에 기본 점수를 부여하는 것으로 채점을 시작하는 경향이 있다. 그런 다음 쉽게 확인하고 채점할 수 있는 차원을 평정하며, 채점하기 가장 까다로운 차원을 마지막에 평정한다.

7. 오직 이야기에 말이나 글로 분명하게 드러난 내용만을 평정하는 것이 중요하다. 평정 시 심리학적으로 추론하는 경우가 빈번하게 나타나며, 특히 평정자가 타인에게 관심 있을 때 더욱 그러하다. 그러나 평정자는 이야기에서 화자가 명확하게 표현한 내용만 채점할 수 있기 때문에 필요한 정보를 얻을 수 있을 만큼 충분히 질문해야 한다.

8. 마지막으로, 채점 동료를 구하면 채점에 관한 질문과 고민을 해결하는 데 도움이 된다. 채점 동료를 둔 평정자는 채점 과정에서 헤매지 않을 수 있고, 타인이 SCORS-G를 바라보는 관점과 이야기를 채점하는 방식을 참고할 수 있다. '동료'가 생기면 이야기에서 차원이 어떻게 나타나는지를 심도 있게 논의할 수 있다. 이는 채점뿐만 아니라 인간을 복합적으로 이해하는 데 도움이 된다. 중요한 점은(연습용 프로토콜과 달리) 실제 연구에 사용되는 채점이 까다로운 이야기와 프로토콜의 경우 개별 평정자가 프로토콜을 독립적으로 평정한 후에 채점에 관해 논의해야 한다는 것이다.

채점이 까다로운 이야기를 다루는 방법

어떤 기술이든 반복해야 숙달된다. 따라서 처음에는 채점 방법에 익숙해지는 과정이 필요하므로 이야기를 채점하는 데 오랜 시간이 걸린다. 시간이 지날수록 채점이 수월해지면서 프로토콜을 채점하는 시간은 점점 감소한다. 그러나 훈련 정도와 관계없이 채점하기 쉬운 이야기도 존재한다. 또 경험이 풍부한 평정자라도 채점에 어려움을 겪기도 한다. 채점을 어렵게 만드는 다양한 요인이 존재하며, 여기에는 이야기가 조직화/와해된 정도, 상반된 생각과 감정을 지닌 인물들이 나타나는 경우, 이야기가 손상된 것인지 아니면 고통스러운 이야기에서 과도하게 긍정적인 이야기로 극적으로 전환된 것인지 파악하기 어려운 경우, 이야기의 내용이 빈약한 경우(이야기가 짧고, SCORS-G 차원이 거의 존재하지 않음) 등이 해당한다. 채점을 돕기 위한 몇 가지 방법은 다음과 같다.

와해된 이야기에서는 몇몇 차원/변인이 이야기의 지리멸렬함에 가려지거나 이야기의 내용이 모순되는 경우(극단적이고 상반된 관점이 탈선적인 혹은 비논리적인 방식으로 나타남)가 잦기 때문에, 이를 채점하기가 까다롭다. 와해된 이야기의 경우, 인지 차원/변인[인간 표상의 복합성(COM)과 사회적 인과성의 이해(SC)]이 낮은(부적응적인) 수준에 속하는 경향이 있다. 평정자의 혼란을 방지하기 위해 인지 차원을 제외한 나머지 차원에서는 앞서 강조한 전략(3단계: 주요어에 표시하라)을 특히 염두에 두어야 한다. 이야기를 큰 소리로 읽는 방법 또한 도움이 될 수 있다. 마지막으로, 특정 범위(2~4점) 사이에서 어떤 점수를 부여할지가 망설여진다면 중간 점수(3점)로 채점하라. 그 연유로 이야기가 와해된 경우에는 점수를 채점하기가 더 모호해지기 때문이다.

예제 5 (와해된 이야기)

다음의 와해된 이야기를 전반적으로 살펴보면, AFF와 SE의 주요어가 두드러지게 드러난다. 차원의 존재 여부와 차원이 이야기에 나타나는 정도에 관한 세부 내용을 그 다음에 자세히 설명한다.

책을 들고 있는 여자는 여기 소작농 중 한 명이에요. 그건 분명하네요. 아들은 밭 가는 걸 마무리하고 있는데, 딱 까놓고 열여덟 살로 보여요. 자질구레한 건 이야기하고 싶지 않아요. 얘는 두 여자 때문에 <u>부적절감</u>을 느껴서 농장을 떠나고 싶어 해요. 두 여자는 분명 얘한테 관심이 있고, 그래서 얘가 남아 있길 바라요. 오른쪽에 있는 여자는 얘 엄마예요. 왼쪽에 있는 젊은 여자는 여동생이에요. 여동생은 여길 떠나서 교육을 받고 싶어 해요. 책을 들고 있잖아요. 엄마는 **절망감과 분개심**을 느껴요. 남매는 엄마가 임신한 사실을 몰라요. 엄마의 임신은 미스터리예요. 그치만 여동생은 엄마를 임신시킨 사람이 오빠라고 여겨요. 여동생은 여기 남아서 엄마를 도와야 할까요? 아들은 남아서 두 여자를 먹여 살려야 할까요? (결말은?) 이쯤에서 끝낼래요. 이렇게 끝내는 게 좋아요. **낙담하도록**. 이건 불가능한 상황이에요. **전부 실망할 거예요, 엄마만 빼고요**. 엄마는 그래도 엄마예요. 이 둘은 떠나지 않아요. 진절머리나는 거죠. 옛날엔 이런 일이 많았어요. 낙태가 자유롭지 않았죠(환자는 사고 이탈에 빠짐). 만약에 우리 엄마가 이걸 들었다면, 어휴.

COM	AFF	EIR	EIM	SC	AGG	SE	ICS
1	2	3	3	1	3	3	4

　이야기가 와해된 수준을 고려하여 인지 차원(COM, SC)부터 채점할 것을 권한다. 이야기는 와해되어 있고 비논리적이다. 이야기의 요점을 이해하기가 사실상 불가능하다. 이와 더불어 수검자가 인간 행동을 일관적인 방식으로 이해하지 못하기 때문에 SC는 1점으로 채점한다. 예를 들어, 두 여자는 아들에게 관심이 있고 아들이 남아 있길 바라면서도 부적절감을 느끼도록 하는데, 이 때문에 아들은 떠나고 싶어 한다. 그러나 그다음 문장에서는 여동생이 떠나길 원한다. COM과 관련하여, 이야기에는 인물에 관한 복합성이 거의 없고, 인물 간 경계가 모호하며, 수검자는 각 인물에 따른 생각과 관점을 분화하지 못한다. 이야기에는 자아중심성 또한 나타난다. 이러한 이유로 COM은 1점으로 채점한다. 또 부적절감이 이야기에 언급되며, 이는 SE의 '주요어'이므로 SE를 3점으로 채점한다. 굵게 표시한 AFF 주요어는 주로 부정적이다(절망, 분개, 낙담, 실망). 이야기에 '여동생은 엄마를 임신시킨 사람이 오빠라고 여겨요'라는 표현이 존재한다. AFF는 3점에서 시작하지만, 이 문장을 고려하여 2점으로 채점한다. (이야기가 상당히 와해되어 있으므로) AFF를 1점으로 채점할 만한 충분한 정보가 존재하지 않는다. AGG와 관련하여, '분개'는 분노(3점)를 암시하는 것으로 상정할 수 있다. 이야기에는 EIR에 해당하는 상호작용 범위가 존재한다. 이야기 초반부에 여자는 아들에게 관심을 가지고, 여동생은 오빠와 엄마가 잠자리를 가졌는지 의심하는 등 인물들은 자신의 욕구에 집중하는 경향(자기에게 집중하는 경향)을 보인다. 그러다가 이야기가 중반부로 향할수록 가족을 돕고자 하는 언급(타인에게 집중하는 경향)이 나타난다. 상호작용 범위는 대략 2~5점에 해당한다. 전체적으로 이야기에는 EIR과 관련된 적응적인 내용보다 부적응적인 내용이 더 많이 존재하므로, EIR은 중간 점수인 3점으로 채점한다. 이 이야기에서는 EIM과 ICS가 채점하기 어려운 차원에 속한다. EIM 관련 내용은 엄마와 오빠의 근친상간 가능성이 해당하는데, 이는 순전히 여동생의 생각이며 확실하게 드러나지 않는다. 또 매끄러운 방식은 아니지만, 이야기 마지막에 낙태에 관한 언급이 나타난다. 정보가 충분치 않다는 점과 이야기가 와해

된 정도를 함께 고려하여, EIM은 3점으로 채점한다. 이야기가 와해된 수준을 고려할 때 ICS를 포착하기가 어렵다. '얘는 두 여자 때문에 부적절감을 느껴서 농장을 떠나고 싶어 해요' '여동생은 여길 떠나서 교육을 받고 싶어 해요'와 같은 정체성 관련 주제가 나타난다. 첫 번째 문장은 SE에 해당하면서도 불안정한 자기감(3점)을 반영한다. 두 번째 문장은 보다 적응적인 자기감(6점)에 속한다. 그러나 전체적인 이야기 내용을 고려할 때, 이는 ICS의 건강한 표상으로 간주되지 않는다. 이야기가 와해된 정도를 고려하면 ICS를 정확하게 평가하기가 어렵다. 따라서 ICS는 4점으로 채점한다(몇 가지 정체성 관련 주제가 존재하지만, 더 낮은 점수로 채점할 만한 근거가 충분하지 않음).

채점을 까다롭게 만드는 또 다른 요인에는 이야기에서 인물이 상반된 관점을 가지는 경우가 속한다. 이 경우, 어떤 인물이 이야기 중심에 있는지를 생각해 보길 권한다. 주요 인물이 두 명인 경우라도 한 인물이 다른 인물보다 더 (때로는 미세한 차이로) 중심이 되는 경향이 있다. 주요 인물은 좀 더 큰 비중을 차지하며, 다른 인물이 차지하는 비중은 화자가 해당 인물을 묘사하는 정도에 달려 있다. 이는 SCORS-G 평정치가 부적응적, 적응적, 평균/중간 중 어느 범위에 속하는지를 결정한다. 이야기가 손상된 경우 혹은 부적응적인 내용이 존재하다가 극적인 방식으로, 때로는 지나치게 비현실적인 방식으로 긍정적인 내용으로 전환되는 경우에도 유사한 전략을 사용할 수 있다. 이 경우, 점수가 상승(적응적)하거나 하락(부적응적)하는 정도는 화자가 해당 내용을 논의하는 정도에 달려 있다. 부정적인 내용에서 (때로는 방어적일 수 있는) 긍정적인 내용으로 이야기의 극적인 변화가 나타난다면, 이러한 측면이 SC에 영향을 미치는 정도를 생각해 보길 권한다. 예를 들어, 극적인 변화가 사회적 인과성에 모순과 공백을 야기한다면, SC 점수는 하락한다. 마지막으로, 이야기에서 화자와 인물 간의 상반된 관점이 나타날 수도 있다. 예를 들어, 이야기에서 특정 인물이 두드러지며 병리적으로 행동하지만, 화자(자기)는 이성적인 견해를 피력하거나 이러한 역동이 발생하는 이유를 통찰하기도 한다. 화자는 또한 인물이 보다 적응적으로 상호작용할 필요가 있음을 언급하기도 한다. 이 경우, 화자의 표현이 인물에 의해 이야기가 손상된 정도에 비해 1점이라도 더 나은 수준에 속한다면 이를 '이성의 소리'로 간주하는 것이 중요하다. 단, 채점에서 화자의 관점과 인물의 행동을 모두 고려해야 한다. 이는 모든 유형의 이야기 자료에서 찾아볼 수 있지만, 초기 기억(EM) 이야기, 심리치료 이야기, 관계 일화 접근(RAP)/임상 면담에서는 보통 자기(화자)와 타인이 분명하게 규정된다.

예제 6 (고통스럽고 부정적인 내용이 주를 이루는 이야기에서 긍정적인 이야기로의 갑작스러운 전환)

이 사람은 <u>남편이 죽은 걸</u> 방금 알게 됐어요. 여자는 <u>망연자실</u>해서 주저앉아요. 지금 <u>울고</u> 있어요. (생각은?) 삶이 왜 이렇게 불공평한지랑 뭘 어떻게 해야 할지 혼란스러워해요. (무슨 일?) 음주 운전자한테 교통사고를 당했어요. (결말은?) 여자는 재혼해서 <u>행복하게 살아요.</u>

COM	AFF	EIR	EIM	SC	AGG	SE	ICS
3	3/4	5	2	3	4	4	4

이 예시에 AGG와 SE는 존재하지 않는다(4점). 고통스러운 내용이 주를 이루는 이야기에서 '다 잘될 거야'로 갑작스럽게 전환된다. 이야기에서 인물이 상실에 반응하는 방식에는 어느 정도 복합성과 다양성이 포함되어 있으므로, 극적인 전환이 나타나지 않는다면 COM과 SC는 더 높게 채점할 수 있다. 양극화된 특성과 반응의 갑작스러운 전환에 근거하여 COM과 SC는 3점으로 채점한다. 난폭한 운전으로 범죄를 저지르는 음주 운전자의 존재는 EIM 내용에 해당한다. 따라서 EIM은 2점으로 채점한다. (한 문장에서 끝나지 않고) 이와 관련된 더 많은 내용이 존재한다면 EIM은 더 낮은 점수로 채점할 수 있다. 남편이 없으면 여자의 자기감이 불안정해지는 측면이 나타나기는 하지만, ICS 주제가 직접적으로 드러나지는 않는다. 그러나 여자의 자기감이나 정체성이 흔들린다는 점을 고려하여 ICS는 4점으로 채점한다. 여자가 남편에게 정서를 투자하고 남편의 상실로 슬퍼하는 모습이 뚜렷하게 나타나므로 EIR은 5점으로 채점한다. 마지막으로, 이야기에는 긍정적이고 부정적인 정동 상태가 모두 나타난다. 이야기에서 부정적인 정동 상태는 즐거운 상태보다 더 두드러진다. 여기에는 음주 운전자로 인해 남편이 사망하는 내용이 포함되며, 이는 AFF 1점에 해당한다. 전체적으로 살펴보면, 정동 상태는 1~6점 범위에 속한다. 이야기의 내용이 보다 결속력 있다면, AFF는 더 높은 점수(5점)로 채점할 수 있다. 그러나 이 예시에서는 '행복해요'가 제일 마지막에 덧붙여진 것으로 보인다. 이를 간과할 수는 없으나 긍정적인 정동이 이야기에서 차지하는 비중은 작다. 그러므로 AFF는 3점으로 상승한다(음주 운전자가 남편을 살해한 것과 더불어 상실이 여자의 삶에 상당한 부정적인 영향을 초래한 점은 결말에 기술된 '재혼해서 행복하게 살아요'보다 더 많은 비중을 차지한다). 4점으로 채점하는 것 또한 따져 볼 수 있다('정확한' 점수는 3.5점이다).

이야기가 매우 간결하거나 단조로운 경우에도 SCORS-G 차원의 존재를 가늠하기가 까다롭다. 다음 예시는 관련된 측면을 잘 보여 준다.

예제 7a (단조로운 이야기)

음. 이 남자는 요가를 하고 있는 거 같아요. 전사 자세를 하는 거 같네요. (감정은?) 글쎄요, 꽤 집중하고 있는 거 같아요. (생각은?) 음. 남자는, 잘 모르겠어요, 집중하는 중이에요. (결말은?) 음. 글쎄요, 휴가 중인 거 같아요. 그래서 남자는 창가에서 요가를 하고 있는 거고, 지금 바다 근처에 있어서 나중에 수영하러 나가요.

COM	AFF	EIR	EIM	SC	AGG	SE	ICS
3	4	2	4	3	4	4	5

이 예시에서 수검자는 그저 도판을 기술하는 이야기를 보고한다. 정동 특성(AFF)은 단조롭고(4점), 어떠한 관계도 묘사되지 않는다(2점). 도덕성(EIM) 및 공격성(AGG)과 관련된 내용은 존재하지 않는다(4점). SE(4점)와 ICS(5점) 관련 내용도 존재하지 않는다. 내적 상태(사고와 감정, COM)는 최소한으로 존재한다. 인물의 이해(SC) 또한 단순하다. 또 인물이 요가를 하다가 이후에 수영을 하는 과정에서 약간의 공백(이야기 흐름의 단절)이 나타난다(SC, 3점). 이 이야기를 변형한 또 다른 예시는 다음과 같다.

예제 7b (단조로운 이야기)

음. 이 남자는 사람들이랑 요가 수업을 듣고 있어요. 좀 붐비는 거 같네요. (감정은?) 남자는 아무런 감정도 없고 생각도 없어요. (결말은?) 수업이 끝나고 남자는 깜깜한 강의실을 떠나요.

COM	AFF	EIR	EIM	SC	AGG	SE	ICS
2	4	3	4	2	4	4	5

이 예시에서 AGG, SE, ICS는 여전히 존재하지 않는다. 정동 색채도 여전히 단조롭다(AFF). 이 이야기는 훨씬 더 경직되어 있다(내적 상태가 언급되지 않음, COM). 남자가 인간을 이해하는 방식은 훨씬 더 단순하다(SC). 변형된 예시에서 수검자는 다른 인물의 존재를 암시하므로, EIR은 2점(타인의 부재)에서 3점으로 옮겨 간다. 예제 7a와 예제 7b는 흔히 접할 수 있는 간결한 반응의 특징을 보여 준다.

평정자의 언어 감수성과 심리 특성이 채점에 미치는 영향

평정자의 대상관계는 SCORS-G 채점과 신뢰도에 영향을 미칠 수 있기 때문에, 이야기 채점 시 평정자는 자신의 대상관계 양상에 유념해야 한다. 제3~10장에서 언급했듯이, 이야기를 채점할 때 객관성을 유지하는 것이 중요하다. 달리 말하면, 이야기를 평정할 때 추론하지 않고 기록지에 직접 기술된 내용(혹은 언어로 표현된 내용)만을 채점하는 것이 중요하며, 특히 연구를 목적으로 채점하는 경우라면 더욱 원칙을 준수하는 것이 중요하다. 따라서 반응 유도(prompting)는 매우 중요하다. 한 사람의 대상관계에 관한 가설을 세우는 것은 지적으로 꽤 흥미로운 일이다. 이러한 가설 설정을 한다고 해서 손해 보는 것은 없다. 사실, 대상관계에 관한 가설 설정에는 분명한 때와 장소가 포함된다. 이 두 개념 모두 각자의 역할이 있지만, 한 사람에 관하여 (보다 암묵적인 수준에서) 고찰할 때와 이야기에 명시적으로 표현된 내용을 평정하는 경우를 구별하는 것은 필수적이다. 그러나 우리가 인간이라는 점과 우리의 심리 특성은 어디서든 나타난다는 점을 고려하면, 개인의 고유한 심리는 아무리 미미할지라도 채점에 영향을 미친다. 이런 일이 벌어지지 않는다고 생각하거나 이를 완벽하게 방지할 수 있다고 생각한다면 오산이다. 대신에 이런 일이 벌어졌을 때 호기심을 가지고 유심히 살펴볼 필요가 있다. 이와 관련하여 채점 동료, 특히 삶의 배경이 다른 채점 동료가 있다면 개인의 심리 특성이 채점에 미치는 영향을 인식하는 데 도움이 된다. 특히 도덕 주제(EIM), 이야기에 표현된 공격성(AGG), 타인을 향한 투자 수준(EIR)과 관련된 내용을 평정함에 있어 평정자마다 각기 다른 관점을 지닐 수 있으므로, 평정자의 심리 특성이 채점에 영향을 미치는 모습은 채점 불일치를 논의할 때 흔히 관찰할 수 있다. 예를 들어, 불륜, 자살, 정치, 낙태와 같은 '논란거리'에 관한 생각과 감정의 정도는 평정자의 가정 환경, 거주 지역, 문화 및 종교적 신념, 개인의 경험 등에 따라 매우 다양하게 나타난다. 이로 인해 어떤 평정자는 특정 차원을 극단적인 태도로 채점하기도 한다.

또 평정자는 개인의 심리 특성에 따라 언어에 민감할 수도 있다. 어떤 평정자는 갈등을 회피하거나 과도하게 예민한 방식으로 공격성을 지각하기도 한다. 이러한 측면은 평정자가 AGG를 채점할 때 영향을 미칠 수 있으며, 특히 이야기에서 공격성이 모호하게 나타날 때 더욱 그러하다(다시 한번 강조하건대, 이 때문에 반응 유도가 중요하다). 예를 들어, 한 환자가 다음의 이야기를 보고한다.

예제 8a (공격성 조절이 모호한 경우)

이 두 사람은 뭔가로 <u>논쟁</u>하고 있는 것처럼 보여요. 둘은 저녁을 먹으려고 외출한 거 같고, 여자는 남자가 다른 여자를 쳐다보고 있는 걸 알아차렸어요. 둘은 지금 집에 있어요. 둘은 잠깐 <u>논쟁</u>하고는 자러 가요.

이 예시에서 분노는 이야기에 분명히 드러난다. 하지만 논쟁과 다툼의 특징이나 그것이 얼마나 과열되고 극심한지는 명확하지 않다. 사전(메리엄-웹스터 사전)을 살펴보면, 논쟁하다(argue)와 논쟁(argument)이라는 단어의 정의는 다음과 같다.

〈논쟁하다[1](동사)〉

1. 무언가에 관한 이유 혹은 무언가에 반대하는 이유를 제시하다. 무엇이 옳고, 무엇을 해야 하는지 등에 관한 어떤 사람의 의견을 바꾸기 위해 말을 하거나 글을 쓰다.
2. 이유를 제시하며 (어떤 사람이) 무엇을 하거나 하지 않도록 하다.
3. 언성을 높이며 다투거나 싸우다.

〈논쟁(명사)〉

1. 무언가를 반대하는 진술 혹은 일련의 진술
2. 사람들이 무언가에 관한 다른 의견을 표출하는 형태의 논의
3. 격렬한 말다툼

동사와 명사 모두 첫 번째와 두 번째 정의는 중립적이거나 자기주장적인 어조라면, 세 번째 정의는 주장을 둘러싼 감정(분노)이 더 묻어난다. 그러므로 갈등을 회피하거나 공격성에 민감한 평정자는 이 이야기를 2점으로 채점할 가능성이 높다. 대조적으로, 자기주장이 강하고 분노 표현을 딱히 어려워하지 않는 평정자는 이 이야기를 높은 범위(6점)로 바라볼 것이다. 좌우간 이 이야기는 2점 혹은 3점으로 채점한다('정확한' 점수는 2.5점이다). 해당 사례에서는 수검자의 반응을 더 유도해야 한다. 반응을 더 유도한 사례는 다음과 같다.

---

[1] 역자 주: 표준국어대사전에서는 '논쟁하다'를 '서로 다른 의견을 가진 사람들이 각각 자기의 주장을 말이나 글로 논하여 다투다'로 정의한다.

예제 8b (반응 유도로 부적응적인 분노 표현이 드러났지만, 점수는 3점 범위에 머무르는 경우)

이 두 사람은 뭔가로 <u>논쟁하고</u> 있는 것처럼 보여요. 둘은 저녁을 먹으려고 외출한 거 같고, 여자는 남자가 다른 여자를 쳐다보고 있는 걸 알아차렸어요. 둘은 지금 집에 있어요. (감정은?) 여자는 진짜 <u>화났고</u>, 둘은 이 일로 <u>싸워요</u>. (남자의 감정은?) 남자는 <u>어찌할 바를 몰라요</u>. <u>진짜 열받은</u> 것 같아요. 남자는 이런 일이 자꾸 생겨서 너무 <u>화났어요</u>. 둘은 잠깐 <u>논쟁하고</u> 자러 가요. 남자는 결국 침대에서 자고 여자는 소파에서 자요.

반응 유도를 통해 분노 수준에 관하여 더 많이 이해할 수 있게 되고, 두 인물이 이 감정을 격렬하게 경험하고 있음을 알게 된다. 이야기는 3점 범위에 머물러 있으며, 이야기는 전반적으로 적응적인 색채보다 부적응적인 색채가 강하다.

예제 8c (반응 유도로 부적응적인 분노 표현이 드러났지만, 점수는 2점 범위로 하락하는 경우)

이 두 사람은 뭔가로 <u>논쟁하고</u> 있는 것처럼 보여요. 둘은 저녁을 먹으려고 외출한 거 같고, 여자는 남자가 다른 여자를 쳐다보고 있는 걸 알아차렸어요. 둘은 지금 집에 있어요. (감정은?) 여자는 진짜 <u>화났고</u>, 둘은 이 일로 <u>싸워요</u>. (남자의 감정은?) 남자는 <u>어찌할 바를 몰라요</u>. 진짜 열받은 것 같아요. 남자는 이런 일이 자꾸 생겨서 너무 <u>화났어요</u>. 둘은 지금 <u>서로 화를 돋우고</u> 있어요. 서로 <u>소리치면서 엄청 듣기 싫은 소리만 해요</u>. 나중에 후회하게 될 말들이죠. <u>분노에 휩싸여서</u> 지금은 그저 <u>서로의 언행에 반응만</u> 하고 있어요. 둘은 몸으로 싸우진 않았지만, <u>자기가 뱉은 나쁜 말에 상대방이 얼마나 화났는지 기억하지도 못할 게</u> 뻔해요. 저는 이런 사람들을 알아요. <u>화를 주체하질 못하죠</u>. 어쨌든 둘은 잠깐 <u>논쟁하고</u> 자러 가요. 남자는 결국 침대에서 자고 여자는 소파에서 자요.

반응 유도를 통해 두 인물이 공격성을 관리하는 능력이 논쟁/폄하에 해당하는 범위(3점)에서 공격성 표현을 잘 조절하지 못하는 2점 범위로 이동함을 볼 수 있다.

예제 8d (반응 유도로 분노의 적응적인 표현이 드러나는 경우)

이 두 사람은 뭔가로 <u>논쟁하고</u> 있는 것처럼 보여요. 둘은 저녁을 먹으려고 외출한 거 같고, 여자는 남자가 다른 여자를 쳐다보고 있는 걸 알아차렸어요. 둘은 지금 집에 있어요. (감정은?) 여자는 진짜 <u>화나서</u> 그 일로 남자랑 이야기하고 싶어 해요. 남자한테 자신이 어떤 기분인지 말하려고 해요. (남자에게 말한다고요?) 자기는 상처받았고 화도 나고 남자가 떠날까 봐 두렵다고 말해요. (남자의 감정은?)

남자는 어찌할 바를 몰라요. 진짜 열받은 거 같은데, 상당히 격양된 상태에서도 <u>둘 다 침착함을 유지</u><u>하려고 노력해요</u>. 남자는 우리 관계가 어긋나지 않길 바란다는 걸 <u>여자한테 설명하려고</u> 노력해요. 여자를 어떻게 설득해야 할지 막막하기만 해요. 둘은 잠깐 <u>논쟁하고</u> 자러 가요. 약간 각자의 공간이 필요해요. 남자는 결국 침대에서 자고 여자는 소파에서 자요. 다음 날, <u>둘은 서로의 관점을 이해하고 앞</u><u>으로 어떻게 할지 합의할 때까지 계속 얘기해요.</u>

이 예시에서는 반응 유도로 여전히 분노가 드러나지만, 분노를 표현하는 방식은 더욱 건강하다. 두 인물이 경험하는 분노는 여전히 강렬하지만, 둘은 더욱 성숙한 방식으로 대화한다. 둘 다 자기주장을 하며 자신의 입장을 설명하려고 시도한다. 이 예시에서 '논쟁하다'라는 단어와 이 단어를 사용한 맥락은 예제 8b, 예제 8c와는 다르다. '주요어'를 인식하기 위해 노력하길 강력히 권장한다. '싸우다'라는 단어가 언어적인지 혹은 신체적인지, 또 '싸우다'의 특성이 무엇인지가 모호하여 해당 단어를 사전(메리엄-웹스터 사전)에서 찾아보았다.

〈 싸우다[2](동사) 〉
1. 누군가를 해하거나 적을 물리치기 위해 무기나 신체적인 힘을 사용하다; 전투나 신체적인 다툼으로 겨루다.
2. (전투, 싸움 등)에 참여하다.
3. 화를 내며 논쟁하다.

논쟁/논쟁하다의 정의와 달리, 싸우다의 첫 번째와 두 번째 정의는 신체적인 공격성에 초점을 두며, 세 번째 정의는 언어적인 공격성을 의미한다. 요약하면, 평정자는 화자가 언어를 사용하는 맥락을 인식하는 것이 중요하다. 만약 언어를 사용하는 맥락이 모호하다면 화자의 반응을 재차 유도하라.

결론

이 장의 목적은 채점에 접근하는 방법을 다루고, 평정자가 SCORS-G 차원을 효율적으로 인식하고 채점하도록 도와주는 전략을 제공하는 것이다. 재차 강조하건대, 어떤 이야기는

---

2) 역자 주: 표준국어대사전에서는 '싸우다'를 '1-1. 말, 힘, 무기 따위를 가지고 서로 이기려고 다투다, 1-2. 경기 따위에서 우열을 가리다, 2. 시련, 어려움 따위를 이겨 내려고 애쓰다'로 정의한다.

다른 이야기보다 채점하기가 용이하다. 여기에는 여러 가지 이유를 고려할 수 있다. 그것은 평정하는 자료의 유형에서 비롯되는 문제 때문일 수도 있고, 조직화, 상반된 인물, 내용이 빈약한 이야기 등과 같이 이야기 내에서 발생하는 다양한 문제 때문일 수도 있다. 이 장에서는 문제가 발생했을 때 해결하는 방법에 관한 다양한 예시를 제시했다. 또 평정자의 대상관계가 채점에 어떤 영향을 미치는지를 설명했다. 마지막으로, '채점 동료'를 둔다면 채점의 신뢰성을 확보하고, 생각과 질문을 논의하고, 인간을 깊이 이해하고, 평정자 개인의 취약성이 채점에 미치는 영향을 인식하는 데 도움이 된다는 점을 강조했다.

Chapter 12

연습 이야기

이 장에서는 두 가지 프로토콜 표본을 제시한다[두 가지 주제통각검사(TAT) 이야기, 두 가지 초기 기억(EM) 이야기, 한 가지 관계 일화 접근(RAP) 면담 이야기]. 첫 번째 프로토콜(TAT, EM)과 두 번째 프로토콜(EM, RAP, TAT)은 서로 다른 환자가 보고한 내용이다. 지금까지 각 장별로 사회인지와 대상관계 척도-일반 평정법(SCORS-G)의 개별 변인을 채점한 것과는 달리, 이 장에서는 여덟 가지 차원을 함께 평정해 보길 바란다. 장의 끝에 정답을 수록하며, 해설은 별로도 제시하지 않는다.[1]

프로토콜 1

주제통각검사(TAT)

■ 도판 1

남자애는 이걸 할 수 있을지 생각하는 중이에요. 열심히 하려고 애써요. 애는 이걸 안 하고 싶으면서도 뭘 무서워하는 거 같네요. (이전에는?) 그냥 추측해 볼게요. 얘가 연주하는 법을 배우길 바라는 누군가가 있어요. 애는 연주를 잘 못할까 봐 무서워하는 거 같아요. (결말은?) 얘가 이걸 할 거라는 생각이 들지 않네요. 저는 부정적인 이야길 싫어하지만, 얘는 뭔가 열정적으로 보이지 않아요. 저는 얘가 이걸 했으면 좋겠어요. (가장 기억에 남는 건?) 얘가 이걸 하기로 마음먹을지 말지 결정하는 것. 이걸 알아내려고 하는 중.

---

1) 예시 평정 양식은 Stein 등(2011)이 평정자 간 신뢰도 확립을 위해 제작한 SCORS-G 매뉴얼에서 발췌했다. 매뉴얼과 양식은 scors-g.com에서 확인할 수 있다.

■ **도판 2**

농장에서 일하는 가족이에요. 딸은 학교에 갈 만큼 다 컸는데, 자기가 가족과 농장을 떠나야 하는 건 아닐까 고민하면서, 내가 과연 그럴 수 있을까 하고 의심해요. 소녀는 가고 싶어 하면서도 가족을 돕고 싶어 하는 거 같은데, 아버지가 너무 열심히 일하고 있어서 더 그래요. (감정은?) 갈등을 겪어요. 슬프면서 갈등적인 거 같아요. 이건 소녀의 삶에서 큰 결심이에요. (결말은?) 소녀는 떠나서 학교에 가고 자기 삶을 살기 시작해요. 소녀를 보면 센 캐릭터가 떠오르는데, 소녀는 손에 책을 들고 있고, 인생에서 많은 걸 바라면서도 가족을 위해 여기에도 있고 싶어 하거든요. 마음에 드네요. 그건 좋은 거예요. 선생님 말처럼 여긴 옳고 그른 게 없는데, 제 생각도 딱 그래요.

■ **도판 3BM**

와, 이건 무력감이 떠올라요. 와, 잘 모르겠어요. 뭔가가 여자를 심하게 괴롭히고 있어요. (이전에는?) 여자는 어머니나 아버지랑 싸웠어요. 자동차 열쇠가 여기 있는 건가요? 아마 여자는 나가고 싶어 하는 거 같은데 부모님이 못 나가게 한 거 같아요. 여자는 슬퍼 보여요. 더 어떻게 말해야 할지 모르겠어요. 포기한 것처럼 보여요. (결말은?) 안 좋아요. 정확히 모르겠어요. 결말이 좋을 거 같진 않아요. 포기한 사람만 떠올라요. 행복한 걸로 주세요, 알겠죠? [크게 웃음]

■ **도판 4**

남자는 화난 걸로 보이고, 여자는 남자를 말리는 중이에요. 여자 때문에 남자는 좀 진정할 거 같긴 해요. (이전에는?) 뭔가 남자를 엄청 화나게 했고, 여자는 여름에 뭘 할지 이것저것 생각하고 있었어요. (결말은?) 여자는 남자를 진정시킬 거 같고, 나중엔 전부 다 잘될 거예요. 해피엔딩. 이건 재밌네요. 생각은 알겠는데, 감정은 이해하려고 노력하고 있어요. 제가 감정을 좋아하는 티가 났네요. 제 아내가 몇 번이나 저를 진정시켜야 했는지 선생님은 상상도 못하실 걸요(환자는 자신이 20대에 어떻게 화를 냈는지를 이야기하며 대화가 옆길로 새기 시작하는데, 지금은 많이 나아졌지만 화날 때는 여전히 폭발하며, 아들을 봐서라도 참으려고 노력한다고 말한다).

■ **도판 13MF**

이건 두 가지 방식으로 말할 수 있어요. (하나를 고르면?) 물론 저는 부정적인 걸 택할 거예요. 여자에게 무슨 일이 생겼어요. 여자는 다쳤어요. 어쩌면 죽었을 수도 있고, 남자는 여자를 발견하고는 보고 싶지 않아서 고개를 돌리고 눈을 가리는데 여자가 발가벗고 있어서 그래요. 먼저 든 생각은 이 둘이 성관계를 가진 거였어요. 여자는 계속 그렇게만 보이네요. (감정은?) 비탄에 빠져 있어요. (이전에는?) 남자가 여자를 데리고 있었을지도 몰라요. 아마 둘은 싸우기 시작했고 너무 많이 나갔어요. 남자는 기분이 너무 안 좋아졌어요. 남자는 방금 막 자기가 저지른 일을 믿지 못해요. (결말은?) 잘 모르겠어요. 솔직히 말하면 여자는 죽은 거 같아요. 남자가 왜 그랬는지, 뭔 짓을 했는지 모르겠어요. 전화기도 없네요. 남자는 비탄에 빠진 건 아닌 거 같고, 자기가 한 짓을 믿지 못해요. 여자는 죽은 것처럼 보이는데, 남자는 옷을 입고 있는데 여자는 아니라서 더 그래 보여요.

■ 도판 12M

이 남자는 일어나 있고, 이 남자는 누워 있네요. 소년이 자고 있거나 아프다는 인상을 받아요. 누가 기도하거나 그 비슷한 걸 하는 것처럼 보이네요. 이거 다 끝나 가나요? 아니면 더 있어요?! (이전에는?) 소년은 아프거나 뭐 그래요. 아마 사고를 당했을 거예요. (감정은?) 소년은 그냥 자고 있거나 아픈 것처럼 보이고, 옆에 어떤 남자가 서서 기도하고 있는데 뭔가 잘 안 돼 가는 것처럼 보여요. 또 어떻게 보면 소년이 많이 아픈 거 같지 않아서 곧 좋아질 거예요. 저는 이 그림에서 좋은 이야기도 만들 수 있어요.

■ 도판 14

이 남자는 노을을 보고 있어요. (생각은?) 저도 이렇게 말하긴 싫지만, 남자가 뛰어내릴지 말지 모르겠어요. 남자는 그냥 생각에 잠겨 있는 것처럼 보여요. 무슨 생각을 하는지는 말하기 어렵네요. 남자는 노을을 즐기고 있거나, 뭔가가 남자를 괴롭히는 거 같아요. 생각해 내기가 어렵네요. 대부분 검은색이네요. 남자의 미래를 살펴보면 좋거나 나쁘거나. (결말은?) 재밌는 게 뭔지 아세요? 그림 전체는 검정색인데 한 부분만 하얀색이에요. 선생님은 어둠을 따라가나요, 아니면 빛을 따라가나요? 남자는 어떻게 해야 할지 고민하고 있어요. 한 가지 더. 남자는 결정을 내려야 할 거 같아요. 남자가 저 문으로 걸어 들어가 그 계단을 오르고 싶어 할까요? 남자는 문으로 들어가서 발을 내디뎌요. 남자는 자기가 하고 싶은 대로 결정해요. 나쁜 선택 같진 않아 보이네요.

초기 기억(EM) 프로토콜

■ 최초 기억

필라델피아에 있는 빈민가에서 자랐어요. (구체적인 기억은?) 거긴 정글이었어요. 뭐, 좋은 점도 있긴 했어요. 주변엔 늘 같이 놀 애들이 있었어요. 행사나 활동도 많았고요. 거긴 좀 질이 나쁜 동네긴 했지만, 늘 뭔가 할 게 있었어요. (구체적인 기억은?) 엄마나 아빠가 옆에 없는 거. 부모님은 늘 어디 가고 없었어요. 엄마는 일을 안 할 때마다 술집에 갔는데, 매일 밤 다른 남자를 집에 데려왔어요. 저는 동생을 보살피고 저녁을 만들었는데, 한 번도 애같이 살아 보질 못했어요. 생생한 기억이 하나 있는데, 너무 끔찍한 거예요. 엄마는 삼촌, 엄마의 남동생이랑 우리를 봐 주는 사람을 자주 데리고 있었는데, 어느 날 밤에 삼촌은 자기 친구 세 명이랑 같이 그 여자를 데리고 와서 돌아가며 강간했어요. 저는 그때 그게 강간인지도 몰랐어요. 그 사람들은 저랑 제 친구들이 그걸 보게 했어요. 그때 우린 겨우 열 살이었어요. (감정은?) 아무것도 느끼지 못했어요. 한참이나 지났어도 기분이 어땠는지 모르겠어요. 열두 살 때는 삼촌이 시켜서 마약을 팔았어요. (생각은?) 이 사실을 솔직하게 말하고 싶어도 주변엔 아무도 없었어요. 솔직히 말하면, 처음엔 마약을 파는 게 멋있다고 생각했어요.

■ 두 번째 기억

엄마는 늘 애 봐 주는 사람에게 저를 보냈는데, 그 당시에 저는 열두 살이었고, 같이 있던 다른 애들은 대부분 예닐곱, 여덟 살은 돼서 그 여자가 다 같이 캠핑을 가는 게 좋을 것 같다고 말해서 거길 갔는데, 저랑 텐트를 같이 썼던 애들 중 하나가 저를 성추행했어요. 너무 무서웠어요. 뭐 어떻게 해야 할지를 몰랐어요. 허, 참 좋은 어린 시절을 보냈죠?

■ 어머니에 관한 최초 기억

제가 스트레스 받던 것 중 하나는 금요일 밤마다 엄마가 늘 밖에 나가고 싶어 한다는 거였어요. 저는 엄마에게 가지 말라며 빌고, 애원하고, 소리 질렀어요. 엄마는 저랑 동생을 다리가 불구인 여자한테 보냈어요. 그 여자는 휠체어를 타고 있었어요. 그 여자는 우리한테 음식을 한번도 주질 않는데, 거기서 놀던 우리보다 좀 더 나이가 많은 애들에게는 그 집이 파티장 같은 곳이었어요. 열두 살 때, 저는 걔들이랑 그 집 주변에서 같이 맥주를 마시면서 놀았어요.

■ 아버지에 관한 최초 기억

기억나는 딱 한 가지는 아빠가 집에 들를 때마다 여동생과만 놀았다는 거예요. (감정은?) 거지 같았어요. 아빠는 순 사기꾼이었어요. 자기 기분 내킬 때만 집에 들르고는 왕처럼 굴었는데, 저는 집에서 제가 젤 센 놈이라 생각해서 결국엔 뭘 말했는데, 그때 엄마는 아빠 편을 들었어요. 엄마는 아빠한테 늘 돈을 받고 싶어 했거든요. 좋은 기억도 있어요. 저는…… 자랑하는 건 아니지만 축구를 잘했어요. 학교 대표팀에서요. 가족 수는 제가 제일 많았는데, 아무도 제가 축구하는 걸 보러 오지 않았어요. 그거만 생각하면 열받네요. 그땐 지금이랑은 많이 달랐어요. 제가 생각해도 꽤 괜찮고 기특한 놈이었어요.

■ 학교 첫날에 관한 최초 기억

유치원은 전혀 기억나지 않네요. 어떤 선생님 한 분은 기억나는데, 그 선생님은 저를 잘 보살펴 준 거 같아요. 선생님은 제가 할 일을 하도록 잘 챙겨 줬어요. (감정은?) 그 선생님이랑 있으면 특별한 기분이 들었어요. (생각은?) 선생님이랑 있는 게 좋았어요. (선생님 성함은?) XXX. 좋은 분이셨어요. 저는 대부분의 사람이 그저 자기 할 일을 할 뿐이라 생각하지만, 그 선생님은 좀 달랐어요. 선생님이 저를 볼링장에도 데려가 주고 말도 걸어 줬어요.

■ 음식, 섭식, 급식에 관한 최초 기억

배고프면 알아서 챙겨먹어야 했어요. 저는 슈퍼마켓에 가서 저랑 동생이 먹을 저녁거리를 훔쳐 오곤 했는데, 그래야 우리가 뭐라도 먹을 수 있었어요. 열한 살 때부터 시작해서 열여섯 살쯤까지 그랬을 거예요. 우리가 간식이라도 달라 하는 날엔, 어림도 없는 소릴 테지만, 선생님이라면 이것저것 가져다줄지 몰라도 우리 엄마는 절대 주지 않을 걸요. 이제 와서 돌이켜 보니 분명 안 좋은 짓을 했던 거 같아요. 그땐 살아남으려면 어쩔 수 없었어요.

■ 따뜻함이나 포근함에 관한 최초 기억

첫 여자 친구와 포옹했을 때요. 고등학교 때 그 애를 만났어요. 고등학교 시절 통틀어 사귄 유일한 여자 친구예요. 여기저기서 데이트했어요. 저는 결국 그 애랑 결혼했어요. 우리는 몇 년간 줄곧 붙어 다녔고, 6개월 동안 같이 살았는데, 그러곤 갈라섰어요. (감정은?) 굉장히 좋았죠. (생각은?) 편안했고 사랑받는다고 느꼈어요.

■ 이행기 대상에 관한 최초 기억

배트카(배트맨의 자동차)를 가지고 있었는데 끝내줬어요. 완전 멋있는 거였어요. 기똥찬 물

건이었어요. 그때가 아마 열 살 때였을 거예요. 그건 정말 멋졌어요. 아무도 그걸 못 만지게
했어요. (구체적인 사례는?) 저는 그냥…… 거 왜 있잖아요, 뽐내면서 길을 걸어가는 것처럼
요. 저는 그걸로 여자를 꼬시려고 했는데, 지금 생각해 보니 조금 또라이 같네요. 기분은 좋
았어요. 그건 제 거였어요. 아무도 그걸 못 만지게 했어요. (그 물건은 어떻게 됐나요?) 모르겠
어요. 어릴 때 이사를 자주 다녔어요. 우리 아들도 그걸 봤으면 좋아했을 텐데.

프로토콜 2

초기 기억(EM) 프로토콜

■ 최초 기억

엄청 어렸을 때 세발자전거를 탔던 기억이 있는데, 언덕을 내려가기 시작했을 때 페달에
서 발이 떨어졌어요. 페달을 놓치면 바퀴가 어떻게 되는지 아시죠? 막 구르듯이 빠르게 언덕
을 내려가기 시작했는데, 이상한 건 언덕을 내려가면서 무서웠던 건 정확하게 기억나도 어
떻게 멈췄는지는 기억나지가 않는다는 거예요. 그냥 빠른 속도랑 무서웠던 거만 기억나요.
(생각은?) 무섭다. 다치고 싶지 않다. (나이는?) 잘 모르겠어요. 학교 가기 전이었으니까. 네
살쯤이었을 거예요.

■ 두 번째 기억

이것도 정말 어렸을 때 있었던 일이에요. 이것도 무서웠던 거예요. 저는 다섯 살 때 편도
선 제거 수술을 받았는데, 병실 침대에 있던 게 기억나고, 엄청 무섭기만 했어요. 밤사이 엄
마가 나갔었는지 잘 모르겠어요. 간호사가 불친절하고 딱딱하게 굴던 게 기억나고, 혼자 있
고 싶어 하지 않아 했던 게 기억나고, 그냥 엄청 무서웠어요.

■ 어머니에 관한 최초 기억

구체적인 이야기는 모르겠고, 엄마가 이것저것 하곤 했던 게 기억나요. 엄마는 바느질로
옷이나 여러 물건을 만들곤 했는데, 제 인형이나 저한테 맞는 잠옷 같은 걸 만들어 줬어요.
엄마는 장식용으로 페맬 동물 그림을 보관하는 큰 상자를 가지고 있었어요. 그 안을 살펴봤
던 게 기억나는데, 엄마는 제가 하나를 고를 수 있게 해 줬어요. (감정은?) 행복함, 호기심.

■ 아버지에 관한 최초 기억

어렸을 때, 잠자리에 들 때면 아빠가 책을 읽어 주곤 했고, 거기엔 음, 거기엔 옷장이랑 빈 공간이 있었는데, 아빠랑 같이 농구공 같은 걸 그 안으로 던져 넣기도 했어요. (감정은?) 좋았어요, 제가 느낀 건 그렇고…… 그게 하루의 끝이었어요.

■ 학교 첫날에 관한 최초 기억

유치원에 간 첫날이었어요. 저는 제가 '오렌지'라고 불렀던 옷을 입고 있었고, 그 옷에는 큰 오렌지 그림이 있었는데, 누가 그걸로 놀리는 걸 봤어요. (감정은?) 슬프고 민망했어요. 다시는 그걸 입지 말아야겠다고 다짐했어요. 그 옷이 예쁘다고 생각해서 그걸 고른 거였는데 놀림당해서 상처받았어요. (생각은?) 이걸 안 입었어야 했는데, 아니면 다른 옷으로 갈아입었으면 좋겠다.

■ 음식, 섭식, 급식에 관한 최초 기억

제가 뭐 때문에 고기를 엄청 가리게 됐는지가 기억나네요. 저는 부모님이랑 저녁을 먹고 있었어요. 식탁 위에 스테이크가 있었고, 그땐 어릴 때라서 스테이크의 모든 부분이 똑같다고 생각해서 그냥 먹었는데, 스테이크의 흰 부분을 먹고는 그걸 씹었어요. 선생님도 그걸 먹진 않겠죠? 그걸 먹는 사람을 보긴 했어요. 제 아들도 절 역겹게 하려고 그걸 먹어요. (감정은?) 그게 스펀지 같아서 역겨웠어요. 몇 분이나 계속 씹었는데도 없어지지가 않았어요. 더 이상 그걸 떠올리고 싶지 않아요. 그 뒤로 엄마는 제가 먹을 고기를 네모나게 잘게 썰어 주기 시작했어요.

■ 따뜻함이나 포근함에 관한 최초 기억

잘 모르겠어요. 따뜻함을 느껴 본 적이 없다는 건 아니에요. 이불에 둘러싸였을 때가 생각나네요. 저는 사촌이 많았어요. 사촌 세 명은 저보다 나이가 많아요. 제가 네다섯 살 때쯤에 사촌들은 아홉, 열, 열한 살 정도 됐을 거예요. 사촌들은 이불로 저를 싸매곤 했어요. 제가 이불 위에 누워 있으면 사촌들이 이불 끝을 잡고 들어서 왔다 갔다 흔들기도 했어요. 그게 정말 좋았어요. 저는 이불 위에 올라가는 걸 좋아했어요. 사촌들은 저보다 나이가 많아서 제가 거기 올라가면 엄청 재밌게 해 줬어요. (감정은?) 특별한 기분이 들었어요. 이모는 짓궂으면서 친절했고, 사촌들은 저를 엄청 즐겁게 해 줬고, 우리는 늘 재밌게 놀았어요.

■ **이행기 대상에 관한 최초 기억**

아직도 가지고 있어요. 곰 인형인데, 제가 태어났을 때 할머니가 사 주신 거예요. 저는 모든 사람이 자기 인형이 따로 있더라도 제 곰 인형을 가지고 싶어 할 거라고 생각했어요. 저와 부모님은 캠핑을 갔었고, 어느 해변가로 내려가서 꽤…… 좀 오래 걸었는데, 제가 곰 인형을 텐트나 거기 의자에 놔뒀거든요. 저는 돌아가면 곰 인형이 없을 거라고 확신했어요. 엄마는 저 때문에 왔던 길을 다시 돌아가야 해서 엄청 화를 냈어요. 이게 기억나는 전부예요.

관계 일화 접근(RAP)

■ **상호작용 1**

이 사건은 엄마가 병원에 입원해 있던 동안 제가 병문안을 갔을 때 있었던 일이에요. 6개월쯤 전에 일어났어요. 엄마는 몇 년 동안 마약에 중독돼 있었고, 한 두어 달 정도 저는 엄마랑 대화를 한 적이 거의 없었어요. 엄마는 혼수상태에 빠져서 생명 유지 장치를 해야 했고, 거의 돌아가시는 줄 알았어요. 엄마는 혼수상태에서 깨어나긴 했지만, 몇 개월 동안은 돌이킬 수 없을 정도로 뇌가 손상당한 걸로 보였어요. 엄마는 입원 중이라서 마약도 하지 못했는데도 망가진 사람처럼 보였고, 말도 안 되는 이상한 이야길 해대고, 욕만 엄청 지껄여 댔어요. 그날 저는 아빠랑 같이 엄마를 보러 갔어요. 엄마는 화를 내면서 아빠에게 나가라고 했어요. 그리고 나서도 엄마는 여전히 말이 통하지 않았고, 한번은 실제로는 몇 달이나 지났는데 겨우 며칠 동안만 병원에서 지내고 있는 거라는 식으로 말하기도 했어요. 저는 엄마에게 얼마나 오래됐는지를 말해 줬는데, 갑자기 정상처럼 돌아오더니 말이 통하기 시작하면서 자기한테 무슨 일이 있었는지를 물어보기 시작했어요. 엄마는 병원에 있었던 시간뿐만 아니라 지난 몇 년 간 있었던 일을 기억하질 못했어요. 마치 몇 년 동안 잠만 자다가 깬 평범한 사람처럼 저에게 이것저것 물어봤어요. 그때가 한밤중이라서 당장 엄마를 보러 와서 엄마랑 이야기할 수 있는 의사가 없었어요. 엄마는 전화를 걸어서 아빠랑 이야기했고, 그래서 아빠도 무슨 일이 있었는지 알긴 했지만, 병원에서 직접 본 게 아니라서 실제로 다 아는 건 아니었어요. 면회 시간이 지났어도 저는 몇 시간 동안 더 병원에 있으면서 엄마가 정말로 기억하고 이해하는 거에 대해서 엄마랑 같이 오랫동안 이야기했어요. 저는 엄마가 크게 호전되고 점점 더 나아지는 거처럼 보여서 정말 행복했어요. 나중에 간호사 한 명이 엄마에게 줄 수면제를 가지고 왔는데, 저는 무슨 일이 있었는지 설명하려고 애썼지만 간호사는 전에 그런 식으로 엄마랑 이야기해 본 적이 없다고 하면서 이런 극적인 변화를 믿지 않았어요. 간호사가 방을 나가고 얼마 지나지 않아서, 엄마는 다시 전처럼 말이 통하지 않고 욕지거리를 하는 상태로 돌아갔어요. 엄마는 저한테 나가라고 했어요. 저는 그날 밤 정확히 무슨 일이 일어난 건지 모르겠고, 사람들을 이해시킬 방법이 없었어요.

■ 상호작용 2

이 사건은 제가 젊을 때 있었던 일이에요. 이건 저랑 제가 잘 알지도 못하는 누군가와 관련된 일이에요. 제 남자 친구는 수많은 팬이 있는 유명한 래퍼였는데, 갑자기 아무런 낌새도 없이 자살해 버렸어요. 너무 끔찍했어요. 총을 사용했어요. 남자 친구의 일부 팬은 그게 제 탓이라며 근거 없는 소문을 내고 다녔어요. 저는 이미 처참한 기분이었어요. 이 일은 제가 겪은 최악의 일 중 하나였어요. 저는 너무 화가 났고, 또 남자 친구가 너무 그리웠어요. 생전 처음 보는 사람에게 말도 안 되는 무례한 소리를 듣고 모욕당하는 건 한사코 피하고 싶을 만큼 힘들었어요. 어느 날 밤, 행사장에서 남자 친구를 만난 적이 있던 여자애가 저한테 "야, 무슨 일이 있었는지 사람들에게 다 말하는 게 어때? 예전에 너희 가족 중 누가 총으로 다친 적이 있지 않아? 그리고 지금은 이렇게 됐네. 이게 우연일 리는 없잖아."라고 말했어요. 다른 사람들이 걔한테 그렇게 말한 게 얼마나 끔찍한 건지 아냐고 한마디씩 했지만, 걔는 저한테 한 번도 사과하지 않았어요. 남자 친구와 저는 엄청 가까운 사이였어요. 남자 친구의 친구들과 가족까지 다 알 정도로요. 그렇지 않아도 힘든 시간을 보내는 와중에 그런 이야길 듣는 건 너무나 힘들었어요.

■ 상호작용 3

이 사건은 제 딸 Minnie와 나눈 그냥 짧은 대화인데, 딸이 자기 친구들과 이야기하던 중에 제가 가장 멋진 엄마라는 데 모두 동의했다는 걸 저한테 말해 준 적이 있어요. 딸애가 열두세 살쯤이었을 거예요. 기분이 좋았어요.

■ 상호작용 4

이 사건은 최근에 있었던 거예요. 최근에 막내딸이 대학에 갔지 뭐예요. 딸애는 여기서 별로 멀지 않은 학부 중심 대학 중 한 곳에 합격했는데, 기숙사 입주를 하려면 여러 가지 서류 처리를 해야 했고—저는 돈도 별로 없는데—딸애를 거기 두고 오는 게 힘들었어요. 그리고 3일이 흘렀어요. 3일째 되던 날, 딸애는 전화해서 집에 오고 싶다고 했어요. (감정은?) 여러 가지 감정이 들죠. 크게는 두 가지네요. 확실히 어떤 면에서는 저도 딸애가 집에 없어서 그리워했어요. 또 분명 딸이 집에 온다면 딸을 보는 게 행복하겠지만, 지난 몇 년 동안 저는 일을 다시 시작하려고 기다려 왔는데, 지금은 다시 딸을 위해 요리랑 빨래를 하고 있네요. 딸이 대학에 가면 저는 조금 자유로워지고 뭔가를 성취하기 시작할 거라 생각했거든요. 어쨌든 중요한 건 우리가 같이 잘 살고 있다는 거예요. 우리는 엄청 좋은 관계예요. 감정이 좀 뒤섞여 있긴 하지만, 딸이 학교에 가면 저는 직장을 구해서 일할 거고, 딸애가 크리스마스 시즌에 집에 올 때쯤이면 훨씬 좋은 집을 구할 수 있을 거라 봐요. 딸애는 제가 정말 잘하고 있다면서 지금처럼 하면 될 거라 말해 주는데, 현실적으로 딸애는 저한테 큰 힘이 되고 있어요.

주제통각검사(TAT)

■ 도판 1

이 소년은 슬프거나 피곤하거나 지루해 보이는데, 제 생각엔 바이올린을 쳐다보고 있는 걸로 봐서 바이올린을 부러뜨려서 상심하고 있거나 연습을 해야 하는데 별로 안 하고 싶은 거 같기도 하고, 자고 있는 거 같기도 해요. (하나를 고르면?) 지루해 보이고, 얘는 이걸 하고 싶어 하지 않는 거 같네요. (이전에는?) 아마 누군가가 얘한테 연습할 시간—바이올린 시간—이라고 말했고, 그러고는 얘 앞에다 바이올린을 가져다 놓고는 가 버린 거 같아요. 왜냐면 얘가 누구랑 같이 있는 것처럼 보이진 않거든요. (생각은?) 다른 걸 할 수 있으면 좋을 텐데, 지금은 다른 걸 하는 게 더 낫겠다. (결말은?) 얘는 잠든 거처럼 보여요. (가장 기억에 남는 건?) 아이한테 뭘 해야 하는지, 저기 앉아서 그걸 하라고 말하는 윗사람—부모나 선생님—이 있다는 게 어떤 건지를 알 것 같기도 해요.

■ 도판 2

이 사람들은 아마 한 가족—엄마, 아빠, 딸—인 거 같고 농장을 가지고 있는데, 딸은 책을 들고 학교에 가고 있고, 아빠는 일하는 중이고, 엄마는 그냥 저기 서서 뭔가를 바라보고 있네요. (이전에는?) 여자애는 아마 버스를 기다릴 거 같아요. 세 식구 모두 집에 있었을 거고, 지금 이건 세 식구가 아침에 뭘 하는지를 보여 주는 장면이에요. (생각은?) 여자애는 그냥, 약간 뭔가를 기다리고 있는데, 이제 올 때쯤 됐는데, 같은 느낌이에요. 아빠는 '일하러 갈 시간이군.'이라 생각해요. 엄마는 평온해 보여요. 아마 아침을 차렸을 거예요. 가족을 위한 거라면 뭐든지 해 왔을 거고, 그래서 그냥 쉬고 있어요. 사실 임신한 것처럼 보이기도 하네요. 그래서 지금 쉬고 있는 건지도 몰라요. (결말은?) 여자애는 버스를 타고 잠이 들어요. 아빠는 하루 종일 일해요. 엄마는 다시 집으로 가요.

■ **도판 3BM**

이건 어떤 사람, 아마도 여자일 거 같은데, 남자는 이렇게 유연하지 않거든요, 여자는 울고 있는 거 같기도 하고 다친 거 같기도 해요. (하나를 고르면?) 여자가 땅바닥에 있는 게 아니었다면 울고 있는 거라 했겠지만, 땅바닥에 앉아 있는 거 같아서 발을 헛디더서 넘어졌다고 할게요. (어떻게/왜 그렇게 됐나요?) 여자는 뭐에 걸려서 넘어졌거나, 누가 여자를 밀었을 수도 있어요. (하나를 고르면?) 우리 엄마는 자주 마약에 취하는데 그럴 때마다 매번 넘어지거든요. 이 그림을 보니 그게 떠오르네요. 예전에 엄마는 딱 이런 식으로 넘어졌어요. (감정은?) 팔을 여기에 올리고 있고 머리가 이쪽에 있는 걸로 봐서 여자는 무릎을 다친 거 같아요. 여기다가 뭔가를 떨어뜨린 거 같네요. (생각은?) 아야! 아파. (결말은?) 그냥 이 여자가 낮잠을 자고 있고 나중에 깨는 장면이길 바라지만, 여자가 넘어진 거라면 누가 와서 여자를 일으키고 여자가 원래 앉으려고 했던 데 앉을 수 있도록 도와주면 좋겠네요.

■ **도판 4**

여자는 남자의 관심을 끌려고 애쓰는 중이고 남자는 딴 데를 보고 있거나 아니면 화가 났고, 여자는 남자랑 말하려고 하는데 남자는, 뭐냐면, 밀어내고 있어요. (하나를 고르면?) 두 번째 걸로 할게요. 여자의 표정이, 음, 여자는 남자를 좋아하고 같이 이야기하고 싶어 하는데 남자는 화난 걸로 보이고 다른 쪽을 쳐다보고 있거든요. (무슨 일?) 근데 제가 방금 저기 너머에 다른 여자가 있는 걸 알았어요. 아마 남자는 저 여자에게도 관심이 없는데 화난 것처럼 보이네요. 이 둘은 방금 뭔가로 말다툼을 했던 거 같아요. 남자는 떠날 거 같아요. 여자는, 그런 거 있잖아요, "가지 마."라고 할 거 같고, 남자는, "난 갈 거야."라고 하는 거 같아요. 남자는 일하러 가 봐야 하거나, 아니면 "나한테서 떨어져 줄래? 나는 심지어 널 좋아하지도 않아."라고 해요. (결말은?) 남자는 떠날 거 같아 보이고, 그러고 나면 여자는 다른 그림(도판 3BM)에서처럼 그렇게 슬퍼할 거고, 서러워하거나 아니면 저기 있는 여자가 이 여자의 친구라서 친구랑 이야기할 거 같아요.

■ **도판 13MF**

어두워 보여요. 아마도 둘 중 하나인 거 같아요. 힘들고, 늦은 거. 이 여자는 침대에서 자고 있고 남자는 아마 방금 막 직장에서 집에 왔고, 그래서 남자는 넥타이도 하고 옷을 입고 있는데 여자는 안 그래요. 남자는 스트레칭하는 거처럼 보이네요. 남자는 피곤하거나 아니면 아침에 일찍 일어난 걸 수도 있고, 이제 일어나야 해서 피곤해해요. 이게 밤이라면 남자는 자러 가요. 이게 아침이라면 일어나서 일하러 가요. 어떻든 간에 여자는 계속 그대로 자고 있을 거예요.

■ 도판 12M

이건 제가 실제로 본 적은 없는데 텔레비전에서 봤던 거 같아요. 누가 너무 아파서 병원에 있으면 사람들이 종교인을 데리고 오고 그 사람이 기도하는 거예요. (이전에는?) 이 남자는 어려 보이네요. 이 애가 왜 이렇게 아프게 됐는지는 모르겠어요. 얘는 넥타이를 매고 병원 침대에 누워 있거나 아니면 그냥 자고 있는데, 이 남자가 얘를 깨워서 학교에 보낼 거 같아요. (감정은?) 아마 이게 이 둘의 일상이에요. 이 남자는 매일 아침 얘를 깨워요. (생각은?) 얘는 자고 있어요. 남자는 아마도, 음, "아들이 학교에 갈 시간이 다 됐군."이라며 "잘 잤니."라고 말할 거 같아요. (결말은?) 얘는 눈을 떠요. "좋은 아침이에요, 아빠." 얘는 일어나서 준비하고 학교에 가요.

■ 도판 14

이 남자는 바깥을 쳐다보고 있는 거 같네요. 어두워서 밤일 거고, 그래도 환하긴 한데 아마 달 때문에 그럴 거예요. 남자는 별을 보고 있어요. (생각은?) 음, '참 좋다.' (감정은?) 행복해요. (결말은?) 남자는 창문을 닫고 자러 갈 거 같아요.

정답

프로토콜 1

TAT	COM	AFF	EIR	EIM	SC	AGG	SE	ICS
1	3	3	3	4	3	4	3	4
2	5	3	5	4	4	4	5	6
3BM	3	3	2	4	3	3	3	3
4	2	3	3	3	2	2	4	5
13MF	3	1	1	2	3	1	4	2
12M	2	3	4	4	3	4	4	5
14	3	3	2	4	2	4	4	3

EM	COM	AFF	EIR	EIM	SC	AGG	SE	ICS
최초 기억	4	1	1	1	5	1	4	5
두 번째 기억	3	1	1	1	3	1	4	4
어머니	3	1	1	1	3	4	4	5
아버지	3	3	1	2	3	3	5	5
학교	4	6	5	4	3	4	4	5
음식	3	2	4	5	3	4	4	5
따뜻함/포근함	3	6	5	4	3	4	4	5
이행기 대상	3	5	3	4	3	4	3	5

프로토콜 2

EM	COM	AFF	EIR	EIM	SC	AGG	SE	ICS
최초 기억	3	3	2	4	3	4	4	5
두 번째 기억	3	3	2	4	3	3	4	5
어머니	3	6	5	4	3	4	4	5
아버지	3	6	5	4	3	4	4	5
학교	3	2	2	2	3	3	3	4
음식	3	3	4	4	3	4	4	5
따뜻함/포근함	4	6	6	4	4	4	4	5
이행기 대상	2	3	2	4	3	3	4	5

RAP 면담	COM	AFF	EIR	EIM	SC	AGG	SE	ICS
예제 1	3	3	4	4	5	3	4	4
예제 2	4	2	2	2	4	2	3	4
예제 3	3	6	5	4	3	4	4	5
예제 4	5	5	5	4	5	4	4	6

TAT	COM	AFF	EIR	EIM	SC	AGG	SE	ICS
1	3	3	3	3	3	4	4	5
2	3	4	4	4	4	4	4	5
3BM	3	3	3	4	3	4	4	5
4	3	3	2	4	3	3	4	5
13MF	2	4	3	4	2	4	4	5
12M	2	4	4	4	2	4	4	5
14	3	6	2	4	2	4	4	5

Part 3

임상 활용

임상 실무와 개입에서 SCORS-G 변인의 감별

   사회인지와 대상관계 척도-일반 평정법(SCORS-G)을 배우고, 편하게 느끼며, 이를 임상 실무에 통합하기까지는 오랜 시간이 필요하다. 하지만 한번 익숙해지고 나면 임상가들은 SCORS-G를 활용해 환자에 관한 이해를 해석하고 소통할 수 있으며, 주목해야 할 부분을 식별할 수 있다. 이러한 과정을 설명하기 위해 이 장에서 우리는 SCORS-G의 여덟 가지 차원을 모두 강조한다. 먼저, 우리는 각 변인이 어떤 방식으로 임상 개입[1]에 영향을 미칠 수 있는지를 논의했다. 이 논의는 고정 불변의 법칙을 의미하지 않으며, 우리의 의도는 임상 실무 안에서 SCORS-G의 차원을 어떻게 고려할 것인지에 관한 지침을 제공하는 것이다. 다음으로, 상담 예시를 설명한 후 SCORS-G 차원에 기반을 둔 개입 방법을 제시한다. 해당 예시가 각 차원의 연속선에서 어느 수준에 위치하는지에 따라 임상가가 환자의 현재 대상관계 기능에 맞추어 소통하는 방법을 강조한다.

   참고로 이 장에서는 각 SCORS-G 차원의 모든 기준점이 아닌 특정 범위에 해당하는 예시를 제시하며, 때로는 상담의 여러 회를 요약하여 하나의 임상 사례로 제시하기도 한다. 이는 실제 심리치료의 진행 과정을 반영하지 않는다. 그 대신 SCORS-G 기준점에 따른 다양한 개입을 간략하게 설명한다. 만약 우리가 제시한 모든 개입을 실제 장면에서 동시에 활용한다면 너무 과도하고, 급하며, 빠른 개입이 될 것이다. 이는 방어 수준을 높일 수 있으며, 일반적으로 치료 관계와 치료 자체에 부정적인 영향을 미칠 수 있다.

---

1) 역자 주: 개입(intervention)은 분석가와 환자가 의사소통하는 모든 것을 일컫는 포괄적인 용어로 지시, 설명, 질문, 직면, 명료화, 재구성, 해석 등을 포함한다(Auchincloss & Samberg, 2002).

인간 표상의 복합성(COM)

환자의 COM 기능 수준이 낮을수록 치료자는 더욱 구체적으로 개입해야 한다. 예를 들어, 전반적인 COM 기능이 1~2점대에 속하는 사람에게 통찰 지향적 개입은 효과적이지 않다. 보통 이 기능 수준에 속하는 환자들은 보다 구체적이고 기술 훈련에 기반을 둔 개입에 효과적으로 반응하며, 지지적인 접근에 잘 반응하는 경향이 있다. COM 기능 수준이 낮은 사람에게는 정신역동적 개입을 활용하더라도 명확한 방식으로 해석하고 개입해야 한다. 즉, 가능한 한 비유를 적게 활용하고 단순한 방식으로 접근해야 한다. 또 COM 기능 수준이 낮은 환자에게는 더욱 활동적이고 대화적인 치료 자세를 취해야 한다.

대조적으로 환자의 COM 범위가 맥락이나 정서 강도에 따라 달라진다면 자기와 타인을 향한 어느 정도의 통찰이 가능하다. 그렇다면 환자의 생각, 감정, 욕구뿐만 아니라 환자가 어떤 방식으로 환경에 영향을 받고 또 역으로 영향을 미치기도 하는지를 인식하고 구분할 수 있도록 돕는 목적의 개입이 가능하다. 이러한 과정에는 정신역동적 개입과 구조화된 개입을 혼합하여 활용할 수 있다.

환자의 COM 기능이 일관적으로 높은 범위에 속한다면 정신역동적/통찰 지향적 접근을 활용할 수 있다. 하지만 (임상 증상에 기반을 둔) 구조화된 개입 역시 높은 COM 기능을 보이는 사람에게 도움이 될 수 있다. 마찬가지로, 높은 복합성을 보이지만 대상관계의 다른 측면이 미숙한 사람에게는 구조화된 개입이 필요할 때가 있다. 그러나 일반적으로 환자가 자기 관찰이 가능할수록 자기와 타인에 관한 깊은 이해를 돕는 통찰 지향적 기법을 활용하는 경향이 있다.

COM과 관련된 치료 목표는 다음과 같다.

- 자기와 타인을 구별하고, 자기와 타인이 다른 생각, 감정, 경험을 지닐 수 있음을 인식하도록 돕는다.
- 사람들 간 차이의 인식을 증진한다.
- 환자가 (개인의 역량에 따라) 어느 정도 통찰할 수 있도록 돕는다. 낮은 수준에서는 보다 구체적이다(예, "나는 슬펐는데, 걔는 엄청 화났을 거예요."). 높은 수준에서는 보다 미묘하고 섬세하다(예, "그 남자가 떠나면, 여동생은 멍할 거예요. 저라면 아마 미쳤을 텐데, 제 여동생은 그냥 진이 빠지고 외롭다고만 할 걸요. 남한테 들키긴 싫겠지만 속으로는 분명히 화를 내고 있을 거예요."). 여기에서의 목표는 환자가 타인에게 영향을 미치는 방식을 스스로 이해하도록, 그리고 보다 만족스러운 방식으로 (자신과 타인의) 관계를 다루도록 돕는

것이다.

1~2점

- 시나리오 1: 과거 외상 경험이 존재하는 환자다. 최근 딸이 외상 사건을 경험했다. 환자는 자신의 외상과 딸의 외상을 분리하지 못한다. 환자는 외상 경험에 따른 자기혐오를 딸에게 투사한다(환자는 딸에게 화가 남을 느낀다). 자신의 경험과 딸의 경험은 점점 구분이 모호해진다.
- 시나리오 2: 암이 차도를 보이는 환자다. 최근 친한 친구의 암이 악화되었다. 환자는 현재 자신도 암으로 죽을 것이라 확신한다. 환자는 친구의 투병과 자신의 상태를 구별하지 못한다. 환자의 눈에는 두 상태가 같아 보인다.
- 시나리오 3: 만성 질환을 호소하는 딸을 둔 환자다. 환자는 딸의 고통을 바라보며 마음속으로 딸과 같이 느낀다. 딸이 고통을 잘 감내하고 있음에도 불구하고, 환자는 딸이 장차 겪게 될 어려움에 따른 상실과 공포로 인해 점점 야위어 간다. 환자는 딸의 실제 경험이 아닌 자신이 같은 병으로 고생한다면 어떻게 반응할까와 관련된 공포와 불안으로 인해 자신의 상태와 딸의 투병이 같을 것이라 생각한다. 환자는 자신의 공포와 딸의 경험을 분리하지 못한다.
  - 임상 개입: 당신은 누군가를 보살필 때, 자신의 감정과 다른 사람의 감정을 분리하는 걸 어려워하는 것 같네요. 마치 모든 것이 얽히고설킨 것 같아요. 때로는 거기서 헤어날 수 없다고 느끼고 불안정해지는 것처럼 보이기도 하네요.
  - 주의: 간혹 이 점을 설명하기 위해 한 장의 종이에 (자기와 타인의 분리를 묘사하기 위한) 분리된 두 가지 원을 그린 다음 혼동(merger)의 개념을 묘사하는 벤다이어그램을 만들어 시각적으로 강조하는 것이 도움이 된다.

3~4점

- 시나리오 1(선악으로 분열된 사람): 환자는 자신의 삶에서 사람들을 '대단'하거나 '게으르고 끔찍한' 방식으로 바라본다. 환자는 다른 사람을 이상화하거나 평가절하하는 경향이 있다.
  - 임상 개입: 당신은 삶에서 내 편 아니면 적과 같이 극단적인 방식으로 사람들을 경험하는 것 같군요. 저는 그 중간이 있는지 궁금하네요.

- 시나리오 2(내적 상태를 아주 단순한 방식으로 표현하는 경향): 환자는 자신의 감정을 상대적으로 단순한 방식으로 말한다("좋아요." "나쁘지 않아요." "괜찮아요.").
  - 임상 개입: 당신이 어떻게 느끼는지를 우리가 함께 이야기할 때, 당신은 "좋아요." "그냥 재밌었어요." "걔는 괜찮은 애예요."라고 반응한다는 걸 알게 됐어요. 때로는 당신이 다채로운 감정을 경험하기도 한다는 걸 함께 찾을 수 있을 거예요. 저는 당신의 여러 감정이 궁금해요. 당신이 때때로 어떤 감정을 느끼는지를 모르는 건지, 아니면 당신이 느끼는 감정을 표현하고 전달하기가 어려운 건지 물어보고 싶네요.

5~7점

- 시나리오 1: 환자는 친구와 갈등을 겪었다. 감정이 고양되면, 환자는 자신과 친구의 관점을 분리하지 못한다. 이를 고려하면 고양된 감정 상태일 때는 조망 수용이 어려우므로, 1~3점 범위에 속하는 임상 개입을 실시할 수 있다. 하지만 갈등과 관련된 정서는 점차 소멸하기 때문에, 환자는 자신과 친구에게 무슨 일이 일어났는지를 관찰하고 돌이켜 볼 수 있다. 환자는 자신의 생각과 감정을 잘 묘사할 뿐만 아니라 친구의 생각, 감정, 경험이 무엇에서 비롯되는지를 추론한다. 환자는 각자의 성격 특성이 어떤 방식으로 서로 다른 갈등의 경험에 영향을 미치는지를 보고한다.
  - 임상 개입: 당신이 말한 걸 생각해 봤어요. 당신은 친구와 의견이 다르기 때문에 화난 게 아닌 것 같네요. 그보다는 친구가 책임지지 않으려 하는 모습에 화가 났군요. 당신의 친구는 어떻게든 일을 되돌려서 불안을 낮추길 원해요. 당신도 알다시피, 당신이 친구를 대하는 방식과 어머니를 대하는 방식은 유사해 보이는군요. 제 말은 무슨 일이 있었는지를 자세히 설명하면서 친구가 자신의 행동에 책임지지 않는다고 말하는 것이 당신이 어머니를 묘사하는 방식과 유사하다는 거예요. 어머니가 자주 당신과 가까워지길 바란다고 말하면서도 실제로는 별로 관계에 헌신하지 않는다고 말했던 게 기억나네요. 이러한 면이 당신을 화나게 하지만, 한편으로는 분노를 표현하는 게 불편한 거예요. 당신은 화를 내는 대신 어머니를 달래는 거죠. 그래서 당신은 감정을 억누르고, 억눌린 감정은 마침내 다른 방식으로 나타나는 거예요. 결국 삶에서 다른 사람과 관계할 때 이런 양상이 되풀이되는 거 같군요.

표상의 정동 특성(AFF)

AFF를 평가할 때, 한 사람이 어떤 렌즈를 통해 세상을 바라보는지를 고려해야 한다. 즉, 환자가 타인에게 무슨 기대를 가지고 어떻게 관계를 해석하는지에 집중한다. 달리 말하면, 한 사람이 타인의 의도를 해석할 때 호의적이거나 악의적이거나 양가적인 정도를 찾으려 한다. 특히 이러한 측면이 어떤 방식으로 (치료자의 관점, 특히 치료 개입이나 치료 중단과 관련된) 치료 관계에 영향을 미치는지에 관심을 둔다. 이는 치료자와 환자의 관계 양상을 시사한다. 환자와의 치료 관계가 어떤 양상으로 흘러갈지는 환자의 취약성에 달려 있다. 치료자는 환자에 관한 생각을 좀 더 조심스럽게 전달하기도 하고, 개입 과정에서 치료자의 생각과 행동의 이유를 자주 설명하기도 한다. 후자의 경우는 사회적 인과성(SC)에서 다시 논의할 것이다.

AFF의 두 번째 측면은 정서 분위기에 초점을 둔다. 내담자의 정서 범위, 강도, 표현을 이해하기 위해 노력해야 한다. 또 긍정적이고 고통스러운 정서를 모두 견딜 수 있는 내담자의 역량을 파악한다. 이는 곧 치료 개입으로 이어진다. 요약하면, 환자의 정서 경험을 포괄적으로 이해하기 위한 발판으로 AFF를 활용할 수 있다.

1~2점 (대부분의 관계에서 나타나는 경우)

• 시나리오 1: 환자는 의심이 많고 자신이 (심리적 또는 신체적) 피해를 받을 것이라는 생각에 불안을 느낀다. 이런 이유로 환자는 사람들과 거리를 두지만 외로움을 느낀다.
  – 임상 개입: 다른 사람과의 관계에서 당신은 어떤 이유로 배신당하거나 상처받은 경험이 있군요. 당신은 사람들과 거리를 두어 그런 경험에 대처하는 걸로 보이네요. 그러면서도 당신은 외롭다고 말하는데, 한편으로 삶에서 어느 정도는 사람들이 있었으면 하고 바라는 것 같아요. 당신이 다른 사람의 적개심을 자주 느낀다는 걸 고려하면, 외로워서 사람을 원한다는 건 긴장과 갈등을 불러일으킬 것 같네요. 제가 당신에게 이야기하고픈 한 가지는 당신을 불편하게 또는 편하게 느끼도록 하는 것이 무엇인지 말하길 마음먹을 때까지 충분히 기다려 줄 수 있다는 거예요. 저는 당신에게 어떤 것도 강요하지 않을 거예요. 우리가 서로를 알아 가는 동안 당신이 불편함을 느끼는 무언가가 있다면, 우리가 그걸 함께 이야기하고 다룰 수 있으면 좋겠어요. 저는 가급적 그렇게 될 수 있도록 노력하겠지만, 만약 당신이 불편한 문제가 있는데 말하지 않았다면 부디 제게 알려 주세요. 얼마든지 이야기해도 괜찮아요.

1~5점 (성별에 따라 다르게 나타나는 경우)

- 시나리오 1: 1~2(환자의 삶에서 남성과의 경험)와 4~5(환자의 삶에서 여성과의 경험): 방임과 관련된 애착 외상을 경험한 환자다. 환자는 그동안 남자들을 악의적이고, 가학적이고, 나쁘게 경험했다. 여자들과의 경험은 가학적이지는 않지만(부정적이진 않지만, 전반적으로 긍정적이지도 않으며, 신체적으로든 정서적으로든 일관되게 보고하지 않음), 환자가 안정 애착을 느낄 수 있는 수준은 아니었다. 환자는 남성과 긍정적이고, 보호적이고, 비가학적인 관계를 맺어 본 경험이 전혀 없다.
  - 임상 개입: 당신은 여성과는 비교적 정상적인 관계를 맺은 걸로 보이지만, 남성과는 그렇지 않은 것 같네요. 저는 이게 당신의 삶에서 대부분의 남자가 당신을 학대(1~2)한 데다 비가학적인 남성과는 관계해 본 적이 없기 때문인 건 아닌지 모르겠네요. 그랬다면 저 역시도 멀쩡한 남자가 존재한다는 생각조차 하지 못할 것 같아요. 당신은 여성과는 몇몇 관계(5)가 그랬듯이 긍정적이고 비가학적인 관계를 맺을 수 있는 걸로 보이지만, 당신의 삶에서 어머니를 비롯한 대다수의 여자는 어린 시절 당신을 '충분히' 보살펴 주지 못한 것 같네요(1~4). 성인이 돼서야 당신은 여자들과 긍정적인 관계(5~6)를 맺을 수 있게 됐지만, 한편으로는 그걸 견디기 힘들어서 당신이 '너무 가깝게' 느끼거나 '상처받을 것처럼' 느낄 때면 여성과의 거리를 조절하는 모습을 보이는 것 같아요.

3점

- 시나리오 1: 부모와 친밀한 관계를 형성하지 못한 환자다. 환자는 부모를 자주 만나지만, 정서적으로 친밀감을 느끼지 못한다. 이번 주에 가족 모임을 가질 예정이지만, 환자는 모임에 참석하길 꺼린다.
  - 임상 개입: 당신이 부모님에 관해 이야기하거나 당신의 삶에서 부모님과의 관계가 어떠했는지를 이야기할 때마다, 저는 당신이 부모님과의 상호작용을 대부분 불편하게 느낀다는 걸 들어요. 당신이 즐거운 경험을 하나도 말하지 않는다는 게 아니라, 때로는 좋은 경험을 이야기하기도 하지만 대부분의 경우 당신은 부모님을 만나러 갈 때면 뭔가를 무서워하곤 해요. 당신이 부모님을 만나고 싶어 하거나 부모님과 소통하고 싶어 한 적은 드문 것 같네요.

4점

- 시나리오 1: 환자는 수년간 연애를 했다. 하지만 연인 관계에 관해 물어볼 때면 별다른 정서 반응을 보이지 않고 자신이 애인을 어떻게 느끼는지를 잘 이야기하지 않는다(예, "잘돼 가고 있어요. 아무런 불만도 없고요. 괜찮은 사람이에요. 전 그 사람이 좋아요.").
  - 임상 개입: 당신은 수년간 애인과 연애를 했고, 최근에는 애인의 집으로 이사하기도 했어요. 이것은 큰 변화예요. 이 문제를 다루려는 이유는 제가 가끔 당신에게 연애는 잘돼 가는지, 연애 관계는 좀 어떤지, 애인을 어떻게 느끼는지 등을 물어보지만, 당신은 그걸 설명하기 어려워하거나(COM) 아니면 연애가 '정체 상태(status quo)'에 있는 동안 당신은 애인을 좋지도 나쁘지도 않은 '뭐라 말하기 힘든' 방식으로 경험하는 거 같아 보이기 때문이에요. 당신은 애인의 집으로 이사하고 싶었나요? 그 사람은 애인이라기보다 친구에 더 가깝나요? 이렇게 물어보는 이유는 당신의 반응과 행동이 자연스럽게 보이지 않아서예요. 더 많은 사연이 있을 것 같네요.

3~5점

- 시나리오 1: 타인이 자신을 무시하고 신경쓰지 않는다고 여기는 환자다. 최근 상담에서 치료자는 벽걸이 시계가 고장이 나서 시간을 확인하기 위해 벽을 슬쩍 보지 않고 손목시계를 바라보았다. 환자는 점점 말이 없어지고 위축되었다.
  - 임상 개입 1

    치료자: 있잖아요, 저는 우리 둘 사이에 무언가가 일어난 걸 느꼈어요.

    환자: 아니에요, 전 괜찮아요(4).

    치료자: 흠, 어쩌면 제가 틀렸을지도 모르지만, 몇 분 전부터 저는 우리 둘 사이가 조금 멀어진 거처럼 느꼈어요. 그래서 저는 그 몇 분 동안 당신은 어떤 느낌이었는지 궁금하네요(AFF 탐색).

    환자: 네, 어쩌면 조금요. 선생님이 시계를 확인했을 때, 저는 이제 집에 가야 할 시간이구나 생각했어요.

    치료자: 그 말이 맞아요. 저는 몇 분 전에 시계를 확인했고, 이 행동이 뭔가 이 방에서 우리 사이의 분위기를 바꾼 거라 이해했어요. 누군가가 시계를 확인하면, 사람들은 그 행동을 각자 다양한 의미로 받아들이곤 해요. 제가 시계를 확인한 건 당신에게 어떤 의미인가요?

환자: 제가 선생님을 지루하게 한 거 같아요(3).

치료자: 그렇게 느꼈다면 기분이 꽤 나빴을 거 같네요(3). 당신이 말해 준 거처럼, 누군가에게는 시계를 확인하는 행동이 관심 없음을 의미할 수도 있어요. 그래서 저는 그런 방식으로 당신이 느끼도록 한 것 같아 사과하고 싶어요. 제가 왜 시계를 확인했을까와 관련된 어떤 다른 이유를 생각할 수 있을까요?

환자: 별로 없는 거 같아요.

치료자: 음, 이게 당신을 놀라게 할지도 모르지만, 저는 사실 당신이 형에 관해 말하는 내용이 중요하다고 생각해서 우리가 그 내용을 충분히 들여다볼 수 있는 시간이 있는지 알아보려 시계를 확인했어요. 실제로는 전혀 지루하지 않았어요. 저는 이번 상담이 끝나기 전에 시간이 좀 더 필요한 내용을 우리가 모두 다룰 수 있을까 염려했어요.

환자: 그런 게 제가 좀 더 생각해야 할 내용인 거 같아요. 저는 사람들이 사실은 별로 관심이 없기 때문에 제 이야기를 듣는 걸 그만둔다고 생각하는 데 익숙한 것 같아요(3). 어쩌면 사람들은 관심을 보이기도 하는 거 같아요(5). 선생님이 말한 것처럼, 어떨 때 그렇게 생각하고 또 언제 그렇게 생각하지 않는 건지 알아봐야겠어요.

6~7점

- 시나리오 1: 환자는 친한 친구와 이번 주 초에 있었던 어떤 문제에 관해 대화를 나누어야 하는 자신의 상황을 어려워하며, 친구와 그 문제를 이야기하기 주저한다.
  - 임상 개입: 친구에게 말하길 주저하고 있는 자신의 모습을 당신은 어떻게 바라보는지 궁금하네요. 당신은 그 친구뿐만 아니라 삶에서 관계하는 다른 사람들을 수용적이고, 믿음이 가고, 지지적인 사람으로 자주 묘사했어요. 당신은 또한 그 사람들을 '패거리'라는 단어를 사용해서 묘사하기도 했고, 당신이 친구가 필요하든 아니든 당신의 옆에 있어 주고, 서로 돕기도 하고, 심지어 서로 의견이 다를 때도 서로에게 솔직해질 수 있는 친구들이 있어서 얼마나 행운인지 모른다고 말하기도 했어요. 이 친구와의 대화는 어떤 점이 다른 건가요?

관계를 향한 정서 투자(EIR)

EIR을 평가할 때, 한 사람의 삶에서 다른 사람이 어떤 역할을 담당하는지, 관계가 얼마나 상호 호혜적이고 깊은 수준인지를 고려해야 한다. EIR은 개인이 형성한 관계의 범위가 어느 정도인지와 더불어 이러한 측면이 치료 관계에서 어떻게 나타날 것인지를 시사한다. 예를 들어, 낮은 범위(1~2)에서는 치료 경계와 틀을 견고하게 설정할 필요성을 고려해야 한다. 또 EIR 수준이 낮은 환자는 치료자의 휴가뿐만 아니라 상담의 빈도까지도 신경 쓴다는 점을 유념해야 한다. 중간 범위에서는 관계에서 나타나는 피상성이 친밀함을 침범으로 경험하기 때문인지, 아니면 친밀한 관계를 맺어 본 적이 없기 때문인지를 탐색해야 한다. 높은 범위에서는 관계 지향 치료가 효과적이며, 상담에서 변화를 위한 기제로 대인관계를 활용할 수 있다. 이 변인에서, 특히 EIR이 1~3점대에 속하는 사람들에게는 사람이 일생 동안 다양한 관계를 맺을 수 있음을 알려 주는 심리교육을 병행하기도 한다. 종합하면, 이 변인은 상담에서 잠재적인 대인관계 문제와 관련된 목표를 설정하는 데 활용할 수 있다.

1~2점

- 시나리오 1: 환자는 자신이 타인과의 관계에서 충족하지 못하는 욕구를 치료자가 채워 줄 것이라는 환상을 가지고 있다. 이로 인해 환자는 상담 시간 외에도 치료자와 연락하거나 만나길 바란다.
  - 임상 개입: 제가 당신의 호출에 가능한 한 빠르게 응답하지 못해서 마음이 편하지 않을 때, 당신이 얼마나 정서적으로 힘들어하는지를 보고 들을 수 있어요. 또 제가 부재중이거나, 우리가 만나지 못하거나, 다른 사람이 대신 호출에 응답할 때, 당신이 얼마나 버림받은 느낌을 받는지 알아요. 당신은 어릴 때 부모님에게 받지 못한 위로, 보살핌, 그리고 무조건적으로 곁에 있어 주는 것을 제가 대신 해 주길 바라고 원하는 거처럼 느껴지네요. 저는 당신을 도와주려 여기 있고 또 당신의 편이지만, 내내 모든 순간을 여기 있을 순 없어요. 우리가 상담을 하지 않는 빈 시간 동안 차라리 통화라도 하는 게 편하다는 걸 알지만, 제가 그렇게 함으로써 당신이 스스로 진정할 수 있는 방법을 배우지 못하는 게 더 나쁜 일인 거 같아 염려되네요. 당신이 저를 호출하면 그날 제가 무엇을 하고 있는지에 따라 다르겠지만, 가능한 한 빨리 답할 수 있도록 노력할 거예요. 가끔은 다른 사람에게 빨리 가 봐야 할 때도 있겠지만, 끝나면 당신에게 바로 돌아올게요. 하지만 만사를 제치고 당신에게 바로 갈 수는 없어요. 우

리 상담의 목표는 당신이 삶에서 제가 아닌 다른 사람에게 보살핌, 지지, 위안을 얻는 방법을 배우고 또 자신에게 스스로 그렇게 할 수 있는 방법을 배워서 안정감을 느낄 수 있도록 하는 거예요. 물론 우리는 함께 천천히 그걸 해 나갈 거예요. 제가 말한 게 어떻게 느껴지나요?

3~4점

- 시나리오 1: 환자가 자신의 삶에서 겪은 다양한 사람과 어떻게 '일을 계속 함께 하는지'를 말한다. 환자는 관계를 '가깝고, 지지적이고, 친밀하게' 묘사한다. 그러나 환자가 그 사람들과 삶에서 공유하는 것이 별로 없을 뿐만 아니라 사람들에 관한 묘사가 단편적임을 고려하면, 관계가 피상적임을 시사한다.
  - 임상 개입: 당신이 회식 자리에서 일의 일부로 '수다'를 떤다고 자주 이야기하고, 또 당신이 그걸 즐긴다는 걸 알게 됐어요. 한편으로, 저는 당신이 동료들과 실제로는 얼마나 친밀한지에 관해서는 잘 듣지 못했어요. 피상적인 것 말고 당신과 그 사람들은 서로를 얼마나 알고 있나요? 당신은 사람들과 함께 일하고 협업할 수 있어요. 이건 물론 신나고 재밌을 수 있겠지만, 저는 거기에 뭔가 다소 피상적으로 느껴지는 것이 있는지 궁금하네요. 당신이 이러한 관계를 원했고 또 이 관계에 편안함을 느껴 그대로 괜찮다 하더라도, 제가 궁금한 건 당신은 그 사람들을 더 알고 싶지 않나요? 당신은 그 사람들이 당신을 더 잘 알길 바라지 않나요? 만약 그렇다면 어떤 면에서요? 당신은 지금 상황 그대로가 좋은가요? 저는 당신이 관계에서 원하는 게 무엇인지를 이해하려 노력하고 있어요. 당신은 그때그때 충실하지만 스쳐 지나가는 대인관계를 원하는 건가요, 아니면 함께하는 시간이 지남에 따라 점점 더 서로에게 충실할 수 있는 관계를 바라는 건가요? 당신이 무엇을 원하든 저는 당신을 지지하지만, 그에 관해 우리가 좀 더 이야기해 보면 좋을 거 같네요.

5~7점

- 시나리오 1: 환자는 삶에서 다양한 관계(3~7)를 맺고 있다. 그런데도 여전히 대인관계에서 더욱 충실하고 보람찬 느낌을 받길 원한다. 환자가 무엇을 '놓치고' 있는지 이해할 수 있도록 돕기 위해 친밀한 관계(5~7)의 현황에 초점을 두고 상담을 진행한다.
  - 임상 개입: 당신은 삶에서 당신과 정서적으로 깊이 통할 수 있는 사람이 누군지 찾고

있고, 또 당신의 약한 모습을 드러내서 그 사람들과 친해지기 위해 노력해 왔군요. 가끔 당신은 다른 것보다도 현재 겪고 있는 어려움을 잘 표현하는데, 저는 그걸 충분히 이해할 수 있어요. 당신이 친밀함이나 애착과 관련된 주제에서 아주 많은 다양한 생각과 감정을 지닌다는 점을 고려하면, 당신이 현재 상황을 어떻게 느끼고 있고, 현재 삶에서 관계를 맺고 있는 사람들이나 새로 만나게 될 사람들에게 더 바라거나 바라지 않는 게 있는지 궁금하군요. 또 저는 사람들을 만날 때 당신이 스스로 어땠으면 하는지 궁금하네요.

가치와 도덕 기준을 향한 정서 투자(EIM)

이 차원에서는 COM, EIR, SC에서도 그렇듯이, 환자가 다른 사람뿐만 아니라 스스로를 얼마나 신경 쓰고, 이해하려 노력하고, 투자하는지를 고려해야 한다. EIM은 또한 자신, 타인, 더 크게는 사회 규율/가치/도덕을 향한 연민(compassion)의 정도에도 초점을 둔다. 개인이 이 차원에서 어떤 기능 수준을 보이는지에 따라 개입 방법은 달라질 수 있다. 예를 들어, 1~2점대에 속하면 타인을 향한 연민의 마음과 능력을 확인하는 데 초점을 두어야 한다. 3점대에 속한다면 자기연민(self-compassion) 수준을 높이고 타인을 향한 자기판단(self-judgement) 수준을 낮추는 데 초점을 두어야 한다. 5점대에 속한다면 환자가 자신의 내적 도덕관을 인식할 수 있도록 돕고, 가치가 서로 충돌할 때 나타날 수 있는 갈등을 탐색할 수 있도록 돕는 것을 목표로 설정해야 한다. 6~7점대에 속한다면 타인, 사회, 환경 등을 향한 환자의 연민에 초점을 두고 탐색해야 한다.

1~2점

- 시나리오 1: 환자는 최근 방 친구(룸메이트)에게 어머니가 피울 대마초(불법)를 사 달라는 부탁을 받고는 그러기로 했다. 환자는 대마초를 구매했고, 자신이 피울 양을 챙기고는 나머지를 친구네 어머니에게 전달했다. 친구가 환자에게 혹시 네 몫을 챙겼냐고 물었을 때, 환자는 "아니."라고 대답했다. 나중에 친구는 환자가 훔친 대마초를 피우는 모습을 목격했고, 끝내 갈등 상황을 맞았다. 환자는 친구가 자신에게 화를 낸 이유를 이해하지 못했다. 환자는 단지 친구가 자신을 못살게 굴기 위해 그랬다고 생각한다 (EIR과 COM도 1점으로 채점).

– 임상 개입 1

> 치료자: 방 친구에게 꽤나 화가 난 것 같네요. 제가 궁금한 건 당신은 왜 친구의 어머니가 피울 대마초를 사러 가기로 했냐는 거예요.

> 환자: 내가 피울 대마초를 조금 남겨 두고 싶어서요.

> 치료자: 그 때문에 친구나 친구네 어머니가 화를 낼 거라는 생각은 해 봤나요?

> 환자: 아니요, 누구라도 그럴 거예요. 걔가 혹시 제 몫을 챙겼냐고 물어본 건 자기도 피우고 싶기 때문이에요. 내가 그걸 가져간 거랑은 아무 상관이 없어요.

> 치료자: 당신은 내 것이 아닌 무언가를 가져갈 때 어떤 죄책감이나 자책감을 느끼나요?

> 환자: 아니요. 걔는 그냥 나를 못살게 굴고 싶어서 그런 거예요. 딴 사람들도 다 똑같이 했을 거예요. 내가 한 짓에 잘못된 건 없어요.

> 치료자: 정말 모두가 그렇게 하나요? 그 행동을 절도나 윤리적인 문제로 바라보는 사람은 아무도 없나요? 당신은 그 친구가 가족이나 다름없다고 말하곤 했는데, 가족은 서로 뭔가를 훔치곤 하나요?

> 환자: 다들 그래요.

> 치료자: 좋아요, 제가 궁금한 또 다른 건 당신은 친구에게 대마초를 조금도 가져가지 않았다고 말해 놓고선 왜 친구 앞에서 그걸 피워서 이 문제를 더 키우게 됐냐는 거예요.

> 환자: 그땐 그걸 별로 신경을 안 썼어요. 걔가 날 괴롭히는 중이었어요. 내가 폰으로 의사와 말하는 동안 걔가 내 옆에서 계속 소리를 질러 댔어요. 정말이지 지긋지긋했어요.

> 치료자: 그럼 당신은 그 행동이 친구의 행동을 되받아치고 화난 감정을 전달하는 방법이었다고 말하는 건가요?

> 환자: 뭐, 그런 것 같아요. 걔는 그만두질 않았어요. 그래서 나는 약을 한 움큼 집어 들고 걔 앞에 던져 버렸어요. 그리고는 눈을 똑바로 쳐다봤어요.

> 치료자: 그 순간에 어쩌면 당신은 친구가 당신을 신경쓰지 않는다고 느꼈기 때문에, 당신도 친구의 감정을 신경 쓰지 않거나 그 행동이 친구에게 미칠 영향을 생각하지 않는 것 같네요. 서로를 배려하기에는 둘 다 힘든 시간을 보낸 것 같군요.

• 시나리오 2: 환자는 자신의 삶에서 대부분의 결정을 '옳다'와 '그르다'로 바라보며, 자신이 '해야 할(3)' 무언가를 하지 못하면 두드러진 죄책감을 경험한다. 또 환자는 간혹 타인을 향해 비판적인 태도를 보이기도 하지만, 전반적으로 타인의 성(性)적 파트너의

선택이나 사회 가치에 관한 판단은 융통성 있는 편이다. 환자는 외부 기대에 따라 '해야 한다'고 느끼는 무언가를 하는 것과 자신이 부응하기 위해 애써 온 가치와 기준(5)을 지키는 것 사이에서 갈팡질팡한다. 또 환자는 어려움에 처한 사람을 돕는 것[설령 이것이 장기 기증(7)을 의미한다 할지라도]이 자신의 의무라고 느끼며 타인을 향한 높은 수준의 도덕관과 연민을 보인다. 환자는 자신의 가치에 따라 '해야 한다'고 느끼는 것과 실제로 더욱 보람 있고 성취감을 주며 만족스러울 수 있는 무언가를 찾는 것 사이에서 자주 긴장, 불안, 갈등을 경험한다.

– 주의: 다른 예시들과는 달리, 이 예시는 EIM의 범위가 3에서 7까지 해당하는 한 환자의 사례다.

– 임상 개입 1(환자가 옳고/그름, 좋고/나쁨과 관련된 내용을 꺼내기 시작할 때; 기준점 3): 우리는 당신이 모임에 '반드시 가야만' 하는지 아닌지에 관해 많은 이야기를 나눴어요. 마치 거기에 옳고 그른 답이 있는 것처럼 말이에요. 우리가 최근에 나눈 많은 대화도 비슷한 느낌이었어요. 예컨대, 당신이 ×××와 대화를 했다면, 당신은 누가 옳고 그른지에 관한 내 의견을 원하는데, 사실 현상을 바라보는 다양한 관점에 따라 둘 다 옳을 수도 있어요. 모임에 참석하는 게 옳은지 그른지 판단하는 것은 잠시 제쳐 두고, 저는 이 상황에서 당신이 무엇을 원하는지가 궁금하군요.

– 임상 개입 2(환자가 도덕적인 삶을 살기 위해 노력하는 사람으로 스스로를 여길 때; 기준점 5): 당신은 자신의 가치와 윤리 기준에 일치하는 방식으로 행동할 때 스스로 자부심을 느끼는군요. 당신은 기준에 따라 살기 위해 애쓰면서도 스스로 기준에 부합하지 못한다고 느낄 때면 실제로 그런 듯이 여기며 자신에게 실망하는군요.

– 임상 개입 3(환자가 타인에게 진정으로 연민 어리고 사려 깊은 사람으로 스스로를 여길 때: 기준점 7): 당신은 다른 사람과 별다른 교류가 없을지라도 진정으로 마음을 쓰는군요. 사람들은 보통 자기 신장을 모르는 사람한테 기증하려고 하지 않거든요. 당신은 다른 사람 이야기에 진정으로 감동을 받아, 직접 나서서 도와줘야 한다고 느끼는 거 같아요. 마치 같은 인간으로서 필요할 때 서로 돕는 게 서로를 향한 의무라 여기는군요.

– 임상 개입 4(자신과 타인에 걸친 EIM의 범위를 강조할 때): 당신의 인상 깊은 모습 중 하나는 당신이 연민이 풍부하고, 남을 잘 돕고, 타인이 어떤 삶을 살든 그들의 선호를 존중하며 열려 있다는 거예요(7). 하지만 당신은 삶에서 '해야 한다'고 여기는 것을 할 때면 스스로에게 도덕적으로 가혹해지기도 하네요(3). 당신은 가치를 매우 중요하게 여기면서도 관습적이지 않은 것에도 마음을 열 수 있군요(5). 한편으로 당신이 관습을 벗어나길 원하면 그것이 곧 불안과 긴장을 불러일으킬 텐데, 당신은 그걸 '옳지

않다'고 느끼는 거 같아요. 관습에서 벗어난 타인을 인정하는 것보다 스스로를 수용하는 것이 훨씬 쉬운 일일지도 몰라요.

사회적 인과성의 이해(SC)

COM과 유사하게, SC 기능 수준이 낮을 때는 보다 구체적이고 직접적으로 개입해야 한다. 그 이유로, SC가 낮다는 것은 사고가 와해되었거나 비논리적이거나 타인을 이해하는 방식이 매우 단순함을 의미하기 때문이다. 낮은 수준에서는 개인의 사회적 미숙함을 고려해야 한다. 경우에 따라 사회 기술 훈련이 필요하며, 기법 중심의 시간 제한적 개입이 효과적일 수 있다(일례로, 자폐 스펙트럼 장애 또는 정신증/조증을 동반한 장애를 호소하는 환자의 경우 행동의 적절성을 고려한 즉각적인 피드백을 제공하는 것과 이를 강조하는 구체적인 교육을 아우르는 개입을 시도함). SC가 낮은 범위(1~2)라면 지지적인 접근을 주로 권장한다. 환자가 쉽게 오해하고 오지각하는 것을 방지하기 위해, 치료자는 때때로 자신의 생각과 행동을 구체적으로 설명하는 방식을 통해 치료에서 자신을 가능한 한 투명하게 드러내도록 주의를 기울여야 한다. COM과 마찬가지로, 치료자는 능동적인 태도를 지녀야 한다. 현실 검증은 필수적인 개입이 될 수 있다. SC가 낮은 수준에서는 지지적 심리치료 기법, 심리교육, 기술 훈련, 즉각적인 피드백을 권장한다.

SC가 중간 범위(3~4)라면, 타인을 현실적으로 바라보는 경향이 존재하지만, 개인의 특정한 심리적 관점에 따라 독특하게 상황을 해석할 수 있다. 이러한 경우, 자신과 타인을 모두 고려하며 보다 미묘한 방식으로 상호작용을 이해할 수 있도록 도와주어야 한다. 이 범위에서는 심리치료 기법을 보다 유연하게 활용할 수 있으며, 치료를 진행하는 환자의 특성에 알맞은 기법을 탐색해야 한다. 마지막으로, SC가 높은 범위(5~7)라면 치료의 세부 사항을 미세하게 조율해야 한다. 이 범위에서는 정신분석적 개입을 적용할 수 있다.

1~2점

• 시나리오 1: 환자는 큰 차를 가지고 있는데, 환자가 사는 주택에는 큰 차를 어려움 없이 주차를 할 수 있는 주차 공간이 한정되어 있다. 거기다 주차 공간은 누구나 자유롭게 이용할 수 있다. 환자는 한 주차 공간을 자신의 지정주차 자리로 여기고 있었기 때문에, 누군가가 자신의 자리를 '빼앗을' 때마다 자신이 무시당한다고 느꼈으며, 화를 내

며 무례하게 굴었다. 환자는 자신이 '환자 전용 공간'에 주차를 하는 것이기 때문에, 다른 사람이 규칙을 어겼으며 잘못한 것이라 생각한다. 환자는 이 문제를 직접 해결하려 불친절하면서도 협박에 가까운 쪽지를 써서 누군가의 차 위에 올려놓았다. 환자는 이러한 행동을 공격적이라 여기지 않으며, 자신의 행동에 따른 결과를 예상하지 못한다.

- 임상 개입 1: 당신의 차를 주차할 수 있는 공간이 없을 때 당신이 얼마나 불편함을 느낄지, 그리고 당신이 지정주차 공간을 얼마나 바라는지 겨우 짐작만 할 수 있을 뿐이에요. 한편으로, 당신이 할당된 주차 공간은 없다고 이야기한 게 떠오르네요. 이게 당신에게 얼마나 힘든 일이고, 당신이 주차 공간 사용 규칙에 동의하지 않는다는 걸 우리가 인정한다 하더라도, 한편으로는 (설령 당신이 동의하지 않더라도) 다른 사람들도 이 공간에 주차할 수 있는 동등한 권리가 있다고 볼 수 있어요. 안타깝게도, 이 일은 당신이 결정할 수 있는 사안이 아닌 거 같네요.

- 임상 개입 2: 당신이 차 위에 써 놓은 메모를 차주가 발견했을 때, 당신이 앞으로 겪게 될 일이 매우 염려되네요. 그 차주가 저였다면 매우 공격적으로 느낄 거 같아요. 만약 누군가가 이런 쪽지를 당신의 차 위에 올려놓았다면 당신은 어떤 기분을 느낄 거 같나요? 제 생각엔 겁을 잔뜩 먹고는 아마도 관리사무소에 그 쪽지를 신고할 거 같아요. 이 일이 당신에게 어떤 영향을 미칠지 짐작해 봤나요? 저는 이 일이 당신의 주거 상황과 여건에 나쁜 영향을 미치게 되는 건 아닐지 걱정되네요. 당신은 공격적인 의도로 그런 게 아니었다 하더라도 다른 사람이 그렇게 느낄 수 있다는 걸 이해할 수 있을 거예요. 이 상황을 다룰 다른 방법은 (큰 트럭을 소유한) 당신이 사용할 수 있는 지정주차 공간이 있는지 알아보는 거예요. 제 생각엔 한 블록 내에서 사용할 수 있는 주차장이 있을 거 같군요. 만약 주차장을 사용할 수 있다면, 관리인이 분명히 말해 줄 거예요.

- 임상 개입 3: 우리가 함께 이야기하면서 제가 알아차린 것 중 하나는 당신은 매우 화가 날 때면 다른 사람의 행동(그리고 효과적인 해결 방법)을 이해하기 힘들어한다는 거예요. 그건 당신에게 매우 강력한 감정이군요, 그렇지 않나요?

3~4점

- 시나리오 1: 환자는 동료와 상호작용하는 과정에서 무시를 당했다고 여긴다. 환자는 이 사건을 개인적 공격으로 받아들이고, 따돌림을 당한다고 생각한다.
  - 임상 개입 1(자신과 타인 간 상호작용의 이해를 넓히기 위해 노력함): 여러 감정을 느꼈겠지

만, 그중에서도 특히 불편한 감정이 들었겠네요. 그분이 원래 그런 분인가요? 다른 사람을 대할 때는 어떤가요? 다른 사람들도 그분과 이야기하면 당신과 비슷하게 느끼나요? 당신은 왜 그분이 당신을 따돌린다고 생각하나요? 전에도 비슷한 방식으로 느낀 적이 있나요?

5~7점

- 시나리오 1: 환자는 자신이 부모와 복합적인 관계를 맺고 있음을 이해하기 위해 노력한다. 특히 살아오면서 아버지가 자신에게 한 행동의 이유를 이해하고 싶어 한다.
  - 임상 개입 1: 그래서 당신은 이제 충분히 커서 더 이상 아버지를 무서워하지 않네요. 당신은 이제 어른이 돼서 이전만큼 쉽게 무력감을 느끼거나 상처받지 않을 수 있고, 또 한편으로 아버지가 다혈질적 반응과 행동을 보이는 건 당신 때문이 아니라 아버지의 문제라는 걸 이해할 수 있군요. 당신은 또한 아버지가 무시당했다고 느낄 때면 표현하는 짜증과 화를 당신이 어떻게 알게 되는지, 그리고 아버지는 자신이 생각하는 것보다 실제로는 훨씬 예민하다는 사실을 얘기하곤 했어요. 당신은 어떤 연유로 그렇게 생각하게 되었나요? 아버지가 당신에게 정서적인 무언가를 바란다는 생각은 해 보았나요? 아버지는 어떤 방식으로 관심과 친밀감을 표현하나요? 당신이 관심과 친밀감을 느끼고 표현하는 방법과는 많이 다른가요? 관계를 바라보는 이러한 차이가 당신의 관계를 더욱 복잡하게 만드는 건 아닐까요?

공격 충동의 경험과 관리(AGG)

이 차원에서는 치료 개입 방향을 설정하기 위해 분노를 어떻게 인식하고, 관리하고, 표현하는지를 고려해야 한다. 예를 들어, AGG가 1~2점대에 속하는 사람은 자신의 분노를 폭발적이고 충동적인 방식으로 표출하므로 분노 조절을 목표로 한 구체적인 개입이 필요하다. AGG가 중간 범위(3)에 속하는 사람과는 분노가 발생하는 상황을 알아보고, 자신과 타인에게 분노를 표현함으로써 전달하고자 하는 바가 무엇인지를 탐색하는 것이 도움이 된다. AGG가 5점대에 속하는 사람들은 갈등과 분노 경험을 회피하는 경향이 있다. 이러한 사례에서는 분노와 갈등의 회피가 어떤 방식으로 환자 자신, 자신을 향한 감정, 타인과의 관계에 영향을 미치는지(예, 우울증과 신체화 등으로 발현됨)를 환자와 함께 고민하고 다루는 것이 좋다. 이 범위에서는 환자가 자신이 경험하는 분노를 인식하고, 이러한 감정을 효과적으로 그리고 보다 직접적이면서 명확한 방식으로 표현하고 소통하는 법을 배우는 것이 치료 목표가 될 수 있다. AGG가 6~7점대에 속한다면, 갈등 상황을 적절히 조절하는 방법을 다루기보다 분노 경험 이면에 존재하는 원인의 탐색에 초점을 두면서 개인의 분노 경험과 표현을 섬세하게 조율하는 것을 치료 목표로 설정할 수 있다.

1~2점

- 시나리오 1: 환자는 큰 차를 가지고 있는데, 환자가 사는 주택에는 큰 차를 어려움 없이 주차할 수 있는 주차 공간이 한정되어 있다. 게다가 주차 공간은 누구나 자유롭게 이용할 수 있다. 환자는 한 주차 공간을 자신의 지정주차 자리로 여기고 있었기 때문에 누군가가 자신의 자리를 '빼앗을' 때마다 자신이 무시당한다고 느꼈으며, 화를 내며 무례하게 굴었다. 환자는 자신이 '환자 전용 공간'에 주차를 하는 것이기 때문에 다른 사람이 규칙을 어겼으며 잘못한 것이라 생각한다. 환자는 이 문제를 직접 해결하려 불친절하면서도 협박에 가까운 쪽지를 써서 누군가의 차 위에 올려놓았다. 환자는 이러한 행동을 공격적이라 여기지 않으며, 자신의 행동에 따른 결과를 예상하지 못한다.
  - 임상 개입 1: 정말 많이 화가 났겠군요. 이런 경우에 당신은 공격적인 방식으로 분노를 드러낸다는 걸 스스로 느낄 수 있나요? (환자는 동의하지 않는다.) 당신은 상황을 처리하는 자신의 방식이 괜찮은 편이라고 여기는군요(환자는 다음에 유사한 일이 또 일어나면 사용하기 위해 공격적인 내용이 적힌 명함을 출력하여 가지고 다님). 그 방법은 꽤나 신선해서 박수를 쳐 주고 싶군요. 제 생각에는 우리가 당신의 그런 창의성을 삶의 다른 영역에도 응용할 수 있으면 더욱 좋을 것 같아요. 한편으로, 당신이 택한 방법은 꽤나 공격적으로 보이는 데다, 누군가 그 글을 쓴 사람이 당신이라는 사실을 알게 된다면 이 행동이 당신의 앞으로의 관계에 꽤나 복잡한 방식으로 영향을 미치진 않을지 걱정되네요(AGG와 SC의 개입을 함께 목표로 설정하고자 한다면 SC 절을 참조하라).
- 시나리오 2: 분노 조절에 어려움을 겪는 환자로, 분노를 신체적이고 충동적인 방식으로 표출한다(예, 물건 집어 던지기).
  - 임상 개입 2: 당신은 화를 조절하는 걸 어려워하는 데다 순식간에 1에서 10으로 화가 번져 버리는 것처럼 보이네요. 다른 무엇보다도 당신의 화를 더욱 북돋우거나 덜 나게 할 수 있는 어떤 확실한 무언가가 있을까요? 있다면 당신에게 늘 있던 건가요, 아

니면 새로운 건가요? 조만간 당신이 휴대폰을 박살내기 전에 당신이 화를 느끼는 것
과 행동하는 것 사이의 시간을 늘릴 수 있도록 우리가 함께 이 문제를 다룰 수 있을
지 모르겠네요(환자의 특성에 따라 적절한 유머를 활용). 우리가 이 문제를 고민해 본다
면 당신의 화가 어디서 비롯되는지 더 잘 이해할 수 있는 계기가 될 거예요. 당신은
언제 화가 나고, 주로 어디서 화를 느끼나요(생각, 감정, 신체 감각)? 화가 나는 동안
당신을 진정할 수 있게 해 주는 무언가가 있나요?

3점

- 시나리오 1(자해): 환자는 자해 행동을 보인다.
  - 임상 개입 1: 자해는 공격적인 행동이긴 하지만, 어떤 사람들은 자해를 공격적으로 느
    끼지 않기도 해요. 사람들은 다양한 이유로 자해를 한답니다. 예를 들어, 어떤 사람
    은 자신을 스스로 처벌하기 위해 자해를 하곤 해요. 또 어떤 사람은 누군가에게 분
    노, 슬픔, 불안, 고통 등 괴로운 감정을 표현하고 알리기 위해 자해를 할 수도 있어
    요. 당신이 자해하는 이유는 무엇인지 말해 줄 수 있나요?
- 시나리오 2(폄하): 환자는 상담에서 거들먹거리며 치료자를 평가절하한다.
  - 임상 개입 2: 저는 지금 당신이 이 상담에서 도움을 받지 못한다는 느낌을 받는데, 그
    렇지 않나요? 제가 손가락을 튕겨서 당신의 모든 스트레스를 사라지게 만들 수만 있
    다면야 얼마나 좋겠어요. 하지만 당신도 알다시피 그렇게 할 수가 없네요. 저는 그
    만한 힘이 있지 않아요. 하지만 저는 지금 이 순간 당신이 어떤 감정을 놓치고 있는
    지, 당신에게 무엇이 도움이 될지, 당신이 무얼 하길 원하는지를 진정으로 알고 싶어
    요. 당신이 지금 화가 났고, 화의 일부는 저를 향해 있다는 것만은 분명해 보이네요.
- 시나리오 3(수동-공격성): 환자는 수동적인 방식으로 화를 표현한다.
  - 임상 개입 3: 당신은 화를 직접 표현하기 어려워하는 것 같군요. 마치 당신은 사람들
    에게 잽을 날리듯 행동하고, 사람들은 당신의 행동을 "이게 무슨 의미지?" 또는 "저
    사람이 나에게 화가 났나?"처럼 여기며 궁금해하는 거 같아요. 당신은 그 순간 자
    신이 화가 났다는 사실을 인정하기 어려워하는 거 같군요. 그래서 당신은 "그냥 장
    난이야."라고 말해 버리곤 해요. 궁금해서 물어보는데, 당신은 어떤 실망감이나 화
    를 느낀다는 걸 쉽게 알아차리나요, 아니면 이런 감정들을 느끼려고 하지 않는 편인
    가요?

5점

- 시나리오 1: 환자는 자기주장을 어려워하고 무슨 수를 써서라도 갈등을 회피하려 한다.
  - 임상 개입 1: 당신은 화를 느끼는 걸 힘들어하는군요. 화를 느끼는 것과 화를 표현하는 건 다른 문제예요. 자신이 화를 느끼면 '나쁘거나 통제력을 벗어난' 방식으로 행동하게 될까 봐 무서워하는 사람들이 있어요. 화는 지극히 정상적이고 인간적인 감정이에요. 당신에게 화가 난다는 건 곧 무서운 방식으로 화를 느끼고 표현하다는 걸 뜻하나 보네요. 당신은 갈등 상황을 매우 무서워하는군요. 하지만 갈등을 피하기만 한다고 해서 문제가 해결되는 건 아니에요. 결국 당신은 다른 사람에게 화를 표현하기보다 스스로에게 화를 내게 되고, 이는 곧 당신의 우울증으로 이어지는 거지요. 그렇게 생각하지 않나요?

6~7점

- 시나리오 1: 사장과의 대화에서 적절하게 자신의 의견을 표현할 수 있도록 자기주장을 연습하는 환자다.
  - 임상 개입 1: 바로 그거예요! 당신은 승진하지 못한 이유를 모호하게 추측만 하고 있었죠. 하지만 당신은 예전에 그랬던 것처럼 전전긍긍하며 계속 고민만 하는 게 아니라 사장에게 분명하고 적극적인 방식으로 문의했기 때문에 사장도 당신에게 뚜렷한 이유를 알려 줄 수 있었던 거예요. 심지어 사장은 가까운 시일 내에 당신의 승진을 고려하겠다는 긍정적인 피드백을 주기까지 했죠. 고생 많았어요.

자존감(SE)

개인이 자신을 어떻게 바라보고 느끼는지, 더 나아가 이러한 측면이 개인에게 심리적으로 어떤 영향을 미치는지를 살펴보는 것은 치료에 많은 도움이 된다. SE가 낮은 범위(1~3)에서는 자기연민과 강점 발달 수준을 고려해야 한다. 자존감이 매우 낮아 자신을 좋은 방식으로 전혀 느끼지 못하는 사람(1~2)과 부적절감을 주로 느끼더라도 어느 정도는 자신을 좋아할 수 있는 능력이 있는 사람(3)은 다른 방식으로 개입해야 한다. 즉, 1~2점 범위에서는 타인이 자신을 바라보는 관점과 자신이 스스로를 바라보는 관점 사이의 차이점을 중요하게 다루어야 한다. 어떨 때는 자기혐오가 매우 공고해 스스로를 다른 방식으로 바라보지 못할 수 있다. 그렇다면 치료자는 스스로를 바라보는 환자의 방식을 바꾸려고 하기보다는 언제 자기혐오가 약해지거나 심해지는지를 규명하는 데 초점을 두어야 한다. 3점대의 범위에서는 환자가 느끼는 부적절감이 언제 심해지거나 약해지는지를 알아보는 것과 더불어 자기연민을 높일 수 있는 방법을 궁리하는 것을 유연하게 적용할 수 있다. 이러한 접근은 환자가 언제 자신을 폄하하거나 학대하는지를 인식하도록, 그리고 더욱 현실적인 방식으로 스스로를 바라볼 수 있도록 돕는 과정을 포함한다. 개인의 특성에 따라 달라질 수 있지만, 3점보다 높은 범위에서는 환자가 느끼는 적절감과 부적절감의 이면에 존재하는 원인을 스스로 이해할 수 있도록 개입하는 것을 고려할 수 있다. 5~7점대에서는 자존감이 적응적이므로 이를 중요하게 다루지 않거나, 자존감과 관련된 주제가 나타난다면 탐색하고 논의한다.

1~2점

- 시나리오 1: 자신의 자기혐오와 자기파괴적 행동이 서로 관련돼 있다고 느끼기 시작한 환자다.
  - 임상 개입 1: 당신은 자신의 자기파괴적 행동을 다른 방식으로 바라보기 시작했군요. 당신의 행동은 자존감과 더불어 스스로를 어떻게 느끼는지와 어느 정도 연관되는데, 특히 당신이 안 좋은 느낌을 받을 때 그 행동이 두드러진다고 생각하는군요. 당신은 다양한 이유로 자기파괴적 충동을 느끼게 될 텐데, 당신의 몇 가지 자기파괴적 행동이 스스로를 처벌하기 위해 하는 행동은 아닌지 궁금하네요.

3점

- 시나리오 1: 타인과 비교하여 자주 열등감을 느끼는 환자로, 자기비판적이고, 자신의 능력을 의심하며, 부적절감을 흔하게 느낀다.
  - 임상 개입 1: 당신은 그토록 좋아하는 다른 사람을 내면화하거나 당신이 성취해 온 모든 것을 받아들이기를 어려워하는군요. 왜냐하면 그런 인식이 당신이 스스로를 바라보는 모습과는 다르기 때문이에요. 당신은 스스로를 약자에 그저 열심히 일만 하는 사람으로 바라보면서, 다른 사람들과 절대 같은 수준이 될 수 없다고 여기는 것 같네요. 우리가 이런 이야기를 하면 할수록 당신은 타인이 당신을 어떻게 느끼는지를 받아들이기 어려워한다는 걸 알게 돼요. 심지어 당신이 편안한 상태에 있고 그 사람

을 믿을 때조차도 말이에요. 타인의 평가를 생각하는 건 당신을 혼란스럽고 불안하게 만들 텐데, 이는 어느 정도 당신이 느끼는 부적절감과도 관련돼 있는 게 아닌지 궁금하네요. 몇 년 전 당신이 제게 말했던 게 떠오르네요. 당신은 친구가 쓴 글을 교정 봐 준 적이 있는데, 그 글이 꽤나 인상적이었다고 했었죠. 당신이 친구를 칭찬했을 때, 그 친구는 "난 그냥 네가 서술하는 법을 따라 했을 뿐이야(표절한 것은 아님)."라고 말했죠. 이 이야기 역시 당신이 다른 사람의 장점은 잘 보지만 스스로에겐 그렇지 못하다는 걸 알려 주는 사례예요. 당신은 왜 그렇게 생각하나요? 당신이 생각하는 이유는 무엇인가요?

- 임상 개입 2: 제가 알아차린 것 중 하나는 당신이 있는 그대로의 자신의 모습을 받아들이기 어려워한다는 거예요. 마치 당신은 스스로 박사급의 전문가가 되어야 한다고 여기면서 자책하고 있어요. 당신의 이러한 측면을 우리가 함께 다룰 수 있으면 좋겠어요. 그러기 위해선 아마도 대학이나 고등학교 급으로 당신의 수행 수준을 내려야 할지도 몰라요.

- 임상 개입 3: 당신은 스스로를 너무 비판적으로 바라보는군요. 당신이 스스로에게 덜 판단적일 수 있도록 도와주는 방법을 함께 고민해 보면 어떨까요. 또 당신의 평정심을 깨트리는 것이 무엇인지도 궁금하네요. 만약 제가 자기비판적인 것이 어떤 방식으로든 당신에게 도움이 된다고 생각한다면 기꺼이 당신에게 그런 내용을 말하고 심지어 자기비판을 더욱 부추길 텐데, 그렇게 한다면 안타깝게도 불안, 우울, 재발의 위험성까지도 함께 커질 거예요. 판사나 탐정과 같은 직업을 떠올려 보세요. 그 사람들과는 다르게 당신은 지금 건강하지 못한 방식으로 스스로를 판단하며 평가하고 있어요. 탐정처럼 한 걸음 물러서서 상황을 관찰하고, 단서를 모으고, 단정적이지 않은 방식으로 평가해 보세요. 다음번에 당신은 또 스스로를 판단하는 자신을 마주할 텐데, 그때도 당신이 한 걸음 물러서서 "지금 탐정으로서 이 상황을 바라본다면 어떨까?"라고 자신에게 말할 수 있으면 좋겠어요. 그렇게 하면 마음이 한결 가벼워질 테고, 좀 더 편안하게 스스로를 바라볼 수 있을 거예요.

5점

- 시나리오 1: 자신을 대체로 편안하게 느끼는 환자로, 특정한 생활 양상에서는 자신의 모습과 능력에 자신감을 보이기도 하나, 다른 영역에서는 부적절감을 느끼며 자신감이 떨어지는 경향이 있다.

– 임상 개입 1: 당신은 친구들과의 관계와 배우자와의 관계 모두를 수월하게 조율하는 거 같아요. 어쩌다 갈등이 생기면 당신은 슬프고, 실망하고, 화가 나기도 하겠지만, 그렇게 느끼는 자신을 나쁘게 바라보지 않는군요. 당신의 그런 모습이 매우 안정적으로 느껴지네요. 한편으로, 직장에서의 당신은 다소 자존감이 낮은 거처럼 보여요. 왜 그런 건가요? 당신은 그걸 어떻게 바라보나요?

자기 정체성과 일관성(ICS)

임상적으로, ICS가 낮은 범위(1~2)에서는 해리(dissociative) 경험과 극단적인 정서 각성을 고려해야 하며, 치료 내에서 그라운딩 기법[2]을 시행할 수도 있다. 치료자는 환자의 '정서 조절기(emotional thermostat)'를 늘 유념하고 변화에 따라 개입 방법을 수정해야 하며, 환자가 현재에 머물면서 자신과 접촉할 수 있도록 도와주는 것을 치료 목표로 설정해야 한다. ICS가 낮은 범위에 해당하는 사람은 지난 치료에서 다루었던 내용을 회상하기 어려워할 수 있다.

ICS 중간 범위(3~4)에서는 환경적 또는 내적 취약성을 향한 개인의 반응성을 고려해야 하며, 이러한 측면이 치료 장면과 더불어 삶에서 타인과의 관계에 어떤 양상으로 나타나는지를 살펴보아야 한다. 이 범위에서는 환자가 스스로를 느끼는 방식에 부정적인 영향을 가하는 양상으로 취약성에 반응하는지와 더불어 그 반응이 얼마나 극단적인지를 고려해야 한다(예, 자기폄하, 우울증, 자해, 폭력 등). 이를 통해 치료자의 자세와 치료 기법을 설정할 수 있다. 결국 치료의 목표는 내적/외적 취약성에 반응하는 환자의 자기감(sense of self)을 견고히 하도록 돕는 것이다.

ICS와 관련해서, 치료자는 환자가 자신이 어떤 사람인지, 무엇을 원하는지, 어디에 있길 원하는지(개인주의적인지 또는 관계 지향적인지) 등의 정체성을 형성할 수 있도록 도와주어야 한다. 파편화 수준에 따라 다르지만, 일반적으로 ICS가 낮은 범위에서의 치료 개입은 "나는 드레스를 입는 게 좋아요."나 "나는 달걀을 좋아하지 않아요."와 같이 단순한 편이다. ICS의 수준이 증가할수록 더욱 복합적이고 미묘한 논의가 가능하다. ICS가 높은 범위(5~7)에 속하는 개인은 자신이 어떤 사람인지에 관해 안정된 감각을 유지할 수 있으므로, 자기감과 관련된 문제보다는 욕구, 소망, 목표 등이 상충하는 데서 비롯되는 갈등과 양가성에 치료의 초점

2) 역자 주: 그라운딩 기법(grounding techniques)은 Najavits(2002)가 안전기반치료(seeking safety)에서 제시한 전략으로, 침습적인 회상(플래시백), 원치 않는 기억, 부정적이거나 감당하기 힘든 감정에서 빠져나올 수 있도록 도와주는 일련의 실습법이다. 신체 기법(예, 심호흡하기), 정신 기법(예, 무언가 암송하기), 자기진정 기법(예, 안전 장소 떠올리기) 등으로 구성된다.

을 둘 수 있다.

1~2점

- 시나리오 1: 환자는 치료에서 자주 해리를 경험한다.
  - 임상 개입 1: 당신은 고통스러울 때면 당신의 생각과 감정을 조절하는 법을 배우기 위해 아주 많이 애쓰는군요. 치료 중에 당신이 감당하기 힘들만큼 무언가를 느끼기 시작하면, 우리는 여러 가지 그라운딩 기법을 활용하곤 했어요. 치료 시간마다 당신은 당신만의 방법을 가져왔고, 우리는 치료에서 감정을 조절하는 마음을 다스리려 노력했죠. 예전에 당신이 치료 밖에서 있었던 일을 말할 때면, 당신은 자주 '어쩔 수 없이 한다'(전형적인 해리보다는 경험의 단절)고 말하곤 했는데, 치료 장면에서는 당신의 마음이 몸을 떠나는 경향(해리)을 보이네요. 여기에서는 무엇이 달라지는 건가요? 밖에서는 잘 생각나지 않는 무언가가 여기서는 떠오르게 되나요? 그렇다면 우리가 함께 당신의 감정에 좀 더 집중하고, 그 감정을 스스로 좀 더 느껴 볼 수 있나요? 당신은 그런 생각이나 감정으로 불안정해지거나 자신의 경험에 거리를 두게 되고, 이는 결국 몸에서 마음을 떨어뜨리는 모습(해리)으로 이어지네요.
- 시나리오 2: 환자는 자신의 충동적인 자살 시도(자살 시도 동안은 이를 인지하지 못함)가 일어나는 과정을 이해하려 노력하는 중이다.
  - 임상 개입 2: 당신이 알지 못하는 사이에 마음속 깊은 곳에서 자살을 하고자 시도한다는 사실을 받아들이기가 얼마나 어렵고 혼란스럽고 무서운 일일지 충분히 이해할 수 있어요. 사람들은 다양한 이유로 자살을 시도하는데, 그중 일부는 매우 충동적으로, 아무런 계획 없이, 행동하기 전 어떠한 생각도 없이 자살을 시도하기도 해요. 일반적으로 우리는 자신이 인식하든 못하든 간에 어느 정도 심리적 고통을 경험하고 있어요. 당신의 경우에는 삶에서 처음으로 잠을 자기가 정말 힘든 적이 있었는데, 당신은 이를 사라지지 않는 '내면의 긴장 상태'라고 말했었죠. 이러한 상태는 당신이 더욱더 취약해질 때까지 이어져서 자기도 모르는 새 자동적으로 자살을 시도하게 된 것 같군요. 당신의 의식은 바깥에서 작동하고 있었지만, 그건 당신의 '온전한 정신'이 아니었어요. 이런 경우 어떤 사람들은 극단적으로 편협한 방식으로 자신의 생각을 표현하기도 하고, 자신이 무슨 행동을 왜 하는지에 관한 별다른 생각 없이 행동을 끝내는 데만 몰두하기도 해요. 우리가 이러한 현상을 함께 이야기하고 이해하려 노력한다면, 당신의 삶에서 계속 일어나면서 자살 시도에 영향을 미치는 어떠한 계기나 사건

을 찾을 수 있을 거예요.

3~4점

- 시나리오 1: 환경에 매우 민감한 환자로, 자신을 바라보는 관점이 극적으로 변한다.
  - 임상 개입 1: 당신은 매우 기민한 데다 주변에서 무슨 일이 일어나는지에 빠르게 반응하는 것 같군요. 제가 말하고자 하는 건 당신이 피상적으로 반응한다는 게 아니라 내면에서 당신이 스스로를 느끼는 방식이 직장에서의 상호작용/수행 또는 현재 관계의 상태에 따라 바로바로 변한다는 거예요.

6~7점

- 시나리오 1: 환자는 엄마, 아내, 직장인, 친구 등에 관한 통합된 자기감을 지니고 있으나, 삶에서 중요한 사건이 발생하면 이러한 역할 사이에서 갈등을 경험한다.
  - 임상 개입 1: 당신에게는 가족, 직장, 친구 모두가 매우 중요한데, 이 모두를 충분히 돌보지 못한다고 느낄 때면 자신감을 잃고 불안해하는군요. 하지만 매사에 100% 충실히 이 모든 역할에 임하는 건 너무 어렵고 어쩌면 불가능한 일일지도 몰라요. 그중 한 영역에서는 내 마음처럼 되지 않는 거 같은 느낌을 받으며 자주 실망하고 불안할 거예요. 어떤 순간에는 당신이 뭔가를 양보해야 할 텐데, 이는 곧 당신의 삶에서 다른 것보다 더 중요하게 다루어야 할 어떤 부분이 있다는 걸 의미해요. 삶의 어떤 순간에, 당신이 이러한 선택을 해야 한다면 기분이 어떨 거 같나요? 직장, 가족, 친구, 취미 등은 당신에게 중요한 것이자 당신이 어떤 사람인지를 나타내 주는 것일 텐데, 나중에는 선택을 다시 바꿀 수 있다고 여기면서 무엇을 전경에 두고 또 배경에 둘 것인지를 좀 더 유연하게 바라볼 수 있을까요?

전체 성분 평정

환자의 종합 지수를 검토하는 것은 임상적으로 유용하며, 치료 개입의 설정에 도움이 된다. 즉, SCORS의 각 차원에서 환자의 기능이 어느 정도의 수준에 해당하는지를 확인한 다음 그 양상을 살펴본다. 치료자는 환자의 프로파일이 상대적으로 안정적인지, 모든 평정치가 주로 특정 범위로 수렴하는지, 높거나 낮게 나타나는 특정한 영역이 있는지와 그렇다면 해당 차원들이 어떻게 서로 연결되는지를 평가한다. 만약 환자의 SCORS-G 성분 평정치가 주로 낮은 범위에 해당한다면, 높은 범위에 해당하는 환자들에 비해 더욱 구조화되고 경계가 분명한 방식으로 치료의 틀을 설정하고 개입을 진행할 것이다. 여기에는 기술에 기반을 둔 활동적인 개입을 고려할 수 있다. 치료는 지금-여기에 머물고, 과거는 현재를 이해하는 수단으로만 논의하며, 지나치게 깊게 다루지 않는다. 치료자는 또한 환자에게 추가적인 지지 자원이 필요한지를 고려해야 한다. 이와 반대로 높은 범위에 해당한다면, 환자의 대응 기제, 방어 양식, 관계 양상은 보다 성숙하고 적응적이며, 낮은 범위에 해당하는 환자들에 비해 인지와 정서가 더욱 유연하다. 환자는 치료에서 과거와 현재의 관련성에 초점을 둔 내용을 견딜 수 있는 힘을 지니고 있으므로 제한을 두지 않고, 덜 구조화되며, '깊은' 수준의 작업이 가능하다. SCORS-G 성분 평정치가 중간 범위에 해당한다면 두 가지 서로 다른 접근을 혼합하여 개입하며, 환자의 현재 문제에 따라 여러 기법을 결합한 방법을 고려할 수 있다.

결론

이 장은 여러 목적으로 구성되었다. 첫째로, SCORS-G 차원을 임상 작업으로 변환하는 방법을 강조했다. 환자의 SCORS-G 차원의 평정치가 치료 관계, 양식, 개입과 같은 심리치료 과정에서 어떻게 활용되는지를 주의 깊게 다루었다. 둘째로, 치료에서 환자가 보고하는 내용에서 SCORS-G 차원이 드러나는 방식을 논의했다. 셋째로, 환자가 보고하는 내용에 임상가가 반응하는 방법의 예를 제시했다. 이 장을 읽은 임상가들이 기저의 역동을 개념화하는 기존의 자신의 틀에 SCORS-G를 추가적으로 활용할 수 있게 되길 바란다. 이 장에서는 교육 목적의 일환으로 여러 회에 걸쳐 일어나는 치료 작업을 압축하여 제시했다는 점에 유의하길 바란다. 그러므로 '실제 장면'에서는 일반적으로 천천히 개입해야 하며, 환자의 현재 상태와 개인적 취약성에 충분히 주의를 기울여야 한다.

Chapter 14

치료와 수련감독 과정에서 SCORS-G 기준점의 활용

    환자와 임상가 모두에게 복잡한 심리적 처리과정을 이해하기 쉬운 방식으로 설명하기란 어려운 일이다. 이전 장에서도 강조했듯이, 임상가들은 환자가 내보이는 임상적 현상을 묘사하고, 탐색하고, 설명하는 데 사회인지와 대상관계 척도-일반 평정법(SCORS-G)의 기준점을 매우 유용하게 활용할 수 있다. 기준점은 또한 수련생들의 임상 수련에 활용할 수 있다. SCORS-G 기준점은 다음과 같은 이유로 진단이 복잡하거나 심리장애가 동반이환(comorbidity)하는 경우에 특히 유용하다. 첫째, SCORS-G의 기준점은 공통 언어로 기능한다. 둘째, SCORS-G의 기준점을 활용하여 구체적이면서 미묘한 방식에 이르는 복잡한 심리 과정을 표현할 수 있다. 이 장에서는 환자-치료자 만남뿐만 아니라 수련감독 과정에서 SCORS-G의 기준점을 활용하는 방법을 다룬다.

    첫 번째 절에서는 치료의 도처에서 SCORS-G 기준점을 활용하는 방법과 관련된 다양한 예시를 논의한다. 두 번째 절에서는 수련감독 과정에서 SCORS-G를 활용하는 방법에 중점을 둔 예시를 제시한다. 아울러 수련감독자가 SCORS-G 기준점을 활용하여 치료 내용에서 수련생이 SCORS-G 차원을 식별할 수 있도록 도와주는 예시와 환자가 적응적으로 또는 부적응적으로 기능하는 수준을 식별한 후 SCORS-G를 임상 개입에 활용하는 방법에 관한 예시를 함께 제시한다. 이 절에서는 SCORS-G를 활용하여 전이 및 역전이와 같은 환자-치료자 상호작용을 설명하는 방법에 중점을 둔다. 마지막으로, 차원을 활용하는 방법에 관한 개요를 제시한다.

환자-치료자 만남

임상가는 SCORS-G 기준점과 채점 점수를 다양한 방식으로 활용할 수 있다. 한 가지 방법으로, 환자에게 SCORS-G의 자세한 기준을 보여 주고 환자 스스로 어디에 속하는지를 평정하도록 요청한 후 이를 함께 논의할 수 있다. 예를 들어, 환자가 분노를 다루지 못해 힘들어하는 모습을 치료자가 알게 됐다고 가정하자. 치료자는 환자의 문제를 명확하게 바라보더라도, 환자가 자신의 문제를 인식하고 있는지와 관련된 의문은 여전히 남는다. 이때 치료자는 공격 충동의 경험과 관리(AGG) 차원을 환자에게 보여 주며 다음과 같이 이야기할 수 있다.

> 이건 사람들이 화를 느끼고 표현하는 여러 가지 방법을 보여 주는 기준이에요. 예를 들어, 한쪽 끝에 속하는 사람은 화를 다루기가 어려워서 공격적이거나 때로는 파괴적인 방식으로 화를 표출하기도 해요(1). 그다음 기준에 속하는 사람은 화가 나면 수동-공격적이거나 함부로 비판하고 판단하는 거처럼 간접적으로 화를 표현하기도 해요(3). 그다음 범위에 속하는 사람은 화를 표현하는 걸 힘들어하거나 심지어 자신이 화가 났다는 걸 쉽게 인정하지 못할 수 있는데, 어떤 사람은 이런 감정을 그냥 '속으로 삭이기'도 해요(5). 다른 쪽 끝에 속하는 사람은 건강하고 생산적인 방식으로 화를 표현하고 주장을 펴기도 해요(7). 당신은 어떻게 화를 느끼고 표현하나요?

이렇게 함으로써 환자와 치료자는 치료 장면이나 환자의 삶에서 환자가 스스로 평정한 AGG 기준처럼 환자의 분노가 드러나는지 혹은 드러나지 않는지를 함께 논의할 수 있다. 이러한 기법은 이미 진행 중인 치료나 치료 초반에 초기 평가의 일환으로 정보를 수집하는 과정에서 활용할 수 있다. 앞선 예시에서도 나타나듯이, SCORS-G 차원을 논의할 때는 '환자'나 '당신'이 아니라 일반적으로 '사람'이라는 표현을 사용함으로써 어느 정도의 정서적 거리를 유도하는 경향이 있다. 이렇게 심리적 거리를 유도하는 것은 환자들이 보다 쉽게, 덜 방어적인 방식으로 자신의 잠재적인 취약성을 드러내는 데 도움을 주기도 한다. 따라서 SCORS-G 기준을 활용하는 것은 환자가 자신의 핵심 문제를 인식하고, 이러한 문제가 나타나는 맥락을 통찰하며, 치료 목표를 설정하는 데 도움을 줄 수 있다.

SCORS-G 활용의 두 번째 방법은 환자에게 척도의 기준을 보여 주는 대신, 특정한 기준점에 유념하며 해당 차원을 중점적으로 논의하는 것이다. 예를 들어, 현재 자신이 맺고 있는 관계에서 전혀 행복을 느끼지 못한다고 이야기하는 남성 환자를 가정해 보자. 환자는 관계를 잘 다루지 못하는 자신의 상태를 묘사한다. 이에 더하여 환자는 현재 관계가 깊어진다는 생각이 들 때면 불안함과 부적절감을 느낀다. 이러한 감정은 갈등, 불안, 불편함을 야기한다. 환자가 관계에서 느끼는 바를 이해하기 위해 관계에서의 정서 투자(EIR) 차원에서 환자가 어느 수준에 속하는지와 더불어 환자가 현실적으로 어느 정도의 EIR 수준을 바라는지를 파악한다. 치료자는 다음과 같이 논의를 시작한다. "당신은 지금 맺고 있는 관계가 만족스럽지 못해서 관계에서 더욱 충족감을 느낄 방법을 찾고 싶어 하는 거 같군요. 저는 당신의 현재 관계가 어디에 속하는지, 그리고 당신이 바라는 관계는 어느 수준인지를 더 정확하게 이해하고 싶어요. 당신은 대인관계에서 다른 사람의 욕구나 바람을 별로 신경 쓰지 않고 그냥 관계를 맺고 싶어 하는 유형의 사람에 속하나요(1), 아니면 다른 사람에게 관심을 기울이는 것도 중요하게 생각하나요?" 이 예시에서 치료자는 환자가 타인과 접촉하는 것을 중요하게 여기는지 혹은 자기위안을 위한 조절 기능으로서 타인을 필요로 하는지를 이해하려 노력한다. 만약 환자가 타인의 욕구를 신경 쓰고 싶지 않다고 말한다면, 치료자는 여기서 멈추고 더 이상 탐색하지 않을 것이다. 만약 환자가 타인의 바람과 욕구 또한 중요하다고 말한다면, 치료자는 다음과 같이 말할 수 있다.

> 당신은 다른 사람들과 교류하는 유형의 사람이지만, 만약 당신이 다른 사람과 시간을 보낼 때마다 자기가 하고 싶은 일만 한다면 사람들도 관계를 피상적으로 느끼지 않을까요? 예를 들어, 당신은 텔레비전을 보고 다른 사람은 휴대폰만 본다든지 한다면요(3).

환자가 그렇다고 말한다면, 치료자는 환자가 피상적인 관계에 그치길 원하는지, 아니면 관계에서 더 많은 걸 원하는지를 탐색하고 이해할 수 있다. 만약 환자가 더 많은 걸 원한다면, 치료자는 다음 기준점(5)에 관한 질문을 할 수 있으며, 다음과 같이 말할 수 있다.

> 당신은 사람들과 대화를 주고받으면서 때로 서로를 진정으로 배려하며 우정을 나눌 수 있는 유형의 사람인가요? 예를 들어, 당신은 누군가와 커피를 마시러 가서 한 주 동안 무슨 일이 있었는지 이야기하면서 친밀감을 느끼기도 하나요? 당신도 친구의 이야기를 듣고 친구도 당신의 이야기를 들으면서요. 서로 상호작용하고 접촉하면서요. 또 뭔가를 너무 지나치게 캐내지 않으면서 그 순간 둘 다 서로의 감정을 나누면서요.

이 질문에 환자는 "별로 그렇진 않아요. 그렇게 하고 싶은데, 어떻게 해야 할지 잘 모르겠어요."라고 대답할 수 있다. 이러한 경우라면 관련된 문제를 추가적으로 탐색할 것이다.

앞선 예시는 친밀한 관계를 형성하고 유지하는 데 어려움을 호소하는 사람에 관한 것이다. 그러므로 임상가는 척도를 활용하여 환자를 보다 깊이 이해하고 환자에게 어떠한 방식으로 접근하는 것이 가장 도움이 될지에 관해 고찰할 수 있다. 또 임상가는 치료 초반에 치료 계획을 수립하고 향후 치료 관계에서 나타날 잠재적인 문제를 예측하는 데 SCORS-G를 유용하게 활용할 수 있다. 치료 중에는 환자가 전달하고 싶어 하는 바를 구조화하고, 이어서 환자에게 전달할 해석을 개념화하는 데 SCORS-G를 유용하게 활용할 수 있다. 아울러 SCORS-G는 발생 가능한 법적 문제의 식별에 도움이 되기도 한다. 마지막으로, SCORS-G를 활용하여 평정치의 변화량을 통해 치료 목표의 달성 정도를 평가할 수 있다.

높은 수준의 정서적 친밀함을 동반한 관계를 즐기고 그러한 관계 속에서만 편안함을 느끼는 경향을 보이는 사람들이 존재한다. 이러한 사람들의 고충은 다소 피상적인 관계를 다루기 어려워한다는 점이다(예, 파티에서의 가벼운 사교 또는 가벼운 수준의 교류만을 원하는 사람과의 관계 등). 이러한 경우, 치료 목표는 환자가 보다 다양한 범위의 EIR 수준에 따라 관계할 수 있도록 도와주는 것이다. 예를 들어, 다음은 EIR 7점에 속하는 반응을 어디서나 보이는 환자의 사례로, 치료자는 EIR 척도를 활용하여 환자가 다양한 관계 양상을 탐색하도록 유도하며, 상황에 따라 오히려 EIR 4~6점에 속하는 관계도 '충분히 좋은' 관계일 수 있음을 다룬다.

> 환자: 매주 직장 동료랑 같이 점심을 먹으러 가면, 우리는 스포츠나 영화 아니면 다른 일상적인 주제를 이야기해요. 제가 그 친구에게 실제 삶에서 중요한 걸 이야기하려고 하면, 그 친구는 늘 제 말을 가로막아요. 그럴 때마다 그 친구와 밀당하는 것처럼 느껴지는데, 제가 그 친구와 같이 점심을 먹는 시간을 의미 있게 만들어 보려고 하면 할수록 그 친구는 전혀 쓸데없는 말만 계속 지껄여 대요. 그건 끔찍하리만큼 지루해요.
>
> 치료자: 당신이 다른 사람과 깊은 유대감을 나누고 싶어 한다는 점을 고려하면, 그 점심시간이 당신에게 얼마나 지루했을지 충분히 이해되는군요. 당신은 직장 동료와의 부조화를 어떻게 생각하나요?
>
> 환자: 저는 다른 사람과 제가 진정으로 유대감을 나누지 않는다면 그 관계는 완전 쓸모없다고 생각하기 때문에, 그렇다고 느낄 때면 늘 그래왔듯이 불안해요. 왜 그런지 잘 모르겠어요. 저는 왜 그 친구가 재미없는 일상적인 대화만을 하길 원하는지 이해하기가 힘든데, 제 생각엔 제가 자꾸 그 이상을 원하는 게 관계에서 부담을 주는 것 같아요. 잘 이해하고 있는 건지 모르겠네요. 제가 점점 미쳐 가는 거 같아요.
>
> 치료자: 저는 당신이 미쳐 간다고 생각하지 않아요. 우리가 이야기하고 있는 걸 평가할 수 있는 척도가 있는데, 같이 보실래요?

환자: 그럼요.

치료자: (척도를 꺼낸다.) 자, 여기, 관계를 향한 정서 투자를 보시면, 이건 관계에서의 친밀함과 상호 공유의 정도를 평가하는 척도예요. 극단적으로 낮은 수준에 속하는 사람은 이기적이고 남을 배려하지 않는 반면, 극단적으로 높은 수준에 속하는 사람은 다른 사람과 깊은 유대감을 공유해요. 그리고 중간 수준에 속하는 사람은 다른 사람을 배려하지만 깊이가 부족한 방식으로 관계해요.

환자: (척도를 본다.) 제가 보기에 저는 항상 7점인 거 같은데, 제 직장 동료와 같은 사람들은 4점 같은 관계를 유지하길 원하는 거 같아요.

치료자: 네, 당신이 깊은 유대를 형성할 수 있다는 건 정말 당신의 큰 강점이에요. 그런데 당신이 말했듯이, 다른 사람은 4점의 관계를 원하는데 당신은 7점의 관계를 바란다면 관계에 부담을 줄 수 있어요. 당신이 어떤 때 관계를 7점으로 만들길 원하고, 또 어떤 때 7점의 관계를 추구하는 게 당신과 다른 사람을 모두 불편하게 만드는지 우리가 함께 고민해 보면 좋겠네요.

환자: 네. 선생님이 말씀하시는 게 그렇게 어려운 일은 아니에요. 왠지 모르겠지만 척도에 적혀 있는 걸 보면 제가 조금 덜 미칠 것 같아요. 이걸 보면 조금 구체적으로 관계에 대해 생각할 수 있게 되는 것 같아요. 특히 새로 관계할 때나 관계에서 밀당하는 거 같은 느낌을 받을 때요.

SCORS-G 기준점을 활용하는 세 번째 방법은 치료 제언에 응용하는 것이다. 예를 들어, 자존감(SE) 차원에서 환자의 기능 수준이 1점에 해당한다면, 환자의 자존감을 2점이나 3점에 해당하는 수준으로 올릴 수 있도록 도와주는 개입을 치료 목표로 설정할 수 있다. 이러한 경우 보통 바로 5점이나 6점으로 올리는 것을 목표로 설정하지 않는데, 이는 치료 시간을 고려할 때 비현실적인 목표이며, 환자가 자신이 잘못됐다고 여기거나 자신의 문제를 극복할 수 없다고 느낄 수 있기 때문이다. 이렇듯 치료자는 SCORS-G 기준점을 활용하여 환자가 보이는 정서 수준에 적절하게 반응할 수 있으며, 이는 치료 동맹을 유지하는 데 중요한 요건으로 작용한다.

수련감독자-치료자 만남

개인 슈퍼비전

SCORS-G 기준점은 수련감독 과정에서도 유용하게 활용할 수 있다. 특히 기준점을 활용하여 환자-치료자 상호작용을 구체적으로 설명할 수 있으며, 치료에서 감정이 고조되는 맥락과 양상을 식별하기가 어려운 경우에 SCORS-G를 활용하면 도움이 된다. 예를 들어, 한 치료자가 심각한 정서 조절 곤란을 호소하는 환자를 치료하는 경우를 살펴보자. 환자는 쉽게 분개하고, 치료 장면에서 정기적으로 분노를 표출한다. 치료자는 자주 환자의 분노에 압도당하고 소진되며, 환자가 토로하는 불만을 받아 주느라 정해진 치료 시간을 준수하지 못하는데, 이는 치료자에게 가혹하고 가학적인 상황으로 보인다. 이 예시에서 환자와 치료자는 둘 다 분노를 느끼고 표현하는 것을 어려워한다. SCORS-G의 AGG 차원을 활용하여 다음과 같이 개입할 수 있다. (이 개입에서 수련감독자와 치료자 앞에 AGG 척도가 놓여 있다.)

수련감독자: 치료에서 당신의 환자는 어떤 양상으로 분노를 다루나요?

치료자: 환자는 제게 소리를 질러요. 제가 전혀 도움이 되지 않고, 자기는 여전히 힘든 데다, 저를 자주 만나지도 못한다면서요.

수련감독자: 마치 약자를 괴롭히는 사람처럼 행동하는군요.

치료자: 네, 저도 그렇게 느껴요. 제가 뭘 해야 할지 모르겠어요. 환자가 조금씩 나아지고는 있는데, 그래서 그런지 환자한테 야박하게 굴고 싶지 않아요.

수련감독자: 충분히 이해되네요. 환자의 분노는 당신마저 불안정하게 만드는 거 같군요.

치료자: 네, 그래요. 저도 그렇게 생각해요.

수련감독자: 이 척도를 가지고 환자의 분노를 살펴보면, 환자는 치료 장면에서나 실생활에서 많은 사람에게, 그중에서도 특히 가까운 사람에게 1~2점 범위에 속하는 방식으로 분노를 경험하고 표현하는 것 같군요. 또 당신은 환자에게 상처를 줄까 봐 염려되어 치료 시간을 제대로 지키는 걸 어려워하는 거 같고요.

치료자: 네.

수련감독자: 치료 시간의 한계를 설정하고 이를 명확하게 전달하는 것과 관련해서 당신은 척도에서 어디쯤 위치하는 거 같나요?

치료자: 환자와 한계 설정을 할 때 저는 2~3점쯤 되는 거 같아요.

수련감독자: 그 환자가 한계 설정에 어떻게 반응하는지(화내고, 격노하고, 자살을 언급함)를

감안하면, 당신이 왜 그렇게 느끼는지 충분히 이해가 돼요. 한편으로, 제가 보기엔 당신이 그 상황을 회피한다면 5점에 속하고, 당신이 그 환자에게 한계 설정을 하는 경우에는 더 적응적인 6점이나 심지어 7점에 속한다고 말한다면 어떤가요?

치료자: 저는 그런 식으로는 생각해 본 적이 없어요. 그 순간에는 말씀하신 것처럼 느끼기가 어려워요. 제 생각엔 치료에서 어떻게든 한계를 설정해야 할 때면 말씀하신 걸 떠올릴 수는 있을 것 같아요. 바라건대, 그 사실을 떠올려서 시간이 지나가도록 내버려 두기보다는 제가 설정한 시간을 꾸준히 지킬 수 있으면 좋겠어요.

수련감독자: 우리는 그 환자의 분노와 치료에서 분명한 경계를 설정할 때 당신이 어떻게 느끼는지를 이야기하는 중이었지요. 또 다른 질문으로, 환자가 당신을 대하는 방식에 당신이 화가 나기도 하는지, 그렇다면 이러한 감정이 얼마나 당신에게 영향을 미치는지 궁금하네요.

치료자: 제가 환자에게 화가 나는지는 잘 모르겠어요. 그렇게 생각해 본 적은 없어요. 그냥 많이 지치는 거 같아요.

수련감독자: 당신이 화를 느끼는 걸 부인하거나 피하고 있을 가능성(AGG 5점)은 없나요? 제 기억엔 예전에 당신이 화를 느끼고 받아들이길 어려워하는 어떤 상황을 이야기하기도 했었죠.

치료자: 저는 그 환자가 안됐다고 느끼면서도 너무 지쳐서 뭘 해야 할지도 모르겠고, 이런 게 제 삶에도 영향을 미치는 것 같아요.

수련감독자: 당신은 매우 연민이 풍부하고 공감적인 사람이군요. 당신은 환자에게 연민과 화를 모두 느끼기도 하나요? 그렇지 않다고 해서 탓할 생각은 전혀 없어요. 한편으로, 당신은 그 환자와의 치료 관계에서 좌절감을 느끼는 거 같네요.

치료자: 좌절해요. 그리고 제 생각엔 가끔 환자에게 화가 나기도 하지만, 그걸 표현하진 않아요. 그냥 견디죠. 그래서 제가 환자의 요구를 자꾸 들어주게 되는 것 같아요. 저는 환자가 화나지 않게끔 화를 낼 법한 갈등 상황을 피하는 거 같아요.

수련감독자: 그 말은 당신이 스스로 느끼는 좌절감뿐만 아니라 환자를 향한 분노를 피하려고 한다는 건가요?

치료자: 네, 그런 거 같아요. 그 환자뿐만 아니라 다른 사람에게도 그래요. 저는 갈등이 싫어요.

수련감독자: 그렇다면 당신은 5점에 속하는 양상을 보이는군요. 당신이 6점이나 더 나아가 7점으로 분노를 경험하고 표현하는 방법을 생각해 보는 게 하나의 목표가 될 수도 있겠네요.

이 예시에서 수련감독자는 환자뿐만 아니라 치료자의 분노 표현을 함께 탐색한다. 특히 수련감독자는 치료자가 자신이 느끼는 것보다 더욱 적응적인 방식으로 환자에게 시간 한계를 설정하고 있음을 강조한다. 슈퍼비전에서 드러난 또 다른 측면으로, 치료자는 직면을 피하는 경향을 보이며, 이는 한계 설정을 더욱 어렵게 만든다. 치료자는 치료에서 환자가 보이는 분노 경험 및 표현과 치료를 향한 기대를 감안하여 경계와 한계를 적절하게 설정하고 환자가 이를 견딜 수 있도록 도와주기 위해 적절한 분노 관리 경험을 내면화할 수 있어야 하며, 이는 이후 슈퍼비전의 목표가 될 것이다. 아울러 이 슈퍼비전 사례에서는 추가적으로 다른 두 가지 SCORS-G 차원을 활용했으며, 이는 다음에 제시된 내용에서 나타난다. 수련감독자와 치료자는 치료 관계와 병원 장면 내에서의 환자와 주변인과의 관계를 다루며, 이때 EIR과 표상의 정동 특성(AFF) 차원을 함께 활용한다.

> 수련감독자: 우리는 지금까지 그 환자와 당신의 AGG에 대해 이야기했고, 서로의 AGG가 함께 뒤섞이게 되는 양상을 다뤘어요. 이 외에도 치료 관계에서 나타나는 또 다른 역동이 존재하는 걸로 보이는데, 지금부터는 그 환자가 당신을 어떻게 느끼고(AFF) 당신과의 관계를 어떻게 바라보는지(EIR)에 집중해 보죠. 치료 시간에 환자가 당신을 어떻게 경험한다고 생각하나요?
>
> 치료자: 상황에 따라 달라요. 제가 한계를 설정하거나, 자신의 고통을 제가 잘 다뤄 주지 못한다고 환자가 느끼거나, 제가 호출에 바로 응답하지 못하는 상황처럼 환자가 저를 만나길 원하는데 그렇지 못할 때면, 환자는 그걸 제가 심술궂게 굴면서 자신을 처벌하는 것으로 해석해요. 환자는 이런 상황을 자신에게 해코지하려는 걸로 해석하고는 저에게 그대로 행동해요.
>
> 수련감독자: 그렇다면 그런 경우에 환자의 AFF 기능이 어디쯤 해당한다고 생각하나요?
>
> 치료자: 제일 낮은 수준인 1점이요. 환자는 다른 주변인들에게도 똑같이 해요. 환자는 어린 시절에도 사람들을 같은 방식으로 느꼈던 거 같아요. 환자는 다른 사람들이 자신을 무시하면서 해코지하려 한다고 여기고, 자기가 지각한 방식대로 남에게 복수하려 해요. 다른 때에는 어느 정도 현실적이고 좀 더 긍정적인 시각으로 저를 바라보기도 하지만, 자기 기분을 풀기 위해 저를 필요로 할 때만 그렇게 하는 건지 잘 모르겠어요.
>
> 수련감독자: 당신은 방금 환자가 타인에게 어떤 방식으로 투자하는지와 환자가 느끼기에 타인은 자신에게 어떤 방식으로 투자해야만 하는지와 관련된 굉장히 중요한 개념을 말했어요. 우리가 지금 바로 이 문제를 다루면 좋겠네요. AFF와 관련해서, 당신은

환자가 당신뿐만 아니라 병원의 주변인 그리고 환자의 아동기 주요 인물에게 자주 악의, 학대, 무시하는 것을 경험다고 했죠?

치료자: 네.

수련감독자: 환자가 타인을 바라보는 방식을 살펴보면, 환자가 자신의 욕구나 바람이 충족되지 않는다고 느낄 때마다 치료가 왜 자꾸 힘들어지는지 이해되네요. 그 순간 당신은 환자의 그런 측면에 대해 평정심을 유지하며 치료에 임하려 하지만, 곧 뒤따라 느끼는 분노로 힘들어지겠군요.

치료자: 네. 정말이지 참기가 힘들어요.

수련감독자: 당신이 좀 전에 말한 내용으로 돌아가서, 환자가 자기 기분을 풀기 위해 당신을 필요로 한다는 부분에 대해 좀 더 말해 보세요.

치료자: 음, 환자는 스트레스를 받으면 항상 바로 저를 만나길 원해요. 환자는 제가 자신과 대화해 주길 바라고, 그렇게 해 주면 다음에 또 같은 일이 생길 때까진 환자가 힘들어하는 일에서 벗어날 수 있어요.

수련감독자: 환자는 스스로 진정하질 못하는 거 같네요.

치료자: 네. 환자는 저를 불러서 자신을 진정시켜 주길 원해요.

수련감독자: 마치 당신은 환자의 대응책 같군요.

치료자: 맞아요. 저도 환자와의 치료 관계를 그렇게 느껴요.

수련감독자: 자, 여기 EIR 척도를 함께 보면 높은 쪽 끝은 호혜적이고, 친밀하고, 다른 사람의 감정을 배려하면서 관계한다는 걸 뜻해요. 가운데에 속하는 관계도 여전히 그렇긴 하지만 관계의 깊이가 상대적으로 얕아요. 낮은 쪽 끝에서는 타인은 그저 자기위안을 위한 목적으로 존재해요. 환자는 어디쯤 속하는 것 같나요?

치료자: 그때그때 달라요. 좀 전에 말씀드린 상황에서는 제일 낮은 쪽에 속해요. 그런 상황이라면 환자는 저를 자신과 분리된 사람으로 바라보지 못하고, 대신 아기나 어린애처럼 자신을 달래 주기만을 기다려요. 환자에게 저는 감정이나 생각 등을 가진 사람으로 존재하지 않아요. 하지만 환자가 한 발짝 물러서서, 죄책감을 느끼고 저를 자신과 분리된 사람으로 바라보면서 저에게 기프트 카드나 그 비슷한 걸 사 주며 관계를 회복하려고 할 때가 있어요. 그럴 때 저는 환자가 저에게 친밀감을 느낀다는 건 알지만, 환자는 여전히 저를 분리된 사람으로 바라보진 못하고 자신을 보살펴 주고 달래 주고 만족시켜 주는 존재로 여겨요.

수련감독자: 그 말은 환자가 박탈당하거나 무시당하거나 적절한 보살핌을 받지 못한다고 느낄 때마다 양육자가 자신을 달래 주길 바라는 아기와 비슷한 방식으로 진정되길

바란다는 뜻인가요?

치료자: 네, 그건 기준점 1점에 가까운 게 아닌가요?

수련감독자: 네, 그럴 거예요. 스트레스를 받는 동안에는 환자의 기능이 꽤나 원초적인 수준(1)에 속하는 걸로 보이네요. 하지만 당신도 알고 있듯이, 환자가 당신을 분리된 사람으로 바라보기도 하는 때도 있지요. 그럴 때면 환자는 당신을 대하는 방식에 (아마 거절 및 유기 불안과 관련된 두려움으로 인해) 수치심과 죄책감을 느끼기도 하는데, 더 나아가서 환자가 서로 충실한 관계를 맺을 수 있는 역량이 있을지 불분명하군요. 당신이 방금까지 묘사한 바에 따르면, 환자는 1에서 3점 사이를 오가는데, 환자가 4점으로 이동할 수 있을지 잘 모르겠네요. 또 환자가 5점에 해당하는 반응을 보이는 경우는 들어 보질 못했군요.

치료자: 환자는 어느 누구라도 밀어내는 경향이 있어서, 저도 환자가 속하는 정확한 범위를 잘 모르겠어요. 그런 순간도 있을 텐데, 확실히는 모르겠어요.

수련감독자: 치료 시간에 잘 귀 기울여 들으면 그걸 알아낼 수 있을 거예요. 이 척도를 활용하면 환자가 어느 수준에서 기능하는지, 그 연속선에 맞추어 다음 단계에 뭘 해야 할지 결정하는 데 유용할 거예요. 이게 잘 이해되나요?

치료자: 네. 선생님 말씀은 이 척도를 활용하는 건 환자의 기능 수준에 맞춰 개입하는 데 도움이 된다는 뜻이죠?

수련감독자: 맞아요. 그리고 이 척도는 한계 설정, 해석, 개인적 관찰을 포함해서 기저의 역동과 개입의 이유에 관해 이야기할 때 공통 언어로 활용할 수도 있어요.

예시의 두 번째 부분에서 수련감독자는 AFF와 EIR에 중점을 둔다. 즉, 수련감독자와 치료자는 환자의 최근 기능과 더불어 기능의 범위를 고려하며 환자의 대상관계를 더 깊이 이해하기 위해 SCORS-G 기준점을 활용한다. 앞서 제시한 예시는 치료자가 환자와의 치료 시간에 나타난 일을 수련감독자에게 전달한 내용에 기반을 둔 슈퍼비전에 해당한다. 다음 예시는 입원 환자의 심리치료 시간을 바탕으로 한 슈퍼비전에 해당하며, 수련생(전공의)과 수련감독자가 함께 환자의 치료에 참여한다. 이 예시는 치료자가 심리치료를 시행하는 장면에 전공의가 관찰자로 참여한 상황이다. 먼저 치료(환자-치료자)의 일부분에 관한 축어록을 제시한 다음, 치료 후 실시된 논의(치료자-전공의)에서 발췌한 내용을 제시한다. 이 예시는 심리치료 녹화 또는 녹음 자료에도 손쉽게 응용할 수 있다. 예시에서 중점적으로 다루는 SCORS-G 차원은 인간 표상의 복합성(COM)이다.

파트 I

치료자: 안녕하세요, 저는 Michelle입니다. 이 병원에서 일하는 심리학자예요. 저는 당신이 여기서 머무는 동안 당신에게 도움이 되는 방법을 찾으려고 여러 사람과 만나고 있습니다. 어떻게 지내세요?

환자: 제가 뭘 해야 할지 모르겠네요. (환자는 어릴 때부터 있었던 모든 일을 말하기 시작하며 사고 이탈에 빠진다.)

치료자: 당신은 살면서 많은 고통과 상실을 겪은 거 같네요. 당신이 생각하기엔 왜 지금 병원에 있게 된 거 같나요? (사고와 정서가 쉽게 와해되는 환자이므로, 치료자는 환자의 반응을 수용하면서도 현실에서 대화하도록 방향을 재설정하려 시도한다.)

환자: 그걸 말하려고 하는 중이에요. 아까 걸 좀 더 이야기할게요. 그래서 삼촌은…… (환자는 계속하는데, 이때 이야기에서 과거와 현재, 자신과 타인의 경험을 구별하지 못한다.)

치료자: 당신이 지금 제게 말한 내용 전부가 당신이 여기에 있게 된 중요하고 결정적인 이유란 걸 이해했어요. 동시에 저는 요 근래 당신에게 무슨 일이 있었는지 이해하고 싶어요. 최근에 누군가를 잃거나 누군가에게 거절당한 적이 있나요?

환자: 왜 저한테 소리쳐요? 당신은 정말 XXX, YYY 같군요! (환자는 극도로 불안정해진다.)

치료자: 제가 당신에게 소리를 지르는 걸로 느껴졌다면 미안해요. 제 의도는 전혀 그런 게 아니었어요. 제 생각엔 당신은 지금 많이 힘들고, 당신에게 최근 많은 일이 일어난 거 같군요. 한편으로, 저는 우리가 만날 수 있는 시간이 정해져 있기 때문에 이 시간에 최대한 당신을 도울 수 있으면 좋겠어요. 그래서 당신이 제게 전하고 싶은 바가 무엇인지 이해하려 애쓰고, 필요하다면 대화를 돌려서 다른 내용도 듣길 원하는 거예요. 이렇게 하면 제가 당신이 병원에 오게 된 배경을 더 충분히 이해할 수 있을 거고, 그러면 당신을 더 잘 도와줄 수 있을 거예요. 저는 당신을 괴롭히거나 당신에게 상처 주려는 게 아니에요.

환자: 고마워요. 저는 가끔 사람들과 대화하는 게 어려워요. 제 탓이에요.

치료자: 우리가 만난 지 이제 막 15분 정도 지났어요. 앞으로 시간을 가지면서 우리가 서로 잘 대화할 수 있는 방법을 함께 고민해 보면 어떨까요? 우리는 함께 잘해 나갈 거예요.

환자: (환자의 사고 이탈이 다시 시작되고 불안정성이 증가한다.)

치료자: (치료자는 환자의 반응을 수용하고 바로잡는다. 환자는 이를 자신을 공격하고 괴롭히는 것으로 받아들인다. 환자는 과거와 현재를 혼동하며, 치료자를 과거에 관계했던 악의적인 인

물처럼 여긴다.)

환자: (치료자가 환자와의 대화를 재설정하고 치료 자세를 견지하는 이유를 재차 설명하고 나서야, 환자는 한발 물러서서 자신이 혼동하던 모호한 경계를 알아차릴 수 있게 된다. 하지만 환자는 이내 곧 자기/타인과 과거/현재를 혼동하기 시작한다.)

파트 II

수련감독자: 자, 이번 회의 심리치료를 어떻게 생각하나요?

전공의: 뭐가 어떻다고 말하기가 어렵네요.

수련감독자: 이번은 정말 어려운 회였어요. 우리가 알 수 있는 것 중 하나는 환자가 지금 대화치료에 임하기 어렵다는 거예요. 환자는 쉽게 불안정해지고, 사고와 대화가 와해되지 않고 이를 조직화하는 걸 어려워하죠.

전공의: 네. 치료를 따라가려 노력했는데도 환자가 말하는 내용이 과거의 일인지 또는 현재의 일인지, 자기에 대해 말하는 건지 또는 다른 사람에 대해 말하는 건지 알기가 어려웠어요.

수련감독자: 환자 자신도 어느 정도는 그런 걸 느꼈을 거예요. 환자가 지금 세상을 어떻게 경험하는지 생각해 보세요.

전공의: 환자가 어떻게 기능하는지를요?

수련감독자: 그러니까 환자가 이곳에 있죠. 환자는 자신이 겪은 상실과 고통이 너무 크기에 자신이 어떻게 병원까지 오게 됐는지를 잘 이해하지 못할 수도 있어요. 어쩌면 환자는 누가 자기를 병원으로 데려왔는지, 그리고 언제부터 힘든 일이 시작됐는지를 처음부터 시작해야만 이해하는 걸 수도 있어요. 안타깝게도, 이 전부가 뒤섞여 있고요.

전공의: 네.

수련감독자: 당신이 융합의 개념을 매우 잘 묘사한다는 걸 말해 주고 싶어요. 관련해서 뭔가를 보여 주고 싶군요. 이 척도는 성격 기능의 양상을 평가하는 도구예요. 우리는 사실 이 척도에서 다루는 영역 중 한 가지 차원에 관해 이야기하고 있어요. 그 차원은 인간 표상의 복합성(COM)이에요. COM은 개인이 자신과 타인의 생각, 감정, 경험을 구별하는 능력을 연속선상에서 평가하는 척도예요. 또 이 차원은 개인이 관점을 수용하는 능력과 사람들의 성격과 행동을 복잡하고 미묘한 방식으로 바라보는 정도를 중점적으로 다루죠. 이 척도상에서 낮은 범위(1~2)에 속한다는 건 그 사람이 자

신과 타인 사이를 구별하지 못한다는 걸 반영해요. 모든 게 섞여 있죠. 이 환자의 사례에서 환자는 현재의 관계뿐만 아니라 과거와 현재조차 혼동하고 혼란스러워하죠. 또 환자는 자기만의 관점에 갇혀 있고, 다른 사람의 관점을 인식하거나 이해하기 어려워하죠.

전공의: 딱 그 환자 이야기네요.

수련감독자: 네. 그래서 환자가 여기 머무는 동안 우리는 병원 치료로 환자의 정신과적 증상이 완화됨에 따라 환자의 COM 기능이 어떻게 개선되는지를 살펴볼 거예요. 그러면 환자가 지금보다 덜 불안정할 때도 여전히 같은 양상이 나타나는지를 알 수 있을 거예요.

수련감독자: 이번 치료에서 나타난 반응을 통해 척도의 다른 차원도 평가해 보죠. 이번에 살펴볼 차원은 표상의 정동 특성(AFF)이에요. AFF는 개인이 자신을 둘러싼 세상과 주변사람들을 경험할 때 어떤 정서적 렌즈를 통해 바라보는지를 평가하는 척도예요. 예를 들면, 척도에서 가장 낮은 수준에 속한다는 건 사람들을 가학적이고, 악의적이고, 위험하게 여긴다는 걸 뜻하고, 중간 수준에 속한다는 건 상대적으로 중립적이거나 긍정적이고 부정적인 측면이 섞여 있다는 걸 뜻하고, 높은 수준에 속한다는 건 사람들을 긍정적으로 여긴다는 걸 뜻하죠. 환자는 어디쯤 위치하는 것 같나요?

전공의: 가장 낮은 수준이요. 환자가 선생님을 부정적으로 바라보는 게 여러 차례 있었는데, 이따금씩 환자가 선생님을 현실적으로 바라보기도 했지만, 곧바로 선생님을 나쁜 사람으로 여겼어요. 또 환자는 자신의 주변 사람들을 부정적으로 말했어요. 그 사람들이 자신에게 얼마나 상처를 줬고, 자신에게 얼마나 중요한 사람이었는지를 말하면서요.

수련감독자: 동의해요. 이것 역시 병원 치료가 진행되고 시간이 지남에 따라 환자의 사회적 경험이 긍정적으로 또는 부정적으로 변하는지 살펴볼 필요가 있겠네요. 한 가지 차원을 더 살펴보죠. 이 척도를 보면서 이번 치료에서 평가할 수 있는 다른 차원 하나를 골라 볼래요?

전공의: 두 가지가 눈에 띄네요. 하나는 사회적 인과성의 이해(SC)고, 다른 하나는 공격 충동의 경험과 관리(AGG)예요.

수련감독자: 맞아요. 둘 모두 이번 치료에서 분명하게 드러나죠. 사회적 인과성의 이해(SC)는 개인이 다른 사람의 행동과 의도를 이해하는 역량을 평가하는 척도예요. SC는 일관성, 논리성, 합리성을 중점적으로 평가해요. 이 사례에서 환자가 다른 사람을 이해하는 방식에는 많은 한계점이 존재해요. 이건 환자가 보이는 사고 이탈과 더불어 자

신과 치료자의 상호작용을 이해하는 방식에서도 드러나죠. 공격 충동의 경험과 관리(AGG)는 공격성을 경험하고 관리하는 개인의 역량을 중점적으로 평가하는 척도예요. 환자는 이 두 차원에서 어느 수준에 속하는 것 같나요?

전공의: 환자는 가끔씩 선생님을 분명히 나쁘게 받아들였어요.

수련감독자: 네. AGG는 그런 점을 포착하죠. 그리고 AFF도 마찬가지고요, 그렇죠? 환자가 화난 감정, 생각, 행동을 분명하게 표현하거나 언급했나요?

전공의: 네. 환자가 선생님을 나쁘게 받아들이면 환자는 선생님께 소리를 지르면서 방어적으로 굴었죠.

수련감독자: 그래요. 자, 이제 이 척도에서 환자가 어디쯤 위치하는지 살펴보죠. 환자가 언성을 높였을 때 자신의 행동을 통제할 수 있었나요? 다른 말로, 환자가 치료자를 향해 물건을 던지거나, 비하하거나, 소리를 질러 댔나요?

전공의: 아니요. 그렇게 심하지는 않았어요. 그래도 언성을 높이면서 화났다는 걸 겉으로 드러내긴 했어요. 제 생각에 환자의 반응은 1점은 아닌 것 같고, 아마 3점쯤에 속하는 것 같아요.

수련감독자: 자 그럼 거기서 우리가 알 수 있는 제 환자는 적어도 우리와 상호작용할 때 통제력을 상실하진 않겠지만, 어떤 방식으로든 환자가 위협당하거나 판단당한다고 여길 때면 쉽게 화나고 방어적이게 된다는 거죠. 환자의 심리적 불편감이 좀 줄어들면, 이건 환자와 함께 이야기를 나눠 볼 만한 주제가 될 수도 있겠네요. 물론 환자 역시 이 문제를 함께 다루고 싶어 한다면요. 이해되나요?

전공의: 네, 잘 이해돼요.

수련감독자: 사회적 인과성(SC)은 어때요?

전공의: 환자가 사람들을 정확하게 이해하진 못하는 거 같아요. 선생님을 대하는 거만 봐도요.

수련감독자: 네. 계속 말해 보세요. 예를 들면, 환자는 자기 이야기를 어떻게 전달하나요? 환자는 자신의 개인적인 이야기를 조리 있게 말하나요?

전공의: 아니요. 뒤죽박죽이이고 말이 되지 않아요.

수련감독자: 환자가 자신과 타인을 이해하는 환자의 역량과 관련해서 그게 무엇을 의미하는 걸까요?

전공의: 지금은 한계가 많아요. 숫자로 치면 이 척도에서 제일 낮은 수준인 1점에 가까울 거 같아요.

수련감독자: 맞아요. 이것 역시 우리가 환자와 상호작용할 때 유념해야 할 부분이죠. 특히

회진을 돌 때요. 일례로, 환자가 치료진을 어떻게 이해하는지, 병동에서의 경험을 어떻게 받아들이는지, 병원 직원들은 환자를 어떻게 바라보는지 등을 들어 보는 건 환자의 변화를 평가하는 데 도움이 될 거예요.

이 예시에서 수련감독자는 SCORS-G의 특정 차원을 강조하고, 잠재적 치료 목표를 설정하기 위해 기준점을 활용했다. 특히 수련감독자는 SCORS-G를 활용하여 전공의가 기저의 역동을 식별하고, 이러한 역동이 연속선상에서 어디에 위치하는지 파악할 수 있도록 교육하며, 이후 전공의가 치료 시간에 관찰한 내용에 근거하여 다른 차원에도 이러한 원칙을 응용할 수 있도록 유도한다. 이러한 과정을 통해 전공의는 SCORS-G의 차원을 독립적으로 확인할 수 있게 된다.

집단 슈퍼비전

SCORS-G는 다수의 사람이 함께 환자를 보살피고 관리하는 장면에서 사례를 개념화할 때 유용하게 활용할 수 있다. 예를 들어, 이 책의 저자는 급성 정신과 병동에서 일하는데, 이곳에서 심리학자들은 병동에 자문을 제공하고, 환자의 치료를 보조하며, 심리학 박사과정 수련생을 지도하고 감독한다. 저자는 집단 슈퍼비전에서 수련생들과 함께 사례개념화를 시도할 때마다 임상 자료를 조직화하는 데 SCORS-G를 유용하게 활용해 왔다. SCORS-G는 특히 수련생들에게 환자의 임상 문제에 영향을 미치는 성격 구조의 역할을 교육하는 데 유용하다. 이러한 과정을 설명하기 위해 특정 사례를 제시한다.

사례 예시

복잡한 임상 문제를 호소하는 환자가 병동에 입원했다. 환자는 10대 후반의 여성으로, 빈번한 자해를 동반한 우울과 불안 관련 문제를 호소했으며, 두드러지는 성격 특성이 존재했다. 집단 슈퍼비전에서 저자는 SCORS-G를 소개했다. 척도의 차원별 기본 정의를 설명한 후, 수련생들과 함께 조를 나누어 환자의 입원치료 경과에 따라 SCORS-G의 각 차원이 어떠한 양상으로 발현되는지를 검토하고 분석했다. 이때 환자의 기능 수준을 특정 기준점으로 엄밀하게 평정하지는 않았다. 대신 SCORS-G의 차원을 보다 질적으로 측정했으며, 차원 간 상호작용을 평가했다.

COM에서는 환자가 높은 수준의 정서 각성을 보일 때면 자신과 타인을 미묘한 방식으로 이해하기 힘들어한다는 점을 논의했다. 환자는 심리적 불편감이 줄어들면 다른 사람을 매우 섬세한 방식으로 이해할 수 있었지만, 스스로를 이해하는 능력은 여전히 미숙했다. 분화와 융합을 고려할 때, 환자는 자신과 타인을 분리하는 데 큰 어려움을 호소했다("제가 다른 사람이랑 친해졌는데 그 사람이 떠나고 나면 그 사람 생각을 떨쳐 낼 수가 없어요. 엄마가 아플 때는 저도 같이 아파요. 모든 사람에게 그래요."). 병동에서는 환자가 타인과 타인을 분리해서 바라보기 어려워한다는 점도 나타났는데, 환자는 간호사 중 한 명을 보면 자신의 삼촌이 떠오른다는 이유로 삼촌의 이름으로 간호사를 반복해서 부르기도 했다.

슈퍼비전에서는 또한 COM과 자기 정체정과 일관성(ICS) 간의 상호작용을 의논했다. 환자는 자신과 부모의 경험을 구별하려고 애쓰는 모습을 보였다. 이러한 점은 환자가 스스로 행동하는 게 아닌 어머니의 바람과 기대에 따라 행동하는 모습을 자주 보이는 지경에 이르게 했다. 또 환자는 이따금씩 자신과 타인을 구별하기 어려워하기도 했다. 환자가 갈등을 겪을 때면, 자신에 관한 생각과 감정이 매우 고통스럽고 혼란스럽고 파편화되는 양상을 보였다. 또 슈퍼비전에서는 환자의 자해 행동과 환자의 삶에서 중요한 인물을 향한 극단적으로 상반된 감정을 모두 경험하는 고통(COM, AFF, AGG의 상호작용), 환자가 분노를 자기 안으로 내면화하는 것을 더 안전하게 느끼는 점, 자기처벌적인 의미로 자해를 시도하는 점(AGG, SE, ICS) 간의 상호작용을 탐색했다.

SC와 관련해서, 환자는 자신과의 연관성을 배제한 채 다른 사람의 상태에만 과도하게 집중하며 그들의 행동을 추론하는 경향을 보였다(ICS와의 상호작용). COM과 유사하게, 환자의 정서 각성 수준이 낮을 때면, 환자는 타인의 행동을 잘 이해하는 모습을 보였다. 하지만 환자는 자신의 생각, 감정, 욕구, 바람 등을 식별하는 데는 큰 어려움을 겪었다. 마찬가지로, 현재 해결하려 애쓰는 갈등의 이유를 이해하는 방식은 비교적 섬세하지 못했다. 환자는 외부에 초점을 두는 것에 편안함을 느꼈으며, 이러한 점은 내면적으로 환자가 자신과 관련된 정서 경험을 느끼는 방식에 영향을 미쳤다(COM, SC, SE, ICS의 상호작용).

AFF와 관련해서, 환자는 자신의 아버지를 감정이 메마르고, 의도치 않게 다른 사람에게 상처를 주고, 사회적으로 서툴고, 때로 매우 비판적인 사람으로 묘사했다. 환자는 어머니 또한 자신을 못마땅하고 부끄럽게 여겼다고 보고했지만, 어떤 때에는 일관적이지는 않더라도 아버지와는 다르게 자신을 달래 주는 사람으로 묘사하기도 했다. 환자가 본디 극단적으로 경험하는 경향이 있음을 감안하더라도, 환자가 어머니를 향해 표현하는 감정의 범위는 큰 편에 속했다. 환자가 어머니에게 느끼는 갈등이 심할수록 환자의 자해 행동도 늘어나는 경향을 보였다(AFF, EIR, AGG의 상호작용). 환자의 어머니 또한 자신과 딸의 아동기 경험을 분리하기 어려워하는 모습을 보였다(COM, AFF). 이로 인해 환자의 어머니는 딸이 힘들어할 때

딸을 어르고 달래는 대신 비난하고 비하했으며, 이로 인해 환자의 심리적 고통이 더욱 증가했다.

EIR에서는 환자가 오로지 타인의 욕구에만 초점을 두는 것과 소진되고 나가떨어질 정도로 타인에게 관여하는 것 사이에서 망설이는 경향이 있음을 논의했다. 환자의 의존성과 관련된 욕구가 증가할수록 가족 중 한 명이 원초적인 방식(환자를 꽁꽁 싸매고 흔들어 달램)으로 환자만을 어르고 달래야 했다. 가족 내에서 상호 호혜와 의존은 찾아볼 수 없었다. 대신 가족 관계는 얼키고설켜 있고, 극단적이며, 일반적으로는 갈등적인 양상으로 나타났다. 가족 구성원 모두 분노와 갈등을 적응적인 방식으로 경험하고 관리하지 못했다(EIR, AGG의 상호작용). 환자의 오빠 역시도 관련된 취약성이 존재했다. 다양한 영역에서 환자의 오빠는 부모 대신 동생을 보살피는 역할을 담당했다. 환자의 오빠는 어머니와는 전혀 다른 방식으로 환자를 돌봤지만, 이 역시 극도로 혼란스럽고 갈등적인 관계에 해당했다. 마지막으로 가치와 도덕 기준을 향한 정서 투자(EIM)와 관련해서, 환자가 어머니를 경험하는 방식과 어머니와 복잡하게 얽혀 있다는 점을 고려하면 환자의 도덕 체계는 어머니의 도덕 체계와 밀접하게 연관되었다. 따라서 환자는 자신만의 도덕 기준을 형성하지 못했다. 환자는 자신이 어머니의 행동과는 다른 형태의 반응을 보일 때면 상당히 자기판단적인 모습을 나타냈다.

조별로 각 차원을 평가한 후, 참가자들은 SCORS-G의 차원을 활용하여 환자의 미성숙한 성격 구조를 이해할 수 있게 되었으며, 이는 치료 과정의 이해로 이어졌다. 특히 SCORS-G의 활용은 환자의 기저 역동이 치료 틀, 치료의 잠재적 방해 요소, 병원 환경 내 다양한 구성원과의 관계에서 드러날 수 있는 개인내적 · 대인관계적 역동에 영향을 미치는 방식을 고찰하는 데 도움을 주었다. 수련감독자와 수련생들은 환자의 입원 기간 내내 SCORS-G 차원을 활용하여 환자의 기능 수준을 평가하고, 환자에 관한 이해를 섬세하게 조정하길 지속했다. 아울러 우리가 설정한 사례개념화는 환자의 입원 및 퇴원과 관련된 현실적인 목표를 수립하는 데 많은 도움이 되었다. 이 예시는 집단 장면에서 사례를 개념화할 때 SCORS-G를 유용하게 활용하는 방법을 설명한다.

결론

요약하면, 개인 심리치료에서 SCORS-G는 심리교육과 기저 역동의 인식 증진에 유용하게 활용할 수 있다. SCORS-G는 또한 다양한 영역에 걸친 환자의 현재 기능 수준을 식별하는 데 활용할 수 있으며, 임상가가 환자의 인지적 · 정서적 기능 수준을 고려하여 환자와 관계하는 데 도움을 줄 수 있다. 임상 수련감독 및 개인 심리치료 영역에서 SCORS-G를 공통 언어로 활용하는 것은 수련생이 복잡한 심리적 처리과정을 학습하는 데 많은 도움이 된다. 수련생은 SCORS-G를 활용하여 환자뿐만 아니라 자신의 대상관계 기능을 인식할 수 있으며, 이는 곧 치료 과정과 직결된다. 환자와 치료자의 대상관계 기능을 파악하는 것은 전이와 역전이 과정을 포함하여 치료의 잠재적인 방해 요소를 식별하는 데 도움이 된다. 여기서는 SCORS-G를 활용하는 몇 가지 방법을 논의했지만, 우리는 임상가들이 환자 및 수련생과의 관계 그리고 임상 과정 전반 걸친 작업에 깊이를 더하기 위해 SCORS-G를 창의적인 방식으로 활용하길 권장한다.

접수면담과 심리평가 과정에서 SCORS-G의 활용

개관

사회인지와 대상관계 척도-일반 평정법(SCORS-G)은 연구 장면에서 자유롭게 반응한 자료를 평가하는 도구로 널리 통한다. 이 장에서는 접수면담과 공식적인 평가 과정에 SCORS-G를 활용하는 방법을 다룬다. 이 장에서는 먼저 접수 및 평가 장면에서 SCORS-G를 활용하는 다양한 방법을 개관한 후, 임상 예시를 제시한다.

현존하는 다양한 접수면담의 과정을 살펴보면, 면담 과정에서 환자의 역동을 평가하고 이해하려 시도하기보다는 증상을 식별하는 것을 중요하게 강조하는 경향이 있다. 그러나 환자가 현재 호소하는 증상에 영향을 미치고, 경우에 따라서는 증상을 이끌어 내기도 하는 기저의 역동을 깊이 이해하려는 시도는 증상의 파악 못지않게 매우 중요하다. SCORS-G는 접수평가에서 증상의 수준에 따라 수집한 이야기 자료를 종합하고 조직화하고 구조화할 수 있는 방법을 제공하며, 공식적인 접수 평가를 보완하는 도구로 활용할 수 있다.

공식적인 심리평가 과정에서 SCORS-G는 다양한 유형의 이야기 자료에 적용할 수 있다. 여러 출처의 이야기 자료를 평가할 때, 임상가는 특정 프로토콜(TAT 이야기)뿐만 아니라 다양한 자료 유형(TAT 대 임상 면담)에 걸친 SCORS-G 평정치의 서로 다른 양상을 살펴볼 수 있다. 평정치의 공통점과 차이점을 살펴보는 것은 환자 내면의 복합성을 보다 깊이 이해하는 데 도움이 된다. 그러나 다양한 형태의 이야기 자료를 수집·정리하고 평정하고 해석하는 것은 많은 시간이 소모되는 일이므로 언제나 가능한 것은 아니다. 그러므로 임상가는 의뢰 사유에 따라 특정한 유형의 이야기 자료를 택하거나 SCORS-G 차원 중 몇 가지를 선정하여 평가할 수 있다.

이전 장에서 강조했고, 실증 문헌에서도 살펴볼 수 있듯이, 임상가는 SCORS-G를 양적이고 질적인 방식으로 모두 활용할 수 있으며, 두 접근을 혼합하여 활용하기도 한다. 질적 접근을 활용하여, 임상가는 이야기에서 SCORS-G의 어떤 차원이 두드러지는지와 각 영역에서 맥락에 따라 정신병리의 특징과 정도가 어떻게 달라지는지를 대략적으로 평가할 수 있다.

양적 접근을 활용하는 임상가는 이야기 내용을 엄밀하게 평정한다. 양적, 질적 및 혼합 접근을 통해 임상가는 보고서 작성, 치료 계획 수립, 치료 변화 평가에 SCORS-G를 유용하게 활용할 수 있다. 이러한 임상 활용을 설명하기 위해 이 장에서는 제12장에서 제시한 프로토콜과 더불어 새로운 프로토콜을 제시한다.

질적 접근 활용하기

환자와의 초기 면담에서 SCORS-G를 개념적 틀로 활용하기

성격 구조를 미묘하고 섬세한 방식으로 이해하는 것은 흥미로우면서도 고된 일이다. SCORS-G는 성격 구조의 일부를 이해할 수 있도록 도와주는 구조적인 틀을 제공한다. 다양한 정신건강 분야에 종사하는 임상가는 SCORS-G를 활용하여 추상적인 이론적 개념을 구조화된 방식으로 이해할 수 있으며 실생활에서 나타나는 실제 행동으로 변환할 수 있다. 특히 각 차원별 기준점을 활용하여 부적응-적응의 연속선상에서 환자가 어느 정도로 기능하는지를 빠르게 식별할 수 있다. 종합하면, 임상가는 SCORS-G를 질적인 방식으로 활용하여 환자의 내면적 처리과정을 보다 관찰 가능하고 측정 가능한 방식으로 파악할 수 있다.

이야기 내용의 해석에 SCORS-G를 질적으로 활용하는 경우, 다음의 단계를 따르길 권장한다. 첫째, 다음에 제시한 일련의 질문을 스스로 점검하라. 둘째, 면담에서 나타난 내용을 평정하라. 셋째, 특정 환자에 관해 심사숙고한 후 SCORS-G의 각 기준점에 따른 기술과 표현을 활용하여 사례개념화 단락을 작성하라. 마지막으로, SCORS-G의 강점과 취약성을 고려하여 치료 제언을 제시하라.

■ 단계 1: 질문

환자를 처음으로 만날 때면, 임상가는 '일반적인' 수준에서부터 '섬세한' 수준에 이르는 SCORS-G 차원의 개념화를 유념해야 한다. 먼저, 임상가는 '일반적인 여덟 가지' 질문을 스스로 점검해야 한다. SCORS-G의 각 차원에 따라 하나의 질문이 존재하며, 질문은 각 차원이 평가하는 내용의 일반적인 개요를 반영한다. 질문을 점검한 후, 임상가는 여덟 가지 질문에 따라 파생된 내용에 근거하여 관심 차원의 평정을 숙고해야 한다. 이 과정에서는 각 차원 평가의 세부 사항을 다루는 추가 질문 목록을 참조하면 도움이 된다.

세부 질문은 특정 기준점에 일일이 부합하지 않는다. 그 대신, 세부 질문은 환자의 삶에서 개별 차원이 드러나는 방식을 묘사하는 내용으로 구성되며, 이러한 질문을 통해 임상가는 충분한 정보를 수집할 수 있다. 면담 후, 임상가는 채점 과정에서 이러한 질문에 따른 대략적인 응답을 참고한다(단계 2). 다른 선택권으로, 임상가는 공식적인 채점 과정을 생략하고, 질문 점검에 따른 정보를 SCORS-G 개념화 단락의 구상에 바로 활용한다(단계 3). '일반적인 여덟 가지' 질문과 개별 차원에서 활용할 수 있는 추가적인 세부 질문은 다음과 같다.

● '일반적인 여덟 가지' 질문
1. 인간 표상의 복합성(COM): 자신과 타인의 경험을 인식하고, 통합하고, 분화할 수 있는 역량이 어느 정도인가?
2. 표상의 정동 특성(AFF): 타인과 세상을 경험하는 정서와 지각의 양상이 어떠한가?
3. 관계를 향한 정서 투자(EIR): 관계에서 드러나는 깊이와 친밀의 범위가 어느 정도인가?
4. 가치와 도덕 기준을 향한 정서 투자(EIM): 삶의 양식에서 도덕성 및 연민과 관련된 측면이 어떻게 드러나는가?
5. 사회적 인과성의 이해(SC): 자신과 타인의 행동, 생각, 감정, 욕구 및 현실을 경험하는 일반적인 방식을 이해하고 묘사하는 역량이 어느 정도인가?
6. 공격 충동의 경험과 관리(AGG): 분노를 경험하고 표현하는 양상이 어떠한가?
7. 자존감(SE): 자존감의 범위(높낮이)가 어느 정도인가?
8. 자기 정체성과 일관성(ICS): 직업과 관계 장면에서 정체감을 분명하게 인식하고, 스트레스 상황에서 자기감을 유지하는 수준이 어느 정도인가?

● 세부 사항 평가하기
'일반적인 여덟 가지' 질문에 이어 질문의 다음 단계는 추가적인 질문을 통해 차원을 숙고하는 과정이다. 이러한 과정에 도움이 되는 질문의 목록을 다음에 제시한다. 이 목록은 대략적인 질문으로 구성되었으므로 임상가는 추가적으로 다양한 방식으로 관련 내용을 탐색할 수 있는 질문을 구성하고 질의할 수 있다. 앞서 언급한 바와 같이, 이 질문들을 활용하면 환자의 대상관계를 종합적으로 탐색하고 충분한 정보를 수집하는 데 도움이 될 것이다.

COM

1. 자신의 경험 이외의 다른 측면을 바라볼 수 있는 역량이 존재하는가?
2. 자신과 타인의 생각, 감정, 경험, 욕구를 분리할 수 있는 역량이 어느 정도인가?
3. 긍정적이고 부정적인 경험을 통합할 수 있는 역량이 어느 정도인가?
4. 자신과 타인이 서로 영향을 주고받는 방식을 인식하는 수준이 어느 정도인가?

AFF

1. 장면, 사람, 기분에 따라 타인을 경험하는 방식이 달라지는가?
2. 남성과 여성을 다르게 경험하는가?
3. 과거와 현재의 주치의 또는 정신과 직원을 경험하는 양상이 어떠한가?
4. 상호작용의 묘사에서 정동이 균형을 이루는 정도가 어느 정도로 현실적인가?

EIR

1. 갈등적이고 혼란스러운 관계를 맺은 전력이 존재하는가?
2. 심리적으로 힘들 때마다 위안을 받기 위해 타인에게 전적으로 의존하는가?
3. 관계의 질은 어떠한가?
4. 타인과 정서적으로 관여하며 지내길 원하는가?

EIM

1. 자신의 행동을 후회하는 수준이 어느 정도인가?
2. 세상을 바라보는 관점이 지나치게 도덕적이거나 경직되어 있는가? 그렇다면 경직된 도덕관이 관계에 어떠한 영향을 미치는가?
3. 일련의 도덕 가치를 내면화하는가?
4. 자신과 타인을 수용하고 연민하는 수준이 어느 정도인가?

SC

1. 자신, 타인, 상황을 논리적이고, 조직적이고, 일관적인 방식으로 묘사하는 수준이 어느 정도인가?
2. 일이 발생한 이유와 자신의 영향력을 인식하지 못한 채 단순하게 일어난 일처럼 사건을 묘사하는 경향이 존재하는가?
3. 타인을 기이하게 이해하고 묘사하는 수준이 어느 정도인가?

4. 자신을 이해할 때와 타인을 이해할 때 주로 격차가 존재하는가?

AGG

1. 분노를 경험할 때 어떤 일이 발생하는가(우울, 자기비하, 위축 등으로 이어지는 내면화 대 행동화와 충동적인 분노 표출로 이어지는 외현화 대 효과적인 방식의 자기주장)?
2. 분노를 억제하고, 부인하고, 회피하는 경향이 존재하는가? 그렇다면 어떤 상황에서 나타나는가?
3. 공격성을 조절하고 관리하지 못해 발생하는 안전 문제가 존재하는가?
4. 자신의 분노 경험과 표현과 관련된 문제를 치료에서 다루고 싶은 영역으로 여기는가?

SE

1. 자기 자신을 긍정적/부정적으로 느끼는 정도와 이러한 측면이 맥락에 걸쳐 유지되는 정도가 어떠한가?
2. 자신을 묘사하는 방식이 방어적인가(자기자랑, 과대감)?
3. 극단적으로 열악한 자기상을 지닌다면 고려해야 할 안전 문제가 존재하는가?
4. 자존감이 성취나 관계 양상과 어느 정도로 연관되는가(ICS에도 적용됨)?

ICS

1. 삶의 한 영역(가족, 관계, 직장)이 정체성의 대부분을 좌우하는가, 아니면 균형을 이루는가?
2. 누구와 상호작용하는지와 어느 정도로 가깝게 느끼는지에 따라 (카멜레온처럼) 스스로에 대한 인식이 변하는가?
3. 스트레스 상황에서 자기경험이 파편화되는가? 그렇다면 이러한 측면이 삶에 어떤 영향을 미치는가(자살 의도가 없는 자해, 자살 경향성, 공격성, 정서 조절 곤란, 불안, 우울 삽화 등)?
4. 자기반응성(self-reactivity)을 촉발하는 요인은 무엇인가?

이러한 질문에는 여덟 가지 차원에 걸쳐 환자의 대상관계를 이해하는 SCORS-G의 개념적 틀이 반영되어 있다. SCORS-G 활용의 목적은 환자의 대인관계 양상을 평가하는 것뿐만 아니라 이러한 영역이 실제 기능으로 발현되는 방식을 상세히 파악하는 것이다. 우리는 독자들이 임상 경험, 치료 양식, 환자 표본에 따라 질문의 목록을 개정하고 확장하여 활용하길 권장한다.

■ 단계 2: 평정

환자와의 면담 후, 임상가는 SCORS-G 평정 양식의 기준점에 동그라미를 치며 채점하거나, 다른 대안으로 SCORS-G의 평정치를 수기로 작성하고 필요에 따라 평정 양식을 참조한다. 다음 예시는 접수면담 후 평정한 점수다.

	COM	AFF	EIR	EIM	SC	AGG	SE	ICS
접수면담 A	5	3	5	5	5	3	3	3

■ 단계 3: 개념화

다음으로, 임상가는 단계 2에서 평정한 기준점에 따른 기술어를 검토한다. 각 기준점에 따른 기술어는 환자의 사례개념화에 유용하게 활용할 수 있다. 여기서 임상가는 특정 환자에게 적합한 기술어를 활용한다. 교육적 목적을 위해 단계 2에서 채점한 환자의 예시에 해당하는 SCORS-G 중심의 사례개념화를 다음에 제시한다.

● 단계 3: 예시

환자는 다양한 관점을 지니고, 경험의 긍정적이고 부정적인 측면을 통합하며, 자신과 타인이 서로 영향을 주고받음을 어느 정도 인식한다(COM). 환자는 타인과의 상호작용을 구조화된 방식으로 묘사한다. 환자의 행동은 대인관계 사건을 지각하고 경험하는 방식과 직결된다(SC). 환자의 복합성과 타인에 관한 이해 수준은 보다 성장할 여지가 있다. 환자는 자신이 중요하게 여기는 일련의 내면화된 도덕 기준을 지닌다(EIM).

환자는 사람을 좋아하고 친한 친구가 여럿 있다(EIR). 그러나 자신의 현재 관계에서 충분한 만족감을 느끼지는 못한다. 타인에 관한 환자의 경험 양상과 기대 수준은 대체로 부정적이다(AFF). 환자는 분노를 경험하는데, 관계에서 느끼는 불만족감이 분노로 이어질 가능성이 존재한다(AGG, EIR). 분노는 곧장 자신과 타인을 향하며(AGG, EIR, SE, ICS), 이로 인해 스스로를 폄하하는 모습을 보이거나 간혹 자해를 행하기도 한다(SE, AGG). 환자는 연약한 자기감(ISC)과 부적절감(SE)을 보이며, 환경적 스트레스를 받는 상황에서 갑작스럽게 자신을 향한 분노를 드러내는 경향(AGG)이 있다. 관계 문제 외에도 환자가 호소하는 불만족감과 공허감(ICS)에 영향을 미치는 다른 요인이 존재할 것이다.

■ 단계 4: 치료 목표

이 단계에서는 SCORS-G 평정에서 식별한 환자의 취약성에 근거하여 치료 제언을 구상한다. 적응적인 측면 또한 강점으로 활용할 수 있으며, 치료 제언에 활용할 수 있다. 치료 목표는 임상가의 관점에 따라 일반적인 또는 구체적인 방식으로 설정한다.

● 자기응집력 향상하기(ICS)
 1. 삶에서의 흥미, 목표, 바람을 탐색하고 인식하기
 2. 언급한 목표의 달성을 저해하는 (정서적 · 방어적 · 환경적) 방해 요소를 탐색하기
 3. 자기 불안정을 초래하는 환경을 탐색하기

● 자해 줄이기(AGG, SE, ICS)
 1. 자해의 위험성을 평가하고 안전 대책 고민하기
 2. 자해를 유발하는 취약성 탐색하기
 3. 자해 삽화를 둘러싼 환경 조건을 깊이 이해하기
 4. 자해 충동이 일어날 때 환자가 활용할 수 있는 대처 방략의 종류 늘리기
 5. 환자가 불안정하고 취약할 때 나타나는 자해 외의 다른 행동의 존재 여부를 탐색하기

● 긍정적인 관계 경험 증진하기(EIR, AFF, ICS)
 1. 대인관계 양상 탐색하기
 2. 관계에서의 위치 탐색하기
 3. 대인관계적/개인내적 욕구와 욕구 충족을 저해하는 현재의 방해 요소 탐색하기

● 분노 조절력 향상하기(AGG)
 1. 분노를 경험하고 표현하는 양상을 탐색하기
 2. 분노 경험을 유발하는 취약성 탐색하기
 3. 분노 경험을 생산적으로 처리할 수 있는 역량 증진하기
 4. 분노를 효과적으로 관리할 수 있는 상황과 그렇지 못한 상황을 탐색하기

면담 시작 전, 임상가는 환자에 관한 정보와 더불어 SCORS-G 평정 시 유념해야 할 질문을 다시 한번 떠올리길 권장한다. 면담 후에는 각 차원을 평정한 다음 정보를 통합하고 해석을 구상한다. 시간이 지날수록 이러한 과정에 익숙해지면서 점점 자동적이고 암묵적으로 SCORS-G를 활용할 수 있게 된다. 이 장의 다음 절에서는 심리평가 장면에서 획득한 공식적인 이야기 프로토콜에 SCORS-G를 활용하는 법을 다룬다.

초기 기억과 TAT 프로토콜에서 SCORS-G 차원을 평가하고 해석하기

질적 접근은 초기 기억(EM)과 TAT 이야기에도 적용할 수 있다. 이러한 유형의 이야기 자료에 질적 접근을 활용하는 일반적인 단계는 다음과 같다. ① 이야기에서 SCORS-G의 차원과 관련된 측면을 읽고 밑줄 긋기, ② 채점에 영향을 미치는 특정한 요인에 유념하며 차원을 평정하기, ③ 채점과 직결되는 환자의 역동에 관한 가설을 설정하기. ④ 여러 유형의 이야기 자료가 존재한다면 채점 결과를 통합하기. 이러한 접근을 활용할 때는 여덟 가지 차원 모두를 체계적으로 채점하길 권장한다. 하지만 때에 따라 가장 극단적인 점수로 채점된 차원의 결과를 조직화하는 방법도 유용한데, 이러한 방법은 수검자의 특정한 강점 혹은 취약성의 영역을 강조하는 데 도움이 된다. 다음에는 제12장의 프로토콜 1의 해석에 질적 접근을 활용한 예시를 제시한다. 여기서는 EM 프로토콜에 이어 TAT 프로토콜을 해석하고 결과를 통합한다.

■ 프로토콜 1: EM 이야기

EM 프로토콜에서 두드러지는 차원은 AFF, EIR, EIM이다. AFF와 관련하여, 초기 아동기에 거절, 학대, 악의와 관련된 주제가 나타난다(초반 세 가지 EM에서 AFF가 1점으로 채점됨). 또 타인과의 긍정적이고 보호적인 관계의 흔적이 나타나며, 특히 학교 선생님 및 이성 친구와의 관계가 그러하다(정서와 관계 양상은 고등학교 시절부터 달라지며, 두 가지 이야기에서 AFF가 6점으로 채점됨). 이러한 결과에서 도출할 수 있는 한 가지 가설로, 환자는 타인에게 다양한 범위에 걸친 정서를 느끼며, 이러한 경험이 극단적일 가능성이 존재한다. 환자는 가학적이고 애정 어린 관계를 모두 회상하지만, 후자는 자주 나타나지 않는다.

이 프로토콜에는 EIR과 관련된 풍부한 내용이 존재한다. 초기 아동기 인물들, 특히 어머니, 아버지, 육아 도우미, 친구들은 원초적인 욕구를 충족하기 위해 타인을 이용하며 요구적인 사람으로 나타난다. 관계는 몹시 혼란스럽다(초반 네 가지 EM에서 AFF가 1점으로 채점됨). 일차 가족 체계 외에 환자에게 관여하는 몇몇 긍정적인 인물이 존재한다(선생님, 이성 친구). 또 환자에게 관여하는 사람(특히 보호자)은 아무도 없었지만, 환자는 자신이 알고 있는 유일한 방법으로 가족을 돌보는 책임을 떠맡는다. 이는 EIR에서 자기와 타인을 대하는 양상의 이분법적인 측면을 보여 준다. 즉, 환자는 자신이 받은 것 이상으로 타인의 신체적·심리적 안녕(well-being)에 관여한다.

AFF, EIR과 유사하게, EIM과 관련하여 환자의 초기 아동기 인물들은 자기중심적이거나 공격적인 방식으로 행동하고는 후회하지 않는 모습을 보인다. 환자는 이러한 환경 속에서 자랐기 때문에 자신이 범법 행동(마약을 팔거나, 동생을 먹이기 위해 음식을 훔침)을 저지르게 되었다는 점을 이야기하면서 어느 정도 반성하는 모습을 보인다. 환자는 살아남기 위해서는 범법 행동을 저지를 수밖에 없었다는 점을 설명하며, 다르게 살길 바랐다고 한다.

AGG 또한 이 프로토콜에서 분명히 드러난다. 타인에 관한 보고에서 환자와 가까운 사람들은 공격적이고 충동적인 방식으로 행동한다(성폭행을 저지름). 환자는 이야기하며 분노를 표현하지만, 환자가 분노를 조절하는 방법은 좀처럼 드러나지 않는다.

ICS와 관련된 주제는 분명하게 드러나지 않기 때문에 대부분 5점으로 채점되어 해석할 여지가 없다. SE에서는 가벼운 조짐이 나타난다. 아버지 및 이행기 대상에 관한 환자의 EM에서 SE와 관련된 주제가 분명하게 드러난다. 두 가지 이야기에서 환자는 적절감과 부적절감 모두를 분명하게 경험한다. 후자의 경우, 자기자랑을 통해 어린 시절을 방어하는 것으로 고려된다. 환자는 동생을 보살피고 보호자 노릇을 하기 위해 어느 정도 자기효능감을 지녀야 했던 것으로 보인다.

마지막으로, COM과 SC는 3~5점 범위에 걸쳐 나타나며, 대부분의 평정은 3점에 해당한다. COM과 관련하여 환자는 사람들을 짧고 단순하게 묘사하며, 상반된 측면을 통합하지 못하고 좋거나 나쁜 분열된 방식으로 경험한다. 이와 유사하게 SC에서도 환자는 초기 아동기 인물들을 극단적으로 단순화하여 묘사한다. 최초 기억에 관한 이야기에서 환자는 보다 미묘한 이해를 바탕으로 사람들을 특정한 방식으로 묘사하지만, 각 인물이 그렇게 행동하는 이유는 잘 드러나지 않는다. 이러한 정보를 감안하면, 환자는 자신과 타인을 단순하고 극단적인 방식으로 바라보는 경향이 있으며, 실제로는 보다 깊이 이해할 수 있는 역량을 지니고 있다.

■ **프로토콜 1: TAT 이야기**

AFF와 관련하여, 환자는 주로 부정적인 방식으로 등장인물을 묘사한다. TAT 프로토콜에 걸쳐 표현한 정서를 살펴보면 공포, 슬픔, 불안, 분노, 비애가 나타나며, 제한적인 긍정적/즐거운 정서를 보고하기도 한다. EIR과 관련하여, 타인에게 관여하는 정도가 상당히 다양한 수준으로 나타난다. 환자는 타인과 관계하는 것을 중요하게 여기지만, 공격성 관리의 어려움을 나타낸다(AGG; 도판 4와 13MF). 환자는 가학적인 방식으로 행동한 후 이를 후회하는 모습을 묘사한다(EIM). SE와 관련하여, 부적절감(도판 1과 3BM)과 더불어 자부심(도판 2)을 느끼는 모습을 묘사하기도 한다. 자기에 관한 느낌은 타인과 관계하는 양상에 따라 매우 다르게 나타난다(ICS). 환자는 보기보다 취약할 가능성이 존재하며, 자신과 미래에 대한 정체성 문제를 경험하고 있을 가능성이 시사된다. SE/ICS와 AGG 사이의 잠재적 관련성에 관한 한 가지 가설을 설정할 수 있다(무시당했다고 느끼면 곧바로 분노를 표출함). 인지 차원(COM과 SC)을 살펴보면 다양한 수준의 반응이 나타난다. 환자는 자기와 타인의 내적 측면을 어느 정도 통합하는 상황과 이야기를 묘사하기도 하며, 환자의 묘사에서 등장인물 사이의 경험을 구별하기 힘든 경우(경계가 점점 모호해짐)가 나타나기도 한다. SC와 관련하여, 환자가 사람의 행동을 분명하고, 조직화되고, 미묘한 방식으로 설명하기 힘들어하는 측면이 드러난다. 이와 관련한 한 가지 가설로, 환자가 정서적으로 각성되거나 모호한 대인관계 상황에 처하면 타인을 이해하고 추론하는 역량이 약화될 가능성이 존재한다.

■ **EM과 TAT 자료를 통합하기**

- COM: 환자는 매우 경직된 수준에서 전형적인 수준에 걸친 다양한 복합성을 바탕으로 자신과 타인을 바라본다. 높은 수준에서 환자는 자신과 타인의 긍정적이고 부정적인 측면을 통합할 수 있다. 그러나 평균적으로 환자는 적은 노력을 들여 단순한 방식으로 사람들을 묘사하며, 때로 양극화된 방식으로 사람들을 경험하기도 한다.

- AFF: 환자는 다양한 범위에 걸쳐 타인을 경험하지만, 그 양상은 대체로 부정적이다. 즉, 타인을 향한 호의적 시선보다 부정적인 기대가 더욱 흔하게 나타난다. 때로 타인을 악의적이고 제멋대로 구는 존재로 여긴다.

- EIR: 환자는 자신의 주변 사람들을 안정적이고, 안전하고, 의지할 수 있고, 보살펴 주는 존재로 경험하지 못한다. 그러나 어느 정도 가치 있는 관계를 형성하고, 그 관계에서 타인과 유대감을 느끼려 애쓰는 모습이 나타난다. 한편, TAT 결과에서는 환자가 정서를 조절하지 못하고 스스로 진정하지 못한다는 점이 시사된다. 결과적으로, 타인은 환자에게 위안을 주는 대상으로서의 역할을 담당하게 되며, 이는 친밀함의 형성을 방해한다.

- EIM: 환자의 성장 과정에서 주변 사람들은 도덕성과 타인을 향한 연민을 전혀 보이지 않았다. 환자는 범법 행위에 가담했고, 그중 일부를 신나고 즐겁게 여기기도 했다. 하지만 환자는 시간이 지나며 양심의 가책을 느꼈고, 달라지길 바랐으며, 지금은 어느 정도 나아진 모습을 보이기도 한다. 프로토콜을 살펴보면, 환자가 스스로의 도덕 기준을 넓혀 나간다는 점을 파악할 수 있다.

- SC: COM과 유사하게, 환자는 부적응적인 수준에서 적응적인 수준의 시작점에 이르는 범위에 걸쳐 타인을 이해한다. 그러나 평균적으로 환자는 단순한 방식으로 사람을 이해하며, 결국 어느 정도의 간격과 부조화가 발생한다. 전반적으로, 환자는 다른 사람을

정교한 방식으로 이해하지 못한다. 환자는 자신이 타인에게 미치는 영향과 그 반대의 경우를 인식하기도 하지만 한때에 그친다. 한 가지 고려할 점은 환자의 추상적인 추론과 대인관계의 미묘함을 이해하는 역량에 주된 정서(환자의 경우 분노, 슬픔, 상실)가 영향을 미칠 가능성이 존재한다는 것이다.

- AGG: 어린 시절에 환자는 공격적으로 굴었으며, 환자의 주변 사람들도 정서를 잘 조절하지 못했다. 마찬가지로 TAT 이야기에서도 환자가 공격 충동을 관리하는 데 어려움을 보인다는 점을 살펴볼 수 있으며, 이러한 점은 이야기의 내용뿐만 아니라 도판 자극에 대한 반응의 일환으로 보고한 환자의 개인 정보에서도 드러난다.
- SE: 두 가지 유형의 이야기 모두에서 유사성이 나타난다. 환자는 경미한 수준의 부적절감을 드러내며, 자신의 자존감을 높이기 위해 자기고양 전략을 활용하는 경향이 있다.
- ICS: EM 이야기에서는 정체성 관련 주제가 분명하게 드러나지 않는다. 그러나 TAT 이야기를 살펴보면, 환자의 자기감이 상황적 맥락에 따라 변화하는 양상을 보인다. 환자가 삶의 목표나 방향과 관련된 정체성 문제로 얼마나 힘들어하고 있는지를 살펴볼 필요가 있다. 아울러 타인과의 관계와 환자가 느끼는 유대감의 안정성에 따라 환자가 스스로를 바라보고 느끼는 방식이 달라질 가능성이 있다.

양적 접근 활용하기

이 절에서는 이야기를 양적으로 평가하는 방법을 논의한다. 이러한 방법은 평균과 범위,[1] 도판 영향력(card pull), 단어 수(word count)의 해석을 포함한다.

평균 해석(Interpretation of Means)

SCORS-G 평정의 평균을 해석하는 네 가지 주요 방법이 존재한다. 차원별[2] 평균, 전체 성분 평정, 요소/요인, 성격 조직 수준(LPO). 이어지는 내용에서는 각 방법을 설명한 후, 해당 예시를 다룬다. 예시는 이 장의 앞부분에서 활용한 것과 동일한 제12장의 프로토콜 1을 제시한다.

---

1) 채점 계산을 포함하여 해석에 도움이 되는 보조 자료는 웹사이트(scors-g.com)에서 다운로드할 수 있다.
2) '차원별'은 SCORS-G를 구성하는 여덟 가지 차원/변인의 개별을 지칭하는 말이다.

■ 차원별 평균 평정치(dimensional mean ratings)

가장 흔한 양적 활용법은 차원별 평균 평정치에 근거하여 해석하는 방법이다. 이 단계는 이야기의 채점과 각 변인에 따른 평정치의 평균 계산을 포함한다(〈표 15-1〉 참조).

표 15-1 이야기와 차원별 평균

초기 기억	COM	AFF	EIR	EIM	SC	AGG	SE	ICS
최초 기억	4	1	1	1	5	1	4	5
두 번째 기억	3	1	1	1	3	1	4	4
어머니	3	1	1	1	3	4	4	5
아버지	3	3	1	2	3	3	5	5
학교	4	6	5	4	3	4	4	5
음식	3	2	4	5	3	4	4	5
따뜻함/포근함	3	6	5	4	3	4	4	5
이행기 대상	3	5	3	4	3	4	3	5
차원별 평정치 평균	3.25	3.12	2.62	2.75	3.25	3.12	4	4.87

● 프로토콜 1의 예시

이 예시에서는 EIR과 EIM 두 가지 차원이 가장 낮은 차원별 평정치에 속한다. 환자는 서로에게 충실한 관계를 형성하지 못한다. 환자는 자신의 욕구 충족을 위해 타인을 이용하는 일방적인 관계를 맺는 경향이 있으며, 이로 인해 주변인을 잃을 가능성이 크다. 이러한 일이 발생할 때마다 환자는 늘 뉘우치거나 타인을 공감하지는 못한다. AFF와 관련하여, 환자는 부정적이고 염세적인 시선으로 타인을 바라보지만, AFF과 EIR 평청치가 낮은 정도를 고려하면 아주 병리적인 수준에 해당하지는 않는다. COM과 SC는 경미한 범위의 병리적인 수준에 해당하며, 이는 자신과 타인을 매우 단순한 방식으로 바라보는 경향을 시사한다. 환자가 자신과 타인을 지각하고 사고하는 방식에는 다소 특이한 점이 존재한다. 환자의 AGG 평균은 환자가 분노를 경험하며 이를 생상적인 방식으로 표현하는 것을 어려워한다는 점을 시사한다. 마지막으로, SE와 ICS는 프로토콜에서 두드러지게 나타나지 않는다.

■ 전체 성분 평정(overall composite rating)

전체 SCORS-G 성분 평정은 전체 프로토콜에 관한 여덟 가지 차원의 평정치 평균값의 평균을 계산함으로써 산출할 수 있으며, 이는 전반적인 대상관계 수준을 반영한다.

EM 프로토콜 1의 전체 성분 평정 평균(M)은 3.37(표준편차[SD] = 0.73)로 나타나며, 이는 경미한 수준의 병리적인 측면을 반영한다.

■ 요소/요인(components/factors)

양적 접근에서 평균치를 활용하는 또 다른 방법은 SCORS-G 차원을 요소/요인으로 나누어 분석하는 것이다. 실증 연구(제1장과 제2장 참조)를 통해 검증한 2성분법과 3성분법에 대한 설명은 [그림 15-1]과 [그림 15-2]와 같다.

앞서 논의한 EM 사례에 2성분법을 적용하면, 인지 요인의 평균은 3.25(SD = 0.00), 정동/관계 요인의 평균은 3.41(SD = 0.26)로 나타난다. 3성분법을 적용하면, 인지 요인은 동일하게 나타나며, 정동/관계 요인의 평균은 2.90(SD = 0.26), 자기 요인의 평균은 4.43 (SD = 0.61)로 나타난다. 이를 해석하면, 환자는 대인관계 기대, 정서 투자, 타인을 향한 연민, 분노 조절의 수준을 평가하는 차원과 관련된 대상관계 영역에서 원초적인 양상을 드러낸다. 인지와 자기 요인에서는 경미한 수준의 병리가 나타난다.

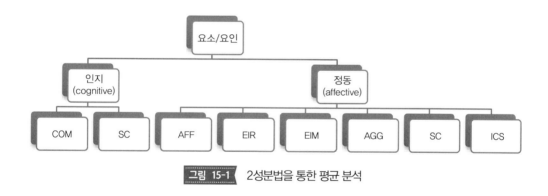

그림 15-1 2성분법을 통한 평균 분석

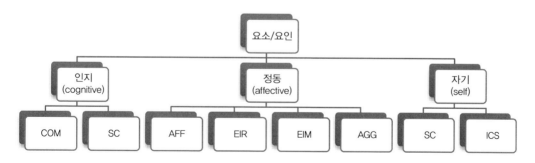

그림 15-2 3성분법을 통한 평균 분석

■ **성격 조직 수준(Level of Personality Organization, LPO)**

이 방법은 성격 조직의 일반적인 수준의 평가에 SCORS-G의 전체 점수를 활용하는 것이다[자세한 과정은 Stein 등(2016) 참조]. 요약하면, 연구자들은 두 가지 단계를 통해 LPO를 산출했다. 첫째, 연구 표본을 대상으로 전체 TAT 평정치의 분포를 검토했다. 둘째, 각기 다른 기능 범주를 지정하기 위해 표본을 세 집단으로 나누었다. 집단 1은 성격 조직의 병리적인 측면을 반영하고 집단 3은 적응적인 수준의 성격 기능을 반영한다. Stein 등(2016)의 연구에서 보고한 각 집단별 SCORS-G 점수의 평균과 표준편차는 다음과 같다. 수준 1($M = 3.1$, $SD = 0.22$), 수준 2($M = 3.5$, $SD = 0.09$), 수준 3($M = 3.9$, $SD = 0.23$).[3]

물론 자신이 속한 집단의 기준 표본을 대상으로 SCORS-G를 평정한 자료를 확보한 임상가들은 해당 현장에 적합한 LPO를 설정할 수 있으며, 표본에 따른 결과에 개별 환자의 평균과 표준편차를 비교할 수 있다. 하지만 개인적 표본에 따른 결과가 부재한다면, 앞서 제시한 지표를 기준점으로 활용할 수 있다. 다만, 이러한 경우에는 상이한 표본에 따른 차이와 더불어 평정에 활용한 이야기 자료 유형의 차이를 고려해야 한다. 대부분의 계산 프로그램에는 표준편차를 산출하는 기능이 있으므로 표준편차를 확인하여 비교한다.

프로토콜 1의 예시에서 TAT 성분 평정 평균을 산출하면 평균이 3.25($SD = 0.49$)로 나타난다. 해당 값은 수준 1(차이값 0.15)과 수준 2(차이값 0.25) 집단의 사이에 위치한다. 환자의 평정치는 수준 2보다는 수준 1의 LPO에 더욱 근접한다. 임상적인 측면에서 이는 환자의 대상관계 기능이 미숙한 수준에 속함을 시사한다. 안타깝게도, 기준 표본에 따른 EM 프로토콜을 확보하지 못하여 EM 평정에서의 LPO를 산출하고 제시하지 못했다.

범위 해석(Interpretation of Ranges)

두 번째 양적 접근은 각각의 개별 차원 내에서 평정치의 범위를 해석하는 방법으로 구성된다.

---

3) 역자 주: 이종환, 임종민, 장문선(2018, 2020)의 연구에 참여한 일반 대학생과 고등학생 표본을 대상으로 Stein(2016)의 기준에 따라 LPO를 구분한 결과는 다음과 같다.
- 대학생($n = 215$, $M = 3.69$, $SD = 0.33$): 수준 1($n = 65$, $M = 3.33$, $SD = 0.15$), 수준 2($n = 91$, $M = 3.69$, $SD = 0.09$), 수준 3($n = 59$, $M = 4.10$, $SD = 0.22$)
- 고등학생($n = 138$, $M = 3.59$, $SD = 0.32$): 수준 1($n = 36$, $M = 3.16$, $SD = 0.17$), 수준 2($n = 66$, $M = 3.58$, $SD = 0.10$), 수준 3($n = 36$, $M = 3.95$, $SD = 0.18$)

LPO에 따라 집단을 구분하고 다양한 심리 문제에서의 집단 간 차이를 살펴본 결과, 정신병리·부적응적 성격 특성·정서 조절 곤란·인지 왜곡·대인관계 문제 등에서 집단 간 차이가 통계적으로 유의하게 나타났으며, 사후분석 결과 LPO가 낮을수록 관련 문제가 점차 심화되는 것으로 나타났다.

앞서 제시한 예시를 살펴보면, AFF(1~6), EIR(1~5), EIM(1~5)이 큰 범위의 변산성을 지닌다는 점을 볼 수 있으며, 이는 대상관계의 원초적인 측면에서 적응적인 측면 모두를 반영한다. AFF에서 환자는 매우 다양한 범위에 걸쳐 타인을 경험하지만, 타인을 고통스럽게 경험하는 측면이 우세하게 나타나는 경향이 있다. 이와 유사하게, 환자는 EIR에서 사람들을 욕구 충족적이거나 자기 잇속을 위해 타인을 이용하는 존재로 경험하면서도, 한편으로는 진정한 우정, 보살핌, 호혜성을 포함하는 긍정적인 관계를 형성하기도 한다. EIM에서도 넓은 범위의 반응이 나타난다. 환자는 때에 따라 내면화된 일련의 도덕 기준을 지키려 그에 부합하는 방식으로 행동하는 모습을 보이기도 하지만, 자신과 타인을 제멋대로 사는 사람처럼 바라보기도 하며, 사회 규칙을 노골적으로 위반하는 방식으로 행동하는 사람들과 지내며 범법 행위를 답습하기도 했다.

AGG(1~4)에서도 다양한 범위의 변산성이 나타나며, 환자는 병리적인 방식으로 분노를 표출하는 경향을 보인다. 특히 환자는 조절되지 않은 공격성을 드러내는 것에서부터 명백한 적대감을 표현하는 것까지의 모습을 보이며, 분노 경험을 관리하고 생산적인 방식으로 해결하지 못한다. 또 SE(3~5)에서는 더욱 축소된 범위의 변산성이 나타난다. 환자는 (자기고양 방어로 나타나는) 부적절감에서부터 자신을 향한 현실적인 긍정적이고 부정적인 감정을 경험하기까지의 자존감의 범위를 보인다.

마지막으로, COM(3~4), SC(3~5), ICS(4~5)에서는 작은 범위의 변산성이 나타난다. 정체성 관련 주제는 프로토콜에서 좀처럼 드러나지 않는다. SC와 COM에서의 대부분의 평정치는 환자가 사람을 단순하고 양극화된 방식으로 이해한다는 점을 반영한다.

양적 도판 영향력 평가(Quantitative Card Pull Assessment)

양적 접근을 활용하는 또 다른 주요 방법은 환자의 SCORS-G 점수에 영향을 미치는 도판 영향력을 검토하는 것이다. 특히 특정 도판에서 평정된 환자의 점수를 같은 도판에서 공식적으로 보고된 평정치의 평균과 비교함으로써 환자의 개별적 SCORS-G 평정치와 도판 영향력이 서로 부합하는 정도를 검토할 수 있다[도판별 평정치의 평균은 Stein 등(2013)과 Siefert 등(2016)의 연구 참조]. 이러한 방법은 환자가 방어하는 정도를 파악하고 특이한 반응을 식별하는 데 도움이 된다. 심리치료 내용, 관계 일화 접근(RAP) 면담, 임상 면담을 활용하는 경우에는 자극 영향력을 고려하지 않아도 무방하다. EM 이야기의 경우에는 자극 영향력이 어느 정도 존재하므로 이를 섬세하게 고려해야 한다.

예를 들어, 앞서 제시한 EM 사례에서, 질적 접근에서도 언급했듯이 환자가 보고한 내용을 살펴보면 아동기에 보살핌을 받은 기억이 거의 없으며, 따뜻함/포근함과 관련된 초기 기억을 질문하자 환자는 성인기의 한 가지 일화를 보고했다. 이는 환자의 삶에서 결핍 수준과 관련된 유용한 임상적 정보에 해당하며, 환자가 생애 초기 보살핌을 받은 경험이 많지 않음을 시사한다. 같은 맥락에서 양적 수치를 살펴보면, 학교와 관련된 초기 기억만이 AFF와 EIR에서 적응적인 범위로 평정된 유일한 기억에 해당한다. 이 역시 아동기 시절의 기억이지만, 원가족이 아닌 사람(선생님)과 관련된 기억이다.

단어 수(Word Count)

단어 수는 언어성 지능과 직접적인 연관성을 지닌다(제2장 참조). 그러므로 언어 생산성을 검토하는 것은 지적 · 정서적 자원 간의 수렴성을 평가하는 데 도움이 된다. 또 임상가는 이야기별로 환자의 평균 단어 수가 달라지는 양상을 비교할 수 있다. 이러한 방법을 통해 환자가 마음의 문을 닫거나 더욱 활성화되는 자극에 관한 정보를 파악할 수 있다.

보고서 작성하기

앞서 논의한 SCORS-G 분석을 통해 도출한 해석은 심리평가 보고서의 구성에도 활용할 수 있다. 차원들을 모두 한 단락으로 통합하거나 무리로 나누어 작성할 수 있다. 예를 들어, SE와 ICS를 묶어 자기체계로 구성할 수 있다. COM과 SC는 사고의 측면으로 결합할 수 있다. AFF와 AGG는 정서 조절 체계를 다루며, AFF, EIR, EIM은 대인관계 기능을 반영한다. 이러한 점을 설명하기 위해 프로토콜 1을 활용했다. 먼저, AFF, EIR, EIM, AGG, SE, ICS를 한 단락으로 통합한 예시를 제시한다.

환자는 주변의 많은 사람을 안정적이고, 안전하고, 기댈 수 있고, 보살펴 주는 존재로 경험하지 못하며(EIR), 오히려 타인을 악의적이고 자기중심적인 존재로 내면화했다(AFF, EIR, EM). 그럼에도 환자는 관계를 어느 정도 중요하게 여기기도 한다(EIR). 결과에서 몇 가지 지표를 살펴보면, 충분하진 않더라도 환자는 타인에게 다소간의 긍정적인 정서를 경험하기도 한다. 이를 고려하면, 환자는 정서적 박탈감을 느끼며 관계를 갈망한다(EIR). 그러나 환자는 타인과의 유대감을 유지하기 힘들어하며, 쉽게 무시당하고 상처받고 거절당함을 느낀다(AFF, EIR, SE, ICS). 환자는 대인관계 상실감을 깊이 느끼지만(AFF, EIR), 상처받은 마음을 표현하기 어려워하며, 과거에는 위험한 일에 가담하기도 했다(AFF,

AGG). 이러한 경우, 공격성을 조절하지 못한 채 표출하는 방식으로 취약성을 드러내기도 한다(AGG).

다음은 프로토콜 1의 해석에서 자기체계(SE, ICS)를 강조한 예시다.

환자는 과거의 수많은 고난과 역경을 헤쳐 왔지만, 그러한 경험으로 인해 정서 조절 문제, 부적절감, 불안정한 자기감을 형성하게 된 것으로 보인다(AFF, EIR, SE, ISC). 환자는 장래 목표를 설정하는 데 갈등을 겪으며(ICS), 이로 인해 불안이 증폭된다(AFF). 어떤 면에서 환자는 자신을 위해 더 많은 것을 하길 원하고, 이를 성취할 역량이 충분하다고 여긴다(ICS). 그러나 다른 면에서는 새로운 것을 시도하길 주저하며 자신의 능력을 의심하기도 한다(ICS). 환자는 겉으로는 자신감을 드러내려 애쓰지만, 내면에서는 부적절감을 느끼고 자신을 신뢰하지 못한다(SE, ICS). 관계에서의 위치나 자신이 추구하는 바와 관련하여 환경적 여건이 어려워지면, 환자는 부적절감과 무력감을 느끼며(ICS, EIR), 이에 더하여 불안, 상실감, 성마름을 느끼기도 한다(AFF, AGG).

다음은 프로토콜 1의 해석에서 사고의 측면(COM, SC)을 강조한 예시다.

환자는 주로 단순하고(SC) 양극화된/극단적인 방식(COM)으로 자신과 타인을 바라본다. 때로 환자는 자신과 타인 사이의 상호작용을 인식하기도 하지만(COM, SC), 환자가 정서적으로 각성되거나 모호한 사회적 상황에 처할 때면 사고 능력이 유의하게 저하된다.

다방법 평가의 일환으로 SCORS-G 활용하기

다음에 이어질 내용은 TAT 이야기의 SCORS-G 평정 결과를 임상 평가에 통합하여 환자를 추가적으로 이해하는 방법에 관한 예시로, 환자의 심리평가와 해석 제공의 일환으로 TAT를 활용하는 방법을 다룬다. 이 예시의 환자는 자살 미수로 급성 정신과 병동에 입원했다. 진단 명료화를 위해 환자의 기분과 사고에 관한 심리평가가 의뢰되었다. 기질적 병인은 제외진단(rule out)했다.

단축형 신경인지검사 배터리와 더불어 심리 기능을 측정하는 자기보고식 검사 및 주제통각검사(TAT)를 실시했다. 환자는 주의, 청각 기억, 학습, 집행 기능과 같은 기본 인지 기능에서 비능률을 보였으며, 이러한 측면이 TAT 프로토콜에도 영향을 미쳤다. 성격평가 질문지(PAI; Morey, 1991)에서는 유의하게 높은 수준의 우울, 불안, 적대감, 자살 사고가 나타났다.

검사에서 환자는 높은 수준의 스트레스와 더불어 주변에 도움과 지지를 구할 수 있는 사람이 아무도 없다고 느낀다는 점을 보고했다. 편집증과 관련된 준(準)임상적 특징도 나타났다.

TAT 프로토콜

- **도판 1:** 이걸 더 이상 못하겠어요. 애의 고통을 보기가 힘들어요. 인생은 한 번뿐이에요. 너무 기분이 안 좋아요. 애는 유명한 바이올린 연주자가 되고 싶어 해요. 레슨을 받으러 옴. 이걸 어떻게 할지 계획을 세움. 연습이 완벽을 만든다. 이건 애의 꿈이에요. 애는 저랑 비슷하네요. (그 전에는?) 레슨 중. (이후에는?) 애는 자살해요. 애는 자기 인생을 말아먹어요. 분노에 가득 차서. 내가 내 일을 포기하지 못한다면 긍정적인 이야기를 만들 거예요. (감정은?) 답답하고 지루함. (가장 기억에 남는 건?) 베토벤 음악 연주. (82)[4]
- **도판 2:** 끔찍해요. 농장 소녀는 스탠퍼드에 가고 싶어 해요. 소녀는 슬프고 무기력해요. 손에 잡지 아니면 지갑. 별생각 없음. 엄마랑 싸움. (이후에는?) 소녀는 꿈을 이루고 행복하고, 삶은 계속돼요. 저는 정말 행복할 거 같은데 만약…… (48)
- **도판 3BM:** 나 같은데. 여자는 잘못을 저질러서 방금 막 직장에서 잘렸어요. 자살할 생각. (감정은?) 너무너무 슬퍼요. (이후에는?) 여자는 화가 나요. 이번에는 내가 좀 잘한 거 같아요. (30)
- **도판 14:** 창문으로 뛰어내릴 준비. 일출을 본다. 새로운 하루의 희망. 나는 이 짓을 일 년 넘게 했어요. (감정은?) 기대. (이후에는?) 남자는 밖으로 나가요. (28)

SCORS-G 평정치

TAT 도판	COM	AFF	EIR	EIM	SC	AGG	SE	ICS
1	1	1	2	4	1	2	2	2
2	1	3	2	4	1	4	4	3
3BM	1	2	2	4	2	3	2	3
14	1	3	2	4	1	4	4	3
차원별 평정치 평균	1	2.25	2	4	1.25	3.25	3	2.75

* 전체 성분 평정: 2.44 (수준 1 LPO)

---

4) 역자 주: 괄호 안 숫자는 원문(영어)을 기준으로 환자가 보고한 단어 수를 의미한다.

TAT 프로토콜 해석

- **COM**: 환자의 반응을 질적으로 살펴보면, 환자는 자극에 초점을 둔 현실의 경험에서 자신을 충분히 분리하지 못한다. TAT 도판과 환자의 현재 정서, 사고, 생활 경험은 융합된다. 환자는 자신의 경험에 사로잡혀 있으며 자아중심적이다. 이를 고려하면, 현 시점에서 복합적으로 사고할 수 있는 역량이 존재하지 않는다. 평정치는 1점에 머물며, 이는 원초적인 사고와 더불어 적어도 현 시점에서 환자는 자신과 타인을 매우 단순한 수준으로 이해하는 제한된 역량을 지님을 시사한다.

- **AFF**: 도판 2는 환자가 다른 사람을 언급한 유일한 도판으로, 그마저도 '싸움'에 중점을 둔다. 반면, 도판 1, 3BM 14에서는 타인을 전혀 언급하지 않았으나, '분노, 슬픔, 화'와 같은 단어와 더불어 고통스러운 경험을 나타내는 구절을 표현함을 고려하면 정서 분위기가 상당히 부정적이다. '행복' '희망'과 같은 긍정적인 감정이 나타나지만, 이러한 경험은 주로 이야기의 흐름을 깨트린다. 더욱이 이러한 감정은 이야기의 맥락에 부합하지 않으며, 사실상 방어적인 반응으로 고려된다. 질적으로 살펴보면, 어느 정도 범위의 변산성이 존재하지만 점수의 범위가 모두 병리적인 영역에 해당한다. 전반적인 정서 분위기는 빈정거림과 불쾌함 또는 고통스러움 사이에 위치한다.

- **EIR**: 질적으로 살펴보면, 이야기에서 타인을 향한 투자가 거의 나타나지 않는다. AFF에서도 언급했듯이, 도판 2는 타인을 언급한 유일한 도판으로, 그마저도 갈등적이다. 환자는 자기 자신과 자신의 감정에 사로잡혀 있으며, 타인을 신경 쓸 수 있는 역량이 없다.

- **EIM**: 프로토콜에서 해당 차원과 관련된 측면이 드러나지 않으므로 해석이 불가하다.

- **SC**: COM과 같이, 가장 두드러진 측면은 환자가 조직적이고, 논리적이고, 일관적인 이야기를 만들기를 어려워한다는 점이다. 현재 이야기에서는 사람의 행동을 이해하는 역량이 없는 누군가를 묘사한다. 특히 환자는 침습적 사고로 인해 당면한 일에 집중하지 못한다. 이러한 측면은 TAT 프로토콜에 반응하는 역량으로 나타나지만, 보다 넓은 의미에서 환자는 자조(self-care) 행동과 같은 단순한 일이나 조리 있는 대화조차도 제대로 수행하지 못할 수 있다. 이러한 측면은 또한 환자의 의사소통 능력과 극히 단순한 작업의 수행에도 영향을 미칠 가능성이 존재한다. 질적으로 살펴보면, 모든 평정치가 1~2점 범위에 속하며, 이는 원초적인 기능을 시사한다. 따라서 타인을 이해하는 환자의 방식은 극히 제한적이다.

- **AGG**: 환자는 '분노'라는 단어와 더불어 넷 중 세 가지 TAT 도판에서 자기파괴적인 방식으로 분노를 표출하는 것과 관련된 생각을 표현한다. 프로토콜 중 한 가지 도판

(3BM)만이 공격 충동과 관련된 '자극 영향력'을 내포하므로, 환자의 결과는 더욱 주목할 만하다. 질적으로 살펴보면, 평정치는 부적응적인 범위에 속한다. 환자는 공격 충동을 통제하는 것을 어려워하며, 이러한 욕구를 충동적인 방식으로 행동화할 가능성을 보인다. 환자는 타인에게 공격적으로 반응하기보다는 자해할 가능성이 높다. 이 예시에서는 환자의 자존감과 내면화된 분노 사이의 관련성이 존재한다.

- SE: 넷 중 세 가지 도판에서 자기폄하 발언이 나타난다(예, "자기 인생을 말아먹어요."). 환자가 이야기를 묘사하는 방식은 종종 일반적인 부적절감 수준을 넘어선다. 도판 2에서 수검자들은 일반적으로 긍정적 자기상 및 성취와 관련된 주제를 묘사한다. 그러나 환자는 이야기에서 이러한 측면을 폄훼하는 방식으로 반응한다. 질적으로 살펴보면, 해당 내용은 직관적으로 1~2점 범위에서 평정할 수 있다. 그러나 이야기에서 확실한 1점을 반영하는 명확한 근거가 충분히 나타나지 않는다. 절충된 평정은 주로 2~3점 범위에 속한다. 환자는 자신의 모습을 별로 좋아하지 않으며, 현재 상황에서 자신을 비난하고, 나쁜 과거에서 벗어나지 못한다.

- ICS: 정체감 관련 주제는 네 가지 TAT 이야기 전체에 걸쳐 나타나며, 모두 병리적인 범위에 해당한다. 환자의 자기감은 자살하길 원하기에 이르기까지 크게 요동친다. 직관적으로 바라보면, 환자의 자기감과 자기상은 환자의 수행 및 직업적 성취와 연관되며, 이러한 측면이 붕괴될 경우 자기감과 자아상이 파편화된다. 질적으로 살펴보면, 환자의 기능 수준은 2~3점 범위에 속한다. 환자는 현재 자신이 어떤 사람인지, 어디로 향하는지를 불확실하게 여기며, 매우 방황하는 것으로 추정된다. 이러한 측면은 환자의 자살 경향성에 영향을 미칠 것으로 보인다.

평균 점수 해석

전체 평균은 낮은 수준의 성격 조직(수준 1)을 시사한다. 환자의 SCORS-G 평정치 중 성숙한 범위에 속하는 점수는 전무하다. 모든 평정치는 1~3점 범위에 속하며, 이는 환자가 자기와 타인을 매우 원초적으로 이해하고 자기정동 경험과 타인과의 상호작용을 조절하기 어려워함을 시사한다.

요소/요인을 검토한 결과, 인지 영역의 평균은 1.12, 정동-관계 및 자기 요인의 평균은 2.87로 나타났다. 모든 평균치가 부적응적인 범위에 해당한다. 특히 인지 요인의 평균은 1점에 근접한다.

환자의 COM과 SC의 평균을 해당 시설의 입원 환자 표본의 평균(COM: $M = 3.02$, $SD = 0.89$;

SC: $M = 2.79$, $SD = 0.91$)과 비교했다. 표준점수 변환 계산기를 활용한 결과, 두 차원 모두에서 환자는 유의하게 저조한 수행을 보였다(각각 $SS = 66$, $SS = 75$). 환자의 COM과 SC 평정치는 다른 입원 환자의 심리평가 결과에 비해 유의하게 낮게 나타났다. 이러한 결과는 사고의 측면에서 유의한 수준의 와해가 나타남을 입증한다. 환자의 TAT 평정 결과는 환자의 기능이 상당히 붕괴되어 있음을 시사한다.

단어 수

단어 수(각 이야기의 끝에 제시된 숫자)를 검토한 결과, 환자의 언어 생산성은 환자의 지적 수준 및 교육, 성취 수준을 고려할 때 기대되는 바에 비해 유의하게 낮은 것으로 나타났다. 이야기의 길이 또한 프로토콜이 진행될수록 짧아진다. 이를 고려하면, 환자는 고통스러운 정서를 유발하는 자극을 마주할 때 인지와 정서를 차단하는 경향을 보인다는 점을 추정할 수 있다. 환자가 보고한 전체 단어 수(188)를 해당 시설의 입원 환자 표본의 평균 단어 수($M = 594.03$, $SD = 345.93$)와 비교하면, 환자의 표준 점수는 낮은 범위에 해당하는 83점으로 나타난다. 달리 말하면, 환자의 언어 생산성은 정신과 표본에 비추어 볼 때도 낮은 수준에 속한다.

최종 평가 및 제언

성격평가 질문지(PAI)와 TAT 이야기의 SCORS-G 평정 모두에서 우울, 분노, 자살 경향성, 스트레스, 타인의 지지와 관여의 부재가 나타난다. TAT 이야기의 SCORS-G 평정 결과는 환자의 정신과적 증상이 사고 과정에 영향을 미치고 있음을 보여 준다.

환자가 검사에 반응한 내용을 토대로, 환자의 기분 및 사고와 관련하여 다음과 같이 제언한다. 첫째, 환자의 심리적 고통을 경감하고 기분을 안정화할 수 있는 개입이 필요하다. 이 과정에서 사고 명료성의 증진을 도모하는 개입을 권장한다. 둘째, 환자가 자살 미수로 입원했고, 면담과 PAI에서 높은 수준의 자살 사고를 보고하며, 여러 TAT 프로토콜에서 자살과 관련된 주제를 표현함을 고려하면, 환자의 자살 경향성을 엄밀하게 추적하고 관찰해야 한다.

환자는 현재 상당한 수준의 심리적 고통을 호소하므로 성격 기능의 세부 요소를 분석하기가 어렵다. 환자의 정신과적 증상이 안정화되면 환자의 현재 임상 문제에 영향을 미치는 기저의 성격 특성을 정밀하게 평가할 수 있을 것으로 사료된다.

치료 변화 평가에 SCORS-G 활용하기

다음에 이어질 내용은 정신과 외래 환자의 치료 변화를 평가하기 위해 SCORS-G 평정치를 검토하는 방법에 관한 예시다.

TAT 프로토콜

■ 도판 1

• 시기 1: 피곤해하는 어린 소년이에요. 소년은 바이올린을 공부하거나 연주해야 하는 걸로 보이는데, 피곤해 보이는 걸로 봐서 별로 하고 싶지 않아 해요. 그래서 소년은 저기 그냥 기대고 앉아서 꼭 해야 할 때까지 일을 미뤄요. 소년은 바이올린 연주보다는 차라리 친구들과 밖에 나가서 놀고 싶어 해요. (이전에는?) 소년의 엄마는 아들의 교양을 키워 주려고 피아노를 사 줬는데, 아, 제 말은 바이올린 레슨이요. 보통의 아이들처럼, 소년은 밖에 나가서 놀고 싶어 하고 바이올린 레슨을 지루해해요. (결말은?) 소년은 결국에 바이올린 레슨을 받아요. (가장 기억에 남는 건?) 소년은 엄마가 바이올린 레슨을 시킨 걸 감사해할 거예요. 소년은 훌륭한 바이올린 연주자가 되고 오케스트라에서 많은 돈을 벌어요. …… 아니면 다른 방식의 결말로 소년은 "엄마, 바이올린을 연주하고 싶지 않아요. 축구팀에서 놀게 밖에 나가고 싶어요."라고 말해요. (156)

• 시기 2: 바이올린 레슨을 받아야 하는 어린 소년인데, 레슨보다는 친구들과 밖에 나가서 놀고 싶어 하는 걸로 보여요. 소년은 꽤 화난 걸로 보이고, 하고 싶은 걸 참고 있는 거 같아요. (생각은?) 나는 부모님한테 화가 나. 나는 차라리 친구들이랑 밖에서 공을 차면서 놀고 싶어. 나는 이걸 하고 싶지 않아. (결말은?) 소년은 결국 바이올린 레슨을 받아요. (가장 기억에 남는 건?) 제 생각에 소년은 어릴 때 밖에 나가서 놀지 못해서 화가 났지만, 바이올린을 포기하지 않아서 부모님이 좋아하셨던 걸 기억할 텐데, 지금은 바이올린에 대한 열정이 있고, 열정을 다해 오케스트라에서 바이올린을 연주하는 걸 사랑하게 되었기 때문이에요. (114)

■ 도판 2

• 시기 1: 이탈리아의 어느 마을에서 어린 소녀가 학교에 가고 있어요. 엄마와 아빠는 소녀를 뒷바라지하기 위해 농사일을 해요. 아빠는 땅을 경작하고, 엄마는 딸이 공부하러 가는 걸 지켜봐요. 부모는 자식을 교육시키려고 열심히 일하고 있어요. (생각/감정은?)

"나를 학교에 보내려고 부모님이 저렇게 열심히 일하는 걸 보니 기분이 안 좋아." ……
고마워하고, 안쓰러워하고, 여리고, 좋은 환경 속에 있고, 부모님을 향한 연민이 얼굴
에 나타나고, 엄마의 힘, 이건 소녀가 엄마에게 바라는 건데, 아빠는 엄마의 힘을 북돋
아 주려고 열심히 일해요. 소녀는 잘 자랐고 자부심이 있어요. (결말은?) 행복하게 살
아요. 소녀는 공부하러 가요. 엄마와 아빠는 부모로서의 본분을 다해요. 행복하고 만
족해요. (131)

• 시기 2: 어린 소녀가 학교에 가다가 자기를 뒷바라지하려고 엄마와 아빠가 농사일을 하
는 걸 봤어요. (생각은?) "내가 좋은 교육을 받을 수 있게 해 주려고 부모님이 저렇게
열심히 일하는 걸 보니 기분이 안 좋아." 소녀의 엄마는 편안해 보이는데, 딸은 좋은
교육을 받고 있고, 가족이 모두 평화롭고 만족스럽게 지내면서 모든 게 순리대로 잘
흘러가기 때문이에요. (소녀의 감정은?) 감사함, 고마움, 연민. (결말은?) 소녀는 부모의
바람대로 학교에 가고, 열심히 일하는 엄마랑 아빠한테 고마워해요. (97)

■ **도판 3BM**
• 시기 1: [웃음]…… 절망, 울고 있고…… [침묵]…… 외로워요. 누군가를 잃은 여자나 남
자 같은데, 아마 애인이겠죠. 너무 외롭고 절망감만 느껴요. 바닥에 주저앉아서 울고
또 울고…… (물체는?) 가위예요. 이 여자는 방금 막 남편의 부고 기사를 오려 냈어요.
이게 우리 남편이 맞다면 이런 몰골을 보일 순 없어! [웃음]…… 절망적이고 너무 슬퍼
요. 친구가 와서 도와주면서 끝나요. 여자는 절망에서 빠져나와요. 여자는 두 번째 삶
을 살기 시작해요, 행복하게. (81)

• 시기 2: 어린 소년이 바닥에서 자고 있어요. (이전에는?) 하루 종일 놀고 나서 여기에 앉
았는데 그대로 잠들어 버린 것 같아요. (생각/감정은?) 자고 있어서 딱히 없어요. (결말
은?) 잠을 깨고 일어나요. 머릿속에 두 가지 이야기가 있어요. 이건 긍정적인 이야기예
요. 부정적인 이야기도 말해 볼게요. 누군가가 방금 나쁜 소식을 들었어요. 얘네는 비
탄에 빠지고 쓰러져서 무릎 꿇고 울고 있어요. (이전에는?) 얘네 엄마가 돌아가셨어요.
(생각은?) 너무 슬프다. (결말은?) 얘네는 같이 있으면서 서로 눈물을 닦아 주고, 앞으로
벌어질 상황을 잘 헤쳐 나갈 거예요. 이건 어린 소년이 자고 있는 것 같네요. (97)

■ **도판 4**
• 시기 1: 사랑에 빠진 여자예요. 남자는 다른 데 정신이 팔려 있어요. 여자는 남자의 관
심을 끌려고 노력해요. 보기 좋은 커플. …… 저 같으면 남자의 관심을 끌려고 면전에

서 이야기를 늘어놓을 거예요. 남자는 일에 정신이 팔려서 나가고 싶어 해요. 여자는 남자랑 같이 여기 있으면서 육체적 관계를 나누길 원해요. 여자는 남자의 관심을 끌려고 노력 중이에요. (결말은?) [웃음] 남자는 남아서 여자가 원하는 모든 걸 들어줘요. 저는 이 그림이 좋아요! 많은 걸 담고 있어요. (76)

- 시기 2: 이 그림은 기억나요. 일하러 나가려는 남자고, 아내는 남편을 끌어당겨서 잘 다녀오고 좋은 하루 보내라며 뽀뽀하려고 해요. 부부는 아침에 일어났고, 이제 각자의 하루를 보내야 해서 아내가 사랑하는 마음을 담아 남편이 좋은 하루를 보내길 바라요. (결말은?) 여자는 남편한테 뽀뽀하고 남편은 일하러 가요. 이 그림에서는 부정적인 이야기도 있어요. 남자는 내연녀와 너무 사랑에 빠져서 아내를 떠나려 하고, 아내는 질투하면서 남자를 다시 붙잡으려는 걸 수도 있어요. (여자의 생각은?) "제발 이야기 좀 해, 가지 마." (남자의 생각은?) "나 이제 떠날 거야." (남자의 감정은?) "당신에게 얻을 수 있는 건 다 얻었어. 여기서 볼일은 다 끝났어." (결말은?) 잘 가. (115)

■ 도판 13MF

- 시기 1: 흠…… 방금 막 아내를 잃은 남자예요. 여자는 병으로 죽었어요. 남자는 울고 있어요. 남자는 아내 없인 살 수 없다고 생각해요. 슬퍼요. (결말은?) 남자는 다른 누군가를 찾고 새 삶을 꾸려요. (30)
- 시기 2: 비탄에 빠진 남자예요. 아내가 침대에서 죽은 걸 봤어요. (무슨 일?) 여자는 알몸에 젊은데, 그래서 누군가가 여자를 죽였고, 그래서 여자의 팔이 축 늘어진 채로 있어요. (남자의 생각은?) 엄청난 충격을 받고 비통함. (결말은?) 여자는 결국 영안실로 가요. 여자가 전혀 반응이 없어 보여서 다르게 보질 못하겠어요. (49)

■ 도판 12M

- 시기 1: 최면을 걸고 있는 정신과 의사. 도와줄 누군가를 찾고 있는 의사. 현명한 환자. (결말은?) 아주 좋아요! 이 둘은 기법을 개발하고 잘 대처해서 새 삶을 살아요. [웃음] (29)
- 시기 2: 관 속에 있는 아내에게 작별인사를 하는 노인이에요. (이전에는?) 여자는 늙어서 죽었고, 남자는 아내를 잃어서 속상해요. (생각은?) 당신과 함께 가고 싶어. (감정은?) 상실감. (결말은?) 남자는 죽을 때까지 외롭게 살아요. (41)

■ 도판 14

- 시기 1: 이 사람 집에 불이 나갔어요. 태풍이 왔을 거예요. 집 안이 어두워요. 이 남자

는 전구를 고칠 사람이 오고 있는지 살펴보려 창밖을 보고 있어요. (결말은?) 같이 전구를 고치고, 집에 불이 들어와요. 이 순간엔 인내심, 편안함, 평화로움이 보여요. 강인함…… 터널 끝에 보이는 빛. (63)

- 시기 2: 이 그림은 항상 한 남자가 이탈리아 시칠리아에 있는 언덕 너머를 바라보면서 "난 좋은 삶을 살고 있어. 살아 있어서 기뻐. 아름다운 향기가 나고, 바람은 시원하고, 살아 있어서 좋아. 인생은 너무 짧아."라며 말하는 걸로 보여요. (결말은?) 남자는 밖으로 나가서 삶을 즐겨요. 남자는 몇 송이 꽃을 들고, 여자를 만나고, 보트를 타고, 사랑해요. 행복한 결말. (67)

■ SCORS-G 평정치

● 시기 1

TAT	COM	AFF	EIR	EIM	SC	AGG	SE	ICS
1	3	3	3	4	3	3	3	5
2	4	5	5	4	4	4	5	6
3BM	3	3	4	4	3	4	4	3
4	3	4	3	4	3	4	4	5
13MF	3	3	4	4	3	4	4	4
12M	2	5	4	4	2	4	4	5
14	2	5	3	4	2	4	4	5
평균	2.86	4	3.71	4	2.86	3.86	4	4.71

● 시기 2

TAT	COM	AFF	EIR	EIM	SC	AGG	SE	ICS
1	4	5	4	4	4	3	4	6
2	4	5	5	5	4	4	4	5
3BM★	2/3	4/3	2/5	4	3	4	4	5
4★	3	7/2	5/1	4/1	3	4	4	5
13MF	3	1	2	2	2	1	4	5
12M	3	3	4	4	3	4	4	5
14	3	6	4	4	3	4	4	5
평균	3.21	4	3.5	3.64	3.14	3.43	4	5

★ 두 가지 이야기를 보고한 경우[5]/이야기별 SCORS-G 평정치

---

5) 환자가 두 가지 이야기를 보고할 때 연구 목적을 위해 환자에게 차후 평정에 활용할 이야기 한 가지를 선택해 달라고 요청했다("하나를 고른다면 무슨 이야기를 선택할 건가요?"). 임상적 목적을 위해 질적 접근에서는 두 이야기를 모두 유연하게 검토했다.

요약

　환자의 치료 변화를 평가하기 위해 개별 도판 평정치, 차원별 평균, 평정치의 범위를 검토했다. COM과 SC에서 일곱 가지 도판에 걸친 점수는 여전히 2~4점 범위에 속하나, COM과 SC의 평균 점수는 2점대(2.86)에서 3점대(3.21)로 상승했다. 환자가 보고한 이야기는 보다 조직화되고, 합리적이며, 일관성을 지닌 것으로 나타난다. 그러나 시기 2의 평정 결과를 살펴보면, 환자는 여전히 자기와 타인의 긍정적이고 부정적인 측면을 통합하는 것을 때로 어려워하며, 좋거나 나쁜 형태로 분열된 표상을 지니는 경향을 보인다. 질적으로 살펴보면, 이러한 측면은 특히 친밀감 및 상실감을 경험하는 상황에서 두드러지게 나타난다.

　AFF의 범위는 3~5점에서 1~7점으로 달라졌으며, 병리적이고 적응적인 타인의 경험에 변화가 나타났다. 범위가 더욱 넓어졌지만, 환자의 AFF 전체 평균은 여전히 4점 범위에 머무른다. 시기 1에서는 환자가 관계에서 내보이는 정동의 범위가 얼마나 다양한지를 살펴볼 수 있다. 시기 2에서는 특히 정서가 촉발된 상황에서 환자가 사람을 양극화하여 지각하는 방식이 더욱 두드러지게 나타난다. 정서 각성이 낮은 상황에서는 동일한 사람을 향한 상반된 감정을 어느 정도 통합하는 모습을 보이기도 한다. 이러한 양상은 COM에서도 포착된다. 반면, 강한 정동을 경험하는 상황에서는 상반된 측면을 통합하거나 이를 복합적으로 다루지 못한다.

　유사하게, EIR에서는 부적응적인 방향으로 범위의 변산성이 증가했지만(3~5에서 1~5) 평균은 3점대에 머무른다. 질적으로 살펴보면, 시기 2에서 상실, 거절, 심리적 외상에 관한 주제가 더욱 두드러지게 나타난다. 흥미롭게도, 환자가 고통에 대처하기 위해 타인에게 전적으로 의지하는 대신 스스로 진정하는 방식으로 자신을 의지하기 시작함을 암시하는 측면이 나타난다.

　환자의 EIM 전체 평균은 4점(기본 점수)에서 3점대로 변화가 나타났다. 환자의 EIM 범위 또한 기본 점수에서 1~5점의 범위(부적응에서 적응에 이르는 범위)로 변화했다. 환자는 시기 2에서 도덕 관련 주제에 관심을 두기 시작했으며, 이 중 일부는 TAT 도판의 자극 영향력과 부합한다(도판 2와 13MF).

　AGG 전체 평균은 3점대에 머무른다. 점수의 범위는 3~4점에서 1~4점으로 증가했다. 시기 1에서 환자는 공격성을 부인하는 양상을 보인 반면, 시기 2에서는 도판 13MF에서 공격적인 내용을 말로 표현할 수 있게 되었다. 이와 관련하여 공격성과 관련된 경험을 방어적으로 회피하는 경향이 줄어들었을 가능성이 존재한다. 시기 2의 도판 4에서 환자가 보인 반응도 이러한 가설을 뒷받침한다.

SE에서는 3~5점 범위가 기본 점수인 4점으로 달라졌다. 흥미롭게도, 시기 1에서는 적절감과 부적절감을 둘 다 언급한 반면, 시기 2에서 환자는 자존감과 관련된 내용을 드러내지 않았다. 마지막으로, ICS에서는 점수의 범위가 3~6점에서 4~6점으로 변했다. 정체성 관련 주제가 나타났으며, 보다 적응적인 방향으로 변화가 나타났다.

전체적으로, 시기 1과 시기 2 사이에 미묘한 변화가 나타났다. 개선점으로는 COM과 SC에서 주요한 차이가 나타났다. 환자는 정서적으로 각성된 상황에서 보다 조직화된 방식으로 반응할 수 있게 되었다. 시기 1에 비해 시기 2에서 환자는 정서적 측면과 연관된 다양한 내적 경험과 대인관계 취약성을 드러내며, 앞서 언급했듯이 시기 1에서는 보다 방어적인 반응을 나타냈다. 이를 고려하면, EIR, EIM, AGG의 점수가 더욱 낮게 나타난 것은 증상의 악화를 반영하는 것이 아니라, 환자의 내적 경험과 취약성이 드러나기 때문인 것으로 보인다. 전에 비해 환자는 정서적으로 각성된 상황, 특히 상실, 친밀감, 공격성과 관련된 내용을 회피하는 것이 아니라 보다 실질적으로 관여하고 다룰 수 있게 되었다.

결론

이 장의 목적은 접수면담 과정과 공식적인 심리평가에 SCORS-G를 활용하는 다양한 방법을 설명하는 것이다. 접수면담 과정에 SCORS-G를 활용하는 것은 기저의 성격 구조/역동과 관련된 사례개념화와 초기 치료 목표의 공식화에 매우 유용하다. 이 장에서 우리는 SCORS-G의 차원적 내용을 감지하며 접수면담 과정에 통합하여 활용할 수 있는 여러 질문을 제시했다. 공식적인 심리평가와 관련하여, 우리는 이야기 자료의 SCORS-G 평정치를 해석하는 다양한 방법을 논의했다. 보고서 작성과 관련하여, 임상가는 SCORS-G 차원별 특정 기준점의 용어를 활용하여 환자의 대상관계 기능과 양상을 묘사할 수 있다. 또 우리는 SCORS-G와 다른 자료를 통합하는 방법을 논의했다. 마지막으로, 우리는 치료 변화 평가에 SCORS-G 평정치를 활용하는 방법을 강조했다.

사회인지와 대상관계 척도
-일반 평정법(SCORS-G)

■ 인간 표상의 복합성(COM)

1점＝자아중심적, 간혹 나타나는 생각과 감정의 혼란, 자신과 타인의 특성을 혼동

3점＝사람의 성격과 내적 상태를 정교하지 못한 비교적 단순한 방식으로 묘사하는 경향, 선
　　　과 악으로 나뉘는 분열된 표상

5점＝전형적이고 관습적인 자신과 타인에 관한 표상, 자신과 타인의 좋은 특성과 나쁜 특성
　　　을 통합하는 능력, 타인에게 미치는 영향을 인식

7점＝심리적 마음가짐(psychological mindedness), 자신과 타인을 향한 통찰, 상당한 복합성
　　　을 묘사하며 이를 분화함

1　　2　　3　　4　　5　　6　　7

■ 표상의 정동 특성(AFF)

　(관계에서 무엇을 기대하는가, 중요한 사람과 의미 있는 관계를 어떻게 경험하고 묘사하는가)

1점＝악의적, 가학적, 빈정거림

3점＝대체로 부정적이고 불편하지만 가학적이지 않음

5점＝혼합된 정동, 긍정적이지도 부정적이지도 않음(다소 긍정적인 것은 5점으로 채점)

7점＝관계를 향한 전반적인 긍정적 기대(극단적 낙천주의는 아님), 관계에 관한 호의적이고
　　　긍정적인 관점

* 주의: 정동 특성이 부재하거나, 단조롭거나, 제한된 경우 4점으로 채점

1　　2　　3　　4　　5　　6　　7

■ 관계를 향한 정서 투자(EIR)

1점＝관계에서 주로 자신의 욕구에 중점을 두는 경향, 격양된 관계를 맺거나 관계를 거의
　　　맺지 않음

3점＝다소 피상적인 관계, 타인을 넌지시 언급함

5점＝우정, 보살핌, 사랑, 공감에 관한 관습적인 정서를 표현

7점＝상호 공유, 정서적 친밀, 상호 의존, 존중을 바탕으로 헌신적인 깊은 관계를 맺는 경향

* 주의: 한 명의 인물만 언급하고 어떠한 관계도 묘사하지 않는다면 2점으로 채점

1　　2　　3　　4　　5　　6　　7

■ 가치와 도덕 기준을 향한 정서 투자(EIM)

1점=어떠한 양심의 가책이나 죄책감도 없이 이기적인, 무분별한, 제멋대로인, 공격적인 방식으로 행동함

3점=몇몇 기준의 내면화와 관련된 징후를 보임(예, 자신이 처벌받을 것을 알기 때문에 나쁜 일을 하는 것을 피함, 비교적 미숙한 방식으로 옳고 그름을 생각함 등), 자신과 타인에게 도덕적으로 가혹하고 엄격함

5점=도덕 가치를 부여하고, 그에 걸맞게 살고자 노력함

7점=추상적 사고, 도전하려는 의지, 혹은 관습을 향한 의문을 가짐과 더불어 진심 어린 연민과 배려의 행동을 나타내는 방식으로 도덕 문제를 생각함(주지화만 하는 것이 아님. 즉, 생각하고 행동함)

* 주의: 특정 이야기에서 도덕적 관심사가 나타나지 않는다면 4점으로 채점

1   2   3   4   5   6   7

■ 사회적 인과성의 이해(SC)

1점=혼란스럽고, 왜곡되고, 일어날 가능성이 극도로 희박하고, 이해하기 어려운 방식으로 대인관계 경험을 설명하는 이야기, 제한된 인식과 일관성

3점=사람을 합리적이지 않은 단순한 방식으로 이해함, 대인관계 사건을 대체로 이치에 맞게 묘사하지만 경미한 정도의 결함과 부조화가 존재함

5점=대인관계 사건을 설명하는 이해하기 쉬운 이야기를 보고하는 경향, 상황을 경험하고 해석하는 방식의 결과로 사람의 행동이 나타남

7점=대인관계 사건을 설명하는 일관성 있는 이야기를 보고하고 사람들을 잘 이해하는 경향, 서로의 행동이 서로에게 미치는 영향을 이해함

* 주의: 화자가 대인관계 사건을 마치 일어난 것처럼 묘사하지만, 사람들이 그렇게 행동하는 이유가 없는 경우[어떠한 인과적 이해가 없는 것으로 보이는, 논리에 맞지 않기(illogical)보다 논리가 없는(alogical) 이야기] 2점으로 채점

1   2   3   4   5   6   7

■ **공격 충동의 경험과 관리(AGG)**

1점＝신체적으로 공격적이고, 파괴적이고, 가학적이고, 공격성을 통제하지 못하고, 충동적임

3점＝화내고, 수동-공격적이고, 폄하하고, 자신을 신체적으로 학대함(또는 학대에서 자신을 보호하지 못함)

5점＝부인하거나, 방어하거나, 직면을 회피함으로써 분노를 다루는 회피 기제

7점＝분노와 공격성을 적절하게 표현하고 자기주장을 할 수 있음

* 주의: 이야기에 분노와 관련된 내용이 없다면 4점으로 채점

| 1 | 2 | 3 | 4 | 5 | 6 | 7 |

■ **자존감(SE)**

1점＝자신을 혐오스러운, 사악한, 형편없는, 오염된, 전반적으로 나쁜 모습으로 바라봄

3점＝낮은 자존감(부적절감, 열등감, 자기비난 등)을 나타내거나, 비현실적으로 과장함

5점＝자신을 향한 다양한 긍정적 · 부정적 감정을 표현함

7점＝스스로를 향한 현실적인 긍정적 감정을 지니는 경향

* 주의: 다소 긍정적인 경우 5점 이상으로 채점

| 1 | 2 | 3 | 4 | 5 | 6 | 7 |

■ **자기 정체성과 일관성(ICS)**

1점＝자신에 관한 파편화된 감각, 다중 인격을 지님

3점＝자신을 심히 변덕스럽고 예측할 수 없다고 바라보거나 느낌, 자신과 관련된 불안정감

5점＝정체성과 자기규정(self-definition)에 관심을 두거나 몰두하지 않음

7점＝장기적인 야망과 목표를 지닌 통합된 사람으로 느낌

* 주의: 목표가 모호하더라도 이를 지속적으로 추구한다면 높은 점수로 채점

| 1 | 2 | 3 | 4 | 5 | 6 | 7 |

실증 연구 표

저자	이야기	연구 주제	LOC	연령대	COM	AFF	EIR	EIM	SC	AGG	SE	ICS	G	성문
Ablon 등(2006)	심리치료	공황장애 환자의 치료 결과	O	성인	×	×	×	×	×	×	×	×		
Ackerman 등(1999)	TAT	성격장애와 대상관계	O	성인	×	×	×	×	×	×	×	×		
Ackerman 등(2000)	TAT	심리치료 과정	O	성인	×	×	×	×	×	×	×	×		
Ackerman 등(2001)	TAT	로르샤하와 TAT의 수렴 타당도	O	성인	×	×	×	×	×	×	×	×		
Bambery와 Porcerelli(2006)	심리치료	치료 결과: 사례 연구	O	청소년	×	×	×	×	×	×				
Bombel 등(2009)	TAT	로르샤하 상호자율성(MOA) 척도의 구성 타당도	MC	청소년, 성인			×							
Bram(2014)	TAT	SCORS; 대인관계; 건강의 구성 타당도	NC	성인	×	×	×	×	×	×	×	×		×
Calabrese 등(2005)	대인관계	애착과 대상관계	NC	성인	×	×	×	×	×	×	×	×	×	
Callahan 등(2003)	심리치료	아동기 성학대(CAS)와 치료 결과	O	성인	×	×	×	×	×	×	×	×		
Conway 등(2010)	TAT	양육자 상실과 대상관계	I	아동·청소년	×	×	×	×	×	×	×	×		
Conway 등(2014)	TAT	자살 의도가 없는 자해(NSSI)와 대상관계	I	아동·청소년	×	×	×	×	×	×	×	×		
Defife 등(2013)	임상 면담	대상관계와 임상적 관련성	MC	청소년	×	×	×	×	×	×	×	×	×	
Diener와 Hilsenroth(2004)	심리치료	Shelder Westen 평가 절차(SWAP) 수렴 타당도	O	성인	×	×	×	×	×	×	×	×		
Eudell-Simmons 등(2005)	꿈	꿈을 활용한 SCORS-G의 신뢰도와 타당도	NC	성인	×	×	×	×	×	×	×	×		
Fowler 등(2004)	TAT	치료 결과	I	성인	×	×	×	×	×	×	×	×		
Fowler와 Defife(2012)	TAT	서비스 활용과 대상관계	R	성인	×	×	×	×	×		×	×		
Gamache 등(2012)	TAT	청소년 성범죄자의 대상관계 평가	O	청소년				×	×					
Gregory와 Mustata(2012)	웹사이트의 개인적 저해 일화	마술적 사고; 자해; 대상관계	UNK	청소년	×	×	×	×	×		×	×	×	

저자	이야기	연구주제	LOC	연령대	COM	AFF	EIR	EIM	SC	AGG	SE	ICS	G	성별
Haggerty 등 (2014)	차트; 환자 연락; 의료진 피드백	전반적 기능을 평가하는 척도의 기준치료 SCORS-G를 활용	I	청소년									×	
Haggerty 등 (2015)	심리치료 (개인 및 집단 치료자)	대상관계; 임상적 관련성 (평가와 치료)	I	청소년	×	×	×	×	×	×	×	×	×	
Handelzalts 등 (2014)	TAT	연애 관계에서의 대상관계 기능	NC	성인	×	×	×	×	×					
Handelzalts 등 (2016)	TAT	대상관계; 방어; 출산 공포	NC	성인	×	×	×	×	×					
Huprich 등 (2007)	문화 감수성을 반영한 자극 도판	우울성 성격장애, 기분부전증, 대상관계	PC	청소년	×	×	×	×	×	×	×	×		
Josephs 등 (2004)	심리치료	치료 효과: 사례 연구	O	성인	×	×	×	×		×	×	×		
Kuutmann과 Hilsenroth(2012)	심리치료	치료 과정과 효과	O	성인	×	×	×	×		×	×	×	×	
Lehmann과 Hilsenroth(2011)	심리치료	SWAP를 활용한 심리적 통찰 평가	O	성인	×				×					
Levy 등 (2015)	심리치료	치료 효과, 치료 동맹, 치료 기법	O	성인									×	
Lewis 등 (2016)	TAT	경계선 성격장애(BPD)의 자살 경향성	R	성인										×
Maher 등 (2014)	TAT	애착과 대상관계	NC	성인	×	×	×	×	×	×	×	×	×	
Mullin과 Hilsenroth (2012)	심리치료	심리치료 기법	O	성인	×	×	×	×	×	×	×	×	×	
Mullin과 Hilsenroth (2016a)	심리치료	심리치료 기법	O	성인									×	
Mullin과 Hilsenroth (2016b)	심리치료	심리치료 기법; 변화	O	성인	×	×	×	×	×	×	×	×		
Ortigo 등 (2013)	임상 면담	애착, 외상후 스트레스 장애(PTSD), 대상관계	NC	성인		×					×			
Peters 등 (2006)	심리치료	SCORS-G의 신뢰도와 타당도; 임상적 유용성	O	성인	×	×	×	×	×	×	×	×		×
Pinsker-Aspen 등 (2007)	EM	치료 동맹과 대상관계	O	성인	×	×	×	×	×	×	×	×		
Porcerelli 등 (2007)	심리치료	치료 효과: 사례 연구	O	성인	×	×	×	×	×	×	×	×		

저자	이야기	연구 주제	LOC	연령대	COM	AFF	EIR	EIM	SC	AGG	SE	ICS	G	성관
Porcerelli, Cogan 등(2011)	임상 면담	방어 기능 척도의 타당도	PC	성인									×	×
Porcerelli, Cogan과 Bamberry(2011)	심리치료	정신역동 진단 편람(PDM)의 정신 기능 축의 타당도	O	청소년	×	×	×	×	×	×	×	×		
Price 등(2004)	심리치료	정신역동치료에 참여한 CSA 피해자의 대상관계 평가	O	성인	×	×	×	×	×	×	×	×		
Richardson 등(2018)	EM	신체화, 신체 건강, 대상관계	PC	성인	×	×	×	×	×	×	×	×		×
Siefert 등(2016)	TAT	TAT 자극 속성	NC	성인	×	×	×	×	×	×	×	×	×	
Siefert 등(2017)	TAT	SCORS-G의 요인 구성	MC & NC	성인								×		×
Sinclair 등(2013)	TAT	성격평가 질문지(PAI)의 타당도, 치료적 돌봄 수준 지표(LOCI)	MC	성인	×	×	×	×	×	×	×	×		
Slavin-Mulford 등(2007)	EM	초기 기억(EM), CSA, 대상관계	O	성인	×	×	×		×					
Stein 등(2007)	EM	PAI 경제선 성격장애 척도의 수렴 타당도	O	성인	×	×					×			
Stein 등(2009)	EM	관계 기능의 수렴 타당도	O	성인	×	×	×	×	×	×	×	×	×	
Stein 등(2011)	심리치료	애착과 대상관계	O	성인	×	×	×		×	×	×			
Stein 등(2012)	TAT	SCORS-G의 구성 타당도	O	성인										×
Stein 등(2013)	TAT	TAT 자극 속성	O	성인	×	×	×	×	×	×	×	×		
Stein 등(2015)	TAT	SCORS-G의 외적 타당도; 임상적 관련성	MC	성인	×	×	×	×	×	×	×	×	×	
Stein 등(2016)	TAT	성격 조직 수준(LPO)	O	성인									×	
Thompson-Brenner 등(2010)	심리치료	심리치료 과정과 결과; 섭식장애(ED)	A	성인									×	
Weise와 Tuber(2004)	TAT	아동의 자기애	O	아동			×	×	×	×	×	×		
Whipple과 Fowler(2011)	TAT	BPD와 NSSI	R	성인	×	×	×		×	×	×			×

참고문헌

Abbate, L., Laghi, F., & Pace, C. S. (2012). Divorced and married couples' object relations: A pilot-study with the Social Cognition and Object Relations Scale (SCORS). *Giornale Italiano di Psicologia, 39*(2), 369-384.

Ablon, J. S., Levy, R. A., & Katzenstein, T. (2006). Beyond brand names of psychotherapy: identifying empirically supported change processes. *Psychotherapy: Theory, Research, Practice, Training, 43*(2), 216-231.

Ackerman, S., Clemence, A., Weatherill, R., & Hilsenroth, M. J. (1999). Use of the TAT in the assessment of DSM-IV cluster B personality disorders. *Journal of Personality Assessment, 73*, 422-448.

Ackerman, S., Hilsenroth, M. J., Clemence, A., Weatherill, R., & Fowler, J. C. (2000). The effects of social cognition and object representation on psychotherapy continuation. *Bulletin of the Menninger Clinic, 64*, 386-408.

Ackerman, S., Hilsenroth, M. J., Clemence, A., Weatherill, R., & Fowler, J. C. (2001). Convergent validity of Rorschach and TAT scales of object relations. *Journal of Personality Assessment, 77*, 295-306.

Alberti, G. G. (2004). *Il cambiamento nella psicoterapia di crisi: Esperienza clinica e ricerca empirica in un servizio psichiatrico.* Milano, Italy: FrancoAngeli.

Amadei, G., Redemagni, E., Beltz, J., Cassani, E., Moresca, G., Neri, L., & Albertti, G. G. (2005). Methodological issues in the use of the Social Cognition and Object Relations Scale for evaluating the effects of crisis psychotherapy. *Ricerca in Psicoterapia, 8*(1), 113-126.

American Psychiatric Association. (1994). *Diagnostic and statistical manual of mental disorders* (4th ed.). Washington, DC: APA.

American Psychiatric Association. (2000). *Diagnostic and statistical manual of mental disorders* (4th ed. Text rev.). Washington, DC: APA.

Aronow, E., Weiss, K.A., & Reznikoff, M. (2001). *A Practical Guide to the Thematic*

Apperception Test: The TAT in Clinical Practice. New York: Routledge.

Bambery, M. & Porcerelli, J. H. (2006). Psychodynamic therapy for oppositional defiant disorder: Changes in personality, object relations, and adaptive function after six months of treatment. *Journal of the American Psychoanalytic Association, 54*(4), 1334-1339.

Barends, A., Westen, D., Leigh, J., Silbert, D., & Byers, S. (1990). Assessing affect tone of relationship paradigms from TAT and interview data. *Psychological Assessment, 2*(3), 329-332.

Bartholomew, K. & Horowitz, L. M. (1991). Attachment styles in young adults: A test of a four-category model. *Journal of Personality and Social Psychology, 62*, 226-244.

Bedi, R., Muller, R. T., & Thornback, K. (2013). Object relations and psychopathology among adult survivors of childhood abuse. *Psychological Trauma Theory, Research, Practice, and Policy, 5*(1), 233-240.

Bell, M. D. (1995). *Bell object relations and reality testing inventory (BORRTI) manual*. Los Angeles, CA: Western Psychological Services.

Bellak, L. & Bellak, S. S. (1959). *Children's apperception test*. New York: C.P.S.

Beltz, J., Cassani, E., Maresca, G., Neri, L., Redemagni, E., Alberti, G. G. (2005). Valutazione del cambiamento nella psicoterapia breve di crisi: applicazione della SCORS-Q. *Ricera in Psicoterapia, 8*(1), 103-112.

Bieliauskaitė, R. & Kuraitė, E. (2011). Mental self and object representations of 7-10 year old boys with behavior difficulties. *Psichologija, 44*, 75-87.

Blagys, M. D. & Hilsenroth, M. J. (2000). Distinctive features of short-term psychodynamic-interpersonal psychotherapy: A review of the comparative psychotherapy process literature. *Clinical Psychology: Science and Practice, 7*(2), 167-188.

Blagys, M. D. & Hilsenroth, M. J. (2002). Distinctive activities of cognitive behavioral therapy: A review of the comparative psychotherapy process literature. *Clinical Psychology Review, 22*(5), 671-706.

Blais, M. A. & Hopwood, C. J. (2010). Personality focused assessment with the PAI. In M. Blais, M. Baity, & C. J. Hopwood (Eds.), *Clinical applications of the personality assessment inventory* (pp. 195-209). New York, NY: Routledge.

Bombel, G., Mihura, J., & Meyer, G. (2009). An examination of the construct validity of the Rorschach mutuality of autonomy (MOA) scale. *Journal of Personality Assessment, 91*(3),

227-237.

Bouvet, C. & Cleach, C. (2011). Early dropout patients in psychiatric psychosocial rehabilitation treatment and their bindings with relational skills, object relation and intensity of psychopathology. *L'Encephale: Revue de psychiatrie Clinique biologique et therapeutique, 37*(1), S19-S26.

Bram, A. D. (2014). Object relations, interpersonal functioning, and health in a nonclinical sample: Construct validation and norms for the TAT SCORS–G. *Psychoanalytic Psychology, 31*, 314–342.

Bram, A. D., Gallant, S. J., & Segrin, C. (1999). A longitudinal investigation of object relations: Child–rearing antecedents, stability in adulthood, and construct validation. *Journal of Research in Personality, 33*, 159-188.

Butcher, J. M., Dahlstrom, W. G., Graham, J. R., Tellegen, A., & Kaemmer, B. (1989). *Minnesota Multiphasic Personality Inventory* (MMPI–2) *Manual for Administration and Scoring*. Minneapolis: University of Minnesota Press.

Calabrese, M., Farber, B., & Westen, D. (2005). The relationship of adult attachment constructs to object relational patterns of representing self and others. *Journal of the American Academy of Psychoanalysis and Dynamic Psychiatry, 33*(3), 513-530.

Callahan, K., Price, J., & Hilsenroth, M. J. (2003). Psychological assessment of adult survivors of childhood sexual abuse within a naturalistic clinical sample. *Journal of Personality Assessment, 80*, 174-185.

Cogan, R. & Porcerelli, J. H. (1996). Object relations in abusive partner relationships: An empirical investigation. *Journal of Personality Assessment, 66*(1), 106-115.

Cogan, R., Porcerelli, J. H., & Dromgoole, K. (2001). Psychodynamics of partner, stranger, and generally violent male college students. *Psychoanalytic Psychology, 18*(3), 515-533.

Cohen, J. (1988). *Statistical power analysis for the behavioral sciences* (2nd ed.). New York, NY: Academic.

Conway, F., Lyon, S., & McCarthy, J. (2014). Object relations of hospitalized adolescents engaged in nonsuicidal self–injurious behaviors. *Adolescent Psychotherapy, 13*(2), 110-121.

Conway, F., Oster, M., & McCarthy, J. (2010). Exploring object relations in hospitalized children with caregiver loss. *Journal of Infant, Child, and Adolescent Psychotherapy, 9*(2-

3), 108-117.

Costa, P. T. & McCrae, R. R. (1989). *The NEO-PI/NEO-FFI manual supplement.* Odessa, FL: Psychological Assessment Resources.

Cramer, P. (1991). *The development of defense mechanisms: Theory, research and assessment.* New York, NY: Springer-Verlag.

DeFife, J. A., Goldberg, M., & Westen, D. (2013). Dimensional assessment of self and interpersonal functioning in adolescents: Implications for DSM-5's general definition of personality disorder. *Journal of Personality Disorders, 27,* 1-13.

Derogatis, L. R. & Lazarus, L. (1994). SCL-90-R, Brief symptom inventory, and matching clinical ratings scales. In E. M. Maruish (Ed.), *The use of psychological testing for treatment planning and outcome assessment.* Hillsdale, NJ: Lawrence Erlbaum Associates, Publishers.

Diener, M. J. & Hilsenroth, M. J. (2004). Multimethod validity of the SWAP-200 dysphoric Q-factor. *Journal of Nervous and Mental Disease, 192*(7), 479-486.

Drodge, E. N. (1997). Parental representations, self-view, and interpersonal functioning of older adolescents. *Journal of Personality Assessment, 68*(1), 152-164.

Eudell-Simmons, E., Stein, M. B., DeFife, J., & Hilsenroth, M. J. (2005). Reliability and validity of the social cognition and object relations scale (SCORS) in the assessment of dream narratives. *Journal of Personality Assessment, 85,* 325-333.

Eurelings-Bontekoe, E. H. M., Luyten, P., & Snellen, W. (2009). Validation of a theory driven profile interpretation of the Dutch short form of the MMPI using the TAT social cognitions and object relations scale (SCORS). *Journal of Personality Assessment, 91*(2), 155-165.

Eurelings-Bontekoe, E. H. M., Zwinkels, K., Schaap-Jonker, H., & Edrisi, M. (2011). Formal characteristics of the thematic apperception test narratives of adult patients with an autism spectrum disorder. A preliminary study. *Psychology, 2*(7), 687-693.

Exner, J. E. (2003). The Rorschach: *A comprehensive system. Volume 1: Basic foundations and principles for interpretation* (4th ed.). New York, NY: John Wiley.

Fantini, F., Williams, R., Abbate, L., & Ortu, F. (2013). Measuring object relations and cognitive development in adolescence: A socio-cognitive perspective. *Infanzia e Adolescenza, 12*(1), 2-11.

Fazio, A. F. (1977). *A concurrent validation study of the NCHS general well-being schedule*

(Vital and Health Statistics Series 2, No. 73, DHEW Publication No. HRA 78-1347). Hyattsville, MD: National Center for Health Statistics.

Field, N. P., Sturgeon, S. E., Puryear, R., Hibbard, S., & Horowitz, M. J. (2001). Object relations as a predictor of adjustment in conjugal bereavement. *Development and Psychopathology, 13*, 399-412.

Ford, J. D., Fisher, P., & Larson, L. (1997). Object relations as a predictor of treatment outcome with chronic posttraumatic stress disorder. *Journal of Consulting and Clinical Psychology, 65*(4), 547-559.

Fowler, J. C. & DeFife, J. A. (2012). Quality of object representations related to service utilization in a long-term residential treatment center. *Psychotherapy, 49*(3), 418-422.

Fowler, J. C., Ackerman, S. J., Speanburg, S., Bailey, A., Blagys, M., & Conklin, A. C. (2004). Personality and symptom change in treatment-refractory inpatients: Evaluation of the phase model of change using Rorschach, TAT, and DSM-IV axis V. *Journal of Personality Assessment, 83*(3), 306-322.

Fowler, J. C., Hilsenroth, M. J., & Handler, L. (1995). Early memories: An exploration of theoretically derived queries and their clinical utility. *Bulletin of the Menninger Clinic, 59*, 79-98.

Fowler, J. C., Hilsenroth, M. J., & Handler, L. (1996). Two methods of early memories data collection: An empirical comparison of the projective yield. *Assessment, 3*(1), 63-71.

Fraley, R. C., Waller, N. G., & Brennan, K. A. (2000). An item-response theory analysis of self-report measures of adult attachment. *Journal of Personality and Social Psychology, 78*, 350-365.

Freedenfeld, R. N., Ornduff, S. R., & Kelsey, R. M. (1995). Object relations and physical abuse: A TAT analysis. *Journal of Personality Assessment, 64*(3), 552-568.

Gagnon, J. & Daelman, S. (2011). An empirical study of the psychodynamics of borderline impulsivity. *Psychoanalytic Psychology, 28*(3), 341-362.

Gagnon, J., Bouchard, M.-A., Rainville, C., Lecours, S., & St-Amand, J. (2006). Inhibition and object relations in borderline personality traits after traumatic brain injury. *Brain Inquiry, 20*(1), 67-81.

Gamache, D., Diguer, L., Laverdiere, O., & Rousseau, J. P. (2012). Development of an object relation-based typology of adolescent sex offenders. *Bulletin of the Menninger Clinic,*

76(4), 329-364.

Gamache, D., Diguer, L., Laverdiere, O., & Rousseau, J. P. (2014). Agressions sexuelles commises par des adolescents: relations entre des dimensions de l'organisation de la personnalite et des caracteristiques du delit. [Adolescent sex offending: Relationships between personality organization dimensions and offense characteristics]. *L'Evolution Psychiatrique, 79*(4), 725-738.

Gregory, R. J. & Mustata, G. T. (2012). Magical thinking in narratives of adolescent cutters. *Journal of Adolescence, 25,* 1045-1051.

Haggerty, G., Blanchard, M., Baity, M. R., DeFife, J. A., Stein, M. B, Siefert, C. J. ... Zodan, J. (2015). Clinical validity of a dimensional assessment of self- and interpersonal functioning in adolescent inpatients. *Journal of Personality Assessment, 97*(1), 3-12.

Haggerty, G., Forlenza, N., Poland, C., Ray, S., Zodan, J., Mehra ... Sinclair, S. J. (2014). Assessing overall functioning with adolescent inpatients. *The Journal of Nervous and Mental Disease, 202*(11), 822-828.

Handelzalts, J. E., Fisher, S., & Naot, R. (2014). Object relations and real life relationships: A cross method assessment. *Scandinavian Journal of Psychology, 55,* 160-167.

Handelzalts, J. E., Fisher, S., Sadan, O., & Goldzweig, G. (2016). Object relations, unconscious defences and fear of childbirth, as reflected in maternal-request caesarean section. *Journal of Reproductive and Infant Psychology.* doi:10.1080/02646838.2016.1253832.

Hatcher, R. L. & Barends, A. (1996). Patients' view of the alliance in psychotherapy: Exploratory factor analysis of three alliance measures. *Journal of Consulting and Clinical Psychology, 64,* 1326-1336.

Hathaway, S. R. & McKinley, J. C. (1983). *The Minnesota multiphasic personality inventory manual.* New York, NY: Psychological Corporation.

Hibbard, S., Hilsenroth, M. J., Hibbard, J. K., & Nash, M. R. (1995). A validity study of two projective object representations measures. *Psychological Assessment, 7*(4), 432-439.

Hibbard, S., Mitchell, D., & Porcerelli, J. H. (2001). Internal consistency of the object relations and social cognition scales for the thematic apperception test. *Journal of Personality Assessment, 77*(3), 408-419.

Hilsenroth, M. J., Stein, M. B., & Pinsker-Aspen, J. (2007). *Social cognition and object relations scale: Global rating method* (SCORS-G, 2nd ed.). Unpublished manuscript, The

Derner Institute of Advanced Psychological Studies, Adelphi University, Garden City, NY.

Hopwood, C. J. & Bornstein, R. F. (2014). *Multimethod clinical assessment.* New York, NY: The Guilford Press.

Huprich, S. K. & Greenberg, R. P. (2003). Advances in the assessment of object relations in the 1990s. *Clinical Psychology Review, 23*, 665-698.

Huprich, S. K., Porcerelli, J. H., Binienda, J., Karana, D., & Kamoo, R. (2007). Parental representations, object relations and their relationship to depressive personality disorder and dysthymia. *Personality and Individual Differences, 43*, 2171-2181.

Inslegers, R., Vanheule, S., Meganck, R., Debaere, V., Trenson, E., & Desmet, M. (2012a). Interpersonal problems and cognitive characteristics of interpersonal representations in alexithymia—A study using a self-report and interview-based measure of alexithymia. *The Journal of Nervous and Mental Disease, 200*(7), 607-613.

Inslegers, R., Vanheule, S., Meganck, R., Debaere, V., Trenson, E., Desmet, M., & Roelstraete, B. (2012b). The assessment of the social cognition and object relations scale on TAT and interview data. *Journal of Personality Assessment, 94*(4), 372-379.

Josephs, L., Anderson, E., Bernard, A., Fatzer, K., & Streich, J. (2004). Assessing progress in analysis interminable. *Journal of the American Psychoanalytic Association, 52*(4), 1185-1214.

Kernberg, O. F. (1984). *Severe personality disorders.* New Haven, CT: Yale University Press.

Kernberg, O. F. & Caligor, E. (2005). A psychoanalytic theory of personality disorders. In M. F. Lenzenweger, & J. F. Clarkin (Eds.), *Major theories of personality disorder* (2nd ed., pp. 114-156). New York, NY: The Guilford Press.

Kernhof, K., Kaufhold, J., & Grabhorn, R. (2008). Object relations and interpersonal problems in sexually abused female patients: An empirical study with the SCORS and the IIP. *Journal of Personality Assessment, 90*(1), 44-51.

Koelen, J. A., Eurelings-Bontekoe, E. H. M., van Broeckhuysen-Kloth, S. A. M., Snellen, W. M., & Luyten, P. (2014). Social cognition and levels of personality organization in patients with somatoform disorders: A case-control study. *The Journal of Nervous and Mental Disease, 202*(3), 217-223.

Kunda, Z. (1999). *Social cognition: Making sense of people.* Cambridge, MA: The MIT Press.

Kuutmann, K. & Hilsenroth, M. J. (2012). Exploring in-session focus on the patient therapist relationship: Patient characteristics, process and outcome. *Clinical Psychology and Psychotherapy, 19*, 187-202.

Lehmann, M. E. & Hilsenroth, M. J. (2011). Evaluating psychological insight in a clinical sample using the Shedler-Westen assessment procedure. *The Journal of Nervous and Mental Disease, 199*(5), 354-359.

Leigh, J., Westen, D., Barends, A., Mendel, M. J., & Byers, S. (1992). The assessment of complexity of representations of people using TAT and interview data. *Journal of Personality, 60*(4), 809-837.

Levy, S. R., Hilsenroth, M. J., & Owen, J. J. (2015). Relationship between interpretation, alliance, and outcome in psychodynamic psychotherapy. *The Journal of Nervous and Mental Disease, 203*(6), 418-424.

Lewis, K. C., Meehan, K. B., Cain, N. M., Wong, P. S., Clemence, A. J., Stevens, J., & Tillman, J. G. (2016). Impairments in object relations and chronicity of suicidal behavior in individuals with borderline personality disorder. *Journal of Personality Disorders, 30*(1), 19-34.

Luborsky, L. & Crits-Christoph, P. (1998). *Understanding transference: The core conflictual relationship theme method* (2nd ed.). Washington, DC: American Psychological Organization.

Luteijn, F. & Kok, A. P. (1985). *Herziene Handleidin NVM* [Revised manual DSFM]. Lisse, The Netherlands: Harcourt International.

Lysaker, P. H., Dimaggio, G., Daroyanni, P., Buck, K. D., LaRocco, A. A., Carcione, A., & Nicolo, G. (2010). Assessing metacognition in schizophrenia with the Metacognition Assessment Scale: Associations with the social cognition and object relations scale. *Psychology and Psychotherapy: Theory, Research, and Practice, 83*, 303-315.

Maher, H., Sumathi, D., & Winston, C. N. (2014). Object of desire or object of distress? Psychosocial functioning among securely and insecurely attached Indian young adults. *Psychoanalytic Psychology*. doi:10.1037/a0038169.

Mayman, M. (1968). Early memories and character structure. *Journal of Projective Techniques and Personality Assessment, 32*, 303-316.

Millon, T. (1983). *Millon clinical multiaxial inventory manual* (3rd ed.). Minneapolis, MN: National Computer Systems.

Mittino, F. & Maggiolini, A. (2013). TAT narrative analysis in adolescents in a clinical sample.

Psichiatria e Psicoterapia, 32(1), 45-58.

Morey, L. (1991). *Personality Assessment Inventory professional manual*. Odessa, FL: Psychological Assessment Resources.

Morey, L., Waugh, M., & Blashfield, R. (1985). MMPI scales for the DSM-III personality disorders: Their derivation and correlates. *Journal of Personality Assessment, 49*, 245-251.

Mullin, A. S. J. & Hilsenroth, M. J. (2012). Relationship between patient pre-treatment object relations functioning and psychodynamic techniques early in treatment. *Clinical Psychology and Psychotherapy*. doi:10.1002/cpp.1826.

Mullin, A. S. J., Hilsenroth, M. J., Gold, J., & Farber, B. A. (2016a). Changes in object relations over the course of psychodynamic psychotherapy. *Clinical Psychology and Psychotherapy*, 1-11. doi:10.1002/cpp.2021.

Mullin, A. S. J., Hilsenroth, M. J., Gold, J., & Farber, B. A. (2016b). Facets of object representation: Process and outcome over the course of psychodynamic psychotherapy. *Journal of Personality Assessment*, 1-11. doi:10.1080/00223891.2016.1215320.

Murray, H. A. (1943). *Manual for the thematic apperception test*. Cambridge, MA: Harvard University Press.

Niec, L. N. & Russ, S. W. (2002). Children's internal representations, empathy, and fantasy play: A validity study of the SCORS-Q. *Psychological Assessment, 14*(3), 331-338.

Nigg, J. T., Lohr, N. E., Westen, D., Gold, L. J., & Silk, K. R. (1992). Malevolent object representations in borderline personality disorder and major depression. *Journal of Abnormal Psychology, 101*(1), 61-67.

Nigg, J. T., Silk, K. R., Westen, D., Lohr, N. E., Gold, L. J., Goodrich, S., & Ogata, S. (1991). Object representations in the early memories of sexually abused borderline patients. *American Journal of Psychiatry, 148*(7), 864-869.

Ornduff, S. R. (1997). TAT assessment of object relations: Implications for child abuse. *Bulletin of the Menninger Clinic, 61*(1), 1-15.

Ornduff, S. R. (2003). Correction and clarification for Ornduff, Freedenfeld, Kelsey, and Critelli (1994); Freedenfeld, Ornduff, and Kelsey (1995); and Ornduff and Kelsey (1996). *Journal of Personality Assessment, 81*(2), 179-182.

Ornduff, S. R. & Kelsey, R. M. (1996). Object relations of sexually and physically abused female children: A TAT analysis. *Journal of Personality Assessment, 66*(1), 91-105.

Ornduff, S. R., Freedenfeld, R. N., Kelsey, R. M., & Critelli, J. W. (1994). Object relations of sexually abused female subjects: A TAT analysis. *Journal of Personality Assessment, 63*(2), 223-238.

Ortigo, K. M., Westen, D., DeFife, J. A., & Bradley, B. (2013). Attachment, social cognition, and posttraumatic stress symptoms in a traumatized, urban population: Evidence for the mediating role of object relations. *Journal of Traumatic Stress, 26,* 361-368.

PDM Task Force. (2006). *Psychodynamic diagnostic manual. Silver Spring*, MD: Alliance of Psychoanalytic Organizations.

Peters, E., Hilsenroth, M. J., Eudell-Simmons, E., Blagys, M., & Handler, L. (2006). Reliability and validity of the social cognition and object relations scale in clinical use. *Psychotherapy Research, 16*(5), 617-626.

Peterson, C. A. & Schilling, K. M. (1983). Card pull in projective testing. *Journal of Personality Assessment, 47*(3), 265-275.

Pinsker-Aspen, J., Stein, M. B., & Hilsenroth, M. J. (2007). The clinical utility of early memories as predictors of therapeutic alliance. *Psychotherapy, 44*(1), 96-109.

Pinto, A., Torres, N., Verissimo, M., Maia, J., Fernandes, M., & Santos, O. (2011). Internal working models of attachment and object relations in children: Narrative analysis of the attachment story completion task. *Medecine & Hygiene, 23*(2), 145-159.

Porcerelli, J. H., Abramsky, M. F., Hibbard, S., & Kamoo, R. (2001). Object relations and defense mechanisms of a psychopathic serial sexual homicide perpetrator: A TAT analysis. *Journal of Personality Assessment, 77*(1), 87-104.

Porcerelli, J. H., Cogan, R., & Bambery, M. (2011). The mental functioning axis of the psychodynamic diagnostic manual: An adolescent case study. *Journal of Personality Assessment, 93*(2), 177-184.

Porcerelli, J. H., Cogan, R., & Hibbard, S. (1998). Cognitive and affective representations of people and MCMI-II personality psychopathology. *Journal of Personality Assessment, 70*(3), 535-540.

Porcerelli, J. H., Cogan, R., Markova, T., Miller, K., & Mickens, L. (2011). The diagnostic and statistical manual of mental disorders, fourth edition defensive functioning scale: A validity study. *Comprehensive Psychiatry, 52,* 225-230.

Porcerelli, J. H., Dauphin, V. B., Ablon, J. S., & Leitman, S. (2007). Psychoanalysis with avoidant personality disorder: A systematic case study. *Psychotherapy: Theory, Research, Practice, Training, 44*(1), 1-13.

Porcerelli, J. H., Shahar, G., Blatt, S. J., Ford, R. Q., Messa, J. A., & Greenlee, L. M. (2006). Social cognition and object relations scale: Convergent validity and changes following intensive inpatient treatment. *Personality and Individual Differences, 41*, 407-417.

Price, J., Hilsenroth, M. J., Callahan, K., Petretic-Jackson, P., & Bonge, D. (2004). A pilot study of psychodynamic psychotherapy for adult survivors of childhood sexual abuse. *Clinical Psychology & Psychotherapy, 11*, 379-391.

Richardson, L., Porcerelli, J. H., Dauphin, V. B., Morris, P., & Murdoch, W. (2018). The use of the social cognition and object relations scale in a primary care setting. *Journal of Personality Assessment, 100*(2), 156-165.

Rothschild-Yakar, L., Eviatar, Z., Shamia, A., & Gur, E. (2011). Social cognition in eating disorders: Encoding and representational processes in binging and purging patients. *European Eating Disorders Review, 19*, 75-84.

Rothschild-Yakar, L., Levy-Shiff, R., Fridman-Balaban, R., Gur, E., & Stein, D. (2010). Mentalization and relationships with parents as predictors of eating disordered behavior. *The Journal of Nervous and Mental Disease, 198*(7), 501-507.

Segal, H. G., Westen, D., Lohr, N. E., & Silk, K. R. (1993). Clinical assessment of object relations and social cognition using stories told to the picture arrangement subtest of the WAIS-R. *Journal of Personality Assessment, 61*(1), 58-80.

Segal, H. G., Westen, D., Lohr, N. E., Silk, K. R., & Cohen, R. (1992). Assessing object relations and social cognition in borderline personality disorders from stories told to the picture arrangement subtest of the WASI-R. *Journal of Personality Disorders, 6*(4), 458-470.

Shahar, G., Porcerelli, J. H., Kamoo, R., Epperson, C. N., Czarkowski, K. A., Magriples, U., & Mayes, L. C. (2010). Defensive projection, superimposed on simplistic object relations, erodes patient-provider relationships in high-risk pregnancy: An empirical investigation. *Journal of the American Psychoanalytic Association, 58*(5), 953-974.

Shedler, J. & Westen, D. (1998). Refining the measurement of Axis II: A Q-sort procedure for assessing personality pathology. *Assessment, 5*, 335-355.

Shrout, P. E. & Fleiss, J. L. (1979). Intraclass correlations: Uses in assessing rater reliability.

Psychological Bulletin, 86, 420-428.

Siefert, C. J., Stein, M. B, Slavin-Mulford, J., Sinclair, S. J., Haggerty, G., & Blais, M. A. (2016). Estimating the effects of thematic apperception test card content on SCORS-G ratings: Replication with a nonclinical sample. *Journal of Personality Assessment*. doi:10.1080/00223891.

Siefert, C. J., Stein, M. B., Slavin-Mulford, J., Haggerty, G., Sinclair, S. J., Funke, D., & Blais, M. A. (2017). Exploring the factor structure of the social cognition and object relations-global rating method: Findings from a large heterogeneous sample. *Journal of Personality Assessment*. doi:10.1080/00223891.2017.1336716.

Sinclair, S. J., Slavin-Mulford, J., Antonius, D., Stein, M. B, Siefert, C. J., Haggerty, G. ... Blais, M. A. (2013). Development and preliminary validation of the level of care index (LOCI) from the personality assessment inventory (PAI) in a psychiatric sample. *Psychological Assessment, 25*(2), 606-617.

Slavin-Mulford, J., Stein, M. B., Pinsker-Aspen, J., & Hilsenroth, M. J. (2007). Early memories from outpatients with and without a history of childhood sexual abuse. *Journal of Loss and Trauma, 12*(5), 435-451.

Stein, M. B., Hilsenroth, M. J., Pinsker-Aspen, J. H., & Primavera, L. (2009). Validity of DSM-IV Axis V global assessment of relational functioning scale (GARF): A multi-method assessment. *Journal of Nervous and Mental Disease, 197*(1), 50-55.

Stein, M. B., Hilsenroth, M. J., Slavin-Mulford, J., & Pinsker-Aspen, J. (2011). *Social cognition and object relations scale: Global rating method* (SCORS-G; 4th ed.). Unpublished manuscript, Massachusetts General Hospital and Harvard Medical School, Boston, MA.

Stein, M. B., Pinsker-Aspen, J., & Hilsenroth, M. J. (2007). Borderline pathology and the personality assessment inventory (PAI): An evaluation of criterion and concurrent validity. *Journal of Personality Assessment, 88*(1), 82-90.

Stein, M. B., Siefert, C. J., Stewart, R. V. S., & Hilsenroth, M. J. (2011). Relationship between the social cognition and object relations scale (SCORS) and attachment style in a clinical sample. *Clinical Psychology and Psychotherapy, 18*, 512-523.

Stein, M. B., Slavin-Mulford, J., Siefert, C. J., Sinclair, S. J., Renna, M., Malone, J. ... & Blais, M. A. (2013). SCORS-G stimulus characteristics of select thematic apperception test cards. *Journal of Personality Assessment*. doi:10.1080/00223891.2013.823440.

Stein, M. B., Slavin-Mulford, J., Sinclair S. J., Chung, W. J., Roche, M., Denckla, C., & Blais, M. A. (2016). Extending the use of the SCORS-G composite rating in assessing level of personality organization. *Journal of Personality Assessment*. doi:10.1080/00223891.2016.11 95394.

Stein, M. B., Slavin-Mulford, J., Sinclair, S. J., Siefert, C. J., & Blais, M. A. (2012). Exploring the construct validity of the social cognition and object relations scale in a clinical sample. *Journal of Personality Assessment, 94*(5), 533-540.

Stein, M. B., Slavin-Mulford, J., Sinclair, S. J., Smith, M., Chung, W. J., Liebman, R., & Blais, M. (2015). External validity of SCORS-G ratings of thematic apperception test narratives in a sample of outpatients and inpatients. *Rorschachiana, 36*(1), 58-81.

Thompson-Brenner, H., Boisseau, C. L., & Satir, D. A. (2010). Adolescent eating disorders: Treatment and response in a naturalistic study. *Journal of Clinical Psychology, 66*(3), 277-301.

Tramantano, G., Javier, R. A., & Colon, M. (2003). Discriminating among subgroups of borderline personality disorder: An assessment of object representations. *The American Journal of Psychoanalysis, 63*(2), 149-175.

Urist, J. (1977). The Rorschach test and the assessment of object relations. *Journal of Personality Assessment, 41*, 3-9.

Vaz, F. J., Bejar, A., & Casado, M. (2002). Insight, psychopathology, and interpersonal relationships in Schizophrenia. *Schizophrenia Bulletin, 28*(2), 311-317.

Wechsler, D. (1981). *Manual for the Wechsler adult intelligence scale—Revised*. New York: Psychological Corporation.

Weise, K. L. & Tuber, S. (2004). The self and object representations of narcissistically disturbed children: An empirical investigation. *Psychoanalytic Psychology, 21*(2), 244-258.

Westen, D. (1989). Are "Primitive" object relations really preoedipal? *American Journal of Orthopsychiatry, 59*(3), 331-345.

Westen, D. (1990). The relations among narcissism, egocentrism, self-concept, and self-esteem: Experimental, clinical, and theoretical considerations. *Psychoanalysis and Contemporary Thought, 13*(2), 183-239.

Westen, D. (1991a). Social cognition and object relations. *Psychological Bulletin, 109*(3), 429-455.

Westen, D. (1991b). Clinical assessment of object relations using the TAT. *Journal of Personality Assessment, 56*(1), 56-74.

Westen, D. (1992). The cognitive self and the psychoanalytic self: Can we put our selves together. *Psychological Inquiry, 3*(1), 1-13.

Westen, D. (1993, 1995a, 2002a). *Social cognition and object relations scale: Q-sort for projective stories* (SCORS-Q). Unpublished Manuscript, Department of Psychiatry, The Cambridge Hospital and Harvard Medical School, Cambridge, MA.

Westen, D. (1995b). A clinical-empirical model of personality: Life after the Mischelian Ice Age and the NEO-Lithic era. *Journal of Personality, 63*(3), 495-524.

Westen, D. (1996a). *Social cognition and object relations scale: Q-sort for interview and narrative data* (SCORS-Q). Unpublished Manuscript, Department of Psychiatry, The Cambridge Hospital and Harvard Medical School, Cambridge, MA.

Westen, D. (1996b). A model and a method for uncovering the nomothetic from the idiographic: An alternative to the five-factor model? *Journal of Research in Personality, 30*, 400-413.

Westen, D. (2002b). *Clinical diagnostic interview*. Unpublished manual, Emory University. Retrieved July 2, 2016, from swapassessment.org.

Westen, D. & Barends, A. (1988). *Manual for coding affect-tone of relationship paradigms from interview data*. Unpublished manual.

Westen, D. & Nakash, O. (2005). *Attachment prototype questionnaire manual*. Atlanta, GA: Emory University.

Westen, D., Barends, A., Leigh, M., Mendel, M., & Silbert, D. (1988/1990). *Social cognition and object relations scale* (SCORS): *Manual for coding interview data*. Unpublished manuscript, University of Michigan, Ann Arbor, MI.

Westen, D., Dutra, L., & Shedler, J. (2005). Assessing adolescent personality pathology: Quantifying clinical judgment. *British Journal of Psychiatry, 186*, 227-238.

Westen, D., Huebner, D., Lifton, N., Silverman, M., & Boekamp, J. (1991a). Assessing complexity of representations of people and understanding of social causality: A comparison of natural science and clinical psychology graduate students. *Journal of Social and Clinical Psychology, 10*(4), 448-458, Manual. Atlanta, GA: Emory University.

Westen, D., Klepser, J., Ruffins, S. A., Silverman, M., Lifton, N., & Boekamp, J. (1991b).

Object relations in childhood and adolescence: The development of working representations. *Journal of Consulting and Clinical Psychology, 59*(3), 400-409.

Westen, D., Lohr, N., Silk, K. R., Gold, L., & Kerber, K. (1990a). Object relations and social cognition in borderlines, major depressives, and normals: A thematic apperception test analysis. *Psychological Assessment, 2*(4), 355-364.

Westen, D., Ludolph, P., Block, M. J., Wixom, J., & Wiss, F. C. (1990b). Developmental history and object relations in psychiatrically disturbed adolescent girls. *American Journal of Psychiatry, 147*(8), 1061-1068.

Westen, D., Ludolph, P., Lerner, H., Ruffins, S., & Wiss, C. (1990c). Object relations in borderline adolescents. *American Academy of Child and Adolescent Psychiatry, 29*(3), 338-348.

Westen, D., Nakash, O., Thomas, C., & Bradley, R. (2006). Clinical assessment of attachment patterns and personality disorder in adolescents and adults. *Journal of Consulting and Clinical Psychology, 74*, 1065-1085. doi:10.1037/0022-006X.74.6.1065.

Westen, D., Silk, K., Lohr, N., & Kerber, K. (1985/1987/1988/1989/1990). *Object relations and social cognition: TAT scoring manual.* Unpublished manual, University of Michigan, Ann Arbor, MI.

Whipple, R. & Fowler, J. C. (2011). Affect, relationship schemas, and social cognition: Self-injuring borderline personality disorder inpatients. *Psychoanalytic Psychology, 28*(2), 183-185.

찾아보기

내용

저자 소개

Michelle B. Stein 박사는 매사추세츠 종합병원 심리학자이자 하버드 의과대학 조교수로 병원 환자들의 심리평가와 개인 및 집단 심리치료를 담당한다. Stein 박사는 SCORS-G 매뉴얼의 공동 개발자다.

Jenelle Slavin-Mulford 박사는 오거스타대학교 심리학과 부교수로 성격평가, 정신병리, 심리치료를 학생들에게 가르친다. Slavin-Mulford 박사는 주로 성격평가를 중점으로 연구하며, SCORS-G 매뉴얼 개정판의 공저자다.

역자 소개

이종환(Jonghwan Lee)

경북대학교 심리학과에서 임상심리학을 전공으로 박사과정을 수료하고, 현재 육군사관학교 심리경영학과 조교수로 재직 중이다. 한국심리학회 공인 임상심리전문가 · 중독심리전문가로 활동하고 있다. 대상관계, 사회인지, 대인관계 문제, 성격장애, 정서조절 등에 관심을 두고 다양한 연구를 수행하였다. 마인드플러스 심리상담센터 부소장, 경북대학교 심리학과 및 한동대학교 상담심리사회복지학부 강의교수, 경북대학교 학생상담센터 초빙상담원, 육군사관학교 리더십센터 심리상담관 등을 역임하였다. (E-mail: leejonghwan7@gmail.com)

임종민(Jongmin Lim)

경북대학교 심리학과에서 임상심리학을 전공으로 박사과정을 수료하고, 현재 마인드플러스 심리상담센터 소장, 경북대학교 · 대구대학교 · 경운대학교 강의교수, 경북대학교 학생상담센터 초빙상담원으로 재직 중이다. 한국심리학회 공인 임상심리전문가로 활동하고 있다. 성격장애, 대인관계 문제, 척도 타당화 및 활용과 관련된 연구를 주로 수행하였다. (E-mail: limjosh@naver.com)

장문선(Mun-seon Chang)

경북대학교 심리학과에서 임상심리학을 전공으로 박사학위를 취득하고, 현재 경북대학교 심리학과 교수로 재직 중이다. 관심 분야는 정신역동 대상관계 이론 및 치료, 성격장애, 투사검사, 심리평가의 치료적 해석 및 적용, 외상 후 성장 등이다. 한국심리학회 공인 임상심리전문가 · 중독심리전문가 · 건강심리전문가 및 보건복지부 공인 1급 정신보건 임상심리사로 활동 중이다. 현재 경북대학교 학생상담센터장, 한국임상심리학회 산하 지역사회심리자문연구회 회장, 건강심리학회 책임편집위원 등을 맡고 있다. (E-mail: moonsun@knu.ac.kr)

사회인지와 대상관계 척도-일반 평정법 (SCORS-G)
임상가·상담자·연구자를 위한 종합 지침서

The Social Cognition and Object Relations Scale
-Global Rating Method(SCORS-G)

2021년 5월 10일 1판 1쇄 인쇄
2021년 5월 20일 1판 1쇄 발행

지은이 • Michelle B. Stein · Jenelle Slavin-Mulford
옮긴이 • 이종환 · 임종민 · 장문선
펴낸이 • 김진환
펴낸곳 • (주) 학지사

04031 서울특별시 마포구 양화로 15길 20 마인드월드빌딩
대표전화 • 02)330-5114   팩스 • 02)324-2345
등록번호 • 제313-2006-000265호

홈페이지 • http://www.hakjisa.co.kr
페이스북 • https://www.facebook.com/hakjisabook •

ISBN 978-89-997-2410-7   93180

정가 23,000원

출판 · 교육 · 미디어기업 학지사

간호보건의학출판 학지사메디컬 www.hakjisamd.co.kr
심리검사연구소 인싸이트 www.inpsyt.co.kr
학술논문서비스 뉴논문 www.newnonmun.com
원격교육연수원 카운피아 www.counpia.com